Widmung

Dieses Buch widme ich Ntsiki, Mamphela, Thenjiwe, Nohle, Malusi, Barney, Thami, Mxolisi,
Hlaku, Percy, Aelred, Beyers, Theo, David, Cedric,
Peter und allen unseren Freunden in der Haft oder
im Exil oder in Acht und Bann oder tot.

Die Hymne

Nkosi Sikelel' i Afrika
Malupakam' upondo lwayo
Yiva imitandazo yetu
Usi – sikelele

Gott segne Afrika.
Gib ihm Mut,
Höre unsere Gebete
Und segne uns!

Sikelel' amadol' asizwe
Sikelela kwa nomlisela
Ulitwal' ilizwe ngomonde
Uwusikilele

Segne die Führer,
Segne auch die Jungen,
Daß sie das Land in Geduld
tragen.
Und mögest Du sie segnen!

Sikelel' amalinga etu
Awonanyana nokuzaka
Awemfundo nemvisiswano
Uwasikelele

Segne unser Streben,
Daß wir uns vereinigen und
emporheben

Yihla Moya! Yihla Moya!
Yihla Moya Oyingewele!

Durch Lernen und Verstehen.
Und segne sie!

Komm herab, Geist! Komm
herab, Geist!
Komm herab, Heiliger Geist!

Einleitung

Am Dienstag, dem 6. September 1977, wurde ein enger Freund von mir namens Bantu Steve Biko von der südafrikanischen Polizei auf Zimmer 619 des Sanlam Building in der Strand Street, Port Elizabeth, Cape Province, gebracht, wo man ihm Handschellen und Fußeisen anlegte, ihn an ein Gitter kettete und einem zweiundzwanzigstündigen Verhör unterzog, in dessen Verlauf er gefoltert und geschlagen wurde. Mehrere Schläge auf den Kopf verletzten sein Gehirn so stark, daß er nach sechs Tagen Bewußtlosigkeit starb.

Die tödlichen Schläge wurden ihm von einem oder mehreren der folgenden Mitglieder der südafrikanischen Sicherheitspolizei versetzt: Oberst P. Goosen; Major H. Snyman; den Oberfeldwebeln J. Beneke, R. Marx, B. Coetzee, J. Fouche; Hauptmann D. Siebert; Leutnant W. Wilken; Unteroffizier S. Niewoudt und Major T. Fischer. Die meisten, wenn nicht alle diese Männer waren Mitglieder zweier Verhör-Teams, von denen eines tagsüber arbeitete, das andere bei Nacht. Festgehaltene, welche die Methoden der Security Police am eigenen Leibe verspürt haben, berichten, daß sich die Tagesverhör-Teams auf koordinierte Befragung, psychologische Taktik und Beschimpfung spezialisiert haben; die Nachtteams hingegen die Handgreiflichen seien, welche die Festgehaltenen zusammenschlagen, um sie für die Tagesteams weich zu machen. Wenn diese Handlungsweise auch bei Steve Biko angewendet wurde, so stammen die tödlichen Schläge von einem oder mehreren Mitgliedern der Nachtteams – Wilken, Coetzee und Fouche.

Aber diese Männer waren nur Ausführende. Der Mann, der im Endeffekt für den Tod Steve Bikos die Verantwortung trägt, ist James Thomas Kruger, der Polizeiminister; seine nachsichtige Einstellung den mörderischen Neigungen seiner Sicherheitspolizei gegenüber schuf die Atmosphäre, in der sich die Folterer betätigen konnten. Kruger kann nicht glaubhaft behaupten, nichts von diesen Vorgängen gewußt zu haben. Ich war zwei Jahre zuvor nach Pretoria gefahren, um ihn vor einigen Elementen in seiner Sicherheitspolizei zu warnen.

Bei dieser Gelegenheit erklärte ich ihm auch die Bedeutung Steve Bikos; später veröffentlichte ich eine Warnung, daß die Folgen, sollte Steve Biko im Gewahrsam etwas zustoßen, für die ganze Nation und besonders für die Regierung der Nationalists verheerend sein würden. Herr Kruger und seine Kollegen ließen diese Warnung unbeachtet. Steve Biko wurde nicht nur mehrmals verhaftet und eingesperrt, sondern in zunehmendem Maße verfolgt, schikaniert, mit Einzelhaft belegt und am Ende gefoltert und getötet.

Kruger deutete sofort an, daß sich Steve zu Tode gehungert habe, aber ich wußte, daß das Unsinn war. Steve und ich hatten oft darüber gesprochen: Sollte er in Gewahrsam genommen werden und in der Haft sterben, und sollte dann von einem Selbstmord die Rede sein, so könnte ich sicher sein, daß dem nicht so wäre. Es war also klar, daß ihn die Security Police umgebracht hatte – mit dem Einverständnis des Nationalist Government.

Daher ist dieses Buch nicht nur ein persönliches Denkmal für Steve Biko, sondern auch eine Anklage gegen das Nationalist Government und gegen das System und die politischen Grundsätze, die es repräsentiert.

Steve Bikos Tod berührte die ganze Welt. Er war nur dreißig Jahre alt, als er starb; sein Leben hatte er in Unterdrückung geführt; es war ihm verboten, sich öffentlich zu äußern; er war, in einen kleinen Ort fern von den Metropolen verbannt, lebendig begraben. Er durfte keine Reden halten, mit nicht mehr als jeweils einer Person sprechen, nicht zitiert werden, nicht politisch wirken. Trotzdem beeinflußte er in der kurzen Zeit, die ihm zur Verfügung stand, Leben und Ideale von Millionen seiner Landsleute; sein Tod erschütterte unsere Nation und ließ die ganze Welt aufhorchen.

Als ich dieses Manuskript begann, schrieb ich in mein Tagebuch: Dieser Bericht ist in Eile verfaßt, während mir die Tragödie von Steves Tod noch schmerzlich frisch in Erinnerung ist; ich schreibe auf die Gefahr hin, daß jederzeit die Sicherheitspolizei bei mir eindringen kann. Unter diesen ungewöhnlichen Umständen will ich versuchen, der Größe Steve Bikos ein Denkmal zu setzen, das so getreu ist, wie es diese anomalen Zeiten und diese anomale Gesellschaft erlauben.

Nur meine Frau und mein ältestes Kind, die vierzehn Jahre alte Jane, wußten, was ich tat, von einem Freund in London abgesehen, dem ich Teile des Manuskripts zur Weiterleitung an meinen Verlag, Paddington Press, zukommen ließ. Die Seiten wurden im Handgepäck nach London fliegender Freunde aus dem Land geschmuggelt, andere ganz normal per Luftpost auf den Weg gebracht, mit dem Risiko, bei einer der Stichproben, welche die Sicherheitspolizei bei aller Post ins Ausland vornimmt, entdeckt zu werden.

Innerhalb von zwei Monaten war das Manuskript komplett und heil in London angekommen. Zu dieser Zeit erlaubte es seine Beschaffenheit dem Verfasser jedoch nicht mehr, anonym zu bleiben. Dies war einer der Gründe, warum ich Silvester 1977 mit meiner Familie ins Exil gehen mußte. Zuerst hatte ich die unrealistische Hoffnung gehabt, das Manuskript könnte gegen meinen Willen als eine Sammlung von Memoiren über Steve veröffentlicht werden, die ich angeblich vor meinem Schreibverbot verfaßt hatte; ich hatte gehofft, daß eine fiktive Darstellung dieser Art die Strafen, die ich wegen der Veröffentlichung des Manuskripts im Ausland gewärtigen müßte, verringern würde. Aber als die Arbeit fortschritt, wurde es immer klarer, daß ich meine eigene Verwicklung unmöglich so weit herunterspielen konnte, um ein solches Versteckspiel durchzuführen.

Zur selben Zeit drängten mich mehrere andere Ereignisse, an das Exil zu denken. Die banning orders, die mir am 19. Oktober 1977 erteilt wurden, waren mit denen identisch, die Steve Biko einige Jahre zuvor erhalten hatte. Es war mir nicht allein untersagt, meine Zeitung, den *Daily Dispatch*, weiter herauszugeben; die Verfügung verbot mir auch, für Publikationen jeglicher Art zu schreiben, irgendwelche Druckereien, Fabriken, Schulen oder andere Erziehungsanstalten zu betreten, den Amtsbezirk East London, Cape Province, zu verlassen und gesellschaftlichen oder anderen Zusammenkünften beizuwohnen, bei denen mehr als zwei Personen zugegen waren.

Bis zum 19. Oktober hatten wir Zeitungsherausgeber in Südafrika festumrissene Grenzen, in denen wir uns kritisch der Apartheid gegenüber äußern konnten. Mehr als zwanzig Statuten legten das, was wir veröffentlichen konnten, fest; wir hatten darauf zu achten, innerhalb dieser Grenzen zu bleiben. Aber am 19. Oktober riß Polizeiminister Kruger all diese Bestimmungen in Stücke, als er mich in den Bann tat, meinen Kollegen und Freund, den Herausgeber Percy Qoboza, festsetzte und seine Zeitung, *The World*, ohne auch nur den geringsten Anschein der Legalität schloß.

Meine Frau und ich waren der Meinung, daß wir als Exilierte mit unseren Stimmen und unserem Zeugnis das internationale Forum verstärken konnten, das die Apartheid auf friedliche Weise durch Druck von außen beenden wollte. Wir beschlossen, Südafrika zu verlassen, sobald das Buch druckreif war, wissend, daß Rückkehr erst nach dem Sturz des Regimes möglich wäre.

Wiederum zwangen uns die Ereignisse, unser Vorhaben zu beschleunigen. Unser jüngstes Kind, die fünf Jahre alte Mary, bekam von rechtsgerichteten Terroristen ein mit Säure durchtränktes T-Shirt mit der Post geschickt. Den Drohungen solcher Leute waren wir über zehn Jahre lang ausgesetzt gewesen; die Erfolge, die Vorsters Regierung in den November-Wahlen erzielte, schienen die Rechtsextremisten zu weiteren Anschlägen zu ermutigen. Andere Leute, die mit dem Bann belegt waren, wurden von ihnen angegriffen. In die Haustür der Familie Meer in Durban schlug eine Schrotflintensalve ein. Uns selbst hatte man fünf Revolverschüsse in die Hausfront gejagt. Solche Angriffe schienen gegen Jahresende zuzunehmen, und alle Anzeichen deuteten darauf hin, daß sie von Mitgliedern der Sicherheitspolizei verübt wurden. Es lagen klare Beweise vor, daß es sich bei den beiden Männern, die unser Haus unter Feuer genommen hatten, um die Sicherheitspolizisten G. Cilliers und J. Jooste handelte, und daß die Sicherheitspolizisten L. Van Schalkwyk und J. Marais für den T-Shirt-Vorfall verantwortlich waren. Der regulären Polizei wurden Beweise vorgelegt, aber wir erlangten rasch Klarheit, daß eine Krähe der anderen kein Auge aushackte.

Es gab also eine Anzahl von Gründen, die uns bewegten, ins Exil zu fliehen, nicht zuletzt die Folgen, die nach der Veröffentlichung dieses Buches in Aussicht standen.

Es war ein schmerzlicher Entschluß. Er bedeutete, Freunde und Verwandte ohne Gruß zu verlassen, da wir sie nicht durch Mitwisserschaft in unsere Flucht verwickeln wollten; er bedeutete auch, unser schönes Haus zu verlassen, das wir selbst entworfen hatten, und unser Land, das unsere Vorväter vor Generationen mit besiedelt hatten.

Meine Frau und ich faßten unseren Entschluß am Morgen des 28. Dezember, einem Mittwoch. Am darauffolgenden Abend, als es anfing, dunkel zu werden, kauerte ich am Boden des Wagens in unserer Garage. Meine Frau öffnete das Garagentor und stieß rückwärts hinaus, vorbei an dem Platz, wo der Beobachter der Sicherheitspolizei normalerweise postiert war. Es sah so aus, als ob sie allein im Wagen säße. Als wir die Stadt verlassen hatten, stieg ich aus und fuhr (verkleidet und mit gefärbtem Haar) per Anhalter in die Nähe der Grenze nach Lesotho. Dort wurde ich von schwarzen Sympathisanten zum Fluß Telle geleitet. Ich überquerte ihn und erhielt in der Hauptstadt Lesothos, Maseru, politisches Asyl. Einige Stunden später überquerte meine Familie die Grenze im Wagen nach normaler Paßkontrolle. Ihre Abreise war so terminiert, daß sie mit meiner Flußüberquerung zusammentraf. Wir waren alle in Lesotho, bevor die Sicherheitspolizei meine Abwesenheit bemerkte.

Leider kann die Geschichte unserer Flucht zu diesem Zeitpunkt nicht in allen Einzelheiten erzählt werden: Die Sicherheitspolizei würde dadurch in die Lage versetzt, meine Helfer ausfindig zu machen. Aber es ist die Geschichte des Mutes und der Selbstaufopferung meiner Helfer, und eine Geschichte voller Glücks- und Zufälle; ich hoffe, daß sie eines Tages erzählt werden kann, zum Lob jener, die mir Bruderschaft und Beistand geboten haben, als ich sie am meisten nötig hatte. Was jetzt gesagt werden kann, ist dies: Für mich war jene Reise zur Grenze die schrecklichste Erfahrung meines Lebens; acht Stunden ununterbrochene Spannung, erfüllt von der Angst, hinter jeder Kurve eine Straßensperre zu sehen, und der dauernden Besorgnis, ob meine Frau und meine Kinder mir unversehrt nachfolgen würden.

Von Lesotho flogen wir mit einem Charterflugzeug nach Gaberone in Botswana, von da nach Lusaka in Zambia und von dort nach London. Für uns weiße Afrikaner war es herzbewegend, wie wir in Lesotho, Botswana und Zambia willkommen geheißen wurden; am Abend unserer Abreise von Lusaka nach London gab Präsident Kaunda uns zu Ehren ein Essen im State House.

Nach meiner Ankunft in London machte ich mich daran, das Manuskript zu redigieren. Dieses Buch ist das Resultat. Es ist ein Porträt Steve Bikos, wie ich ihn kannte und wie ich seine Bedeutung als eines Führers unseres Volkes sah.

Der Hintergrund

Die Kolonialzeit

Steve Biko war von diesem Südafrika und seiner Geschichte geprägt, deshalb ist es nötig, eine kurze Zusammenfassung dieser Geschichte zu geben, mit besonderer Betonung jener Elemente, die seine Haltung und seine Philosophie beeinflußt haben.

Die schriftlich überlieferte Geschichte Südafrikas beginnt mit der Ankunft weißer Siedler im Jahre 1652, als die Holländer dort, wo jetzt Kapstadt steht, einen Stützpunkt für ihre Schiffahrt einrichteten. Aber bewohnt war das Land schon seit langer Zeit; Archäologen sind hier sogar mit auf die frühesten Spuren menschlichen Lebens überhaupt gestoßen. Als die holländischen Siedler ankamen, fanden sie das Kap und sein Hinterland von fahlhäutigen Jägern und Hirten bewohnt, den Khoisan. Ein großer Teil des Landesinneren war von negroiden, bantusprechenden Stammesangehörigen bewohnt. Südafrikanischen Schulkindern bringt man bei, daß die Ankunft der weißen Siedler mit der dieser Bantu-Stammesangehörigen zusammentraf, jedoch beweisen Radiokarbon-Datierungen, daß es schon im 5. Jahrhundert nach Christi Geburt negroide Gemeinschaften im Transvaal gegeben hat.

Zu den weißen Siedlungen auf der Kaphalbinsel stießen Gruppen französischer und deutscher Siedler; die französischen waren Hugenotten auf der Flucht vor der religiösen Verfolgung in Europa. Nach einer Weile verschmolzen diese Gruppen zu einer einzigen weißen Kulturgemeinschaft, die ihre eigene Sprache, Afrikaans, hatte, und deren Nachkommen Afrikaaner* genannt wurden. Die Sprache Afrikaans entwickelte sich aus dem Hollän-

---

* Hier wird die afrikaanse Schreibweise gebraucht, da bei der englischen (Afrikaner) Mißverständnisse entstehen könnten.

dischen, mit einigen deutschen Einflüssen. Heute ist das Afrikaans eine eigenständige Sprache.

1814 annektierten die Briten die gesamte Kolonie im Rahmen
eines postnapoleonischen Abkommens zwischen Großbritannien, Holland und Schweden. Aus verschiedenen Gründen, nicht
zuletzt wegen der Abschaffung der Sklaverei und der von den
Afrikaanern als zu liberal empfundenen Politik der britischen
Kolonialregierung gegenüber den Schwarzen, wanderte eine
große Anzahl von Afrikaanern in das Hinterland. Diese Wande-
rung wurde später als der Große Trek bekannt. Die Afrikaaner
errichteten zwei unabhängige Republiken; eine im Norden
(Transvaal) und eine im Zentrum des Landes (Orange Free State,
nach dem holländischen Königshaus Oranje benannt).

Die Entdeckung des größten Goldvorkommens der Welt
lockte weiße Bergarbeiter aus der ganzen Welt nach Transvaal,
meist aus englischsprachigen Ländern – Großbritannien, den
Vereinigten Staaten, Kanada, Australien und Neuseeland. Das
stellte den Afrikaanerführer Paul Kruger, den Präsidenten der
Republik Transvaal, vor ein Problem: Diese Neuankömmlinge
stellten jetzt eine Mehrheit dar, die den Afrikaanern in dieser Gegend zahlenmäßig überlegen war. Diese Leute, von Kruger als
Uitlanders (Ausländer) bezeichnet, verlangten die Bürgerrechte
und besonders das Wahlrecht, mit der Begründung, daß sie dem
Transvaal den Großteil seines Staatseinkommens lieferten.

Wie in unseren Tagen Premier Vorster, weigerte sich Kruger,
wesentliche Verhandlungen mit der auf ihre Rechte pochenden
Mehrheit zu führen. Schließlich explodierte die Situation; der
Burenkrieg brach aus, der einen entsetzlichen Tribut an Menschenleben forderte.

Kurz nach Kriegsende gaben die Briten ganz Südafrika zurück
an eine ihrer Meinung nach vereinigte weiße Nation unter den
Afrikaanerführern Louis Botha und Jan Smuts. 1910 wurden die
beiden früheren Arikaaner-Republiken und die beiden ehemaligen britischen Kolonien durch den Act of Union vereint und ihnen die Unabhängigkeit als souveräner Staat gegeben.

Vor 1910 spielte schwarze Politik kaum eine Rolle im politischen Denken der weißen Südafrikaner. Im Jahre 1913 wurden

die Landbesitzrechte der Schwarzen auf bestimmte Gebiete beschränkt, die kaum 10% des gesamten nationalen Territoriums ausmachten. Der ehemalige Burengeneral James Hertzog gründete 1914 die Nationalist Party als Opposition zu der gemäßigteren Politik Bothas und Smuts. Seine Partei kam in den Wahlen von 1924 in einer Koalition mit einer rassistischen weißen Arbeiterpartei, die größtenteils die weißen Bergleute vertrat, an die Macht. Seitdem ist die Nationalist Party an der Macht. Dreißig Jahre lang hat sie systematisch und rücksichtslos die Rassenpolitik der Apartheid durchgeführt, eine Politik, die dem Regime den Abscheu der Welt eingebracht hat sowie den Haß der schwarzen Massen innerhalb des Apartheidstaates.

Die schwarze Antwort

Wie reagierten nun die Schwarzen auf die weiße Besiedlung und später auf das legislative Anziehen der Apartheid-Schrauben? Die erste große schwarze Reaktion auf den von der Kapniederlassung ausgehenden Expansionsdrang der Weißen war der Krieg. Ein Jahrhundert lang, ab 1779, wurden nicht weniger als neun Kriege zwischen Angehörigen des Xhosa-Stammes und den Grenzlandfarmern ausgetragen. Ende des 19. Jahrhunderts war die militärische Macht der Xhosa gebrochen. Die andere große schwarze Gruppe, die Zulus, führten in Natal einen wütenden Krieg, bevor sie 1879 den britischen Waffen erlagen.

In den darauffolgenden hundert Jahren strebte die schwarze Mehrheit ein faires Arrangement mit der weißen Minderheit an. Das östliche Kap war dabei das Zentrum der schwarzen Politik. Bildungsanstalten wie die Fort Hare University, das Lovedale Institute und das Healdtown College schulten schwarze Führer nicht nur für Südafrika, sondern auch für Kenya, Tanzania, Malawi und Zambia. Aus diesen pädagogischen Zentren gingen alle Führer der ersten schwarzen Befreiungsbewegungen hervor: Dr. T. Jabavu, Dr. A. B. Xuma, P. Mzimba, E. Makiwane, W. Rubusana, A. K. Soga, J. Dube, M. Pelemi, J. Gumede und P. Seme; auch die drei wichtigsten schwarzen Führer, die in der stürmischen Zeit seit der Machtübernahme der Nationalist Party im Jahre 1948 auftauchten, waren allesamt Männer vom Ostkap – Nelson Mandela, Robert Sobukwe und Steve Biko.

Eines der verhängnisvollsten Ereignisse war im Jahre 1913 die Einführung der Land Bill, in der die Landgebiete für die einzelnen ethnischen Gruppen festgelegt wurden. Die territoriale Apartheid war damit geboren.

Einige schwarze Politiker glaubten, daß dieser Gebietstrennungsplan den Schwarzen zugute kommen würde, und unterstützten die Gesetzesvorlage. Andere wandten sich energisch gegen diese Homeland-Politik. Im ganzen überwogen Zorn und Frustration der Schwarzen, die sich von Zeit zu Zeit in Aufständen Luft machten. Daneben gewann auch der Gedanke an passiven Widerstand an Boden. Die Anregung dazu ging aus von einem Rechtsanwalt aus Natal, Mohandas Gandhi, der später als Mahatma berühmt werden sollte und Indien durch die Methoden des passiven Widerstandes, die er in Südafrika entwickelt hatte, von der Herrschaft der Briten befreite.

Zu den Rassenunterschieden zwischen Schwarz und Weiß, zu den Problemen zwischen Afrikaanern und Englisch-Sprechenden und den Problemen der sogenannten Coloureds (der Mischlingsnachkommen schwarzer und weißer Eltern) kam noch das Inderproblem hinzu, vom Chinesenproblem ganz zu schweigen. Man hatte billige indische Arbeitskräfte für die Zuckerrohrfelder von Natal und chinesische für die Goldminen geholt. Nachdem sich weiße Bergleute beschwert hatten, wurden viele Chinesen in die Heimat zurückgeschickt, aber eine Anzahl blieb da. Bemühungen, auch die Inder in ihre Heimat zurückzubringen, waren weniger erfolgreich, und heute gibt es, meist in Natal, fast eine Million Südafrikaner indischer Herkunft.

Im Jahr 1924 nahmen die schwarzen und indischen politischen Bewegungen einen neuen, dringlicheren Charakter an; damals kam, wie schon erwähnt, die Nationalist Party unter Hertzog an die Macht. In der Folgezeit legte die Regierung Hertzogs den legislativen Grundstein für das massive Gebäude der Apartheidgesetze, das die Nationalisten von 1948 errichteten. Die Regierung Hertzogs setzte allen Hoffnungen auf eine politische Mitwirkung der Schwarzen in einer gemeinsamen Gesellschaft ein jähes Ende. Die Schwarzen waren im zentralen Parlament nur indirekt vertreten – durch eine Handvoll Weiße.

Inzwischen war durch die wegbereitenden Bemühungen des Native National Congress als Repräsentation der Schwarzen der African National Congress errichtet worden, der als Vorhut der schwarzen Sache zu fungieren begann. Unter dem Häuptling Albert Luthuli und später unter Nelson Mandela, zwei Hünen der schwarzen Befreiungsbewegung, gewann der ANC massive Unterstützung im ganzen Land.

Steve Bikos Vorgänger

Erst als Mandelas Geduld bei der Beschwörung der Weißen um einen Kompromiß erschöpft war, spaltete sich die Volksbewegung. Mandela kam zu dem Schluß, daß weiteres Appellieren an die Vernunft Zeitverschwendung sei und der Nationalismus der Afrikaaner nur durch Gewalt zum Verhandeln gezwungen werden könne. Um dieses Programm in Gang zu setzen, reiste Mandela, Unterstützung suchend, in Afrika herum; ihm wäre es gleich, erklärte er, wo diese Unterstützung herkäme. Kommunistischen Mächten brauchte er das nicht zweimal zu sagen. Das Ausnutzen schwarzer Unzufriedenheit in jedem Teil Afrikas, und vor allem in Südafrika mit seinen ungeheuren Bodenschätzen, war schon lange ein Bestandteil der sowjetischen Strategie.

Mandelas Bereitschaft, kommunistische Hilfe anzunehmen, fand einen sofortigen Widerhall bei Südafrikas Kommunisten. Schußwaffen, Sprengstoff und Geld wurden ihm zur Verfügung gestellt. Das Annehmen dieser Art von Hilfe bedeutete für Mandela jedoch nicht zugleich das Annehmen kommunistischer Ideologie. Gleichwohl führte die Allianz zwischen dem ANC und der Kommunistischen Partei zu einer zunehmenden Verschwommenheit der politischen Richtungen, deren Ausmaß begann, jüngere Mitglieder der Bewegung wie Robert Sobukwe zu beunruhigen.

Der Bruch zwischen Sobukwe und Mandela kam 1959. Sobukwe gründete den Pan-Africanist Congress und zog eine beträchtliche Anzahl der jungen ANC-Anhänger auf seine Seite. Schon 1961 hatten beide Bewegungen eine gigantische Anhängerschaft bei den schwarzen Massen; in jenem Jahr wurden sowohl der ANC als auch der PAC verboten. Sobukwe, Mandela und ihre wichtigsten Mitkämpfer wurden eingekerkert, Mandela wegen des Vorhabens, die Nationalisten-Regierung auf gewaltsame Weise zu stürzen. Beide kamen ins Gefängnis Robben Island in der Tafelbucht. Nachdem Sobukwe seine Strafe abgesessen hatte, wurde er geächtet und in die abgelegene Gegend Kimberley verbannt. Mandela sitzt immer noch auf Robben Island, seit fünfzehn Jahren; die Regierung Vorster hat bekanntgegeben, daß sie das über ihn verhängte Urteil nicht revidieren wird.

Eines Tages wird die südafrikanische Geschichte der erlauchten Reihe der mutigen Führer, die ihre Tatkraft der Sache ihres Volkes gewidmet haben, die volle und gebührende Ehre erweisen. Die Beiträge schwarzer Wortführer verschiedener gemäßigter und radikaler Färbungen werden aufgezeichnet sein, einschließlich der frühesten und der spätesten, von Jabavu und Soga, Mzimba, Makiwane, Rubusana, Pelemi, Seme, Gumede, Bokwe, Xuma, Makgatho, Mapikela, Mangena, Msimang und Dube bis zu Luthuli, Mandela, Sobukwe und Biko. Ich glaube aber, daß Steve Biko einen besonderen Platz in der Geschichte unseres Landes einnehmen wird, nicht nur wegen seiner eigenen bemerkenswerten Eigenschaften, sondern weil er der erste dieser großen Führer sein sollte, der vom Staat getötet wurde.

Barney Pytyana, Stellvertreter Steve Bikos in der SASO (South African Students' Organisation), hat die Lage der Schwarzen in Südafrika wie folgt analysiert:

».. . Die Bevölkerung Südafrikas besteht aus über 25 Millionen Menschen. Von diesen sind nur etwa 5 Millionen weiß. Trotzdem befindet sich die gesamte politische und wirtschaftliche Macht in den Händen dieser weißen Minderheit. Sie haben das Recht, alle gesetzgebenden Körperschaften zu wählen und sich dort hineinwählen zu lassen. Sie haben das Monopol für alle Schlüsselstellungen, Machtzentren und bevorzugten Berufe. Weiße sind von Gesetzes wegen vor der Konkurrenz mit Schwarzen im beruflichen, sportlichen und politischen Bereich geschützt. Sie erhalten den großen Abstand zwischen sich selbst und anderen Rassen aufrecht, was technische Kenntnisse und damit den Wohlstand angeht. Die sogenannten Nichtweißen werden von der öffentlichen Gewalt vollkommen unterdrückt. Es ist die Politik der Regierung, die verschiedenen Rassengruppen vollständig voneinander getrennt zu halten. Es liegt auf der Hand, daß ihr Bild voneinander durch Vorurteile, Komplexe und Verdächtigungen geprägt ist. Sie wetteifern um die Gunst der maßgebenden Stellen, und überaus unterschiedlich sind Lebensbedingungen, soziale Leistungen und Gehälterskalen.

Dazu kommt, daß die Masse der schwarzen Bevölkerung ihren degenerierten Status akzeptiert. Ihr angeborener Stolz ist zerschlagen worden. Einige tragen sogar dazu bei, ihren Wert als menschliche Wesen zu zerstören. Sie werden herdenweise umgesiedelt; nur 13% des Landes, und noch dazu das unwirtlichste, wird ihnen zugewiesen.

Südafrika zeigt in einzigartiger Weise, daß eine starke Minderheit sogar die Arbeitskräfte einer sich lebhaft ausdehnenden Wirtschaft am Boden zu halten vermag. Die gesellschaftliche Stellung ist von Geburt an für das ganze Leben durch die Hautfarbe bestimmt. Ob er nun Arbeitnehmer, Geschäftsmann, Intelektueller oder Häuptling ist, kein Schwarzer hat Zutritt zum nationalen Parlament.

Der Schwarze ist entwurzelt, verfolgt, überrumpelt, dazu verurteilt, der Zerstörung seiner Überzeugungen zuzusehen . . .

. . . Es wäre ein frommer Wunsch, zu hoffen, daß die existierenden politischen Parteien in Südafrika eine Änderung herbeiführen könnten. Eine politische Partei, die es auf eine ausschließlich weiße Wählerschaft abgesehen hat, macht natürlich die Forderungen dieser Wählerschaft zum Kriterium ihrer Politik; sie nutzt deren Rassenvorurteile aus und vereint sie in einem hegemonialen Block, der zur stimmenlosen Minderheit in Opposition steht. Das heißt, daß sich schwarze Menschen eine Position der Unabhängigkeit von den Weißen aufbauen müssen. Sie müssen eine autarke politische, gesellschaftliche und wirtschaftliche Einheit anstreben. Dadurch verhelfen sie sich selbst zu einer tieferen Vergegenwärtigung ihrer verborgenen Kraft und ihres Wertes als ein sich selbst achtendes Volk. Die Sicherheit, die dadurch erzeugt wird, wird ihnen ein Gefühl des Stolzes und des Selbstbewußtseins geben. Das ist es, was wir in Südafrika brauchen, um eine wirkungsvolle Änderung des Status quo herbeizuführen. Der Weg in die Zukunft führt nicht über einen richtungslosen Multirassismus, sondern über eine positive, eindeutige Einstellung. Schwarzer Mann, du bist auf dich selbst angewiesen.«

Ironie der Geschichte: Die Apartheid, deren Zweck es war, eine vereinte schwarze Reaktion zu unterbinden, hatte ebendiese Reaktion verursacht. Dadurch, daß sie den Schwarzen nicht einmal den winzigsten Anteil in einer gemeinsamen mehrrassischen Gesellschaft gewährten, hatten die Rassisten die aufgewecktesten jungen Schwarzen dazu getrieben, nicht nur einen Anteil an einer solchen Gesellschaft zu verlangen, sondern den dominierenden Anteil – zu ihren eigenen Bedingungen.

Der junge Steve Biko und seine Kollegen hatten den schlafenden Riesen des schwarzen Selbstbewußtseins in Südafrika gepackt, um ihn aus seinem Schlummer zu rütteln. Und mehr noch: Um ihn auf die Beine zu stellen, um ihn zu seiner vollen Größe aufzurichten und um alle herauszufordern, die versucht hatten, ihn am Boden zu halten. Das schwarze Selbstbewußtsein war geboren, eine neue Gesamtheit der schwarzen Antwort auf die weiße Macht, und damit eine neue Ära im südafrikanischen Rassenkampf.

Und mit ihr war die zunehmend fühlbare Führung Steve Bikos geboren. Trotz all seiner Bemühungen, sich im Hintergrund zu halten und eine breitgefächerte kollektive Führung zu schaffen, konnte ihn seine eigene Bescheidenheit nicht vor der unerbittlichen Entwicklung bewahren, welche die fähigsten Männer dazu bringt, sich einem von ihnen zuzuwenden und ihm klarzumachen, daß er, mehr als irgendein anderer, ihr anerkannter Führer ist. Obwohl die Bewegung des schwarzen Selbstbewußtseins von Anfang an ein großes Aufgebot von begabten Führern und Sprechern hervorbrachte, war es der Name Biko, der sich in zunehmendem Maße von den anderen Namen abhob. Anfang der siebziger Jahre schien es, als ob der junge Biko eine gewaltige neue Kraft in der schwarzen Politik Südafrikas verkörperte.

Bei dem Bemühen, Schwarze gegen weiße Rassisten mobil zu machen, hielten es die Verfechter des schwarzen Selbstbewußtseins für nötig, zuerst ihre Mitschwarzen von den liberalen weißen Antirassisten zu trennen, indem sie den Liberalismus selbst angriffen. Als Liberaler war ich deshalb einer von denen, deren erste Bekanntschaft mit dem schwarzen Selbstbewußtsein durch Angriffe von Leuten wie Biko zustande kam, Angriffe auf alles, an das ich im Rahmen der südafrikanischen Politik persönlich glaubte. Schließlich war ich, zusammen mit meinen liberalen Vorbildern wie Alan Paton, einer dieser weißen Liberalen, deren Paternalismus und negativer Einfluß angegriffen wurden. Wir Liberale glaubten an eine gemeinsame nichtrassische Gesellschaft in Südafrika, an ein Ende jeder Apartheid und an eine Brüderschaft aller Südafrikaner, welcher Rasse, welches Glaubens, welcher Farbe auch immer. Wir konnten nicht einsehen, daß solche Vorstellungen für junge Schwarze in unserer unterdrückten Gesellschaft unbrauchbar und unsere ständigen Bemühungen, diese Ideale zu erreichen, nicht mehr ausreichend waren.

Ehrlich gesagt, gab es sowieso nicht viele von unserer Art. Wenige Südafrikaner teilten unsere Ansichten über die Apartheid, und auch viele von uns, die sich als liberal bezeichneten, hatten einen langen Weg fort vom Rassismus zurücklegen müssen.

2

Der Mann

Man bringt uns zusammen

Ich wurde von einem resoluten Schwarzen in mein erstes Zusammentreffen mit Steve Biko hineingedrängt. Meine Sekretärin ließ mich wissen, daß ein Dr. Ramphele im Büro sei und mich sprechen wolle. Der Name sagte mir, daß Dr. Ramphele schwarz war, und ich stellte mir einen alternden, grauhaarigen, mit einer Onkel-Tom-artigen Schüchternheit behafteten Mediziner vor. Keine Vorstellung hätte der Wirklichkeit weniger entsprechen können.

Sie platzte durch die Tür herein, eine zierliche Person in Blue jeans und weißem Pulli, stellte sich herausfordernd vor meinem Schreibtisch auf, die Hände auf den Hüften, und schrie förmlich: »Warum widmen Sie all Ihre Schlagzeilen Versagern wie Buthelezi und Matanzima? Warum lernen Sie nicht die echten schwarzen Führer kennen? Wann kommen Sie und unterhalten sich mit Steve Biko? Sie wissen, daß er in Acht und Bann steht und nicht zu Ihnen kommen kann, also warum gehen Sie nicht zu ihm? Was ist los mit Ihnen?«

Das war ein Schlag. Es gibt wenige schwarze Ärzte in Südafrika, und noch weniger schwarze Ärztinnen, und obwohl ich in Zambia, London und anderswo schwarze Frauen kennengelernt hatte, welche die Haltung und Selbstsicherheit besaßen, in das Büro eines Journalisten hineinzuplatzen und eine Tirade dieser Art loszulassen, hatte ich nie gedacht, daß es solche Leute auch in meinem eigenen Land gäbe. Alle Schwarzen in Südafrika, ob männlich oder weiblich, sind in der Gegenwart Weißer sehr schüchtern.

Dies war eine neue Rasse schwarzer Südafrikaner – die Black-Consciousness-Rasse –, und ich wußte sofort, daß eine Bewegung, die eine Persönlichkeit hervorbrachte, wie sie mir jetzt gegenüberstand, Eigenschaften hatte, welche die Schwarzen in Südafrika seit dreihundert Jahren gebraucht hätten.

Etwas von dieser Erkenntnis muß man mir angesehen haben; ich glaube mich sogar daran zu erinnern, daß meine Reaktion auf diese Tirade ein breites, vollkommen entzücktes Grinsen war, weil sich diese bemerkenswerte Dr. Ramphele sofort beruhigte, sich setzte und unter der zuversichtlichen (und vollkommen zutreffenden) Annahme, daß all meine anderen Verabredungen plötzlich vollkommen unwichtig geworden seien, anfing, mir auf geduldige und völlig liebenswürdige Art und Weise eine Erklärung der schwarzen politischen Realität und der Philosophie des schwarzen Selbstbewußtseins zu geben.

Ich hatte bis dahin eine durchaus negative Einstellung zur Black Consciousness gehabt. Als einer der sehr, sehr wenigen südafrikanischen Liberalen lehnte ich das Moment der Rasse im politischen Denken ab und war einer nichtrassistischen Politik und Philosophie ergeben. Das wenige, was ich zu jener Zeit über Biko und die Black-Consciousness-Philosophie und -Organisationen, die er gegründet hatte, wußte, sagte mir, daß er und sie die schwarze Einstellung vertraten; diese Tatsache wurde dadurch illustriert, wie dieser Biko den Abfall von der NUSAS (National Union of South African Students), einer liberalen, mehrrassigen Studentenorganisation, geleitet hatte, um die rein schwarze SASO zu schaffen, mit der Begründung, daß schwarze Studenten nur politische Selbstsicherheit erlangen konnten, wenn sie taten, was sie als Schwarze für richtig und natürlich hielten, ohne sich von Weißen beeinflussen zu lassen. Sein Argument, daß schwarze Studenten ihre eigene schwarze Identität entwickeln müßten, empfand ich als rassistisches Denken, und ich sah die Gründung der SASO als Verrat am weißen liberalen Engagement an. Und genauso dachte ich über die anderen, von Biko gegründeten Black-Consciousness-Gruppen, wie die Black Community Programs und die ausschließlich schwarzen Sportvereine und Treuhandfonds für die Versorgung der Familien politischer Gefangener. Ich sah in ihnen die Umkehrung der Apartheidmentalität: umgekehrten Rassismus.

Dr. Ramphele hörte mir geduldig zu und schrie dann fast wieder: »Das siehst du alles ganz falsch, Mann! Wir sind nicht rassistisch. Wir bestehen nur darauf, wir selbst zu sein. Du mußt kommen und mit Steve sprechen, er wird alles erklären.«

Ein Treffen wurde vereinbart, und an dem Tag, an dem ich von East London nach King William's Town fuhr, das mit dem Wagen in einer Stunde zu erreichen ist, ließ ich mir das durch den Kopf gehen, was ich über Biko gehört und gelesen hatte.

Biko war am 18. Dezember 1946 in King William's Town geboren worden. Seine Ausbildung hatte an der Brownlee Primary begonnen, zwei Jahre lang, und wurde an der Charles Morgan Higher Primary vier Jahre lang fortgesetzt. Dann ging er an das Lovedale Institute, um sich für die Immatrikulation vorzubereiten. Schon nach drei Monaten aber wurde Lovedale wegen eines Streiks älterer Schüler geschlossen. Daraufhin ging Biko nach Marianhill, einem katholischen Institut in Natal, wo er sehr gut vorankam. 1966 immatrikulierte er sich an der University of Natal, um Medizin zu studieren, wurde jedoch nach anfänglichen akademischen Erfolgen so in die Politik verstrickt, daß seine Noten darunter litten und er vom weiteren Studium ausgeschlossen wurde. Zu dieser Zeit war er schon ein angesehener Anführer verschiedener Organisationen, die er gegründet oder mitgegründet hatte, einschließlich der South African Students' Organization (SASO) und der Black Community Programs. Kurz danach wurde er in Acht und Bann getan; er durfte sich nur im Gebiet von King William's Town aufhalten.

Ich beschloß, als ich meiner ersten Begegnung mit Steve Biko entgegenfuhr, daß ich ihn wegen seiner ganzen Einstellung zum weißen Liberalismus zur Rede stellen würde, einer Einstellung, die auf der schwarzen Forderung zu basieren schien, daß weiße Gegner der Apartheid nur dann in dem zukünftigen Südafrika, das er sich vorstellte, akzeptiert würden, wenn sie eine doppelte Heiligsprechung vorzuweisen hatten. Schließlich war es nicht *allein* sein Land. Wenigstens in einem gewissen Maß war es auch meins, und ich hatte ganz bestimmt keine Lust, mich in dieser Beziehung für irgendwelche Zufälle der Hautfarbe, mit der ich geboren war, zu entschuldigen. Die Begegnung versprach, lebhaft zu werden ...

Unsere erste Begegnung

Als ich nach King William's Town hineinfuhr, kam mir die ganze Ironie der Situation zu Bewußtsein: diese kleine Kolonialstadt, mit ihren viktorianischen Gebäuden, beherbergte das Hauptquartier von Südafrikas radikaler schwarzer Widerstandsbewegung; die guten Bürger von »King« waren sich der Viper, die sie in ihrer Mitte beherbergten, sicher nicht bewußt. Ich sollte Biko in der Leopold Street 15a treffen, im Büro der Black Community Programs, wo er als Hauptleiter für das Ostkap arbeitete, nachdem die Verfügung, die 1973 gegen ihn erlassen wurde, ihn auf den Amtsbezirk von King William's Town eingeschränkt hatte.

Die Leopold Street war nicht schwer zu finden: im Zentrum der Stadt. Die Leopold Street ist eine hübsche, schattige Allee, aber dort, wo Nummer 15a hätte sein sollen, stand eine kleine Kirche, deren Haupttür geschlossen war. Nähere Nachforschungen ergaben jedoch, daß es sich bei der Kirche tatsächlich um Nummer 15a handelte. Ich klopfte an die Tür, um den Kirchendiener aufzuscheuchen; vielleicht konnte er das Geheimnis lüften. Die Tür wurde fast sofort aufgemacht, und einige junge Schwarze, die mich anscheinend erwartet hatten, hießen mich eintreten. Drinnen sah ich, daß das Gebäude keineswegs eine Kirche war, sondern eine Reihe von Verwaltungsbüros enthielt, mit allem Drum und Dran: Schreibtischen, Karteikästen, Schreibmaschinen, Fotokopiergeräten und Regalen. Ich sagte, ich wolle Steve Biko sehen, und wurde durch diese Büroräume zum Hinterhof der »Kirche« geleitet.

Ich war mir einer gewissen Spannung bewußt. Ich hatte noch nie eine Person getroffen, die in Acht und Bann stand, und wußte nur, daß er nicht mit mehr als einem Menschen auf einmal sprechen und nicht zitiert werden durfte und von der Sicherheitspolizei sorgsam beschattet wurde. Außerdem war mir nicht klar, warum mich Biko kennenlernen wollte – einen orthodoxoen weißen Liberalen von dem Typ, den seine Bewegung zusammen mit allen anderen Weißen ablehnte, ungeachtet ihrer Opposition zur Apartheid.

Der Hinterhof der Kirche war klein und von Unkraut überwuchert. Der Hof wurde von einem hohen Baum beherrscht, der auch über ein kleines Eckgebäude schräg gegenüber der Kirche hinausragte. Dieses Gebäude enthielt drei Büroräume und eine Veranda, und davor stand Biko. Ich bin fast einsachtzig groß, aber er überragte mich um einiges und hatte den massiven Bau eines Schwergewichtsboxers, der nicht vollkommen fit ist und daher etwas zuviel Gewicht mit sich herumträgt. Seine Züge waren angenehm, sein Ausdruck jedoch eher prüfend als wohlwollend. Er begrüßte mich zurückhaltend und bat mich in einen Raum, der vermutlich sein Büro war. Ich begann damit, ihm zu sagen, ich sei gekommen, um mehr über diese Black-Consciousness-Sache, die meiner Meinung nach zu sehr nach schwarzem Rassismus aussehe, zu erfahren. Ich erinnere mich, mit diesem Satz aufgehört zu haben: »Ich muß mich, verdammt noch mal, nicht dafür entschuldigen, als Weißer geboren zu sein, und auch nicht entschuldigen für eine Rassenpolitik, die ich nicht unterstütze!«

Seine Reaktion verblüffte mich. Er hatte die ganze Zeit mit ernster Miene zugehört, aber als ich ausgeredet hatte, wurde sein ganzes Gesicht plötzlich von einem riesigen, totalen Grinsen belebt, und sein Körper nahm eine Haltung an, die mir in den kommenden Jahren wohlvertraut werden sollte – er rutschte in den Sessel hinein, bis er fast auf dem Rücken lag. Es war eine Haltung der völligen Entspannung und sollte später ein sicheres Zeichen dafür werden, daß Steve es sich für eine lange, lange Diskussion bequem machen wollte. Er erklärte mir, daß die schwarze Befreiung mit schwarzem psychologischem Selbstvertrauen beginnen müsse, und daß der erste Schritt auf diesem Wege sei, sich von Verbündeten zu lösen, deren gute Absichten dieser Selbstverwirklichung im Wege stünden. »Es ist nicht so, daß ich den Liberalismus an sich oder weiße Liberale an sich ablehne. Ich lehne nur das Konzept ab, daß die schwarze Befreiung unter der Führung weißer Liberaler erreicht werden könne.«

»Es muß ja auch keine weiße liberale Führung sein«, sagte ich. »Warum können die Führer keine schwarzen Liberalen sein?«

»So leicht ist das nicht. Die gesamte politische Struktur des Landes steht dagegen. Der Gedanke ist politisch einfach unrealistisch. Da sind zum Beispiel die Gesetze, die eine mehrrassische politische Zusammenarbeit verbieten.«

»Aber Herrgott noch mal, euer schlimmster Feind ist der weiße Rassist, der Pro-Apartheid-Nationalist oder United-Party-Mann, nicht der weiße Liberale oder Progressive, der die Apartheid ablehnt. Warum sollen die als erste angegriffen werden?«

»Sicher, der weiße Rassist, der Nats oder der UP, die sind die Hauptziele. Aber um uns für eine Herausforderung des Feindes zu rüsten, müssen wir uns erst von dem Freund distanzieren, der uns hemmt. Der Liberale ist kein Feind, er ist ein Freund – aber im Moment hält er uns zurück, indem er eine Formel anbietet, die zu sanft ist, zu unzureichend für unseren Kampf.«

»Das ist ja alles schön und gut, aber ich bin über die allgemeine Richtung dieser Schwarze-für-sich-selbst-Sache nicht froh. Heute habt ihr diese Black Consciousness bei euren Schwarzen erreicht; wie wollt ihr sie morgen bremsen? Wie wollt ihr sie davon abhalten, daß sich das in schwarzen Rassismus oder Weißenhaß verwandelt?«

»Weil es keine negative, hassende Sache ist. Es geht um ein politisches schwarzes Selbstbewußtsein, das keinen Haß beinhaltet. Okay, es wird vielleicht Fälle geben, wo Randelemente eine antiweiße Verbitterung beibehalten. Wir werden tun, was wir können, um das in Grenzen zu halten, aber es ist, ehrlich gesagt, nicht eine unserer ersten Prioritäten oder eine unserer dringendsten Sorgen. Unser größtes Anliegen ist die Befreiung der Schwarzen – der Mehrzahl der Südafrikaner –, und obwohl wir für die Errichtung eines Landes arbeiten wollen, in der alle Menschen freie und willkommene Bürger sind – weiße ebenso wie schwarze –, müssen wir uns auf das konzentrieren, was den Schwarzen am meisten bedeutet. Also sind wir in diesem Stadium hauptsächlich mit der schwarzen Empfindungsfähigkeit beschäftigt, nicht mit der weißen Empfindlichkeit.«

Ich erkundigte mich, warum er mich hatte sprechen wollen, und er antwortete mir mit einem weiteren breiten Grinsen: »Ich wollte sehen, wie du wirklich ausschaust. Die meisten Schwarzen halten dich für einen Mordskerl, du hast wegen deiner Leitartikel eine große Anhängerschaft bei den Schwarzen – aber ich wollte eigentlich herauskriegen, ob du auch Mordskerl genug bist, um über die Black-Consciousness-Bewegung etwas Gescheites zu schreiben, die den Schwarzen einiges mehr bedeutet als das ganze Bantustan-Zeug, das deine Reporter behandeln.« Er sagte, daß SASO- und Black-Consciousness-Leute im allgemeinen der Meinung seien, daß sich die Zeitungen nicht in ausreichendem Maße mit ihren Projekten und Einstellungen beschäftigten, und daß sie hofften, der *Daily Dispatch* möge diesbezüglich Wandel schaffen. Ich erwiderte, daß wir gerne so viel wie möglich in dieser Richtung tun würden, da unsere Nachrichtenspalten allen echten Nachrichten und unsere Leserbriefspalten allen Meinungsschattierungen gegenüber offen seien. Ich versprach spontan, einen Reporter, einen schwarzen Reporter, auf die Black Consciousness anzusetzen, und bat darum, daß dieser Reporter die volle Unterstützung jener Black-Consciousness-Funktionäre, die zitiert werden konnten, erhalten würde.

Biko antwortete: »Okay, das wären die Nachrichten. Was ist mit Ansichten? Deine Zeitung enthält Spalten, in denen alle anderen Gruppen ihren Standpunkt vertreten können – Sprecher der Nats, UP, Progressives, der Homelanders und der Coloured Labour Party. Wie wär's auch mit einer Spalte für Black Consciousness?«

»In Ordnung«, sagte ich. »Gib mir einen Autor, der so eine Spalte innerhalb der Grenzen des Pressegesetzes schreiben kann, und ich werde sie regelmäßig abdrucken.«

Nach einer ausgiebigen Diskussion über diese und andere Fragen merkte ich, daß wir uns schon einige Stunden lang unterhalten hatten, und schickte mich an, zu gehen. Er begleitete mich zu meinem Wagen. Als er ihn sah, einen braunen Mercedes, den ich vor der Kirche geparkt hatte, stutzte er übertrieben und gab eine kleine Pantomime zum besten, indem er die Hände emporhob, um seine Augen vor diesem kapitalistischen Symbol zu schützen.

»Um Gottes willen«, sagte er und wandte sich demonstrativ ab. »Wie kann ein Verfechter der Interessen des Volkes in diesem Ding herumfahren!«

»Hör mal«, sagte ich, »du machst auf Schwarz, und ich mach auf Weiß. Die Tage des weißen Privilegs sind gezählt, und ich genieße es, solange ich noch kann.« Er lachte noch immer darüber, als ich schon um die Ecke bog, ihn aus den Augen verlor und nach Hause fuhr.

Das war meine erste Begegnung mit Steve Biko, und sie hatte genügt, mich davon zu überzeugen, daß er ein ungewöhnlich begabter Mann war. Sein schneller Verstand, seine hervorragenden Formulierungen und seine rein geistige Kraft waren überaus beeindruckend. Er hatte die Ausstrahlung und die Statur eines Führers, und auf meinem Heimweg kam ich zu dem Schluß, daß dieser Biko möglicherweise der imponierendste all der Persönlichkeiten der britischen, kanadischen, amerikanischen und deutschen Politik, die ich in meiner Tätigkeit als Journalist kennengelernt und interviewt hatte, sein könnte. In den darauffolgenden Monaten und Jahren hörte ich bald auf, daran irgendwelche Zweifel zu hegen. Später wurde mir klar, daß Steve Biko der größte Mann war, den zu kennen ich die Ehre hatte.

Wir werden Freunde

Mein nächstes Treffen mit Steve fand dort statt, wo die meisten unserer zukünftigen Treffen stattfanden: in der Zanempilo Clinic. Die Black Community Programs, die in der »Kirche« in der Leopold Street ihr Hauptquartier hatten, betrieben eine Anzahl Projekte, die schwarze Selbsthilfevorhaben wie Literaturkurse, Damenschneiderei und Gesundheitsausbildung zum Ziel hatten. Die Zanempilo Clinic war eines der größten Gesundheitsprojekte. Die Klinik stand auf einem Hügel einige Meilen außerhalb von King William's Town und diente Tausenden von Schwarzen vom Lande, die nicht zum städtischen Krankenhaus gelangen konnten. Sie wurde von einem kleinen Stab unter Dr. Ramphele geleitet, besaß einen Operationssaal, eine Entbindungsanstalt und Einrichtungen, um grundlegenden Ernährungsunterricht zu erteilen. Während unserer ersten Begegnung hatte Steve erwähnt, daß er mir gerne die Klinik zeigen würde; einige Tage später rief er mich an und lud mich ein, Wendy und die Kinder am Sonntag zum Essen mit herauszubringen und den Tag dort zu verleben. Ich wies darauf hin, daß wir fünf Kinder hätten und deshalb ziemlich zahlreich in Erscheinung treten würden. Er sagte, das höre sich nach einer »schönen, großen afrikanischen Familie« an; wir wären alle willkommen. Am Sonntag zwängten Wendy und ich und die Kinder, die zwischen drei und elf Jahre alt waren, uns ins Auto und fuhren nach King William's Town. Wie abgemacht, trafen wir Steve in der Leopold Street; nach einer inzwischen offenbar unerläßlichen Grimasse des Entsetzens meinem Wagen gegenüber fuhr er uns zur Klinik voraus.

Dr. Ramphele hieß uns in ihrem kleinen Haus neben der Klinik willkommen. Insgesamt waren wir an die zwanzig Personen; es gab Drinks und eine endlose Diskussion. Obwohl die Stimmung freundlich war (die kleineren Kinder wurden auf diverse Schöße verteilt, in der vollkommen ungenierten Art, in der Afrikaner mit Kindern umgehen), war es ganz offensichtlich, daß Wendy und ich uns auf einer Art Prüfstand befanden. Lange und eingehend wurden wir nach unserer gesamten politischen Einstellung befragt. Zufriedenstellende Antworten hatten bei unseren Gastgebern ein leises, erfreutes Murmeln zur Folge, unzufriedenstellende ein kaum bemerkbares Unbehagen.

Wir hielten fest an unseren Vorbehalten den unvermeidlich rassistischen Aspekten der Black Consciousness gegenüber, müssen die Prüfung aber bestanden haben, da wir von diesem Tag an zunehmend als vollkommene Vertrauenspersonen in jenen Kreis aufgenommen wurden. In den nachfolgenden Jahren entwickelte sich eine tiefe Freundschaft zwischen uns allen – eine Freundschaft, die über politische Erwägungen hinausging. Obwohl sie ein politisches Fundament hatte, war es doch eine persönliche Beziehung zwischen Leuten, die sich als zueinanderpassende menschliche Wesen gegenseitig angezogen fühlten.

Für Wendy und mich war dies eine einmalig bereichernde Erfahrung, weil in unserem Land, mit seinen zahllosen auf der Rasse basierenden Schranken, Freundschaften zwischen Schwarz und Weiß selten waren. Es gab oberflächliche Bekanntschaften; aber im allgemeinen sorgten die gesellschaftlichen Umstände dafür, daß nur wenige Weiße jemals interessante Schwarze kennenlernten – das heißt, Schwarze, die sie als Menschen und nicht als Schwarze interessierten.

Das Erstaunliche an Steve und seinen Anhängern war, daß sie als Förderer der Black Consciousness jederzeit ihre Hautfarbe vergessen konnten. Diese Beobachtung sollte ich lieber genau erklären. Die Black-Consciousness-Leute hatten zweifelsohne ein vollkommenes Gefühl des Selbstwertes – eine Ausgeglichenheit und Selbstsicherheit, die nur wenige Schwarze in Südafrika in ihren Beziehungen zu Weißen zeigen. Sie gingen, sprachen und ließen sich in Stühle hineinfallen genau »wie wir«. Die Unterhaltung war weder gestelzt noch befangen. Wenn sie im Moment nichts zu sagen hatten, wurden sie durch langes Schweigen nicht verlegen. In allen Dingen gaben sie sich würdevoll, ohne Unterwerfung oder Entschuldigung. Die meisten Menschen in den meisten Ländern würde es befremden, daß man dies als ungewöhnlich betrachtet, aber unsere südafrikanische Gesellschaft ist eine im höchsten Maße anomale. In einer Umgebung, die von der Wiege bis zum Grab dazu bestimmt ist, zum politischen Vorteil weißer Rassisten entweder den Wert der Schwarzen herabzumindern oder vorsichtig aufkeimende Äußerungen dieses Wertes in stereotype Stammesreaktionen umzuleiten, hat es die Black Consciousness geschafft, selbstsichere Einstellungen bei den Schwarzen zu produzieren. Diese enorme Leistung sollte kein Beobachter dieses Landes geringschätzen.

Vor einigen Jahren stattete ich Zambia einen Besuch ab und war dort von der ähnlich selbstsicheren Haltung junger Schwarzer beeindruckt – besonders der jungen schwarzen Mädchen. Ich war seit einem Jahrzehnt, seit dem Jahr der Unabhängigkeit jenes

Landes, nicht mehr in Zambia gewesen, und jetzt gab es eine ganz neue Generation von Zambiern, die nie die Knechtschaft oder die psychologische Erniedrigung einer zweitklassigen Bürgerschaft kennengelernt hatten.

Jämmerlich wenige weiße südafrikanische Männer haben je eine schwarze Frau kennengelernt, die sich mit ihnen auf irgendeiner Basis der rassischen und sexuellen Gleichberechtigung verständigen konnte. Für sie gehen schwarze Frauen entweder unauffällig ihren häuslichen Pflichten nach, oder sie eilen an einem in Schuluniform vorbei, den Kopf ehrerbietig geneigt. Wenige weiße Männer in Südafrika haben je eine Dr. Ramphele kennengelernt, die ganz lässig sagen konnte: »Jetzt redest du wirklich Unsinn – paß auf, ich hol dir noch einen Drink.«

Einige persönliche Erinnerungen

Ich sagte bereits, daß Steve Biko der größte Mann gewesen sei, den ich je kennengelernt habe. Was macht Größe aus? Wie mißt man sie? Jeder von uns hat seine eigenen Kriterien. Wenn ich sage, daß Steve Biko für mich der größte Mann war, so meine ich ganz buchstäblich, daß er, mehr als irgendeine andere Person, der ich begegnet bin, das imponierendste Aufgebot an Eigenschaften und Fähigkeiten in jener Sphäre des Lebens vorzuweisen hatte, in der sich die Schicksale der Menschheit entscheiden: der Politik. Das heißt nicht, daß er nur ein hervorragender Politiker war. Er war viel mehr als das. Er war ein Staatsmann, in dem Sinne, in dem Abraham Lincoln einer war, mit jenem Sehvermögen, jener Visionsgabe und jenem umfangreichen Verständnis für die Angelegenheiten von Menschen und Nationen, das dem Zuhörer mit mehr als bloßen Worten mitgeteilt wird. Er konnte die Leute verstehen machen. Er konnte es einem möglich machen, seinen Traum mit ihm zu teilen, und er konnte das mit wenigen Worten tun; er schien Ideen durch außerverbale Medien mitzuteilen – fast physisch.

Als Journalist hatte ich viele prominente Persönlichkeiten in verschiedenen Ländern interviewt, aber meiner Meinung nach war keine von ihnen mit Steve Biko zu vergleichen. Der, der ihm an »Charisma« am nächsten kam, war Robert Kennedy, mit dem ich sowohl in Südafrika als auch in den Vereinigten Staaten lange Diskussionen führte. Aber das Charisma Kennedys war aus den Umständen geboren, aus Hintergrund und Ereignissen. Das Charisma Steve Bikos war voll und ganz sein eigenes. Von früh an hatte er die unverkennbare Haltung, die Eigenschaften eines einzigartigen Führers. Ich sage einzigartig, weil der Stil seiner Führung sein eigener war – er war unaufdringlich und nicht auf das eigene Vorwärtskommen gerichtet, wurde aber sofort von seiner Umgebung anerkannt. Pfarrer Aelred Stubbs, der ihn schon seit seiner Jugendzeit kannte, sagte, daß die Größe Steves schon im Knabenalter sichtbar gewesen sei. Vater Stubbs, ein belesener ehemaliger Eton-Schüler, später Rektor des Federal Theological Seminary in Alice, war also in der Lage, die Führung eines Jungen, der halb so alt war wie er, anzuerkennen und sich ihr zu beugen. Ich weiß, was Stubbs meinte. Ich war dreizehn Jahre älter als Steve, aber ich hatte immer das Gefühl, als spräche ich mit einem, der älter und weiser war; wie viele andere bat ich ihn oft in allen möglichen Sachen um Rat.

Er hatte die Gabe, zum Kern eines Problems vorstoßen zu können und die einzige und beste Lösung zu finden, sogar bei Themen, die außerhalb des Bereichs seiner persönlichen Erfahrung lagen. Zum Beispiel wußte er wenig über die Leitung einer Zeitung, doch konnte er ein Mitarbeiterproblem, das ich ihm vortrug, nachdem ich mir tagelang den Kopf zerbrochen hatte, zwischen dem Anstecken und Ausdrücken einer Zigarette lösen.

Mitstudenten an der Natal University beschreiben, wie er unauffällig, aber bestimmt Einfluß auf ihre Überlegungen ausübte. Sie sagten, daß er nie vorne saß, daß er sich immer einen Platz ganz hinten im Raum aussuchte und wenig sprach. Aber es schien unvermeidlich, daß sie, nachdem sie alle ihre Meinung geäußert hatten, sich an ihn wandten und daß seine Vorschläge unweigerlich den Sieg davontrugen.

Wie bei den meisten wahrhaft großen Männern war bei Steve

keine Spur von Arroganz zu bemerken. Arroganz ist mit einem guten Sinn für Humor unvereinbar, und den hatte er zur Genüge. Während er kompromißlos die Mentalität der Nationalists verachtete, brachte er seinen Verfolgern keine Spur des Hasses oder der Verbitterung entgegen. Tatsächlich sprach er manchmal fast liebevoll von seinen Kerkermeistern und Inquisitoren.

Für eine Anzahl von Steves engsten Freunden, die zufällig weiß waren – Leute wie Pfarrer Stubbs, Francis Wilson, David Russell, Trudi Thomas und andere, einschließlich Wendy und mir – wirkte es besonders komisch, Sprecher der Nationalists sagen zu hören, daß Steve (den sie nie kennengelernt hatten) ein Weißenhasser sei. Dabei war es so, daß Steve Leute ganz einfach nicht hassen *konnte*. Weder Vorster noch Kruger, nicht einmal den Erzextremisten Treur. Steve verstand sie und ihre Komplexe viel zu gut, um sie zu hassen. Er haßte nur ihre rassistischen Ideen. Und die haßte er so sehr, und denen trat er mit einer solchen Entschiedenheit entgegen, und gegen diese trommelte er einen derartigen Widerstand zusammen, daß ein Zusammenstoß mit dem System schließlich unvermeidlich wurde.

Steve liebte fast jede Art von Musik und hatte zu Hause eine umfangreiche Plattensammlung; am meisten mochte er jedoch afrikanische »gumba«-Musik, die mehr auf Harmonie als auf melodischer Erfindung aufbaut.

Wenn der Anlaß stimmte, liebte er auch Partys. Ich erinnere mich an einen lustigen Abend, bald nach seiner Entlassung aus seiner dritten Haft (101 Tage). Wendy und ich brachten ein Dutzend Flaschen Champagner mit, um mit ihm zu feiern, und ungefähr fünfzehn von uns drängten sich in das winzige Foyer in Zanempilo zu einem Trinkgelage, das bis in die Puppen dauerte. Steve amüsierte sich köstlich damit, einen der Zanempilo-Arbeiter dafür aufzuziehen, daß er sich in ein vom Deutschen Fernsehen aufgezeichnetes Gespräch einmischte. »Der Typ ist dauernd vor die Kamera gelatscht und hat gefragt, ob jemand Tee möchte – nur um sein Gesicht auf die Mattscheibe zu kriegen«, lachte er.

Das einzig Traurige an der Veranstaltung war die Tatsache, daß ein enger Freund von Steve am Tag zuvor »restricted«, also in seiner Bewegungsfreiheit auf ein bestimmtes Gebiet beschränkt worden war. Kurz bevor er Steve in King William's Town besuchen wollte, hatte man ihn auf das Gebiet Kapstadt eingeengt. Aber Steve, der einen ausgeprägten Sinn fürs Dramatische hatte, verließ den Raum um Mitternacht und erschien, den Arm um den verbannten Mann gelegt, wieder. Wir waren gleichzeitig verblüfft und entzückt. Wie war das möglich? Wir überhäuften ihn mit Fragen. Ich erinnere mich an den Blick schierer Wonne und schieren Stolzes, mit dem er antwortete: »Es ist unser Land, *man*! Wir bewegen uns, wie's uns Spaß macht, *man*!«

Von Zeit zu Zeit unternahm Steve ausgedehnte Reisen durch das Land, bis nach Kapstadt und Durban, und mehr als einmal nach Johannesburg. Einmal reiste er vollkommen legal dorthin. Er mußte bei dem Prozeß einiger SASO- und BPC-Führer als Zeuge auftreten und bekam zu diesem Zweck die Erlaubnis, die ganze Strecke selbst zu fahren.

Auf der Durchfahrt durch den trockenen, flachen Orange Free State langweilte er sich und fühlte sich einsam und nahm zwei junge weiße Anhalter mit. Sie schienen nicht willens zu sein, sich zu unterhalten, aber da er sie zwecks Begleitung und Unterhaltung mitgenommen hatte (sie wollten bis nach Johannesburg), beschloß er, sie zu einem Gespräch zu bewegen.

»Sprecht ihr beide Englisch oder Afrikaans?« fragte er sie.

Zögernd antwortete einer von ihnen: »Wir sprechen beide Englisch.« Aber Steve meinte, aus ihrem Akzent zu erkennen, daß sie »Afrikaaner« waren.

»Schade«, sagte er, »ich hatte gehofft, daß ihr Afrikaans sprecht, weil ich mein Afrikaans verbessern möchte und gewünscht hatte, etwas Übung zu kriegen.«

Keine Reaktion.

»Kom, praat met my«, sagte er auf afrikaans. (Komm, sprich mit mir.)

»Nein, wir können nicht viel Afrikaans«, erwiderte einer von ihnen. Aber je mehr Englisch Steve sprach, desto schwieriger wurde es für sie, bis er sie endlich mit einem Lächeln herausforderte: »Kommt schon, ihr sprecht Afrikaans, stimmt's?« Sie gaben es mit großem Widerwillen zu.

»Warum habt ihr es bestritten?« fuhr er beharrlich fort. Nun sagten sie, sie wüßten, daß Schwarze die Afrikaaner nicht mochten. Typischerweise hielt ihnen Steve dann einen langen Vortrag, daß man sich nie, unter keinen Umständen, seiner Herkunft oder Rasse oder Kultur schämen oder sie verschweigen sollte. Danach wurden sie gelockert und freundlich und plauderten bis nach Johannesburg. Auf afrikaans!

Steve erinnerte sich gerne an die Fahrt. »Das waren nette, gute Burschen, ehrlich gesagt«, meinte er. Es war auch typisch, daß er das Feingefühl gehabt hatte, keine tiefsinnigen politisch-rassischen Diskussionen mit ihnen anzufangen. »Das wäre, ehrlich gesagt, zu schwierig für sie gewesen. Sie hätten's nicht verkraften können. Aber so haben sie einen hübschen Anteil ihrer Rassenvorurteile auf der Reise verloren, ohne daß ich mich besonders habe anstrengen müssen.«

Das kann ich mir vorstellen.

Steve war oft angeklagt, und was kleine Anschuldigungen anging, konnte er sich ganz brillant verteidigen. Er wußte immer, wann er seiner Beredsamkeit freien Lauf lassen konnte und wann es besser war, nicht zu clever zu erscheinen. Einmal, als er sich wegen einer Verkehrsanzeige zu verantworten hatte, erwies er dem Richter in genau dem richtigen Maße seine Ehrerbietung; er erweckte den Eindruck von Demut, ohne eine Spur von Kriecherei. (»Man muß diese Richter sich wichtig vorkommen lassen, weißt du.«) Und die Art, in der er die wirksamsten Punkte vortrug, ohne dem Gericht gegenüber respektlos zu erscheinen, erinnerte mich an die Reden, die Nelson Mandela auf der Anklagebank hielt. Obwohl zwei Leute vor Steve, die desselben Vergehens angeklagt worden waren, schwere Geldstrafen erhalten hatten, wurde Steve nur verwarnt.

Draußen vor dem Gerichtsgebäude rauchten Steve und der junge weiße Verkehrspolizist, den Steve einem gnadenlosen Verhör im Zeugenstand unterzogen hatte, zusammen eine Zigarette. Ich erinnere mich, im Gesicht des jungen Mannes einen Ausdruck bemerkt zu haben, den man nur als Heldenverehrung bezeichnen kann.

»Sagen Sie, Mr. Biko . . .« hörte ich ihn sprechen. Es war möglicherweise das erste Mal in seinem Leben, daß er einen Schwarzen als Mister angesprochen hatte.

Der Richter war auch deutlich von Steve beeindruckt, genauso, wie es viele Weiße waren, die diesem ungewöhnlichen schwarzen Mann begegneten. Während eines seiner Prozesse hörte ich, wie der Staatsanwalt halblaut zu einer Ordonnanz sagte: »Dieser Biko ist kein gewöhnlicher Mann.«

Da Steve wegen seiner Verbannung sein Medizinstudium nicht fortsetzen konnte (King William's Town hatte keine Universität), nahm er einen Fernkurs in Jura, kam gut voran und hatte, als er starb, eine Reihe von Prüfungen bestanden.

Ein anderes Element in seinem Wesen war sein Gefühl für Verfolgte, das ihn dazu bewegte, eine führende Rolle bei der Gründung des Zimele Trusts zu spielen, eines Fonds', der sich um die Familien politischer Gefangener kümmerte.

Steve war nicht religiös im konventionellen Sinn, obwohl ihn eine allgemeine tiefe Religiosität beseelte. Also fragte ich ihn, warum er einen seiner Söhne Nkosinathi (Der Herr ist mit uns) genannt hatte.

»Das war ein einseitiger Entschluß meiner Mutter, ehrlich gesagt. Sie ist sehr religiös, und Ntsiki und ich haben ihrer Entscheidung zugestimmt. Aber als der nächste kam, faßte ich meinen eigenen einseitigen Beschluß und nannte ihn Samora, nach Samora Machel.«

Als ich ihn fragte, ob das hieße, daß er der Politik Machels hundertprozentig zustimme, sagte er: »Nicht unbedingt, aber Machel leitete die Entkolonialisierung Mozambiques, und das finde ich ausreichend. Außerdem sind eine Anzahl seiner Vorhaben wirklich gut.«

Eine Beschreibung von Steves Persönlichkeit wäre ohne Erwähnung seiner kräftigen Sexualität unvollständig. Tatsächlich hatte Steve den Ruf eines Schürzenjägers, der zweifellos berechtigt war. Aber mit zwei Frauen hatte er ein besonders enges Verhältnis: mit seiner Frau Ntsiki und mit seiner ehemaligen Kommilitonin Maphela. Zu beiden unterhielt er eine besondere, obwohl unterschiedliche Beziehung.

Ich bewunderte sie beide – die stille, treue, bescheidene, aber zähe Ntsiki und die ungestüme, extrovertierte, aber ebenso zähe

Mamphela.

Ein bemerkenswerter Freund von Steve war Thami Zani, der einmal den BPC-Rekord für Einzelhaft hielt (423 Tage) und so ausdauernd und treu der Sache gegenüber war wie nur irgend möglich. Er war ein großer, starker Mann und sah aus wie ein Boxchampion – in Wahrheit war und ist er einer der größten Denker der Bewegung. Dann gab es noch den hervorragenden, fröhlichen Peter Jones, einen Coloured (Farbigen) von Kapstadt, der Steves ständiger Begleiter war, auch damals, als sie bei einer Straßensperre gefaßt und eingeliefert wurden in jene Haft, die mit Steves Tod endete. Peter oder PC, wie ihn seine Freunde nannten, war irrsinnig komisch. Seine überdimensionalen Füße steckten unweigerlich in Sandalen, und einmal trat ich ihm versehentlich auf die Zehen. In einem Ton, als ob er eine wissenschaftliche Untersuchung zu führen hätte, erkundigte er sich: »Donald, woran liegt es, daß du darauf bestehst, mir unaufhörlich auf den Füßen herumzutrampeln?«

Nachdem ich viele von Steves Freunden kennengelernt hatte, fragte ich ihn einmal, ob ich einen Freund von mir, Colin Eglin, den Führer der Progressive Federal Party, mitbringen könnte. Steve sagte so sanft wie möglich: »Ich werde mit jedem deiner Freunde sprechen. Auch mit Colin Eglin, wenn du meinst, daß es ihm etwas nützt. Mir wird es nichts nützen.« Was Steve meinte, war dies: Obwohl die Progressives sich dadurch auszeichneten, daß sie eine nichtrassistische Politik betrieben und außerdem Verbindung zu der großen Helen Suzman hatten, waren Steves Anhänger gegenüber zu intensiven Kontakten mit weißen süd-afrikanischen Politikern jeglicher Partei mißtrauisch. Obwohl sie die Progressives natürlich den Nationalists vorzogen, hegten sie trotzdem jeder Partei gegenüber Groll, die im ausschließlich weißen Parlament vertreten und daher ein Bestandteil des Systems war.

Jedenfalls brachte ich die beiden Mitte 1977 zusammen und wohnte ihrem ganzen Marathongespräch bei. Das empfand ich als Privileg, da es ein Zusammentreffen zweier ungewöhnlich heller Geister war. Nach anfänglicher Zurückhaltung, besonders auf seiten Steves, kamen sie gut miteinander aus, und am Ende ihrer Diskussion einigten sie sich, in Kontakt zu bleiben und zwischen ihren beiden Gruppen Gespräche einzuleiten. Am Ende dieses Dialogs machte mir Steve sein größtes Kompliment. Colin hatte Steve gefragt, ob er irgend etwas für ihn tun könne, und Steve antwortete: »Ja, Colin – versprich mir, daß du nie versuchen wirst, meinen Freund (er nickte in meine Richtung) zu überreden, in deiner Partei fürs Parlament zu kandidieren. Er ist nützlicher in seiner jetzigen Position, mit der uneingeschränkten Unabhängigkeit, die er außerhalb der ausschließlich weißen Einrichtungen genießt.«

Colin lachte und stimmte zu. (Zweifelsohne auch deshalb, weil ihn meine Kandidatur weiße Stimmen gekostet hätte.) Ohne irgendwelche Details ihrer Unterhaltung preiszugeben, kann ich sagen, daß das generelle Thema das war, wie jeder in seiner eigenen Sphäre dazu beitragen könnte, alle Elemente der Nation am Verhandlungstisch zusammenzuführen. Beide unterstrichen die Notwendigkeit, alles menschenmögliche zu tun, um Gewalttätigkeit zu verhindern. Steve sagte: »Wenn es Gewalt gibt, gibt es auch Unordnung. Die Gewalt hinterläßt für die Zeit des Wiederaufbaus zuviel Haß. Von ihren offensichtlichen Schrecken abgesehen, schafft sie zu viele nachrevolutionäre Probleme. Wenn es nur irgendwie möglich ist, wollen wir eine friedliche und versöhnende Revolution. Ich hoffe, daß das noch möglich sein wird – obwohl die Regierungsaktionen den Eindruck erwecken, daß die Nationalists versuchen, das Gegenteil heraufzubeschwören.« Nach dem Treffen sagten mir beide getrennt, daß sie vom Intellekt des anderen sehr beeindruckt wären.

Zu dieser Zeit nahm mich Steve ziemlich oft auf den Arm, und dieser Aspekt unserer Beziehung wird mir immer besonders lebhaft in Erinnerung bleiben. Ich hatte einen neuen Dienstwagen gekauft, wieder einen Mercedes. Steve ließ mich damit nicht in Ruhe.

»Was hat er gekostet?« fragte er gnadenlos.

»Weißt du, der gehört gar nicht mir, Steve. Er gehört der Zeitung.«

»Was hat er gekostet?« fragte er.

»Nun, er ist der kleinste dieser Serie, ich bin nicht sicher . . .«

»Was hat er gekostet?«

»Um ehrlich zu sein, ich hab' ihn nicht selbst gekauft . . .«

»Wenn du damit fertig bist«, sagte Steve mit riesigem Vergnügen, »was hat er gekostet?«

»Umnqundu wakho!« (»Deinen Arsch!«) war alles, was ich erwidern konnte.

Das Leben in einem Polizeistaat

Die Zanempilo-Klinik wurde für uns und unsere neuen Freunde ein wichtiger Treffpunkt. Da sie sich ziemlich abgelegen einige Meilen außerhalb von King William's Town befand, war sie ein einigermaßen sicherer Ort, um mit verschiedenen geächteten Mitgliedern der Biko-Gruppe zu diskutieren. Obwohl die Sicherheitspolizei regelmäßig Razzien veranstaltete, gab es alle möglichen Frühwarnsysteme, die uns ihr Herannahen signalisierten. Bei ihrer Ankunft fanden die Polizisten die Geächteten immer in getrennten Räumen im Beisein nur einer Person, wie es die Verfügung verlangte.

In den darauffolgenden Jahren traf ich Steve, oft zusammen mit Wendy, an verschiedenen Orten. Weil sowohl seine als auch unsere Telefongespräche abgehört wurden, entwickelten wir eine Art Geheimsprache, die es uns ermöglichte, Treffpunkte auszumachen.

Insgesamt wurde Steve viermal festgehalten – zweimal für kurze Zeit, einmal für 101 Tage, und das letzte Mal, bis er umgebracht wurde. Als ich ihn kennenlernte, war er geächtet, war aber noch nie inhaftiert gewesen, und seine Mitarbeiter zogen ihn deswegen auf, weil er das einzige Mitglied der Gruppe war, das nie gesessen hatte. Damals fragte ich ihn, wie es dazu kam, daß ihn die Regierung nie festgenommen hatte.

»Ich glaube, die Arschlöcher versuchen, mich in Mißkredit zu bringen«, lachte er.

Einer der Gründe war zweifellos seine eigene Vorsicht, die er in politischen Fragen bewahrte. Bei wichtigen Angelegenheiten ging er keine Risiken ein; er bewegte sich stets im Rahmen des Gesetzes, so daß er nicht belangt werden konnte. Gott weiß, daß sie es versucht haben, des öfteren. Insgesamt stand er fünf Anklagen gegenüber. Sie reichten von der Zuwiderhandlung gegen seine banning orders (in diesem Fall mit mehr als einer Person zur selben Zeit zu sprechen) über mehrere Verkehrsvergehen (Stoppschild nicht beachtet; zu hohe Geschwindigkeit) bis zur Anschuldigung, einige Zeugen angeblich dazu überredet zu haben, ihre unter Eid gemachte Aussage zu ändern.

Alle diese Prozesse gewann er. Der letztgenannte war der größte, was Anklage, Dauer und Gerichtskosten anging. Die Absicht der Behörden war es offensichtlich, jede mögliche Anklage gegen ihn zu erheben, um die Geldmittel der Black People's Convention durch Gerichts- und Anwaltskosten zu dezimieren. Im letztgenannten Fall, in dem die Anklage unter anderem auf Anstiftung zum Meineid lautete, wurde er beschuldigt, einer Anzahl von schwarzen Schülern, die wegen Brandstiftung an ihrer Schule angeklagt waren, nahegelegt zu haben, Aussagen, die sie gegenüber der Polizei gemacht hatten, zu widerrufen. Passiert war folgendes: Die Jungen waren zu ihm gekommen, um sich seinen Rat zu holen; sie sagten, sie wären von der Sicherheitspolizei geschlagen worden, und man hätte sie gezwungen, Geständnisse zu unterschreiben, die man ihnen nicht einmal zu lesen erlaubt hätte. Sie sagten, man hätte sie einzeln ein Schriftstück unterschreiben lassen, das größtenteils zugedeckt war; diese Papiere wurden nur dem Gericht als echte Geständnisse vorgelegt.

Steve hatte ihnen allen geraten, in den Zeugenstand zu treten und dem Richter genau das zu erzählen, was sie ihm, Steve, gesagt hatten. Das taten sie auch und wurden freigesprochen.

Und jetzt wurde Steve beschuldigt, sie angestiftet zu haben, durch Widerruf der freien und freiwilligen Geständnisse, die sie gegenüber der Polizei gemacht hatten, einen Meineid zu leisten. Steve hatte Dr. Wilfrid Cooper und Rechtsanwalt Denis Kuny als Verteidiger und war sich seines Sieges sicher, obwohl das Gericht prompt alle beteiligten Schüler unter Berufung auf den Terrorism Act festhielt und sagte, sie würden erst dann freigelassen, wenn sie eine zufriedenstellende Aussage geleistet hätten.

Glücklicherweise konnte die von der Polizei vorgetragene Fassung der Geschichte dem Kreuzverhör nicht standhalten, doch weil die Behörden den Verlauf des Prozesses hinausziehen und dadurch die Verteidigungskosten in die Höhe treiben wollten, lud man mehr als ein Dutzend Schüler vor. Die Zeugen widersprachen sich dermaßen, daß nach einer Weile der wahre Sachverhalt ans Tageslicht kam und Steve freigesprochen werden mußte. Er hatte es schwer, die Honorare für die Rechtsanwälte aufzutreiben. Es gelang mir, einen Teil des Geldes in Form von Spenden von Freunden aufzubringen.

Steve brauchte ziemlich lange, den Rest seiner Anwaltskosten zu bezahlen; dafür entwickelten wir auch ein Tarnverfahren. Von meinem Studium waren eine Anzahl Jurabücher übriggeblieben, die ich nicht mehr brauchte. Es wurde abgemacht, daß ich, falls ich tausend Rand auftreiben konnte (ca. 3000,– DM), Steve anrufen und ihm sagen würde, daß ich ein Buch für ihn hätte. Er würde einen Boten schicken und das Buch erhalten, in dem das Geld versteckt war. Einmal hatten wir Grund zum Jubeln: Ich war in der Lage, ihm zwei Bücher zu schicken, dank einiger philantropischer weißer Freunde, auf die ich hier und da Druck ausübte.

Einmal schickte mir Helen Suzman, die Abgeordnete der Progressives und lange Zeit die einzige Progressive im ganzen südafrikanischen Parlament, etwas Geld für Steve, unter der Bedingung, daß er nicht wissen sollte, wo es herkam. Helen, mit der ich seit vielen Jahren eng befreundet bin, bestand auf dieser Anonymität, weil sie nicht als herablassend wohltätige weiße Liberale erscheinen wollte. Lange Zeit hatte sie einen Privatfonds für politische Gefangene unterhalten, und das Geld für Steve entstammte diesem Fonds. Als ich Steve das Geld übergab, war er entzückt, aber neugierig, wer denn der Wohltäter sei. Als ich sagte, daß dieser anonym bleiben wolle, war er nicht weiter aufdringlich; er sagte nur: »Nun, ich wollte lediglich einen Brief schreiben und mich bedanken.« Ich dachte mir, was soll's, und erwiderte: »Wenn du's wissen willst, der Stifter ist ein Abgeordneter.« Das machte ihn erst recht neugierig.

»Ein südafrikanischer Abgeordneter? Ich würde verdammt gerne wissen, wer es ist; aber ist ja schon gut.«

»Nun, es ist so, sie möchte anonym bleiben«, sagte ich. Und Steve, der wußte, daß es nur einen weiblichen Abgeordneten im südafrikanischen Parlament gab, grinste anerkennend. »Bitte, sag der anonymen Dame, daß ich ihr außerordentlich dankbar bin, ohne zu wissen, wer sie ist!«

Die Sicherheitspolizei, die unsere Telefonate dauernd abhörte, brachte es offenbar besonders in Rage, wenn wir miteinander telefonierten.

Eines Abends unterhielten Steve und ich uns am Telefon, und ich erwähnte, daß ich am folgenden Tag nach Durban zu einem Journalistentreffen fahren würde. Am nächsten Abend, um Mitternacht herum, erhielt Wendy einen anonymen Anruf, der ungefähr folgendermaßen lautete: »Wir wissen, daß Sie heute nacht allein zu Hause sind. Wir kommen nachher und werden es Ihnen zeigen.«

Ungefähr um 4 Uhr morgens hörte sie fünf Pistolenschüsse – einen, dann vier kurz hintereinander. Am nächsten Morgen fand man fünf Einschläge in unserer Hausfront; an die Wand war mit einer Spraydose in großen Buchstaben »Biko-Commy Hq.« (Biko-Kommunisten-Hauptquartier) geschrieben, daneben hing ein Hammer-und-Sichel-Zeichen. Ein Privatdetektiv stellte später fest, daß die Schüsse von dem Sicherheitspolizei-Unteroffizier B. Jooste abgefeuert worden waren und daß der Sicherheitspolizei-Leutnant G. Cilliers die Malerei ausgeführt hatte. Jedoch lehnte es die Polizei ab, dem Beweismaterial nachzugehen.

Diese Einstellung trat später, nach Steves Tod, wieder zutage, als meiner fünfjährigen Tochter Mary ein T-Shirt mit Steves Porträt geschickt wurde. Es war von den Sicherheitspolizei-Oberfeldwebeln L. Van Schalkwyk und J. Marais mit einem säureähnlichen Reizmittel besprüht worden. Wieder lehnte es die Schutzpolizei ab, das vorliegende Beweismaterial zu untersuchen.

Diese Vorfälle entsprangen dem Zorn, den die Sicherheitspolizei über unsere Freundschaft mit Steve hegte. Und nicht nur die Sicherheitspolizei. Viele weiße Südafrikaner macht der Gedanke einer gemischtrassigen Freundschaft rasend. Bei einer der Vorladungen Steves vor Gericht sah Mamphela Ramphele, die gerade aus der Haft entlassen worden war, Wendy im Gerichtsgebäude, und die beiden umarmten und küßten sich liebevoll. Ein junger weißer Polizist starrte Wendy wütend an und sagte zu seinem Kollegen, so daß es jeder hören konnte: »Die müßte erschossen werden!« Seiner Ansicht nach war Wendy zweifellos eine Verräterin am weißen Stamm.

Einmal, als ich mit Steve darüber sprach, wie es denn sei, geächtet zu sein, fragte ich ihn naiverweise, ob das Verbot, mit mehr als einer Person auf einmal zusammen zu sein, politische Verschwörungen verhindern sollte; jedenfalls war das die offizielle Begründung.

»Überhaupt nicht«, erwiderte er. »Merkst du nicht, was so eine Verfügung soll? Es ist eine Methode, die Leute zu bestrafen, die der Staat nicht mittels der normalen Gesetze bestrafen kann. Viele der Einschränkungen sind einfach dazu da, lästig und ärgerlich zu sein. Anfangs ist es nicht so schlimm, wenn man sich einmal in der Woche beim Polizeirevier melden muß – aber nach einem Jahr erscheint es als unerträgliche Unannehmlichkeit. Mit nur einer Person auf einmal zu reden – das ist dazu da, daß man alles, was man einer Person gesagt hat, der nächsten Person wieder sagen muß. Es ist dazu da, daß man sich sogar zu Hause unentwegt ängstlich umsieht. Es ist dazu da, diese Art von Spannung und Nervosität aufrechtzuerhalten. Außerdem sind all diese Bestimmungen dazu da, daß man unvermeidlich irgendwelche Delikte begeht – dadurch, daß man gegen die Verfügung verstößt. Vorher konnten sie aus dir keinen Kriminellen machen, also haben sie künstliche Bestimmungen eingeführt, und wenn du beim Übertreten dieser Bestimmungen erwischt wirst, bist du eben ein Krimineller.«

Nur zu wahr, wie sich später an meiner eigenen Person herausstellte. Wie er gelacht hätte, hätte er gewußt, daß ich mir genau dieselben banning orders zuziehen würde, die man ihm verpaßt hatte!

Wegen meiner weißen Hautfarbe und der Bedeutung, die ich

seiner Meinung nach als Journalist besaß, glaubte Steve, ich sei gegen eine derartige Bestrafung immun. Er glaubte auch daran, daß er in der Haft nicht physisch angegriffen würde, weil »sie mich noch nie zusammengeschlagen haben«. Er war der Ansicht, daß sich die Sicherheitspolizei seiner politischen Bedeutung bewußt war und es deshalb vermeiden würde, grob zu werden. Er glaubte auch, daß die Artikel, die ich über ihn schrieb (und von denen er mich aus echter Bescheidenheit öfters abzubringen versuchte), ihm ein gewisses Maß an Schutz gaben. In all diesen Punkten hat er sich geirrt.

Ein weiterer Grund, warum er sich vor der Folter in der Haft sicher wähnte, war sein Vertrauen in das Wissen der Sicherheitspolizei, daß er weder ein Extremist noch ein Befürworter der Gewalt war, und daß er sich keiner ernsthaften umstürzlerischen Tätigkeiten schuldig gemacht hatte. Als ich ihn fragte, ob er glaube, daß solche Dinge bei der Sicherheitspolizei zählen würden, erwiderte er, das Regime zeige ja hier und da immer noch eine rudimentäre Achtung dem gegenüber, was vom Gesetz übriggeblieben war. »Sie sind noch nicht völlig faschistisch, weißt du«, sagte er.

Im August 1975 schlug ich Steve etwas vor. Ich erzählte ihm, daß ich den neuen Polizeiminister, James Kruger, schon gekannt hatte, noch bevor er ins Kabinett bestellt wurde, und fragte ihn, ob er etwas dagegen haben würde, wenn ich Kruger persönlich bäte, Steves banning orders aufzuheben oder sie wenigstens zu lockern. Er sagte, daß er dagegen nichts einzuwenden habe, im Gegenteil; denn er würde ihm beträchtlich helfen, konstruktiv zu wirken, wenn er sich frei bewegen und in der Öffentlichkeit frei reden und schreiben könnte. Er konnte keinen Tenor vorschlagen, in dem man das Ersuchen vortragen könnte, da man für seine Verbannung sowieso nie einen Grund angegeben hatte. Theoretisch ist eine geächtete Person dazu berechtigt, den Minister nach dem Grund dieser Anordnung zu fragen; aber was geschieht, ist dies: jede banning order beginnt mit einem Kernsatz, der lautet: »Da der Minister ausreichend informiert ist, daß Sie sich auf Tätigkeiten eingelassen haben, die die öffentliche Sicherheit gefährden, verbannt er Sie hiermit und verbietet Ihnen dieses und jenes.« Wenn man ihn um seine Gründe ersucht, antwortet er, daß er ausreichend informiert sei, daß man sich auf Tätigkeiten eingelassen habe, die die öffentliche Sicherheit gefährden . . .

Ich reiste nach Pretoria und ließ mir bei Minister Kruger einen Termin geben. Ich hatte ihn 1969 auf einer Party der Britischen Botschaft in Pretoria kennengelernt. Er war mir damals als recht angenehm aufgefallen. Es war unvermeidlich, daß wir uns politisch in die Haare gerieten, aber er blieb gut gelaunt, und gegen Ende des Abends, dank des allgemeinen reichlichen Whiskykonsums, nannte ich ihn schon Oom Jimmy. Afrikaaner nennen ältere Leute oft Oom (Onkel), als Zeichen des freundschaftlichen Respektes. Oom Jimmy muß ausgezeichneter Laune gewesen sein: Irgendwann im Verlaufe des Abends erwähnte er, daß er von Premierminister Vorster gehört habe, daß ich ein angenehmer Bursche zu sein scheine, aber daß meine politische Meinung zu weit links von der Mitte liege.

Damals hatten Zeitungsherausgeber und Kabinettsminister eine zumindest recht informelle Beziehung zueinander; sogar über die politischen Schranken hinweg gab es gewisse Höflichkeiten, wie den Austausch von Weihnachtskarten oder Beileidsbriefe in Todesfällen. In diesem Sinne schickte ich Oom Jimmy ein paar Jahre später, als er zum Polizeiminister ernannt wurde, eine Glückwunschbotschaft. Später bekamen wir von ihm und seiner Frau eine Weihnachtskarte. Als er das erste Mal als Minister nach East London kam, war ich einer der Ehrengäste. Er riß in aller Öffentlichkeit einen Witz auf meine Kosten, ganz harmlos und wohlwollend, und plauderte auf eigentlich recht freundliche Weise mit mir nach dem Essen, das ihm zu Ehren gegeben wurde. Als ich aufbrach, um ihn wegen Steve zu sprechen, waren deshalb meine Hoffnungen, daß ich ihn überreden könne, Steves banning orders aufzuheben oder zu lockern, unrealistisch hoch.

Südafrikanische Staatsminister wohnen in Bryntirion, einem Vorort von Pretoria, wo alle großen Amtswohnungen liegen; da Mr. Kruger mir nur an einem Samstagnachmittag einen Termin geben konnte, hatte er mich zu sich nach Hause eingeladen. Es war ein wunderbarer Transvaaler Wintertag, warm und sonnig. Es war auch der Tag des großen Rugby-Endspiels zwischen der

Pretoria-Mannschaft Northern Transvaal und der Bloemfonteiner Mannschaft Orange Free State. Ich wußte, daß sich Oom Jimmy genauso sehr für Rugy interessierte, wie ich es tat, und daß mein Gespräch, hätte das Endspiel in Pretoria statt in Bloemfontein stattgefunden, in Frage gestellt gewesen wäre.

Kruger bat mich in sein Arbeitszimmer und bot mir einen Drink an. Wir tranken beide einen Whisky. Normalerweise trinke ich zu der Tageszeit nicht, aber da ich sozusagen eine diplomatische Mission auszuführen hatte, hielt ich es für besser, eine Ausnahme zu machen.

Er war leger gekleidet: Pantoffeln, sportliche Hosen und ein Hemd mit offenem Kragen. Sein Sohn kam herein, wir wurden einander vorgestellt. Wir sprachen über das bevorstehende Rugby-Endspiel, das bald im Rundfunk übertragen werden sollte. Wir plauderten noch ein wenig, dann verließ sein Sohn das Zimmer, und Kruger sagte: »Nun, warum wollten Sie mich sprechen?«

»Ich möchte mit Ihnen über einen Freund von mir, Steve Biko, sprechen«, sagte ich. Seine Reaktion war eigenartig. Um seiner Bestürzung einen eher komischen Ausdruck zu verleihen, riß er Hände und Füße hoch. »Ooh!« sagte er. »Um Gottes willen, Steve Biko! Der hat sich vielleicht in eine Lage gebracht! Ich weiß alles über Mr. Biko!« Dann fügte er hinzu, daß Biko »der gefährlichste Mann im Lande« oder »ein äußerst gefährlicher Mann für das Land« sei – an den genauen Wortlaut erinnere ich mich nicht.

»Warum?« fragte ich. »Was veranlaßt Sie, das zu sagen?« Kruger nuckelte nur an seinem Whisky, lächelte müde und schüttelte den Kopf, als ob er in Gedanken private Informationen sehr traurigen Inhalts durchginge. Ich sagte: »Aber was hat er denn getan? Was hat er getan, das falsch oder gefährlich ist?«

Kruger erwähnte Steves Gründung der SASO und sagte irgendwas von wegen »dieser Black-Power-Sache«. Ich wies darauf hin, daß die SASO weder geächtet noch eine illegale Organisation sei, und daß Steve sich nie eines Verbrechens schuldig gemacht habe. »Er ist ein lieber Freund von mir«, sagte ich. »Ich kenne ihn inzwischen sehr gut, und ich kann Ihnen sagen, daß er kein Extremist ist. Im Gegenteil, er ist einer der wenigen wahrhaft gemäßigten Menschen, die ich kenne.« Ich fuhr eine Weile so fort und sagte, Steve sei einer von den schwarzen Führern, denen die Regierung erlauben sollte, offen zu wirken, sogar im eigenen Interesse. Sollten die jüngeren Schwarzen in den townships, ihren Trabantenstädten, gewalttätig werden, stünden der Regierung keine wahren und bedeutenden Führer gegenüber, mit denen sie verhandeln könnte. (Das war sieben Monate vor Soweto.)

»Man kann nicht mit einem führerlosen Pöbel verhandeln«, betonte ich. Nachdrücklich wies ich ihn darauf hin, daß ich fünf kleine Kinder hätte und für das Land eine gewaltlose Lösung am Verhandlungstisch anstrebte. Es hätte keinen Sinn, natürliche Führung zu unterdrücken, besonders wenn sie so gemäßigt wie die von Steve sei, fügte ich hinzu und beendete meine kurze Tirade mit: »Zum Teufel, Oom Jimmy, Sie haben tausend Gesetze, mit deren Hilfe Sie den Mann gerichtlich verfolgen können, sollte er zur Gewalt oder zum Umsturz aufrufen. Warum befreien Sie ihn nicht vom Bann? Wenn er diese Gesetze bricht, kann die Polizei ihn sich jederzeit schnappen.«

Das gab ihm offenbar zu denken. Er versprach, sich die Biko-Akte wieder anzusehen und die Situation zu überprüfen. »Ich kann aber nichts versprechen«, sagte er. »Ich kann Ihnen kein bindendes Versprechen geben.«

Dann kam ich auf das Problem seiner Sicherheitspolizei zu sprechen. Ich sagte ihm, daß er als Minister die dubiosen Elemente entfernen müßte, deren es im Sicherheitsdienst eine ganze Menge gebe. Er antwortete, seine Sicherheitspolizei leiste »verdammt gute Arbeit unter schwierigen Bedingungen«. Darauf erwiderte ich, er sei sich offensichtlich nicht bewußt, daß eine Anzahl von Sicherheitspolizisten bösartig und sadistisch sei und kriminelle Züge hätte. Ich erwähnte den Oberfeldwebel Hattingh als Beispiel eines Polizisten in King William's Town, der von den Schwarzen gehaßt werde, und sagte, daß ich von jemandem, der lieber anonym bleiben wolle, informiert worden sei, daß Hattingh in den Einbruch in die Büroräume der Black Community Programs in der Leopold Street verstrickt sei, bei dem Unterlagen gestohlen, Schreibmaschinen zertrümmert und Möbel zerschlagen worden seien.

48

»Sie sollten diese Angelegenheiten überprüfen lassen«, sagte ich und fügte hinzu, daß ich all diese Punkte über Steve Biko, Hattingh und die Sicherheitspolizei-Entgleisungen schon mit dem Chef des Bureau of State Security (BOSS; der Staatssicherheitsdienst), General H. J. van den Bergh, am Tage zuvor besprochen hätte. Die Reaktion sowohl van den Berghs als auch Krugers auf meine Eröffnungen war besorgt. Beide ließen mich wissen, daß ein solches Verhalten, sollte es sich tatsächlich zugetragen haben, nicht erwünscht sei.

Der erste Schock nach meinem Besuch bei Kruger wurde mir durch einen steifen, förmlichen Brief erteilt, in dem stand, daß der Minister, nachdem er sich noch einmal die Biko-Akte angesehen habe, »sich nicht der Lage sähe, die Einschränkungen zu lokkern«. Der nächste Schock: Steves Einschränkungen wurden sogar noch verschärft; unter anderem wurde ihm verboten, seine Arbeit für die Black Community Programs fortzusetzen. Steves Reaktion war eine eher amüsierte: »Sieh mal, ein Versuch kann doch nie schaden. Du hast dein Bestes getan. Diese neuen Einschränkungen werden meiner Arbeit nicht Einhalt gebieten – sie sind nur eine unbedeutende Sache, die dem Regime mehr schaden werden als mir.«

Der dritte Schock: Ich erhielt einen Besuch von der Sicherheitspolizei und wurde aufgefordert, den Namen der Person, die mir von Hattinghs Einbruch in die Büros der Black Community Programs erzählt hatte, preiszugeben. Später wurde ich dafür, daß ich mich weigerte, den Namen zu nennen, zu sechs Monaten Haft verurteilt. Ich erhob gegen die Gefängnisstrafe Einspruch, bis zur höchsten Instanz hinauf, und gewann zwei Jahre später wegen eines rein technischen Versehens. Der Richter, der meine Vorladung unterschrieben hatte, war nicht der Richter gewesen, der mich zur Haft verurteilte, und dieser Fehler seitens der Justiz reichte aus, um das Urteil ungültig zu machen.

Ich stellte bald fest, daß es nicht General van den Bergh gewesen war, der die Aktion gegen mich eingeleitet hatte, sondern Krugers Sicherheitschef, General Geldenhuys, der sich mit Kruger beraten hatte, ehe er gegen mich vorging.

Durch Vorfälle wie diese wurde ich zunehmend in das, was

Steve »den Kampf« nannte, verstrickt. Es war wie ein unerbittlicher Prozeß, in den einen die Freundschaft zu einem Aktivisten wie Steve unweigerlich verwickelte. Mein Gefängnisurteil störte Steve nicht weiter. Im Gegenteil, er war von dieser Entwicklung begeistert, sagte, sie würde meiner »politischen Glaubwürdigkeit ungeheuer guttun«.

Einer der engsten Freunde Steves war Mapetla Mohapi. Eines Tages kam er in mein Büro und bot mir an, eine Black-Consciousness-Spalte zu schreiben. Ich willigte gerne ein. Mapetla war ein gutaussehender Mann mit ausdrucksvollen Augen. Anfangs war er sehr zurückhaltend; ich spürte sogar ein gewisses Gefühl der Feindschaft und des Mißtrauens zu ihm. Zu jener Zeit mußte Steve einiges an Kritik von seinen Anhängern entgegennehmen, wegen seiner Freundschaft mit Weißen, die der Bewegung nicht radikal genug waren. Ich nehme an, daß Mapetla Vorbehalte dieser Art hegte. Aber nach einer Weile faßte ich doch Vertrauen, und wir kamen sehr gut miteinander aus. Genau wie bei Steve stellte sich auch bei ihm ein ungeheurer Sinn für Humor heraus, trotz andauernder Schikanen. Zum Beispiel wurde er, kurz nachdem die Spalte angefangen hatte, richtig in Schwung zu kommen, geächtet, und obwohl er und seine Familie in das Zwelitsha-township verbannt wurden, wollten ihnen die Behörden dort keine Bleibe besorgen. Nachdem sie es endlich geschafft hatten, auf eigene Faust ein kleines Haus zu finden, wurden sie von den Behörden wieder vertrieben.

Dann wurde Mapetla festgehalten. Es geschah so: Drei junge Schwarze bedrängten Mapetla dauernd, ihnen in Botswana Stipendien zu besorgen, da sie wußten, daß er alle paar Monate dorthin fuhr, um einen Freund zu besuchen. Mapetla bat Steve um seinen Rat, und Steve sagte ihm, die Finger davon zu lassen. Steve betrachtete die Jungen als Träumer und sagte, jede Verwendung für sie würde nur Ärger bringen. Aber die Jungen ließen nicht locker, und Mapetla willigte endlich ein. Ohne Steve davon zu erzählen, obwohl er sich von ihm Geld für die Reise geliehen hatte, nahm er die beiden auf der nächsten Fahrt mit und setzte sie innerhalb Botswanas ab.

Nach ein paar Tagen erschienen die Eltern auf dem Polizeirevier und beschuldigten Mapetla, ihre Kinder gestohlen zu haben. Die Sicherheitspolizei konnte nur einen Schluß ziehen: Anheuerung von Jugendlichen, um sie im Ausland als Terroristen auszubilden. Sie hielten Mapetla fest. Aber er blieb guter Laune und schmuggelte Briefe aus der Haft, um seiner Frau Nohle zu sagen, daß sie sich keine Sorgen um ihn machen solle. Wie Steve war Mapetla ein widerstandsfähiger, harter Mann. Beide hatten Gefängnis und Einzelhaft erlebt, und beide wußten, daß sie es aushalten konnten. Mapetla sprach oft von der Notwendigkeit, alle Bemühungen des Systems zu überleben – besonders drinnen –, um in der Lage zu sein, wieder herauszukommen und den Kampf fortzusetzen.

Dann rief Steve eines scheußlichen Abends Wendy und mich an, um uns mitzuteilen, daß Mapetla tot sei, und daß die Sicherheitspolizei behaupte, er habe sich erhängt. Gleich nach diesem Anruf läutete das Telefon mehrere Male, und alles, was wir hören konnten, war manisches, gackerndes Gelächter. Steve erging es ebenso. Die Sicherheitspolizisten, die Nachtdienst hatten, amüsierten sich.

Am nächsten Tag fuhren wir nach King William's Town, und es war eindrucksvoll, Steve und seine Mitarbeiter an der Arbeit zu sehen und die verbissene Art und Weise zu beobachten, in der sie der Aufklärung über Mapetlas Tod nachgingen. Steve befürchtete, daß die Sicherheitspolizei die Obduktion so bald wie möglich beginnen würde, um die Ärzte von Mapetlas Familie daran zu hindern, dabeizusein. Er rief den verantwortlichen Offizier an, täuschte mit seiner Stimme eine Mordsautorität vor und sagte, er hätte mit Pretoria gesprochen und es so arrangiert, daß zwei schwarze Ärzte der Obduktion beiwohnen würden. Zuletzt fügte Steve scharf hinzu: »Die Obduktion wird Punkt elf Uhr beginnen! So ist es entschieden worden!« Er ließ nicht erkennen, daß *er* es so entschieden hatte und nicht Pretoria. Der Offizier hat deshalb die Entscheidung nicht in Frage gestellt. Erstaunlicherweise erlaubte der Bezirkschirurg dann tatsächlich den beiden schwarzen Ärzten Ramphele und Msauli, der ganzen Obduktion beizuwohnen.

Für Wendy und mich war es zugleich schauerlich und bewegend, zuzusehen, wie Steve und Mamphela, vom Tod ihres engen Freundes schmerzlich betroffen, konzentriert und scheinbar unberührt technische medizinische Details analysierten: das Aussehen von Mapetlas Augäpfeln, Zunge und so weiter, und insbesondere einige Hautabschürfungen seitlich am Hals, nicht unter dem Kinn, wo sie im Falle eines Erhängens hätten auftreten müssen. Priorität hatte nicht die Trauer – die würde später kommen –, Priorität hatte die Aufdeckung der Wahrheit und die Entscheidung, wie der Tod Mapetlas der Sache voranhelfen könnte.

Während der gesamten Gerichtsverhandlung über den Tod des Häftlings, die für die Familie Mapetlas genial von Dr. Wilfrid Cooper, einem Kapstädter Anwalt, geführt wurde, blieb Steve mit den Medizinern im engsten Kontakt. »Der Befund ist unwichtig«, sagte er. »Der Richter wird die Sicherheitspolizei reinwaschen. Das System wird nicht das System verurteilen. Aber wichtig ist das Beweismaterial – die Tatsachen müssen veröffentlicht werden; die Methoden der Sicherheitspolizei müssen der Öffentlichkeit aufgedeckt werden.« Und das wurden sie. Der *Daily Dispatch* enthielt detaillierte Berichte über die Untersuchung, und zum ersten Mal wurden umfassende Beschreibungen der geschickten Art und Weise veröffentlicht, wie die Sicherheitspolizei im Zeugenstand einem Kreuzverhör unterzogen wurde.

Die Mapetla-Untersuchung gab einen prophetischen Vorgeschmack von Steves eigener. Wie vorauszusehen war, wurde die Sicherheitspolizei von aller Schuld freigesprochen – bezeichnenderweise konnte sich aber nicht einmal der Richter dazu entschließen, zu entscheiden, daß der Tod durch Selbstmord erfolgt war. In Anbetracht der Umstände war das schon ein gewisser Sieg für Dr. Cooper.

An einem der Zeugen hatte ich ein besonderes Interesse – an Thenjiwe Mtintso, einer meiner eigenen Reporterinnen. Dieses bemerkenswerte Mädchen hatte mir Steve geschickt, auf mein Ersuchen hin, mir eine geeignete Person für das Thema Black Consciousness zur Verfügung zu stellen. Tenjy, wie sie im Büro bald genannt wurde, lernte schnell und wurde eine begabte Journalistin. Später wurde mir bewußt, daß sie eine der führenden Heldinnen der nationalen Bewegung war. Tenjy war zierlich und hübsch. Genau wie Mapetla brauchte sie lange, um aufzutauen und etwas von ihrer Zurückhaltung gegenüber Weißen zu verlieren. Aber wie bei Mamphela war es so, daß es, wenn sie einen einmal akzeptiert hatte, keine Zurückhaltung mehr gab.

Eines Tages kam sie zu mir ins Büro mit besorgter und geistesabwesender Miene. Ich fragte, was los sei. Daraufhin lächelte sie, sah aber wieder besorgt aus, als sie mir sagte, daß sie befürchte, bald in Haft genommen zu werden, weil die Sicherheitspolizei die Überwachung ihrer Wohnung verschärft habe und ihr jetzt ganz offen überallhin folge. Ihre Mutter war krank, und Tenjy hatte Angst, daß sie ohne ihr Gehalt bald mittellos sein würde. Ich versicherte ihr, daß wir, sollte sie festgehalten werden, ihr Gehalt jeden Monat ihrer Mutter schicken würden. Dann führten wir ein langes Gespräch über die Überwachung durch die Sicherheitspolizei.

Zwei Tage darauf wurde sie verhaftet. Ich beantragte beim Sicherheitspolizei-Hauptquartier mehrfach die Erlaubnis, sie zu besuchen, jedoch wurde mir dies erst Monate später gestattet. Im Besuchszimmer war sie vorsichtig bei dem, was sie sprach, weil der Raum offensichtlich mit Wanzen ausgestattet war, aber später sagte sie mir, daß sie geschlagen und gefoltert wurde. Auch bei der Mapetla-Untersuchung sagte sie über ihre Folter aus und nannte dabei die beteiligten Polizisten. Sie gab dem Gericht eine schauerliche Vorstellung, wie man ihr ein Handtuch über das Gesicht geworfen und die Enden um ihren Hals festgezogen hatte, so daß sie fast das Bewußtsein verlor.

Erst während der Untersuchung wurde Wendy und mir klar, daß in Südafrika zwischen den Nationalists und den wahren schwarzen Widerständlern wie Steve, Mapetla, Mamphela, Tenjy und ihren ganzen Freunden ein Kriegszustand herrschte – ein Kriegszustand, von dem wenige Weiße etwas wußten. Spätere Ereignisse machten es unvermeidlich, daß wir auch in diesen Krieg mit hineingezogen wurden.

Ein Erlebnis mit Tenjy war besonders ergreifend. Sie himmelte Steve an, und eines Tages, als er eben aus der 101tägigen Haft entlassen worden war (und viel schlanker als sonst aussah), traf er Wendy und mich im Gefängnis von King William's Town. Wir wollten Tenjy, Mamphela und Malusi Mpumlwana (einen besonderen Freund und Mitarbeiter Steves) besuchen, sowie andere, die noch drinnen waren. Steve sah sehr elegant aus, in einem hellen Anzug, und plauderte mit Wendy am Gefängniseingang, während ich Tenjy besuchte. Als der Wärter Tenjy aus dem Sprechzimmer herausführte, konnte sie wenige Sekunden lang den Eingang sehen. Ich gab Wendy ein Zeichen, sie holte schnell Steve herbei, und einen ergreifenden Augenblick lang sah Tenjy Steve wieder, seit vielen Monaten das erste Mal. Ich erinnere mich, wie ihr die Tränen emporstiegen, und wie diese schlanke, zierliche, kleine Person freudestrahlend und trotzig ihre Faust zum BPC-Gruß hob, bevor sie der Wärter wegführte.

Am selben Tag sahen wir auch Malusi dort. Malusi war ein Unikum, immer überschäumend vor guter Laune, immer lächelnd – und zäh wie Leder. Seine eigenen Abenteuer würden ausreichen, ein Buch zu füllen, aber da er sich immer noch in Haft befindet, ist es ratsam, mit der Herausgabe dieses Buches noch etwas zu warten.

An jenem Tag im Gefängnis, an einem wunderbaren sonnigen Morgen, brachen Wendy, Steve und ich seine banning order vor aller Welt. Wir waren so froh, einander nach Steves langer Haft wiederzusehen, und er hatte uns so viel zu erzählen, daß wir einfach dastanden, lachten und redeten.

Er war blendender Laune, wurde dann aber ernst, um mir zu sagen: »Die haben es auf dich abgesehen, weißt du. Die haben es ganz stark auf dich abgesehen. Du scheinst sie wütend zu machen, und während sie das von einem Schwarzen hinnehmen können, können sie es von einem Weißen nicht vertragen. Du, mein Verhör ging hauptsächlich um dich. Die glauben, du seist ein Moskauer Agent oder irgendwas Furchtbares. Ich hab' ihnen gesagt: ›Könnt ihr nicht einen altmodischen Liberalen erkennen, wenn ihr einen seht? Woods ist ein Liberaler, zum Teufel noch mal, er ist um die Menschenrechte des einzelnen besorgt.‹ Aber sie haben immer wieder gefragt, was du vorhast. Je öfter ich gesagt habe, daß dein ganzer Standpunkt jeden Morgen öffentlich in deinen Leitartikeln erscheine, desto skeptischer wurden sie. Sie sind der Ansicht, daß deine Schreiberei eine Tarnung für weitaus finsterere Aktivitäten sei. Sie fragten mich, was Schwarze von dir hielten, und ich sagte, sie liebten dich, sie fänden dich toll, und das schien sie zu bestürzen.«

Steve sagte, daß ihn die Sicherheitspolizei manchmal aus dem Gefängnis herausgefahren und ihn in verschiedenen Teilen von King William's Town herumkutschiert hätte, während sie ihn verhört habe. Einige Male fuhren sie an meinem Haus vorbei. Sie sagten ihm: »Da ist das Haus deines weißen Freundes. Würdest du ihn nicht gern besuchen?« Steve erklärte immer wieder, daß der Haß der Sicherheitspolizei auf mich und meine Zeitung ganz erstaunlich sei. »Während meiner Haft haben sie mich mehr über dich als über mich gefragt«, sagte er.

Er beschrieb die winzige Zelle, in der er mehr als einen Monat lang in Einzelhaft gesessen hatte. Sie maß ungefähr einen Meter achtzig mal zwei Meter vierzig, mit einer hohen Decke, welche die klaustrophobische Wirkung erhöhte. Steve sagte, er habe festgestellt, daß er dadurch, daß er sich die Decke über den Kopf zog, sich hatte vorgaukeln können, daß die Wände weiter weg und alle Dimensionen des Raumes größer seien. Pfarrer Aelred Stubbs berichtete, Steve habe ihm gesagt, daß er während der Haft keinen Drang nach sexueller Befriedigung irgendeiner Art gehabt habe, da er Sex mit Glück verbinde und daher jeden Gedanken daran als unvereinbar mit der Gefangenschaft betrachte.

Bikos Ansichten

Bei ihrem Versuch, ihn als einen Mann der Gewalt darzustellen, haben Steve Bikos Verfolger ihm vieles vorgeworfen; es wäre gut, an dieser Stelle seine Ansichten zu einer Anzahl von Themen darzulegen. Nicht nur durch unsere langen, persönlichen Gespräche waren mir diese Ansichten bekannt, sondern auch durch Tonbandaufnahmen und Notizen, die von anderen gemacht wurden, so von Bruce Haigh von der Australischen Botschaft in Südafrika und von Bernard Zylstra vom Canadian Institute for Christian

Studies. Beide führten ausgedehnte Gespräche mit Steve, von denen hier Auszüge wiedergegeben sind. Ich habe diese Tonbandaufzeichnungen von Steves Worten sehr ausführlich wiedergegeben, weil es nur richtig scheint, das zu verbreiten, was er selbst formuliert hat – ihn selber reden zu lassen, wie Bernard Zylstra meint. Das erste Gespräch mit Steve führte Bruce Haigh am 13. Januar 1977; Bruce gab mir davon einen detaillierten Bericht:

»Wir unterhielten uns über die politische und wirtschaftliche Lage in Australien. Er war gut informiert und sehr an den Ereignissen interessiert, die zu Mr. Whitlams Sturz führten. Ich fragte ihn, warum er so an Australien interessiert sei, und er erwiderte, daß Australien, zusammen mit den skandinavischen Ländern, Großbritannien und Amerika, ein Land sei, das ihn in bezug auf alle möglichen Themen interessiere, aber insbesondere in bezug auf die Entwicklung der Demokratie und die Art und Weise, wie sie mit den Anforderungen einer technokratischen Gesellschaft zu vereinen sei.

Bei unserer Ankunft verließen wir den Wagen und setzten uns unter einer Baumgruppe auf den Rasen. Das Gespräch wurde ganz von Biko bestimmt und fing damit an, daß er die voraussehbaren Ereignisse in Südafrika kurz skizzierte. Der Übergang zur Mehrheitsregierung in Rhodesien, meinte er, würde unglücklicherweise von Gewalt begleitet werden. Die Lösung in Namibia würde wahrscheinlich auch eine gewaltsame sein, aber er meinte, der Kampf dort würde länger dauern als der in Rhodesien, angesichts des Ausmaßes des südafrikanischen Engagements. Die Südafrikaner hätten Straßen gebaut, eine Anzahl von Flugplätzen und mehrere große Militärstützpunkte.

Nichtsdestoweniger würde Südafrika, egal ob es nun auf dem Boden Namibias kämpfte oder an der Grenze, einer geschlossenen Linie feindlich gesinnter Nachbarn gegenüberstehen, sobald Rhodesien unter die Kontrolle der Schwarzen gekommen sei. Südafrika befinde sich jetzt schon fast im Kriegszustand; nach der Errichtung Zimbabwes würde es sich vollends im Kriegszustand befinden. Biko sagte, daß bei dieser Entwicklung die Bildung einer schwarzen Mehrheitsregierung in Südafrika nur eine Frage der Zeit sei.«

Es folgt Bernard Zylstras Aufzeichnung eines ausgedehnten Gesprächs, das er im Juli 1977 mit Steve geführt hat. Bernard gab mir später seine Notizen; er leitete die Aufzeichnung folgendermaßen ein:

Im Herbst 1976 hatte ich fast einen Monat in Südafrika zugebracht, und eine ähnliche Zeitspanne im letzten Sommer. Ich sprach mit vielen Weißen (besonders Afrikaanern, deren Sprache ich verstehen und lesen kann) und auch mit Schwarzen über die politische und wirtschaftliche Zukunft ihres Landes. Mein Interview mit Steve Biko im Juli war mit der erhellendste Austausch für mich. Es kann gut sein, daß es sein letztes, großes, aufgezeichnetes Interview war; lassen wir ihn selber reden.

Zylstra: Genau was bedeutet Black Consciousness?
Biko: Black Consciousness bedeutet das kulturelle und politische Wiedererwachen eines unterdrückten Volkes. Das muß in Zusammenhang gebracht werden mit der Emanzipation des gesamten afrikanischen Kontinents seit dem Zweiten Weltkrieg. Afrika hat den Tod der weißen Unbesiegbarkeit erlebt. Zuvor waren wir uns hauptsächlich zweier Klassen von Menschen bewußt, der weißen Eroberer und der schwarzen Eroberten. Die Schwarzen in Afrika wissen, daß die Weißen nicht auf immer und ewig Eroberer sein werden. Ich muß die kulturelle Tiefe der Black Consciousness betonen. Schwarze erkennen den Tod der weißen Unbesiegbarkeit und fragen sich: »Wer bin ich? Wer sind wir?« Und die grundlegende Antwort, die wir ihnen geben, ist diese: »Menschen sind Menschen!« Also sagt die Black Consciousness: »Die Farbe ist unwichtig!« Aber die Realität, der wir vor zehn oder fünfzehn Jahren gegenüberstanden, erlaubte uns nicht, dies zu artikulieren. Schließlich befand sich der Erdteil in einer Periode rapider Entkolonialisierung, was eine Herausforderung an das schwarze Minderwertigkeitsgefühl in ganz Afrika bedeutete. Diese Herausforderung wurde von den weißen Liberalen geteilt. Also agierten die weißen Liberalen lange Zeit als Sprachrohr der Schwarzen. Aber dann fingen einige von uns an, sich zu fragen: »Können unsere liberalen Fürsprecher unseren Platz einneh-

men?« Wir hatten darauf eine doppelte Antwort: »Nein! Das können sie nicht.« Und: »Solange die weißen Liberalen unsere Wortführer sind, wird es keine schwarzen Wortführer geben.« Es ist nicht möglich, in einem weißen Kontext schwarze Wortführer zu haben.

Das sah man in vielen schwarzen Ländern außerhalb Südafrikas bereitwillig ein. Aber wie sah es hier bei uns aus? Die Gesellschaft insgesamt war in weiße und schwarze Gruppen aufgeteilt. Diese erzwungene Trennung mußte verschwinden, und viele nichtrassistische Gruppen arbeiteten auf dieses Ziel hin. Aber immer noch war fast jede nichtrassistische Gruppe weiß, besonders in Studentenkreisen. Also waren wir hier mit derselben Unzulänglichkeit konfrontiert: Die Beiseitigung der Spannungen zwischen Schwarz und Weiß geschah immer noch in einem weißen Zusammenhang. Deshalb wurde uns klar, daß die Schwarzen selbst gegen das schwarze Los protestieren mußten. Wir konnten uns nicht mehr darauf verlassen, daß Weiße für uns die Frage: Wer sind wir? beantworteten. Diese Antwort muß auf ein *einziges* Ziel gerichtet sein. Unsere weißen Vertrauenspersonen würden immer *voneinander abweichende* Ziele verfolgen.

Zylstra: Wie steht die Black Consciousness zum Christentum?
Biko: Ich bin in der anglikanischen Kirche aufgewachsen, also ist dies für mich eine wichtige Angelegenheit. Aber es ist eine beschwerliche Frage, weil das Christentum für die meisten Leute in Südafrika eine rein formale Angelegenheit ist. Wir Schwarzen können nicht vergessen, daß das Christentum in Afrika mit dem gesamten kolonialen Vorgang verbunden ist. Das bedeutete, daß Christen hierherkamen mit einer Art Kultur, die sie christlich nannten, die tatsächlich aber westlich war, und die sich als Herrscherkultur ausdrückte, was Afrika anging. Hier haben die Missionare nicht die richtigen Unterscheidungen getroffen. Diese wichtige Angelegenheit kann leicht anhand relativ nebensächlicher Dinge illustriert werden. Die Frage der Kleidung, zum Beispiel. Wenn ein Afrikaner Christ wurde, erwartete man von ihm im allgemeinen, daß er die überlieferte Tracht ablegte und sich wie ein Weißer anzog. Dasselbe geschah mit vielen Bräuchen, an

denen die Schwarzen hingen und die sie aus angeblich christlichen Gründen aufgeben sollten. In Wahrheit standen diese Bräuche ganz einfach im Widerspruch zu bestimmten westlichen Moralbegriffen. Überdies wurde die Verantwortung für Kirchenangelegenheiten ausschließlich von Weißen übernommen, obwohl die gesellschaftliche Hierarchie innerhalb der Kirche Weiß-Schwarz war. Dies bedeutete, daß das Wesen besonders der großen Kirchen kaum durch Schwarze beeinflußt wurde. Es kann nicht bestritten werden, daß in dieser Situation viele Schwarze, besonders die jungen Schwarzen, angefangen haben, am Christentum zu zweifeln. Was sie sich fragten, ist dies: Erfordert die unumgängliche Entkolonialisierung Afrikas auch die Entchristianisierung Afrikas? Die positive Seite dieser Fragestellung liegt in der Entwicklung einer schwarzen Theologie im Zusammenhang mit der Black Consciousness. Die schwarze Theologie fordert nämlich nicht das Christentum selbst heraus, sondern eine westliche Verpackung, um zu entdecken, was unserem Erdteil der christliche Glaube bedeutet.

<u>Zylstra:</u> Erzählen Sie mir von der Black People's Convention.

<u>Biko:</u> In den sechziger Jahren waren der African National Congress und der Pan-Africanist Congress verboten worden, also waren die hauptsächlichen Realitäten, denen wir gegenüberstanden, die Macht der Polizei und linksgerichtete Gesten der weißen Liberalen. Diesen Tatsachen gegenübergestellt, mußten wir die Frage beantworten, wie dem Volk ein neues Bewußtsein gegeben werden konnte. Die Regierung kontrollierte die Schulen. Was Black Consciousness anging, waren die Schulen nur zaghaft engagiert. Wir wußten, daß wir uns bei den Intellektuellen nach Mitarbeitern umschauen mußten. Wir wußten aber auch, daß die Intellektuellen dazu tendieren, die Massen als Werkzeug anzusehen, die sie manipulieren können, also konzentrierte sich der Bewußtseinswandel, den wir bei den Absolventen der schwarzen Universitäten anstrebten, auf eine Identifizierung der Intellektuellen mit den Bedürfnissen der schwarzen Gemeinschaft. Hier liegen die Wurzeln der SAOS – der South African Student Organization. Sie protestierte gegen die Ungerechtigkeit der existierenden Strukturen, aber sie tat dies auf eine neue Art und Weise.

Es war sogar so, daß man uns zuerst als Befürworter des Systems betrachtete, da wir die Betonung auf die wirklichen Bedürfnisse der *schwarzen* Gemeinschaft legten. Die Liberalen kritisierten und die Konservativen unterstützten uns. Aber das hielt nicht sehr lang an. Nach vier Jahren begann die Regierung, gegen uns vorzugehen. Sogar heute werden wir noch des Rassismus beschuldigt. Das ist ein Fehler. Wir wissen, daß alle interrassischen Gruppen in Südafrika Beziehungen unterhalten, in denen Weiße überlegen und Schwarze unterlegen sind. Also muß man die Weißen erst einmal dazu kriegen, daß sie sich bewußt werden, daß sie *nur* menschlich, nicht überlegen sind. Dasselbe trifft auf die Schwarzen zu. Es muß ihnen klargemacht werden, daß sie *auch* menschlich sind, nicht minderwertig. Für uns alle bedeutete das, daß Südafrika nicht europäisch, sondern afrikanisch ist.

Allmählich begann Black Consciousness an Schwung zu gewinnen, aber wir standen immer noch dem praktischen Manko gegenüber, daß die Wortführer hauptsächlich Studenten und Promovierte waren. Es gab keine Diskussion auf breiter Ebene. Aus diesem Grund mußten wir von der SASO auf die Organisation der Black People's Convention übergehen, um es den Massen zu ermöglichen, an der Entwicklung eines neuen Bewußtseins teilzunehmen. Die BPC wurde 1972 errichtet. Und dann begann die Regierung, aktiv zu werden. Sie ächtete einzelne Führer der BPC. Aber heute gewinnt die BPC an Unterstützung auf breitgefächerter Basis. Das Volk ist bereit, für sie Opfer zu bringen, mit seinem Geld und mit seiner Zeit, wie Sie an den überfüllten Gerichtssälen bei den Prozessen schwarzer Führer und den Untersuchungen über ihren rätselhaften Tod in den Hinterzimmern der Polizeireviere sehen können. In gewissem Sinne ist die Black People's Convention die stärkste schwarze Organisation, aber da ANC und PAC als Organisationen verboten sind, ist es schwer, das genau zu bestimmen. Hinzu kommt, daß wir das Problem einer Kluft zwischen den Generationen haben. Es gibt jetzt eine ganze Generation, die nicht von ANC und PAC beeinflußt worden ist. Jedenfalls ist die tatsächliche Identifizierung des Volkes mit der BPC sehr stark. Wenn ich mich so ausdrücke, will ich nicht den Eindruck erwecken, als ob die Beziehung zwischen diesen Organisationen eine konkurrierende ist. Gegen das System der Ungerechtigkeit wird es *eine geschlossene* Bewegung der Auflehnung geben. Sicher gibt es die üblichen, durch Herkunft verursachten Trennungen, aber in bezug auf die Revolution sind wir vereint.

Zylstra: Was ist mit der Homelands-Politik?

Biko: Einige Schwarze unterstützen des Friedens halber die Regierungspolitik der getrennten Entwicklung in den homelands, aber nicht als Bewegung. Hier müssen wir uns die Art von Unterstützung, die Gatsha Buthelezi erhält, genau ansehen. Unter den Zulus hat er eine *Stammes*-Anhängerschaft. Als *traditioneller* Häuptling in einer *nichtstädtischen* Umgebung hat er viele Elemente vereinigen können. Er wendet sich heftig gegen die Apartheid, aber heute ist er der von der Regierung bezahlte Führer der Zulus. Auf diese Weise gelingt es ihm, eine Anhängerschaft zu gewinnen. Wir treten Gatsha entgegen. Dadurch, daß er auf einem Regierungspodium wirkt, verwässert er unsere Sache. Aus diesem Grunde sehe ich die Gefahr einer Spaltung bei den Schwarzen. Aber auf der Grundlage des großen Anklangs, den die BPC bei den jungen Schwarzen findet, hoffen wir, eine richtige Spaltung zu vermeiden. Gatsha wird von den Alten unterstützt, aus gutem Grund, da Gatsha die Stabilität sichert, die alte Leute brauchen. Aber wir sind jung. Wir sehen die Zerstörung der Ungerechtigkeit nicht als Erwartung, sondern als Pflicht an. Darin liegt das Dilemma der Alten – Pflicht oder Brot?

Zylstra: Was für Beweise gibt es für die Unterstützung der BPC durch die Jugend?

Biko: In einem Wort: Soweto! Die Kühnheit, die Hingabe, die Zielstrebigkeit und die Klarheit der Analyse der Situation – all diese Dinge sind das direkte Resultat von Black-Consciousness-Ideen bei der Jugend, in Soweto und anderswo. Das läßt sich nicht quantitativ analysieren, da die Kraft einer Bewegung darin liegt, daß sie tatsächlich die Gewohnheiten der Menschen ändern kann. Dieser Wandel ist nicht das Resultat von Gewalt, sondern von Hingabe, von moralischer Überzeugungskraft. Das ist es, was die jungen Leute kapiert haben. Sie sind sich darüber im klaren, daß es hier nicht nur um Brot-und-Butter-Angelegenheiten geht. In Anbetracht dessen ist der wahre Antrieb auf ihrer Seite. Mir ist klar, daß die BPC im Vergleich zu den Homeland-Führern ein strategisches Problem zu bewältigen hat. Wenn Gatsha eine Zusammenkunft organisieren will, kann er den Regierungsapparat dazu benützen. Aber das ist keine wahre Macht.

Zylstra: Welche Einstellung haben Sie gegenüber dem Kommunismus?

Biko: Dieses Thema tritt uns mit vielen, vielen Komplikationen entgegen. Lassen Sie mich eine Reihe von Dingen erwähnen, mehr oder weniger aufs Geratewohl. Innerhalb der BPC haben wir uns entschlossen, daß wir entweder innerhalb des Gesetzes operieren oder überhaupt nicht. Das heißt, daß die BPC keine kommunistische Organisation ist, und auch keine sein kann. Bis zu einem bestimmten Maße können Organisationen im Untergrund operieren, aber für eine Organisation wie die unsere ist das offene Arbeiten im Tageslicht viel wirksamer. Überdies muß in einer Übergrund-Bewegung ein Element des Kompromisses enthalten sein, und das sehen wir als Vorteil an. Ferner wird ein Kommunist in Südafrika heute ein Instrument Moskaus sein, nicht ein Instrument des schwarzen Volkes. Einige Marxisten sind nachgiebiger, realistischer, aber dann müssen wir ganz genau wissen, von wem wir sprechen.

Während die BPC die Gewalt ablehnt, darf man nicht vergessen, daß wir Bestandteil einer *Bewegung* sind, die mit neuen Situationen konfrontiert sein wird, die andere Strategien benötigen könnten. Wir gehen von der Annahme aus, daß eine Annäherung nötig ist. Die BPC ist nicht ein dritter Flügel der Schwarzen, neben dem ANC und dem PAC.

Zylstra: Gibt es bei südafrikanischen Schwarzen jene Meinungsverschiedenheiten, welche die Schwarzen anderer Nationen gespalten haben, wie in Angola und in Rhodesien?

Biko: Lassen Sie mich wenigstens dies sagen: Wir sind nicht wegen *persönlicher* Ambitionen der Führer gespalten. Was sind meine eigenen Ambitionen? Ich habe keine persönlichen Ambitionen. Ich habe *Hoffnungen*. Ich kenne keine Grenzen. Ich bin kein Verwalter. Meine Hoffnung liegt darin, im Südafrika der

Zukunft die Gerechtigkeit walten zu lassen.

<u>Zylstra:</u> Wie ist Ihre Einstellung gegenüber den USA?

<u>Biko:</u> Wir gehen von der Annahme aus, daß Südafrika vom internationalen Gesichtspunkt aus nur ein Bauer im Schachspiel der Politik des Pragmatismus ist, im Machtkampf zwischen den USA und der UdSSR. Bis jetzt hat Rußland im südlichen Afrika den Sieg davongetragen. Das ist anhand von Angola und Mozambique deutlich. Und jetzt scheinen die USA aufzuwachen und sich zu fragen: Warum haben wir nicht so viele Freunde wie Rußland? Die Antwort ist natürlich ganz einfach. Die USA haben in der Vergangenheit ihre Kontakte mit den Minderheitsregierungen in Angola, Mozambique, Rhodesien und Südafrika aufrechterhalten. In den letzten Jahren hat sich die Situation in Angola und Mozambique von Grund auf geändert. In Rhodesien ist sie dabei, sich zu ändern. Das bedeutet, daß sich Washington in bezug auf das südliche Afrika hauptsächlich auf Pretoria konzentriert. Das Resultat ist, daß sich Südafrika wichtig vorkommt. Investitionen müssen geschützt werden. Der Handel muß ausgebaut werden. Der Kulturaustausch muß aufrechterhalten werden.

Diese Entwicklungen der letzten Jahre haben die USA in eine heikle Lage gebracht. Sie sehen ein, daß es ihnen nicht so gutgegangen ist, also schauen sie sich jetzt um und fragen: Wo finden wir Unterstützung? Und wenn Washington eine solche Frage stellt, tut sie das in der Regel im Zusammenhang mit der Kluft zwischen Kommunismus und Kapitalismus, zwischen Ost und West, zwischen der Ersten Welt und der Zweiten Welt. Können die Probleme der Dritten Welt im Zusammenhang mit dieser Kluft richtig verstanden werden? Jedenfalls haben die Befreiungsbewegungen der Dritten Welt von Moskau Unterstützung erhalten und nicht von Washington. Überdies betrachten viele Menschen innerhalb der Befreiungskämpfe die marxistische Analyse der Unterdrückung als die richige Diagnose ihrer Situation. Dazu kommt das überwältigende Beweismaterial zum Engagement Amerikas in der Dritten Welt, das auf wirtschaftliches Eigeninteresse zurückzuführen ist. Rußland hat in Johannesburg keine Geldanlagen, die es beschützen muß. Amerika schon.

<u>Zylstra:</u> Repräsentiert die Regierung Carters eine grundlegende

Änderung der amerikanischen Außenpolitik gegenüber der Dritten Welt?

Biko: Die Betonung der Menschenrechte scheint eine Loslösung von der Politik Nixons und Fords zu kennzeichnen. Wir haben den Eindruck, daß die USA die Moral in ihrem eigenen Machtkampf jetzt höher stellen, bei ihrem augenblicklichen Versuch, Einfluß in der Dritten Welt insgesamt wiederzugewinnen. Was Südafrika angeht: Um eine langfristige Politik ausführen zu können, muß Amerika eine Gruppe finden, mit der es sich verbünden kann. Um eine solche Gruppe zu finden, werden die USA in zunehmendem Maße öffentlich kritisch gegenüber Ian Smith' Regierung in Rhodesien und auch gegenüber Vorsters Regierung in Pretoria. Uns scheint, daß dies auch der Grund ist, warum Carter Andrew Young als UN-Botschafter gewählt und ihn nach Südafrika geschickt hat. Dadurch hofft Carter, ein neues Image zu entwickeln, das für die Dritte Welt insgesamt und für Südafrika insbesondere annehmbar ist. Carter benützt Andrew Youngs Hautfarbe als Sonderpaß in die Dritte Welt. Aber Young hat außer der Förderung des amerikanischen Systems kein Programm. Deshalb spielt er in Soweto Tennis. Carter tut das, was schon Nixon und Ford getan haben, nur geschickter: das amerikanische System wirksamer arbeiten zu lassen.

Aber obwohl ich dem wirtschaftlichen Eigeninteresse des amerikanischen Kapitalismus in der Dritten Welt gegenüber so kritisch bin, mache ich mir über Rußland nichts vor. Rußland ist genauso imperialistisch wie Amerika. Das kann man an seiner internen Geschichte ebenso sehen wie an der Rolle, die es in Ländern wie Angola spielt. Aber die Russen haben aus der Sicht der Dritten Welt eine weißere Weste. Deswegen haben sie im Machtkampf eine bessere Ausgangsposition gehabt. Ihre Politik *scheint* den revolutionären Gruppen akzeptabel zu sein. Man kann darüber sprechen. Hier stehen wir dem wahrscheinlich größten Problem der heutigen Dritten Welt gegenüber. Wir sind gespalten, weil einige von uns glauben, daß der russische Imperialismus als reine Übergangsphase akzeptiert werden kann, während andere, wie ich selbst, daran zweifeln, ob Rußland überhaupt an der Befreiung der schwarzen Völker interessiert ist.

Zylstra: Könnten Sie schwarzen Kommunalismus erklären?
Biko: Die Black-Consciousness-Bewegung möchte das Dilemma
Kapitalismus gegen Kommunismus nicht akzeptieren. Sie bevor-
zugt eine sozialistische Lösung, die ein authentischer Ausdruck
des schwarzen Kommunalismus ist. Im augenblicklichen Stadium
unseres Kampfes ist es nicht leicht, diese Alternative im Detail
darzulegen; aber ihr liegt die Einsicht zugrunde, daß eine Änderung in der Farbe des Besetzers nicht unbedingt eine Änderung
des Systems zur Folge hat. Von unserer Suche nach einem gerechten System her wissen wir, daß die Debatte über Wirtschaftspolitik nicht im luftleeren Raum, von existierenden Systemen vollkommen getrennt stattfinden kann. In unseren Schriften ist
manchmal von *kollektiven* Unternehmen die Rede, weil wir indi-
vidualistische, kapitalistische Arten von Unternehmen von uns
weisen. Aber wir übernehmen auch nicht die russischen Modelle.
Ich muß betonen, daß wir auf unserer Suche nach neuen Vorbildern gezwungenermaßen davon beeinflußt sind, wo wir uns
heute befinden. Aus diesem Grund ist es auch unmöglich, detail-
liert die Übergangsphase zu beschreiben, die der Auflösung der
weißen Herrschaft folgen wird. Dafür ist es noch viel zu früh.
Zylstra: Hat das schwarze Christentum den schwarzen Kommunalismus beeinflußt?
Biko: Nur indirekt. Vielleicht sollten wir uns Entwicklungen in
Südamerika ansehen, wo der christlich-marxistische Dialog einer
Alternative, einer Mitte, entgegenzugehen scheint. Sie dürfen
nicht vergessen, daß wir im Umgang mit diesen hochkomplizier-
ten Fragen sehr stark gehandikapt sind. Unsere besten Denker
sind außerhalb des Landes, oder geächtet, oder inhaftiert.
Zylstra: Was ist mit der Zukunft? Irgendwelche Prognosen?
Biko: Wieder eine schwierige Frage. Ich beginne langsam, eine
allgemeine Eskalation der Auseinandersetzung zu erwarten.
Schauen Sie sich nur die verschiedenen Gesichtspunkte an. Erstens haben die Afrikaaner sich in eine äußerst verwundbare Position hineinmanövriert. Sie haben beschlossen, daß das Teilen
der politischen Macht mit den Schwarzen nicht in Frage kommt.
Da eine gerechte Gesellschaft das Teilen der Macht beinhaltet,
macht diese Haltung der Afrikaaner einen Konflikt unausweich-

lich. Wenn sich Afrikaanerführer breitschlagen lassen, kommen sie mit früheren Stellungnahmen in Widerstreit und verlieren unter ihren Anhängern an Glaubwürdigkeit. Der Afrikaaner ist dadurch verpflichtet, eine *Lüge* aufrechtzuerhalten. Die Position, in die sich der Afrikaaner gebracht hat, läßt einen Konflikt unvermeidlich erscheinen. Der Konflikt wird nicht ein Resultat der schwarzen Position sein. Aus demselben Grund scheint eine Verhandlungstisch-Situation unmöglich zu sein, da dies die politische Gleichberechtigung der Schwarzen voraussetzte. Dann ist da für die Afrikaaner noch ein komplizierender Faktor. Sie haben kein »homeland«, in das sie gehen könnten, wie es die Portugiesen hatten, als Angola die Unabhängigkeit erlangte. Und diese Afrikaaner haben die politische Macht in der Hand. Sie sind deshalb ein *unerläßlicher* Bestandteil nicht nur des Problems, sondern auch der Lösung. Wenn unser Problem einmal gelöst ist, wird auch das der Afrikaaner gelöst sein. Deshalb braucht es den guten Willen auf beiden Seiten.

Zylstra: Können sich die Afrikaaner nicht ändern?

Biko: Teilweise ja. Aber sie brauchen fünfzig Jahre, und das ist ganz einfach zu lange. Und die Afrikaaner sind nicht das einzige Element in der Dynamik des Wandels. Der zweite Faktor ist die Eskalation des Konflikts an den Grenzen Südafrikas. Früher gab es Grenzstaaten, die als Puffer wirkten. Aber das ändert sich rapide. Der Wandel ist in Angola und Mozambique vollendet; er vollzieht sich heute in Namibia und Zimbabwe. Das bedeutet, daß sich der militärische Druck auf Südafrika verstärken wird. Dem muß sofort die dritte Komponente hinzugefügt werden: die ausgedehnten Aktivitäten innerhalb Südafrikas, insbesondere innerhalb der zahlreichen Sowetos. Die Massen der Schwarzen innerhalb des Landes werden immer trotziger werden. Eine neue Generation von Schwarzen wächst heran, die nicht von der Angst motiviert ist. Dieser interne, von den Schwarzen ausgehende Druck wird eine vierte Komponente stärken, die sich für einen Wandel einsetzen wird, nämlich die internationale öffentliche Meinung. Das ist jetzt bereits ein sehr wichtiger Faktor, den die Regierung in Pretoria berücksichtigen muß. Schließlich das fünfte Element, das in Betracht gezogen werden muß: ein wirklicher

Wandel unter den Weißen in Südafrika. In unserem Kampf lassen sich hilfreiche Koalitionen zwischen Schwarz und Weiß gründen, in der Absicht, die Rasse als Grundlage unserer Gesellschaft zu eliminieren. Das wird hauptsächlich mit englischsprechenden Teilen der Bevölkerung stattfinden, aber auch mit einigen Afrikaanern – nicht mit denen, die innerhalb der Kirchen führende Positionen einnehmen, sondern mit denen an den Universitäten. Sie fangen schon jetzt an einzusehen, daß das Zeitalter des afrikaansen Nationalismus vorüber ist. Sie wissen, daß die Zukunft nicht von den Afrikaanern allein festgelegt werden sollte, sondern durch den bestmöglichen, wahren Kompromiß.

Zylstra: Angesichts all dieser Faktoren – und es gibt sicher noch andere – was kann man von der Regierung erwarten?

Biko: Wie gesagt, ich erwarte eine Eskalation des Konflikts, auch seitens der Polizei. Und falls das Afrikaanerregime noch unnachgiebiger werden sollte, müssen wir Schwarze unsere Strategie überdenken. Es ist wahr, daß die Regierung mächtig ist und lange durchhalten kann, aber eben weil sie sich auch der Eskalation des Konflikts auf allen Seiten bewußt ist, können die *ernüchternde* Wirkung der Gewalt (an den Grenzen und in den städtischen townships), der Druck der Weltöffentlichkeit und eine Änderung der Einstellung bei den Weißen, können alle diese Beweggründe zusammen durchaus das Afrikaanerregime dazu bewegen, es sich anders zu überlegen. Wenn man einmal angefangen hat, sich seiner Kraft bewußt zu werden, hört man damit nicht mehr auf.

Zylstra: Was ist mit dem Drängen auf ein one man, one vote-System, auf das Stimmrecht für jeden, besonders vom Ausland?

Biko: Heute würde die one man, one vote-Lösung ein wirtschaftliches Desaster bedeuten, besonders für die schwarzen Massen. Für den weißen Mann wäre es die ideale Lösung. Es würde bei den Schwarzen die Konkurrenz fördern, sehen Sie, und die ausländischen Kritiker des jetzigen Regimes ihrer wichtigsten Basis berauben. Aber die *wirtschaftliche* Unterdrückung der Schwarzen würde es nicht ändern. Die würde gleichbleiben.

Zylstra: Warum können die Schwarzen in bezug auf ihre wirtschaftliche Lage in Südafrika nicht das tun, was die Afrikaaner in den vierziger und fünfziger Jahren getan haben?

Biko: Sie hatten eine organisierte Vorhut. Bevor ein Übergang möglich sein kann, brauchen das auch die Schwarzen. Deshalb ist heute bei den Schwarzen Zurückhaltung nötig. Die frustrierende Schwierigkeit ist die, daß die Lage es den Schwarzen nicht erlaubt, eine organisierte Führungsschicht zu entwickeln. Das liegt nicht nur daran, daß viele unserer Führer inhaftiert oder geächtet sind, sondern auch daran, daß die Schwarzen von vielen der für die Installierung einer Führungsschicht unerläßlichen Wissensgebieten ausgeschlossen sind: Naturwissenschaften, Ingenieurwesen und so fort. Ohne eine kompetente, organisierte Führung kann die schwarze Bevölkerung die Verantwortung, die ihr zusteht, nicht anständig übernehmen.

Aber wenn der bevorstehende Übergang nicht im Chaos enden soll, muß die weiße Bevölkerung auch auf einen eigenen radikalen Wandel vorbereitet sein. Die Weißen werden in diesem Land eine politische Konstellation akzeptieren müssen, in der die Schwarzen ein volles Mitspracherecht haben. Was ich sagen will, kann vielleicht durch den Bürgerrechtskampf der amerikanischen Schwarzen in den fünfziger und sechziger Jahren illustriert werden. *Sie* forderten die Anwendung der existierenden Verfassung. *Wir* fordern eine neue Verfassung. Solch eine neue Verfassung kann den Schwarzen nicht von den Weißen auferlegt werden. Sie muß das Ergebnis beiderseitigen Austausches sein. In ihr muß die Rolle aller südafrikanischen Bürger festgelegt sein, einschließlich der des weißen Mannes nach dem Übergang. Die weiße Teilnahme ist unerläßlich. Wir bevorzugen das Verhältniswahlsystem. Das zukünftige politische System dieses Landes darf in keiner Weise rassistisch sein. Das bedeutet auch, daß die Schwarzen keine Rache an den Weißen nehmen dürfen, jedoch wird die Gleichheit dem Weißen wesentliche wirtschaftliche Opfer abverlangen. Es ist unmöglich, heute genau zu sagen, was für ein Opfer das sein wird. Es könnte bedeuten, daß die Gehälter der Weißen über einen Zeitraum von fünf Jahren nicht erhöht werden. Es würde nicht bedeuten, daß Schwarze die Häuser und Wohnungen von Weißen übernehmen, aber sicher würde es bedeuten, daß die Wohngebiete allen Gruppen geöffnet werden, wie in Gaborone, der Hauptstadt von Botswana. Das sind nur einige Vorschläge. Eine wirtschaftliche Umwälzung muß vermieden werden.

<u>Zylstra:</u> Was können die Vereinigten Staaten und andere Nationen tun, um diesen notwendigen Übergang zu befördern?

<u>Biko:</u> Lassen Sie uns noch einmal das Verhältnis der Vereinigten Staaten zu Südafrika betrachten. Heute ist das wichtigste Phänomen in Südafrika der legitime Freiheitskampf des Schwarzen. Was in Washington und in den anderen Hauptstädten der westlichen Welt gebraucht wird, ist eine offene Anerkennung dieser Tatsache, und im Zusammenhang mit dieser Anerkennung können und müssen die USA auf die politische Entwicklung innerhalb Südafrikas Einfluß nehmen. Aber wirkungsvoll können sie das nur tun, wenn ihre konkreten Maßnahmen dem Kampf der Schwarzen um Freiheit Beistand leisten. Hier sind einige Vorschläge: Erstens brauchen die Schwarzen geeignete Literatur und genügend Bewegungsfreiheit, wenn dieser Kampf aufrichtig, gut gezielt und konsequent sein soll. Wenn die Regierung Carter ihre Menschenrechtspolitik ernst nimmt, sollte sie auf Pretoria Druck ausüben, um den Schwarzen Pressefreiheit und Bewegungsfreiheit zu garantieren. Überdies muß die Regierung Carter, wenn sie wissen will, welcher Geist die Schwarzen beseelt, Kontakte mit den Personen aufnehmen, die die anerkannten Führer der Schwarzen sind, auch wenn sie auf Robben Island im Gefängnis sitzen.

Zweitens kann Washington auf Südafrika wirtschaftlichen Druck ausüben, der Investitionen in der südafrikanischen Industrie um einiges weniger einträglich machen würde. Es wird oft so argumentiert, daß die, die am meisten unter dem Verlust der ausländischen Investitionen leiden würden, die Schwarzen wären. Auf kurze Sicht gesehen, würde es zweifellos den Schwarzen am meisten schaden, weil viele von ihnen wahrscheinlich ihre Jobs verlieren würden; aber es sollte in Europa und Nordamerika begriffen werden, daß ausländische Investitionen das jetzige wirtschaftliche System unterstützen und dadurch auch indirekt das jetzige System der politischen Ungerechtigkeit. Wenn Washington zur Entwicklung einer gerechten Gesellschaft in Südafrika beitragen will, muß es von Investitionen in Südafrika abraten. Wir Schwarzen sind vollkommen bereit, die Folgen zu tragen. Wir haben uns an das Leiden recht gut gewöhnt.

Drittens würde es in der diplomatischen Arena ein ungeheurer Auftrieb für die Schwarzen dieses Landes sein, wenn die USA ihre diplomatische Präsenz in Pretoria von der Botschaftsebene auf die Konsulatsebene herabsetzen würde. Überdies sollten die USA im Sicherheitsrat der UNO nie ihr Vetorecht zugunsten des jetzigen Regimes in Pretoria verwenden. Südafrika muß lernen, daß es im Westen Freunde verliert.

Soweit das Wesentliche aus Steve Bikos Gespräch mit Bernard Zylstra.

Nach Steves Tod taten die Pro-Vorster-Zeitungen ihr Bestes, Steve dadurch zu verunglimpfen, daß sie einem bestimmten Bericht eine gewisse Tendenz unterlegten. Sie zitierten – mit eigenem Kommentar – einen Bericht in der *New York Times* von John Burns, dem hochangesehenen Korrespondenten jener Zeitung in Südafrika, wobei sie einen Satz besonders heraushoben, den Steve gegenüber Burns geäußert hatte. Steve hatte gesagt, daß, falls die Regierung der Nationalists unnachgiebig bliebe, junge Schwarze mit großer Wahrscheinlichkeit extremere Formen der Gewalt anwenden würden: »Schwarze werden aus den townships hinausgehen, in die weißen Vororte hinein, dort zerstören und brandschatzen. Es wird geschehen, es ist unvermeidlich . . . eine Armee ohne Gesicht, die über Nacht zerstört, wird (den Weißen) ein weitaus größeres Gefühl der Unsicherheit einflößen als eine organisierte militärische Macht an der Grenze.«

Die Zeitungen der Nationalists faßten dies nicht als eine Voraussage Steves auf, sondern als seine Befürwortung dieser Art von Gewalt. Sie deuteten an, er sage nicht nur, daß es geschehen *würde*, sondern daß es geschehen *sollte*. Aber da ich wußte, daß John Burns ein äußerst gewissenhafter und methodischer Journalist ist, der eine komplette Aufzeichnung des Interviews haben würde, setzte ich mich mit ihm in Verbindung, und er stellte bereitwillig den folgenden Bericht zur Verfügung:

Das Interview fand am 2. August 1976 in den Büroräumen der Black Community Programs in King William's Town statt. Obwohl Mr. Biko unter einer banning order stand, ignorierte er die Auflage, mit jeweils nur einer Person zu sprechen, und sprach mit mir und meiner Frau ungefähr drei Stunden lang. Mr. Biko sagte, daß es innerhalb der Black-Consciousness-Bewegung Meinungsunterschiede gäbe in bezug auf den Gebrauch von Gewalt zu politischen Zwecken. »Das Spektrum geht von friedlich bis vollkommen gewalttätig«, sagte er. Wie auch immer, sagte er, die Organisation sei im Augenblick nicht auf Gewalt eingestellt. »Momentan haben wir keinen Flügel, der sich mit bewaffnetem Kampf beschäftigt«, sagte er. »Wir werden uns nicht auf den bewaffneten Kampf einlassen. Das überlassen wir dem PAC und dem ANC. Wir operieren in der Annahme, daß wir die Weißen durch eine Konfrontation mit unseren überwältigenden Forderungen zur Vernunft bringen können.«

Dann fügte er hinzu: »Wir haben bis jetzt noch nicht die Gewalt diskutiert. Eben deshalb, weil wir offen und legal operieren, sind wir darauf angewiesen, friedlich zu operieren. Das heißt nicht, daß wir die Gewalt ausschließen. Aber es gibt andere Methoden, mit denen wir unsere Befreiung vorantreiben können, wie das Lahmlegen der Wirtschaft.«

Mr. Biko sagte, die Frage der Einstellung der SASO und der Black-Consciousness-Bewegung zur Gewalt sei einer der meistdiskutierten Punkte bei dem SASO-Prozeß gewesen, und er wies darauf hin, daß die Polizei nicht in der Lage gewesen sei, irgendwelches dokumentarisches Beweismaterial dafür zu liefern, daß die SASO an einer revolutionären Verschwörung beteiligt sei. Dann gab er eine Zusammenfassung der Terroristenprozesse, die im Lande gerade im Gange waren, mit der Bemerkung, daß es wiederholte Versuche gegeben hätte, die Black-Consciousness-Bewegung mit dem Terrorismus in Verbindung zu bringen – ohne Erfolg. Er betonte noch einmal, daß es hauptsächlich der ANC, und zu einem gewissen Grad der PAC, sei, der an der Gewalt interessiert sei. Über den SASO-BPC-Prozeß in Pretoria sagte er: »Unsere Position bei diesem Prozeß ist die, daß wir verhandeln müssen, also eine politische Lösung zwischen Schwarz und Weiß ausarbeiten müssen. Wir befürworten einen Vorgang des Handelns, des Feilschens, aber zweifelsohne werden alle anderen Aspekte des Wandels in Erwägung gezogen und zunehmenden Beifall finden, je nachdem, wie unnachgiebig die Regierung gegenüber dem Wandel bleibt.«

Die Gewalt, sagte er, scheine unvermeidbar. »Es wird sporadische Ausbrüche geben, wie Soweto, und allmählich werden sie nicht mehr vereinzelt, sondern mit System erfolgen. Nach einer Weile wird der entscheidende Punkt kommen, an dem die Weißen darüber befinden müssen, ob unsere Befreiung eine vereinbarte oder erzwungene sein wird. Ich glaube, es wird unter ihnen Einflüsse geben, die konservativ genug sind, um sie die Gewalt vorziehen zu lassen, einen letzten verzweifelten Kampf. Was von unserer Seite aus geschieht, hängt von der Entscheidung ab, die sie treffen . . .«

Auf die wiederholte Frage nach Gewalt, und wie schnell sie sich ergeben könnte, erwiderte Mr. Biko: »Spontane Ausbrüche werden an Bedeutung gewinnen, und die weiße Gemeinschaft, die bis jetzt sehr gut beschützt gewesen ist, wird merken, daß sie sich in einem falschen Gefühl der Sicherheit wiegt. Schwarze werden aus den townships herauskommen, in die weißen Vororte gehen und dort zerstören und brandschatzen. Es wird geschehen. Es ist unvermeidlich. Wenn das passiert, wird es eine Panik unter den Weißen geben.« Hier wies Mr. Biko darauf hin, daß es in der weißen Gemeinschaft schon eine beträchtliche Unsicherheit gäbe, die sich in verzweifelten Versuchen, Geld aus dem Lande zu schaffen, bemerkbar mache. Er fuhr fort: »Eine Armee ohne Gesicht, die nachts operiert und zuschlägt, wird ein weitaus größeres Gefühl der Unsicherheit hervorrufen, als eine organisierte militärische Macht an der Grenze, der man sich stellen und die man besiegen kann.«

Mr. Biko prophezeite, daß die Regierung die Zusammenarbeit zwischen Polizei und Armee verstärken würde, in Vorbereitung auf den bevorstehenden Kampf, und daß weiße Zeitungen mehr und mehr dazu neigen würden, die Regierung darauf zu drängen, angesichts der Drohung angemessene Vorbereitungen zu treffen. Inzwischen würde das Geld weiterhin aus dem Lande fließen.

»Ich glaube, ein echter Krisenpunkt könnte in drei oder vier Jahren erreicht sein. Ich behaupte nicht, daß es dann einen Wandel geben wird, aber es könnte der Augenblick kommen, wo eine richtige Panik keine abstrakte Sache mehr ist.«

Teile dieses Interviews erschienen zusammengefaßt in der *New York Times*, und als ich Steve einen Zeitungsausschnitt zeigte, bemerkte er, daß es sich viel härter läse, als er es beabsichtigt habe. Er sagte, er hätte John Burns gegenüber »vielleicht ein wenig übertrieben«, um der öffentlichen Meinung in den Vereinigten Staaten etwas von der Dringlichkeit der südafrikanischen Frage zu vermitteln. Seine Erwartung sei freilich die gewesen, daß der zusammengefaßte Bericht etwas entschärft werden würde, wie es ausländische Journalisten in Rücksichtnahme auf seine Ächtung zumeist taten. Reumütig kicherte er: »John Burns hat überhaupt nichts entschärft. Er war eigentlich beunruhigend akkurat . . .« Wie dem auch sei, Steve war mit der fairen Wiedergabe seiner Äußerungen zufrieden und hoffte, daß sie den erwünschten Effekt haben würden, angesichts des großen internationalen Ansehens, das die *New York Times* genießt.

Auseinandersetzungen und Diskussionen

Zwischen Steve Biko und mir gab es viele intensive Diskussionen über Politik und andere Dinge. Für Menschen, die nicht unter einem repressiven Regime leben, ist es schwierig, sich vorzustellen, daß ein harmloser Meinungsaustausch beiden Beteiligten Ärger bringen konnte. Jedenfalls traf das ganz bestimmt auf uns zwei zu, und deshalb versuchten wir immer sicherzugehen, daß uns keine versteckten Mikrophone belauschten, bevor wir offenherzig über Politik sprachen.

Einer der Orte, an den Steve Wendy und mich gern führte, war eine kleine Lichtung im Wald nördlich von King William's Town, wo wir reden konnten, ohne Angst haben zu müssen, abgehört zu werden. Manchmal ging er dort auch allein hin, um den ganzen Trubel hinter sich zu lassen und einfach nachzudenken. Aber eines Tages folgte ihm die Sicherheitspolizei und entdeckte den Ort, und seitdem ging er nie wieder dorthin.

Auf dieser Lichtung führte ich eines Tages ein langes Streitgespräch mit ihm über seine kritische Einstellung den Vereinigten Staaten gegenüber. Er selbst war der Meinung, daß ich zu unkritisch pro-amerikanisch sei, und daß ich eine unrealistische Einstellung zur westlichen Demokratie hätte. Er war nicht pro-östlich oder in irgendeiner Weise kommunistisch, aber er hatte das Gefühl, daß der Osten die Regierung der Nationalists in der UNO bereitwilliger unter Druck setzen und Embargos bereitwilliger einführen würde, und daß dies mit der Ansicht der meisten Schwarzen übereinstimme.

Bei dieser Gelegenheit, und ein anderes Mal im Hof, beleuchteten wir die Angelegenheit von allen Seiten. Es gab vieles an den amerikanischen Idealen, was ihm gefiel, aber für den westlichen Kapitalismus und die beschirmende Einstellung des Westens seinen Geldanlagen in Südafrika gegenüber hatte er nur Zynismus übrig. Er erklärte, daß junge Schwarze in Südafrika zunehmend anti-westlich empfinden würden, weil die Länder des Westens der Vorster-Regierung nur schullehrerhafte Rügen erteilten, wenn eine Anti-Apartheid-Geste wieder mal fällig sei, dabei aber ihre diplomatischen und wirtschaftlichen Kontakte, die dazu beitrugen, das Regime zu stärken, aufrechterhielten.

Ich stützte meine Argumentation auf die demokratischen Werte der amerikanischen Verfassung, mit ihren Garantien der individuellen Freiheit und mit ihren Kontrollen, die das glorreiche Kapitel Watergate produziert hatten, unter deren Bedingungen sogar der höchste Repräsentant des Staates wegen seines Fehlverhaltens gestürzt werden konnte. Steves Antwort überraschte mich. Er sagte, die Freiheit des einzelnen sei zugleich bewunderns- und wünschenswert, aber sie stelle nicht den höchsten Wert dar. »Wenn Menschen verhungern, arbeitslos sind und ausgebeutet werden, sind Essen, Arbeit und Sozialfürsorge wichtiger für sie als individuelle Freiheit«, meinte er.

Ich erwiderte: »Das ist ein richtiges Argument der Dritten

Welt. Es ist doch so, daß der individuellen Freiheit alle anderen Vorteile entspringen. Paß auf, Steve, eines Tages werden wir beide die Welt bereisen. Wir werden in den Osten gehen, wo dein Ruf als schwarzer Führer mich beschützen wird, und dann gehen wir in den Westen, wo niemand Schutz braucht!« Er lachte anerkennend und sagte, er sähe einer solchen Entdeckungsreise gerne entgegen. Danach sprachen wir oft von dieser Reise, und wie es sein würde, und wen wir besuchen würden. Wir beschlossen, nachdem wir sowohl den Osten als auch den Westen besucht haben würden, Afrika von einem Ende zum anderen zu durchqueren. Er war nie außerhalb seines Landes gewesen und genoß immer meine Berichte von Reisen nach fernen Ländern – besonders in die Vereinigten Staaten.

Er betonte ständig, wie wichtig es sei, daß sich die Black People Convention an das Prinzip halte: das Südafrika der Zukunft – Azania – dürfe sich weder vom Osten noch vom Westen beherrschen lassen. »Wir können von beiden viel lernen, aber wir dürfen keinem unterworfen sein«, sagte er. Als ich gegen den Zynismus des Ostens bei der Unterstützung der afrikanischen Befreiungsbewegungen wetterte, stimmte er mir nur teilweise zu. »Zynismus, ja, aber begleitet von wirksamer materieller Hilfe, die wichtiger ist als Reden und Rügen«, sagte er.

Ich wies auf die Anzahl afrikanischer Staaten hin, die von Ländern des Ostens Hilfe angenommen und sie danach aus dem Land geworfen hatten. »Das ist es ja«, sagte er. »Du siehst nicht, worauf ich hinauswill. Die Russen bleiben danach nicht kleben. Bis jetzt haben sie immer materielle Hilfe geleistet und sich dann zurückgezogen. Oder sie sind rausgeworfen worden. Dagegen hat die westliche Hilfe gegen den Kolonialismus oft den westlichen wirtschaftlichen Imperialismus zur Folge gehabt. Schau, ich mache mir über die Russen keine Illusionen, und ich lehne ihre Ideologie ab – aber es ist eben so, daß ihre Art der Einmischung von größerem Vorteil für Afrika gewesen ist. Natürlich verfolgen sie damit ihre eigenen zynischen Interessen – aber das ist von größerem praktischen Nutzen für uns als die Beredsamkeit eines Andy Young. Die Andy Youngs sind ganz nette Kerle, aber ihre Einstellung bringt uns keinen Schritt weiter. Wenn wir hier eine friedliche Lösung wollen, dann müssen die Andy Youngs aufhören zu reden und anfangen, Vorster hart anzufassen – Embargos, Blockaden wenn nötig, die ganze Palette. Wir Schwarze lehnen die Theorie ab, daß uns Embargos mehr schaden würden. Es sind immer Weiße, die das sagen. Wenn Leute unsere Freunde sein wollen, dann müssen sie sich als Freunde betragen; mit Taten.«

Steve sprach offenherzig über viele andere Dinge, aber sie alle zu wiederholen, während eine Nationalist-Regierung die Macht in Südafrika hat, hieße, eine beträchtliche Anzahl von Menschen in Gefahr zu bringen. Wie dem auch sei, es gab einen Staatsminister, von dem Steve glaubte, daß er mit der Zeit dazu zu kriegen sei, in der zukünftigen Regierung der Nation eine Rolle zu spielen. Dr. Piet Koornhof, der Sport- und Erholungsminister, schien ihm menschliche Eigenschaften zu haben, die seine Nationalist-Umgebung noch nicht völlig unterdrücken konnte. Er fügte hinzu: »Ich habe den Eindruck, daß da ein ganz netter Kerl sitzt, der versucht auszubrechen.«

Es fiel mir schwer, solche Äußerungen Steves mit einigen Kommentaren, die er zu seiner politischen Haltung beisteuerte, zu vereinbaren. In dem Interview mit Burns sagte er unter anderem, daß die Einparteienherrschaft für Afrika angebracht sei. Einmal hatten wir uns stundenlang über diese Sache gestritten. Ich regte mich laut darüber auf, was für ein im Grunde totalitärer Schwachsinn seine Theorie sei, und er machte sich über meinen guten alten Gladstone-Liberalismus lustig. Meine beiden wichtigsten Argumente waren diese: Erstens wäre ein Gesetz, welches das System auf eine Partei begrenzt, nicht nötig, wenn die Bürger afrikanischer Staaten sich tatsächlich so einig wären, und zweitens sei ein Kein-Parteien-Staat sowieso sinnvoller als ein Ein-Parteien-Staat, da die eine anerkannte Partei den Regierungsapparat des Staates unnötig verdoppele.

Im Gegensatz zu den meisten Menschen hatte Steve Format genug, sich einem Gegenargument zu beugen, und bei diesem Thema tat er es, nach einer über zwei Stunden langen Debatte. Er tat noch mehr. Er sagte, ich hätte Aspekte des Themas aufgezeigt, die ihm nicht eingefallen wären; daß sie Gültigkeit hätten und seine Ansichten um einiges veränderten; und er fuhr dann

fort, meine Argumentation klarer und einleuchtender weiterzu-
führen, als ich es je hätte tun können. Ich betrachtete Steves wenigstens teilweise Bekehrung zu den grundlegenden Prinzipien
des Westminster-Ideals, die darauf folgte, mit Stolz – daß es
freien Männern gestattet sei, so viele Vereinigungen oder Podien
zur Förderung einer legalen Politik zu organisieren, wie es ihnen
gefiele. Ich glaube immer noch gerne daran, daß Steve, der mir
soviel beigebracht hat, von mir in mindestens zwei Dingen stark
beeinflußt wurde. Nach langem Drängen meinerseits, nahm er
eine weniger zynische Einstellung gegenüber den Vereinigten
Staaten im besonderen und gegenüber den westlichen Demokra-
tien im allgemeinen ein.

Zur Zeit des Burns-Interviews oder kurz danach waren Wendy
und ich in Zanempilo und erzählten Steve davon, wie John Burns,
der einige Jahre in China gelebt hatte, die Arbeitslager dort beschrieben hatte, die summarische Art und Weise, in der Menschen
in sie eingewiesen wurden, weil sie unbedeutenden und oft ima-
ginären ideologischen Irrtümern erlegen waren. Steve reagierte
aggressiv: »Ich kann mir vorstellen, daß es für einen Amerikaner,
der aus einem Land mit einem derart hohen Lebensstandard
kommt, schwer ist zu begreifen, warum die Chinesen bereit sind,
die Bürgerrechte gegen soziale Fürsorge und Befreiung vom
Hunger einzutauschen.« Und das, er wußte es ganz genau, führte
zu einem weiteren langen Streit . . .

Jedesmal, wenn Steve, Wendy und ich zu der Lichtung nördlich
von King William's Town hinausfuhren, taten wir das in zwei
Wagen, wegen der Steve auferlegten Verfügung, nicht mit mehr
als einer Person zusammenzusein. Einer von uns fuhr auf dem
Hinweg in Steves Wagen, der andere auf dem Rückweg. Manchmal unterhielten wir uns alle drei im Hof in der Leopold Street:
Steve und ich in Sesseln unter dem großen Baum, Wendy im Wagen, der in Hörweite geparkt war, aber so, daß er unbestreitbar
von uns getrennt stand – falls die Sicherheitspolizei reinkam.
Während einer solchen Sitzung im Hof schockierte mich Steve
damit, daß er sagte, in gewissen Fällen könne man Festnahme
ohne Prozeß schon rechtfertigen. »Was?« rief ich. »Meinst du da-

mit, daß du im Falle deiner Machtübernahme in diesem Land Leute wie Kruger und Vorster festhalten würdest?«

Er sagte: »Es könnte als Stabilisierungsmaßnahme während einer heiklen Zeit des unstabilen Überganges durchaus nötig sein. Ja, in so einem Fall würde ich es tun.«

Ich erklärte: »Dann wäre ich der erste, der sich gegen dich wenden und verlangen würde, daß sie entweder angeklagt oder freigesetzt werden.«

Der Gedanke daran brachte ihn zum Lächeln. »Das wußte ich«, sagte er.

Ungefähr zu dieser Zeit hatte ich in meiner wöchentlichen Kolumne eine nachdenkliche, für bildende Zwecke an weiße Leser gerichtete Betrachtung veröffentlicht. Sie hieß *Macht Euch bereit, die ALF kennenzulernen,* und las sich folgendermaßen:

Dies ist eine Voranzeige für meine südafrikanischen Landsleute; sie soll sie auf ein Treffen mit der ALF vorbereiten. Als regelrechte Anzeige ist sie etwas verfrüht, da die ALF noch nicht geboren ist, aber sie soll das Erscheinen der ALF auf der südafrikanischen Szene vorbereiten.

ALF, so glaube ich, werden die Anfangsbuchstaben jener politischen Bewegung sein, die bald gegründet werden wird, um die Sehnsucht einer großen Anzahl von Schwarzen zu artikulieren. Soweit ich informiert bin, wird diese Partei danach trachten, alle schwarzen politischen Gruppen zu vereinen, einschließlich jener früheren Rivalen, PAC und ANC; der größte Ansporn für diese schwarze Einigkeit wird von den jungen Führern der jetzigen BPC kommen.

Sie werden einen neuen Namen suchen, um von den Trennungen der Vergangenheit Abstand zu nehmen, und sie werden in diesem Namen einen Hinweis auf das neue Südafrika, das sie schaffen wollen, sehen. Sie werden es als gemeinsame schwarze Front sehen, also wird das Wort Front miteinbezogen sein. Sie werden es als Befreiungsbewegung ansehen, also wird das Wort Liberation miteinbezogen sein. Sie werden anstreben, daß es den neuen Namen, den sie ihrem Land geben wollen, andeutet – Azania.

Deshalb: Azania Liberation Front. Oder abgekürzt: ALF.

Ich bin der Meinung, daß die schwarze Einheit, die aus dem Wunsch heraus geboren ist, die Zersplitterung, welche die schwarze Politik in Rhodesien gebremst hat, zu vermeiden, in solch einer Bewegung ihren Ausdruck findet, und daß ihr Einfluß gigantisch sein wird.

Zweifellos wird die Azania Liberation Front bald nach ihrer offiziellen Gründung verboten werden – aber es ist anzunehmen, daß ihre offizielle Gründung so lange Zeit nach ihrem tatsächlichen Stapellauf erfolgt, daß ihre Wirksamkeit durch das Verbot nicht wesentlich behindert wird.

Im Gegenteil, da ein großes Maß der Wirksamkeit jeder schwarzen Opposition zur weißen Herrschaft heutzutage von der Anerkennung der Front-Staaten, der OAU und der UNO abhängt, wird ein solches Verbot nur der Glaubwürdigkeit der ALF dienlich sein.

Jedenfalls ist es unwahrscheinlich, daß diese Bewegung revolutionär sein wird im Sinne der Anwendung von Gewalt. Ihre grundlegende Aufgabe wird wahrscheinlich vielmehr darin liegen, für Männer wie Mandela, Sobukwe und Biko, die bis dahin vermutlich mit der Inkatha-Bewegung Gatsha Buthelezis im Bund sein werden, ein unangreifbares Mandat zu formulieren, um für die schwarzen Massen, ohne über Homeland zu verhandeln, mit den weißen Führern zu sprechen.

Natürlich setzt das voraus, daß es solche Verhandlungen geben wird.

Aber Zweifel daran beseitigt ein Blick auf die zu erwartende Folge von Ereignissen im südlichen Afrika: Mehrheitsregierungen in Rhodesien (Zimbabwe) und Südwestafrika (Namibia); zunehmender Druck sowohl vom Westen als auch vom Osten, einschließlich Handelsembargo und möglicherweise massiver militärischer Interventionen.

Auf lange Sicht wird jeder Versuch des weißen Nationalismus, es mit der ganzen Welt aufzunehmen, scheitern – egal, wie viele Munitionsfabriken P. W. Botha eröffnet. Und es ist unvermeidlich, daß der Tag kommen wird, an dem weiße Führer mit schwarzen Führern verhandeln müssen.

Der Hauptunterschied zwischen solchen Verhandlungen und denen, welche die Regierung jetzt führt, ist der, daß die betroffenen schwarzen Führer nicht nur das Mandat der schwarzen Mehrheit in Südafrika haben werden, sondern gerade deshalb auch vom restlichen Afrika und der Welt anerkannt sein werden.

Und das, so meine ich, wird die hauptsächliche Rolle der Azania Liberation Front sein – und das Ausmaß, in dem ihre Führer großzügig in ihrer Einstellung gegenüber weißen Ängsten sein werden, wird davon abhängen, wie bald sich die weißen Führer bereit zeigen, mit ihnen Nägel mit Köpfen zu machen.

Wie die Dinge jetzt stehen, gibt es keine Garantie dafür, daß die ALF großmütig sein wird, wohlwollend und vorteilhaft für alle Betroffenen – obwohl das gesamte existierende Beweismaterial darauf hindeutet, daß man mit einer solchen Möglichkeit durchaus rechnen kann.

Aber eines ist sicher: Je länger die Weißen zögern, mit den Führern der Schwarzen zu verhandeln, die das Mandat ihres Volkes haben, um so mehr wird sich die Haltung der Schwarzen verhärten.

Dies ist anderswo in Afrika geschehen, und es gibt keinen Grund, warum es nicht auch hier geschehen sollte.

Wir sollten deshalb hoffen, daß, wenn die ALF eines Tages offiziell in Erscheinung tritt, die weiße Regierung den Verstand haben wird, die Bedeutung der Tatsache realistisch einzuschätzen und realistisch zu verhandeln, anstatt mit Verboten, Drohungen, Säbelrasseln und anderen Maßnahmen zu reagieren, die dazu verurteilt sind, keinen Bestand zu haben.

Steve rügte mich dafür, daß ich diesen Artikel geschrieben hatte: »Hey, man, die verdammte Sicherheitspolizei wird das alles ernst nehmen und glauben, daß wir in eine tiefe Verschwörung verstrickt sind. Du kennst sie doch.« Ich erwiderte, daß ich als Journalist das schreiben müßte, woran ich ehrlich glaubte, und offen das prophezeien müßte, was ich als wahrscheinliche politische Entwicklung betrachtete.

»Ja, aber du kennst doch ihre Mentalität – die lesen in so was alle möglichen finsteren Untertöne hinein, egal wie theoretisch es ist. Diese Typen glauben doch zu gern an alle möglichen Verschwörungen.« Er hätte auch nicht geahnt, daß ebendieser Artikel in seiner eigenen gerichtlichen Untersuchung von der Sicherheitspolizei gegen ihn verwendet werden würde.

Mein letzter Besuch bei Steve und unser letztes langes Gespräch fanden nur zwei Tage, bevor er zum letzten Male festgehalten wurde, statt. Den Vormittag verbrachte ich mit ihm in Zanempilo. Ich hatte vor kurzer Zeit Gespräche mit dem nichtrassistischen South African Council on Sport geführt, das dem Supreme Council for Sport in Africa angegliedert war, aber keine tatsächliche Macht hatte, um irgendeinem südafrikanischen Sportgesetz die Aussicht auf internationale Anerkennung zu sichern, egal, wie sehr es sich von der Apartheid distanzierte. Das Council würde diese Macht auch nicht ohne Unterstützung des BPC erreichen.

Ich schlug Steve vor, daß der BPC diese Unterstützung zur Verfügung stellen sollte, um den Gegnern des rassistischen Sports eine doppelte Waffe in die Hand zu geben – einerseits wären sie dann fähig, einen rassistischen Sportverband mit Verachtung zu strafen, andererseits in der Lage, ihn mit internationaler Anerkennung zu belohnen, sollte er alle Spuren des Rassismus ablegen. Erst lehnte Steve den Vorschlag ab, mit der Begründung, daß die Haltung des BPC jede Anerkennung südafrikanischer Sportverbände zurückweise, solange die Apartheid andauere. Aber nach eingehender Betrachtung aller Aspekte der Angelegenheit stimmte er mir doch zu, daß in dem Vorschlag mehr Vor- als Nachteile enthalten seien. Es ging darum, die vorgeschlagene Gründung eines ausschließlich schwarzen Sport Council zu verzögern, dem South African Council on Sport eine große schwarze Unterstützung zukommen zu lassen und denen, die darum bemüht waren, den Sport vom Rassismus zu befreien, eine letzte Chance zu geben (wir einigten uns auf eine sechsmonatige Frist), bevor die endgültige Trennung vollzogen würde.

Er sagte, er würde versuchen, seinen Kollegen die Idee schmackhaft zu machen, und fügte hinzu: »Aber laß mir etwas Zeit. Ich werde eine lange Reise machen müssen.«

Ob er auf dieser Reise war, als er zu der verhängnisvollen Straßensperre kam, oder ob er sie mit einer anderen Reise verband, um BPC-Probleme in Kapstadt zu regeln, oder ob er sich nur auf einer seiner Kontakttourneen befand, weiß man nicht. Aber jeder, der Steve gekannt hat, ist sicher, daß Steve sich auf dieser Reise nicht aus dem Grund befand, den die Sicherheitspolizei angegeben hat, nämlich daß sie im Zusammenhang mit Flugschriften, die zum politischen Mord und allgemeinem Blutvergießen aufriefen, stand. Das war einfach nicht das, woran ihm gelegen war. Das war nicht sein Stil.

Aber er sollte nicht die Möglichkeit haben, sich gegen Verunglimpfungen dieser Art zu verteidigen. Die Art und Weise, in der er sich auf der Anklagebank betragen hätte, wenn man ihn mit solchen Beschuldigungen konfrontiert hätte, kann man sich anhand des folgenden inoffiziellen Wortgefechts ausmalen, das er während des 1976er SASO/BPC-Prozesses, bei dem er als Zeuge auftrat, in einer Pause mit einem Sympathisanten der Nationalists führte:

Frage: Warum wollen Sie die Konfrontation?
Biko: Konfrontation an sich ist nichts Böses.
Frage: Konfrontation führt zur Gewalt. Befürworten Sie die Gewalt?
Biko: Nein, Konfrontation führt nicht unbedingt zur Gewalt. Sie und ich befinden uns jetzt in der Konfrontation, und keiner von uns hat vor, gewalttätig zu werden.
Frage: Warum betonen Sie Black Consciousness? Ihr seid doch nicht einmal richtig schwarz – mehr so dunkelbraun.
Biko: Warum nennt ihr euch weiß? Ich würde euch eher als ziemlich rosa beschreiben.
Anwalt, leise zu einem Kollegen: Das ist keine Konfrontation – das ist ein Massaker!

Steve war immer so schnell bereit, den humorvollen Weg einzuschlagen, und seine grundsätzliche Neigung war es so offensichtlich, auf das Menschliche zu reagieren, auch wenn er von seinen Verfolgern sprach, daß spätere Behauptungen der Sicherheitspolizei, er wäre in eine Flugschriftenkampagne, die nach Mord und

Totschlag schrie, verwickelt, mir stets besonders obszön vorkamen. Außerdem kannte er die taktischen Methoden der Sicherheitspolizei so gut, daß er sich nie durch den alten Trick mit Geständnissen von Mitarbeitern hätte hereinlegen lassen.

Er hat oft von diesen Dingen gesprochen. »Weißt du«, sagte er, »die kommen rein und sagen, dein Kumpel Soundso hätte ihnen alles gesagt. Die zeigen dir sogar Erklärungen, die andere Festgehaltene ›freiwillig‹ geliefert haben, aber es ist so saublöde; auch wenn der Kerl es selbst verfaßt hat, und auch wenn in dem Zeug irgendwo ein Funke Wahrheit enthalten ist, was wollen die damit erreichen? Auch wenn sie dich zusammenschlagen und du alles zugibst, was sie wollen, hast du doch die Möglichkeit, einfach zu warten, bis du vor Gericht kommst, und dann dem Richter zu erzählen, daß das ganze verdammte Zeug Unsinn ist. Man hat dich gezwungen, es zu sagen, und dann ist es bedeutungslos, weil es unzulässiges Beweismaterial wird.«

Während Steve zum letzten Mal in Haft war, muß die Sicherheitspolizei von Port Elizabeth besonders erpicht darauf gewesen sein, ein Geständnis dieser Art zu erhalten. Nach seinem Tod versuchten sie, seinen Namen mit Beschuldigungen zu beschmutzen, mit denen sie ihn, während er lebte, nie öffentlich bedacht hatten. Und die Methode, die sie angewendet haben, war genau jene Methode, die er mir beschrieben hatte. Sie stellte einen Teil ihres eigenen Beweismaterials in der gerichtlichen Untersuchung dar, die seinem durch sie verschuldeten Tode folgte.

3

Der Prozeß

Im Jahre 1976 spielte Steve Biko eine führende Rolle in einem der bemerkenswertesten Prozesse in der Geschichte Südafrikas. Vor dem Obersten Gericht wurden neun junge Schwarze wegen subversiver Tätigkeit angeklagt. Besser gesagt, in gewissem Sinne standen ihre Ansichten vor Gericht. Der Staat versuchte nachzuweisen, daß ihre Philosophie, die von SASO und BPC formulierte Philosophie der Black Consciousness, die öffentliche Sicherheit dadurch gefährde, daß sie wahrscheinlich zu einer Mobilmachung der schwarzen Meinung gegen die etablierte weiße Ordnung führen würde, auf eine Art und Weise, die darauf abzielte, die Rassenkonfrontation unvermeidlich zu machen.

Da eine Mobilmachung des schwarzen Bewußtseins gegen die etablierte weiße Ordnung genau der Sinn der Black Consciousness war, standen die Angeklagten vor dem Problem, sich zu verteidigen, ohne ihre grundsätzliche Philosophie zu verleugnen. Die Argumente des Staatsanwalts liefen darauf hinaus, daß die Art, in der SASO und BPC die schwarze Meinung mobilmachten, das Heraufbeschwören einer leidenschaftlichen antiweißen Emotion beinhalte, welche die Feindseligkeit zwischen den Rassen fördere und die Revolution als Endziel habe. Die Verteidigung bezog sich darauf, daß die Schwarzen keiner Einpeitschung des Zornes gegenüber dem weißen Rassismus bedürften; daß dieser Zorn bei den Schwarzen schon weit verbreitet sei; daß es trotz der gesetzlichen Einschränkungen den Schwarzen immer noch erlaubt sei, Meinungen mobilzumachen, um ihrem Verdruß ein friedliches Ventil zu verschaffen; daß die Black Consciousness eine konstruktive und keine destruktive Philosophie sei. Da die Angeklagten alle Jünger dieser Philosophie waren, und da Steve Biko ihr führender Verfechter war, wurde er von der Verteidigung aufgefordert, für sie alle auszusagen. Das war ironisch, da es so gut wie sicher war, daß er sich unter den Angeklagten befunden hätte, wäre er nicht schon geächtet gewesen. Aber als Zeuge der Verteidigung beherrschte er die Verhandlung, und im Stil Nelson Mandelas, im Stil einer früheren Generation, verwandelte er den Gerichtssaal in ein Forum für die Formulierung der schwarzen Unzufriedenheit.

Die folgenden Auszüge aus dem gekürzten Gerichtsprotokoll sollen – in Steve Bikos eigenen Worten, bei einer der wenigen Gelegenheiten, die ihm erlaubten, öffentlich zu sprechen – illustrieren, wie er die Rolle der intellektuellen schwarzen Führung im Befreiungskampf sah. Seine Antworten auf die Fragen des Verteidigers David Soggott, des Staatsanwalts K. Attwell und des bekannt regierungsfreundlichen Richters Boshoff sind in chronologischer Reihenfolge angegeben, so, wie die Verhandlung ablief.

Soggott: Mr. Biko, ich glaube, wir sollten uns erst einmal die wichtigsten Punkte Ihres eigenen Lebenslaufes ansehen. Sie wurden 1946 in King William's Town geboren; ist das richtig?
Biko: Ja.
Soggott: Sie haben sich in Marianhill, in der Nähe von Pinetown, im Jahre 1965 immatrikulieren lassen?
Biko: Richtig.
Soggott: Ab 1966 studierten Sie Medizin?
Biko: Ich habe 1966 angefangen, an der University of Natal zu studieren, und bin dort bis 1972 geblieben, als ich relegiert wurde.
Soggott: Können Sie uns sagen, warum Sie relegiert wurden?
Biko: Der Grund, der von der Verwaltung angegeben wurde, war unzureichende akademische Leistung.
Soggott: Und was sagen Sie zu diesem Grund?
Biko: Man könnte über ihn streiten, das ist alles, was ich sagen möchte.
Soggott: Interessierten Sie sich für die Medizin?
Biko: Zu dem Zeitpunkt, an dem ich relegiert wurde, hatte ich

mich schon entschlossen zu gehen.

Soggott: Und Sie gingen 1972; ist das richtig?

Biko: Das ist richtig.

Soggott: Und was taten Sie dann?

Biko: Ich arbeitete für das Black Community Program.

Soggott: BCP?

Biko: Das BCP, ja, von Anfang August 1972 an.

Soggott: Wo arbeiteten Sie?

Biko: In Durban, bis ich im März 1973 geächtet wurde.

Soggott: Und wo gingen Sie dann hin?

Biko: Dann ging ich nach King William's Town. Das Black Community Program forderte mich auf, in jener Stadt eine Filiale dieser Organisation einzurichten.

Soggott: Und dann fingen Sie an, für sie zu arbeiten?

Biko: Das ist richtig.

Soggott: Vom Februar 1973 an?

Biko: Genau gesagt, vom April 1973 bis zum 9. Dezember 1975.

Soggott: Warum haben Sie im Dezember 1975 aufgehört, für BCP zu arbeiten?

Biko: Eine Abänderung der mir auferlegten Verfügung machte mir die Weiterarbeit unmöglich.

Soggott: Nun, von Ihrer Arbeit für das Community Program abgesehen, haben Sie sich für das Jurastudium interessiert?

Biko: Ja, habe ich. 1973 ließ ich mich bei der University of South Africa einschreiben.

Soggott: Können Sie die Umstände, unter denen die SASO gegründet wurde und unter denen sie sich entwickelte, beschreiben? Als Sie nach Natal kamen, war die NUSAS, die National Union of South African Students, die herrschende Studentenvereinigung dort?

Biko: Das ist richtig.

Soggott: Würden Sie Seiner Ehren erzählen, wie sich die schwarzen Studenten gegenüber der NUSAS verhielten?

Biko: Wo soll ich anfangen? Fange ich mit den Meinungsverschiedenheiten innerhalb der NUSAS an?

Soggott: Ich glaube, das wäre passend.

Biko: Schön. Als ich also auf die Universität kam, war ich zuerst an der NUSAS interessiert und habe ihre nichtrassistische Einstellung voll akzeptiert. Ich fing dann an, zu ihren Gunsten mit Leuten, die anderer Meinung waren, zu diskutieren, Leuten, die der allgemeinen Variante des weißen Nichtrassismus gegenüber kritisch eingestellt waren.

Soggott: Können Sie das ein klein wenig erläutern; wer waren die anderen Leute, die diese Meinung vertraten?

Biko: Nun, da gab es mehrere Studenten an der Universität, teilweise Freunde von mir, wie Dr. Mokoape, und andere, mit denen ich nicht befreundet war, die aber an der Universität politisch arbeiteten.

Soggott: Wenn Sie Dr. Mokoape sagen, meinen Sie dann den Angeklagten Nummer 4, der dort sitzt?

Biko: Seine Nummer weiß ich nicht. Ja, das ist der Mann.

Soggott: Welche Einstellung hatten diese Männer?

Biko: Ihre Einstellung war die eines tiefen Mißtrauens gegenüber der weißen Auffassung des Nichtrassismus. Sie hatten das Gefühl, daß dieser Nichtrassismus immer nur als Idee vorgetragen würde, daß die Weißen in Wahrheit aber mit dem Status quo zufrieden waren und nicht die Absicht hatten, ihn aufzugeben. Dieser Auffassung stimmte ich nicht zu. Ich war der Meinung, daß es engagierte Weiße gäbe, welche die Lage ändern wollten; die mit uns alles teilen wollten, was das Land produzieren konnte.

Soggott: Hat sich die Kritik an der NUSAS auf irgendwelche bestimmten Beispiele festgelegt, die ihre Auffassung von der Rolle des weißen Studenten illustrieren sollte?

Biko: Ich kann mich jetzt nicht an bestimmte Beispiele erinnern, die damals zitiert wurden, aber man wies allgemein darauf hin, daß die NUSAS in der Geschichte der Studentenvereinigungen dadurch auffiel, daß einige ihrer Führer Dinge getan hatten, die von schwarzen Studenten mit Verachtung betrachtet wurden.

Soggott: Was zum Beispiel?

Biko: Manchmal erwähnten sie die Erklärung eines bestimmten NUSAS-Präsidenten in einem Gespräch, von dem er annahm, daß es vertraulich bleibe; manchmal sprachen sie von Rassentrennung, zum Beispiel während der NUSAS-Konferenzen; da gab es private Studentenpartys in den Studentenwohnungen, zu de-

nen Schwarze nicht durften, wo man aber Funktionäre der NU-
SAS sehen konnte. Das waren die Dinge, welche die Schwarzen
zu der Ansicht bekehrten, daß das Engagement der weißen liberalen Studenten zum Nichtrassismus auf wackligen Beinen
stand.

Der Richter: War das die Politik der Universität, oder wurde an
der Universität die gesellschaftliche Gleichberechtigung als offizielle Politik vertreten?

Biko: Die offizielle Politik der Universität war die, daß Schwarze
nicht in die Studentenwohnungen reinkommen sollten, aber die
NUSAS-Funktionäre konnten sich frei entscheiden, wo sie ihre
Partys feiern wollten. Und es war bekannt, daß sie diese Partys
oft in weißen Studentenwohnungen veranstalteten, da sie wußten, daß die Schwarzen dorthin nicht kommen konnten.

Soggott: Jetzt möchte ich Sie folgendes fragen: Gab es jemals eine
NUSAS-Konferenz, bei der die Schwarzen ihrer Unzufriedenheit wegen ihrer Unterbringung Ausdruck verliehen?

Biko: Ja, bei der 1967er-Konferenz in der Rhodes University in
Grahamstown. Man hatte uns gesagt, daß die Studentenwohnungen das erste Mal bei einer NUSAS-Konferenz vollkommen
integriert sein würden. Auf der Eisenbahnfahrt zur Konferenz –
ich gehörte zur Delegation der Natal University (Schwarze Abteilung) – gab es eine Diskussion, bei der beschlossen wurde, daß
wir im Falle, daß diese Bedingung nicht erfüllt werde, protestieren, uns von der Konferenz zurückziehen und nach Hause gehen
würden. Als wir an der Rhodes University ankamen, konnte uns
der Organisator der Konferenz nicht genau sagen, wo man uns
unterbringen würde; man setzte uns an verschiedenen Stellen des
Studentenwohnheimes ab; nach einer Weile merkten wir, daß
zuerst die Weißen, dann einige Inder drankamen; schließlich kam
der Organisator zu uns zurück und sagte, er hätte eine Kirche gefunden, wo wir übernachten könnten. In diesem Augenblick war
ich der Meinung, daß wir Grund genug hatten, an dem Entschluß,
den wir im Zug gefaßt hatten, festzuhalten.

Soggott: Mr. Biko, wer faßte im Zug diesen Entschluß? Können
Sie irgendwelche Namen nennen?

Biko: Nun, da war der damalige Präsident, Rogers Rabavan, da waren Ben Nqubane, Johnny Masonwane, Paul David und ich. Es waren, glaube ich, auch andere Studenten von anderen Universitäten in Natal dabei, wie Shan Maraj.

Soggott: Schön. Sie wollten eben sagen, daß in jener Nacht etwas geschah?

Biko: Ja, in jener Nacht wurden wir von der Exekutive der Organisation überlistet, indem die Exekutive gleich zu Beginn der Sitzung eine Entschließung beantragte, die das Rhodes University Council wegen ihres Ausschließens der Schwarzen aus den Studentenwohnungen verurteilte. Dies war dazu angetan, die Schwarzen in der ganzen Sache zu spalten; denn nun sah es so aus, als ob die Schuld nicht bei der NUSAS-Exekutive, sondern mehr beim University Council lag. Meiner Ansicht nach war die NUSAS sich längst bewußt, daß die Integration ein schwer zu erreichendes Ziel war. Sie hätte deshalb sorgfältigere Vorbereitungen treffen beziehungsweise die Konferenz für den Fall, daß sich kein Ort finden ließe, an dem wir integriert tagen könnten, absagen müssen. In meiner Abordnung wurde das besprochen, und da es keine Übereinstimmung gab, brachte ich einen Antrag ein, daß man die Konferenz vertagen solle, bis sich ein nichtrassistischer Versammlungsort gefunden hätte. Ich glaube, der Antrag wurde um Mitternacht eingebracht; die Abstimmung erfolgte endlich um halb sechs Uhr morgens, und während der Debatte, die dazwischenlag, klärten sich eine Menge Einstellungen und kamen mir neue Ideen.

Soggott: Was meinen Sie damit: neue Einstellungen und neue Ideen?

Biko: Mir wurde klar, daß ich mich lange Zeit an diesem ganzen Dogma des Nichtrassismus wie an einer Religion festgehalten hatte, mit dem Gefühl, daß es Gotteslästerung sei, dieses Dogma in Frage zu stellen, und daß ich deshalb die Kritik anderer Studenten nicht angenommen hatte. Aber im Verlauf der Debatte gelangte ich zu der Ansicht, daß den Verfechtern der nichtrassistischen Idee einiges fehlte und daß sie, obwohl sie an dieser eindrucksvollen Idee festhielten, in Wahrheit ihren eigenen Erfahrungen zu Hause unterlagen; sie hatten dieses Problem der Überlegenheit, wissen Sie, und sie neigten dazu, das als selbstverständlich anzusehen, und wollten, daß wir Zweitklassiges akzeptierten. Sie wollten nicht einsehen, daß wir nicht daran denken konnten, in dieser Kirche zu bleiben, und ich bekam langsam das Gefühl, daß sich unsere Auffassung von unserer eigenen Situation in diesem Lande nicht mit der dieser liberalen Weißen deckte.

Soggott: Können Sie uns erzählen, wie nach dieser NUSAS-Zusammenkunft die Entwicklung weiterging?

Biko: Nun, erst mal muß erwähnt werden, daß ich anfing, die Rhodes-Erfahrung mit einigen schwarzen Studenten zu teilen, erst an meiner Universität und dann anderswo, und damals begann eine Art kreativer Gedanke hervorzutreten, der besagte: Wir können die weißen Studenten nicht für das verantwortlich machen, was sie tun; sie haben die Erfahrungen, die sie zu Hause gemacht haben; wir müssen das, was wir als schwarze Studenten tun, positiv betrachten. Und wir gewannen die Meinung, daß schwarze Studenten eine Organisation brauchten, die sich hauptsächlich mit ihrem Problem des Schwarzseins an Universitäten beschäftigte und die spezifisch für schwarze Studenten da war.

Soggott: Diese Gruppe von Leuten, die sich gegen die NUSAS stellten, wurde sie im Laufe der Zeit größer oder kleiner?

Biko: Sie wurde größer. Eine zunehmende Anzahl von schwarzen Studenten begannen, der NUSAS ihre Unterstützung zu entziehen, um die neuen Gedanken, die sich langsam kristallisierten, aufzunehmen.

Soggott: 1968 gab es eine Konferenz der University Christian Movement?

Biko: Das ist richtig.

Soggott: Wurde damals irgendwelchen neuen Ideen Ausdruck verliehen?

Biko: Ja, wir hatten beschlossen (wenn ich wir sage, so heißt das: die Studenten, die im Begriff waren, mehr im Sinne eines schwarzen Dialogs zwischen den einschlägigen schwarzen Universitäten zu denken), daß wir der Sache etwas weiter nachgehen sollten, und einige von uns wohnten verschiedenen Konferenzen bei. Wir besuchten die NUSAS-Konferenz 1968 in Johannesburg, mußten aber feststellen, daß sich an ihr nur wenige schwarze Studenten beteiligten. Dann gingen wir zur UCM, die im Juli nach der NUSAS-Konferenz in Stutterheim tagte, und an dieser Konferenz nahmen eine Reihe schwarzer Studenten aus dem ganzen Land teil, von Universitäten und Hochschulen; bei dieser Konferenz waren sie sogar in der Überzahl. Wir hatten das Gefühl, daß das Podium etwas breiter geworden war, und daß wir tatsächlich mit einer Gruppe reden konnten, die einigermaßen repräsentativ im Sinne einer Auswahl von Studenten verschiedener Universitäten war. Also trugen wir den Studenten unsere Idee vor, wir ermöglichten es schwarzen Studenten, diese spezifische Idee unter sich zu erörtern, und bei dieser Konferenz wurde der Entschluß gefaßt, eine Konferenz anzustreben, die sich nur mit diesem Problem befassen sollte.

Soggott: Dieser Entschluß wurde von wem gefaßt?

Biko: Wie gesagt, wir ermöglichten es schwarzen Studenten, sich alleine zu besprechen.

Soggott: Wie haben Sie das getan, oder wie kam es dazu?

Biko: In Stutterheim standen wir einem juristischen Problem gegenüber. Es ist ein Stadtgebiet, und in dem Group Areas Act gibt es, was man die 72-Stunden-Klausel nennt, eine Bestimmung, die es einem Schwarzen verbietet, sich ohne Erlaubnisschein länger als 72 Stunden in einem Stadtgebiet aufzuhalten. Die Konferenz war also mit diesem Problem befaßt, und die Leitung der UCM gab den Studenten das Thema zur Diskussion. Darüber fand eine sehr intensive Debatte statt, bei der einige Studenten sagten, daß wir als Protestmaßnahme diese Regel ignorieren, und andere, daß wir sie befolgen sollten, indem wir einfach symbolisch die Stadtgrenze passierten und auf eine neue Zeitspanne von 72 Stunden zurückkamen. Einige Studenten, darunter auch ich, meinten, das wäre etwas heuchlerisch. Ich war der Meinung, wir sollten zeigen, daß dieses Gesetz anstößig sei, und schlug vor, daß wir schwarze Studenten uns verhaften lassen sollten, und daß die anwesenden weißen Studenten entweder mit uns verhaftet werden oder gegen unsere Verhaftung protestieren sollten. Über diese Strategie gab es eine Diskussion, und schließlich kamen wir zu dem Schluß, daß die Schwarzen das selber entscheiden sollten, da sie die Betroffenen seien. Die Konferenz akzeptierte das schließlich, und die

Schwarzen setzten sich allein zusammen, um die Sache zu besprechen. Und als wir uns alleine zusammensetzten, fingen wir an,
über Probleme zu reden, die nur uns schwarze Studenten betrafen und die unserer Ansicht nach in gemeinschaftlichen Organisationen nicht eingehend genug behandelt wurden. Schließlich
wurde der formelle Entschluß gefaßt, auf eine Konferenz im Dezember hinzuarbeiten, die sich mit dieser spezifischen Angelegenheit einer eigenen schwarzen Studentenorganisation befassen
sollte.

Soggott: Würden Sie das als den ersten organisatorischen Keim
der SASO bezeichnen?

Biko: Ja.

Soggott: Und wann fand die erste Konferenz der eigentlichen
Organisation statt?

Biko: Sie wurde im frühen Juli 1970 einberufen – Verzeihung,
1969, an der University of the North, allgemein Turfloop genannt.

Soggott: Nun zur Frage der Black Consciousness: Ist das überhaupt in Ihrer 1968er Konferenz zur Sprache gekommen?

Biko: Nicht in der endgültigen, definitiven Form, aber ich glaube,
daß erste Ansätze sich im Denken der Studentenführer bemerkbar machten.

Soggott: Würden Sie jetzt bitte von der Konferenz in Turfloop
im Juli 1969 erzählen?

Biko: Ja. Das war mehr eine Gründungskonferenz. Wir sahen
uns den endgültigen Entwurf der Satzung an, den aus dem vorausgegangenen Treffen im Dezember, und nahmen ihn als Verfassung der SASO an. Wir berieten uns dann über grundsätzliche
Fragen, von denen die dringendste die war, wie unsere Beziehungen zu den bereits existierenden Studentenorganisationen aussehen sollten. Darüber gab es eine lange Debatte. Deswegen beschlossen wir, uns nicht mit der NUSAS zu liieren, aber die
NUSAS als die nationale Studentenorganisation anzuerkennen.
Diese Zwiespältigkeit rührte übrigens von den dank ihres Uni-
versitätshintergrundes verschiedenen Auffassungen der einzelnen Studenten her. Einige schwarze Universitäten wurden von
ihren Behörden an einem Mitwirken bei der NUSAS regelrecht

gehindert. Dadurch wurde für sie die NUSAS so eine Art romantisches Ideal, und sie waren der Ansicht, daß es ein völliger Mißerfolg ihrerseits wäre, wenn sie sich mit ihrer Verwaltung der populären Kritik der NUSAS anschließen würden. Also ließen sie die Sache lieber offen.

Soggott: Wurden Wahlen abgehalten?

Biko: Ja, Wahlen wurden abgehalten, und eine neue Exekutive eingesetzt.

Soggott: Wurden Sie in irgendein Amt gewählt?

Biko: Ja, ich wurde zum ersten Präsidenten der Organisation gewählt.

Soggott: Wer war zu diesem Zeitpunkt noch in der Exekutive?

Biko: Ich hatte Pat Matshaka als Vizepräsidenten, ich hatte Wuila Mashalaba als Geschäftsführer und einen Mann namens Denamile als Schatzmeister. An die erinnere ich mich, an die anderen kann ich mich nicht erinnern.

Soggott: Waren von den Angeklagten damals welche beteiligt?

Biko: Nein, damals waren keine von ihnen beteiligt.

Soggott: Welche von den neun Angeklagten vor Gericht kannten Sie vor ihrer Verhaftung?

Biko: Vor ihrer Verhaftung kannte ich Mr. Cooper, Mr. Myeza, Mr. Lekota, Dr. Mokoape und Mr. Moodley.

Soggott: Haben Sie als Präsident an den Universitäten gesprochen?

Biko: Ja, das habe ich.

Soggott: Und wie sah die Reaktion der schwarzen Studenten auf das damalige Konzept der SASO aus?

Biko: Überall, wo ich hinkam, ermutigte man mich.

Soggott: Ich glaube, es wäre zu diesem Zeitpunkt vielleicht angebracht, wenn Sie Seiner Ehren sagen würden, ob es bei den schwarzen Studenten selbst immer noch einen Widerstand gegen die Gründung der SASO gab?

Biko: Ja, ich würde sagen, das beste Beispiel lieferte meine eigene Universität, wo ich mich täglich um die Studenten kümmerte. In der Einstellung einiger Studenten, die im wesentlichen für die NUSAS waren, gab es einen Zwiespalt; sie waren der Ansicht, daß das, was jetzt geschah, gegen den Geist des Nichtrassismus, den die NUSAS verfocht, gerichtet war. Andererseits gab es andere Studenten, die der Meinung waren, daß die SASO nicht weit genug ging und daß sich die Afrikaner dadurch, daß sie sich mit Indern und Farbigen einließen, derselben Amorphie aussetzten, die das Los der nichtrassistischen Organisationen war.

Soggott: Sie wollten eine rein afrikanische Organisation?

Biko: Ja, einige Studenten wollten eine rein afrikanische Organisation.

Soggott: Wann kam der Bruch mit der NUSAS?

Biko: Ich glaube, der formelle Entschluß wurde 1970 gefaßt, aber es gab sogar zwischen den zwei Konferenzen einen drastischen Gesinnungswandel. Einerseits fühlte sich die NUSAS durch das Auftauchen der SASO bedroht und meinte, sie sollte versuchen, ihre Verbreitung an den diversen Universitäten zu blockieren; und was uns anging, wurden wir der NUSAS gegenüber kritischer. Es wurde völlig klar, daß wir an den Universitäten konkurrierten, und deshalb mußten wir, um zu überleben, sagen, was wir wirklich über die NUSAS dachten, um den Studenten ganz genau darzulegen, warum sie sich uns anschließen sollten.

Soggott: Und wurde das angenommen?

Biko: Das wurde angenommen, und dann, 1970, wurde eine Entschließung verabschiedet, unsere Anerkennung der NUSAS zurückzuziehen.

Soggott: Kam die Frage des Begriffes »nichtweiß« überhaupt auf? Können Sie das sagen?

Biko: Die Studenten entschlossen sich, den Begriff nichtweiß nicht mehr zu verwenden, und ihn auch nicht als Beschreibung ihrer selbst zu erlauben, da sie ihn als Verneinung ihres Seins betrachteten. Man bezeichnete sie als Nicht-Etwas, was hieß, daß Etwas der Maßstab war und sie nicht diesem Maßstab entsprachen. Sie waren der Meinung, daß eine positive Lebensanschauung und der entsprechende Aufbau der eigenen Würde und Selbstsicherheit in einer positiven Bezeichnung enthalten sein sollten, und sie ersetzten den Begriff nichtweiß durch den Begriff schwarz.

Soggott: Nun, Mr. Biko, 1970 fand in Port Elizabeth ein Treffen der SASO-Exekutive statt.

Biko: Richtig.

Soggott: Würden Sie Seiner Ehren bitte sagen, welche bedeutenden Entscheidungen – wenn überhaupt – dort getroffen wurden?

Biko: Es wurden eine Reihe Entscheidungen getroffen. Ich erinnere mich besonders an zwei. Wir sahen uns unser Programm für das kommende Jahr, 1971, an und bestimmten einzelne Tage, denen wir eine symbolische Bedeutung geben wollten. Zuerst gab es den sogenannten Leidenstag (suffer day), ich glaube der 10. Mai, und zweitens hatte es schon an einigen Universitäten eine Gedächtnisfeier für Sharpeville gegeben. Bei unserem Treffen beschlossen wir, den Tag von Sharpeville als einen Gedenktag im SASO-Kalender festzuhalten.

Soggott: Irgendwelche anderen Entscheidungen?

Biko: Wir beschlossen auch, einen sogenannten Mitleidstag (compassion day) zu organisieren.

Soggott: Wurde irgend jemand zu der International Commonwealth Students' Conference in Ghana geschickt?

Biko: Ja, wir hatten eine Einladung von der Commonwealth Students' Association erhalten, die gerade in Ghana zusammentrat. Die Einladung, die wir erhielten, war auch an die NUSAS gerichtet. Also schickten wir ein Telegramm, in dem wir sagten, daß wir nicht zu einer kombinierten Abordnung NUSAS/SASO bereit seien, aber daß sie uns gerne getrennt einladen könnten. Schließlich bekamen wir eine zustimmende Einladung, und wir ernannten Lindelwe Mabandla zu unserem Vertreter.

Soggott: Wurde irgendein anderer Beschluß in bezug auf schwarze Organisationen gefaßt?

Biko: Ja, wir waren damals der Meinung, daß wir die Vertreter einer bestimmten Philosophie waren, die nicht nur für die Studenten, sondern für die gesamte schwarze Gemeinschaft wichtig war. Und wir waren der Ansicht, daß wir alle bereits existierenden schwarzen Organisationen im Land daran teilhaben lassen sollten.

Soggott: Welche Philosophie war das?

Biko: Wir begriffen langsam, daß unsere Einstellung, die die Black Consciousness ausmacht, in diesem Land einzigartig war, und daß wir sie auf die anderen Organisationen übertragen sollten. Das Wichtigste war die Koordination der Kräfte. Wir waren der Meinung, es gäbe eine Anzahl Organisationen, die im Lande wichtige Arbeit unter den Schwarzen leisteten, und daß sie bessere Resultate erzielen könnten, wenn sie ihre Mühen aufteilten und ihre Arbeitsbereiche abgrenzten, um sich in ihren Betätigungen nicht zu überschneiden.

Soggott: Und welche Entscheidung wurde in bezug darauf gefällt?

Biko: Wir beschlossen, eine Reihe individueller Treffen mit diesen Organisationen einzuleiten, und erklärten, wir würden im Laufe des kommenden Jahres eine Abordnung schicken, um unsere Einstellung zu koordinierten Bestrebungen, die Stellung des schwarzen Mannes im Land emporzuheben, zu erläutern.

Soggott: Nun, Mr. Biko, historisch betrachtet kann man da sagen, daß dies den Ball in die Richtung der BPC, der Black Peoples Convention, ins Rollen gebracht hat.

Biko: Ja.

Soggott: Kann ich noch mal auf die Frage des Andenkens an Sharpeville zurückkommen? Was war damit beabsichtigt?

Biko: Es gab zwei Gründe. Erstens hatten wir da Menschen, die im Kampf für den schwazen Mann in diesem Land getötet worden waren, und uns schwarzen Studenten schien es nur geziemend, das Andenken an diese Leute, die für unsere Sache gestorben sind, in Ehren zu behalten. Zweitens waren wir in diesem Land als Schwarze in einer besonders schwachen Position, angesichts eines allmächtigen institutionalisierten Regierungsapparates; wenn wir unserem Abscheu demgegenüber durch ständige Gedächtnisfeiern Ausdruck gaben, konnten wir die Weißen vielleicht dazu bringen, ihre Polizei zurückzuhalten, die für diese Todesfälle die größte Verantwortung trug. Das sind die beiden Gründe, der erste faktischer, der zweite psychologischer Natur.

Soggott: Hatten Sie vor der Gründung der SASO Gedächtnisfeiern für Sharpeville beigewohnt?

Biko: Hatte ich.

Soggott: War das noch als einfacher Student oder schon als Funktionär?

Biko: Nein, nein, das war als Student.

Soggott: Fanden Sie, daß in den damaligen Reden irgendeine Feindseligkeit gegen die weiße Rasse ermutigt oder entzündet wurde?

Biko: Ich würde sagen, nein; im Gegenteil, diese Feiern neigten dazu, einem ein gewisses Maß an andächtiger, gelassener Ruhe zu geben, wissen Sie, sie gaben einem ein gewisses Maß an Zufriedenheit und Identifizierung mit jenen Leuten.

Soggott: Jetzt mal etwas vorausgegriffen. Haben Sie danach den SASO-Heldentagsfeiern beigewohnt?

Biko: Ja, das habe ich.

Soggott: Und wurde bei diesen Feiern oder Andachtsfeiern Rassenfeindschaft ermutigt oder entzündet?

Biko: Ganz bestimmt nicht. Der herrschende Tenor war ein Gefühl der Ruhe, der Zufriedenheit darüber, daß man in einem bestimmten Aspekt unserer Geschichte vereint war, und es gab auch religiöse Anklänge. Verschiedene ausgezeichnete Geistliche hielten Predigten, und ich zweifle nicht daran, daß die Mehrzahl der Anwesenden von der Art, in der das Ganze gehandhabt wurde, ergriffen war. Irgendwie neigten alle dazu, die Feier mit einem biblischen Opfer in Verbindung zu bringen, wissen Sie, in dem Sinne, daß diese Leute für uns gestorben waren, und daß wir uns deshalb kräftiger unserem Kampfe widmen sollten, sozusagen.

Soggott: Ja. Nun, Mr. Biko, der Tag des Mitleids. Können Sie uns kurz mitteilen, um was es da ging?

Biko: Der Tag des Mitleids war zur Erinnerung an bestimmte Leidenssituationen gedacht, die der schwarze Mann von Zeit zu Zeit durchmachen muß, etwa das Verhungern in Orten wie Dimbaza oder das Hochwasser in Port Elizabeth.

Soggott: Sie sagten gerade Hungersnot in Orten wie Dimbaza; das sagten Sie doch?

Biko: Ja.

Soggott: Wo liegt Dimbaza?

Biko: Dimbaza ist ein Neuansiedlungsgebiet außerhalb von King William's Town, wo ich wohne.

Soggott: Wenn Sie von einer Hungersnot dort sprechen, können Sie uns sagen, was Sie damit meinen?

Biko: Es gab dort Familien, die vom Nordkap, Nordwestkap und Westkap dorthin umgesiedelt worden und in entsetzlicher Not waren; in den meisten Fällen war der Mann in keinem arbeitsfähigen Zustand, die Frau in der Familie hatte keine Arbeit bei ihrer Ankunft, man gab ihnen Regierungsrationen, die meist nur für zwei oder drei Wochen reichten, obwohl sie für Monate reichen sollten. Die Kirche mußte eingreifen. Ich ging einmal mit dem Geistlichen der anglikanischen Kirche hin und besuchte drei oder vier Häuser. Ich konnte es nicht mehr aushalten. In keinem der Häuser waren Möbel, außer vielleicht einem Stuhl oder irgendeinem alten Bettgestell, einem Herd und einigen Töpfen, und bei den Kindern gab es deutliche Symptome von Unterernährung.

Soggott: Schön, Sie erwähnten Dimbaza – was noch?

Biko: Die Hochwassersituation in und um Port Elizabeth.

Soggott: Was war der Sinn, einen Tag des Mitleids abzuhalten, außer der schlichten Absicht, Katastrophen ins Gedächtnis zurückzurufen?

Biko: Es ging hauptsächlich darum, die Studenten dazu zu kriegen, ein gesellschaftliches Gewissen aufzubauen, sich als Teil der Gemeinschaft zu sehen und ihre Energien auf die Lösung der natürlichen Probleme zu richten, an die am Tag des Mitleids gedacht wurde.

Soggott: Nur um einige auf Sie bezügliche Details zu erhalten: Wohnten Sie und Barney Pityana 1971 einer Konferenz bei, die als Institute of Interracial Studies bekannt war, unter Professor Van der Merwe, in Kapstadt?

Biko: Das ist richtig, ja.

Soggott: Und sprachen Sie auf dieser Konferenz?

Biko: Das tat ich.

Soggott: Worüber sprachen Sie?

Biko: Ich sprach über den weißen Rassismus und Black Consciousness, und Barney Pityana sprach über Black Consciousness im allgemeinen.

Soggott: Danach erschien ein Buch namens *Student Perspectives on South Africa*, nicht wahr?

Biko: Das ist richtig, ja.

Soggott: Wurde Ihre seinerzeitige Rede in dem Buch abgedruckt?

Biko: Ja.

Soggott: Ich möchte jetzt auf diesen Beschluß der SASO zu sprechen kommen: »Die SASO ist eine schwarze Studentenorganisation, die auf die Befreiung der Schwarzen hinarbeitet, zuerst von der selbst auferlegten psychologischen Unterdrückung durch Minderwertigkeitskomplexe, und zweitens von der physischen Unterdrückung, die aus dem Leben in einer weißen, rassistischen Gesellschaft entsteht.« Frage: Steht das Konzept der Black Consciousness in irgendeiner Weise mit diesem Beschluß in Verbindung?

Biko: Ja, das tut es.

Soggott: Können Sie diese Verbindung erläutern?

Biko: Die Black Consciousness richtet sich an den schwarzen Mann und seine Situation, und der schwarze Mann ist in diesem Lande zwei Kräften ausgesetzt. Erstens wird er von einer äußeren Welt durch eine institutionalisierte Maschinerie unterdrückt, und durch Gesetze, die ihn daran hindern, bestimmte Dinge zu tun, durch schwere Arbeitsbedingungen, durch schlechte Bezahlung, schwierige Lebensbedingungen, durch unzureichende Erziehung; das sind für ihn alles äußerliche Dinge. Zweitens, und unserer Meinung nach ist das das Wichtigste, hat der schwarze Mann in sich selbst einen gewissen Zustand der Entfremdung entwickelt; er weist sich selbst genau aus dem Grund zurück, weil er die Bedeutung weiß mit alldem verbindet, was gut ist. Mit anderen Worten: er setzt gut und weiß gleich. Daran ist sein Leben schuld, und seine Entwicklung von Kindheit an. Wenn er zum Beispiel in die Schule geht, ist seine Schule nicht dieselbe wie die weiße Schule, und er kommt zu dem Schluß, daß das, was er in seiner Schule lernt, nicht dasselbe ist wie das, was die in der weißen Schule lernen. Die schwarzen Kinder haben meist schäbige Schuluniformen, wenn sie überhaupt welche haben; die weißen Kinder haben immer Uniformen. Sogar die Sportorganisation – das sind so Dinge, die einem als Kind auffallen: Bei weißen Schulen ist sie so gründlich, das Training ist so gut, daß man aus einer Schule fünfzehn Rugby-Mannschaften rausholen könnte; aus unserer Schule könnten drei kommen. Jede dieser fünfzehn weißen Mannschaften hat für jeden Bengel, der mitspielt, eigene Klamotten, während wir uns die Klamotten zwischen drei Mannschaften teilen müssen. Das ist nur ein Teil der Wurzeln dieser Selbstverneinung, mit der unsere Kinder aufwachsen müssen. Das Zuhause ist anders, die Straßen sind anders, die Beleuchtung ist anders, also neigt man dazu, sich darüber Gedanken zu machen, ob an dem *eigenen Menschsein etwas unvollständig* ist, und daß die Vollständigkeit mit Weißsein im Zusammenhang steht. Das wird ins Erwachsensein übertragen, wo der schwarze Mann leben und arbeiten muß.

Soggott: Wie wird es Ihrer Meinung nach ins Erwachsensein übertragen? Können Sie uns da Beispiele geben?

Biko: Ich erinnere mich besonders an eine Sache, die mich gerührt hat; ein Gespräch mit einem indischen Arbeiter in Durban, der für eine Reinigungsfirma einen Lieferwagen fuhr. Er beschrieb mir seinen Durchschnittstag, wie er lebte, und das tat er so: »Ich arbeite nicht mehr, um zu leben, ich *lebe, um zu arbeiten.*« Und als er das dann ausführlicher erklärte, erkannte ich die Wahrheit dieser Bemerkung. Er beschrieb mir, wie er um 4 Uhr aufstehen und einen langen Weg antreten mußte, um den Bus in die Stadt nicht zu verpassen. Dort arbeitete er den ganzen Tag, der Chef gab ihm so viele Fahraufträge, und am Ende des Tages mußte er dieselbe Strecke nach Hause fahren, um dort um halb neun oder neun anzukommen und viel zu müde zu sein, um an was anderes zu denken als an Schlafen, um am nächsten Morgen wieder pünktlich zur Arbeit zu erscheinen.

Soggott: Inwieweit würden Sie sagen, daß dieses Beispiel typisch oder atypisch für einen schwarzen Arbeiter ist, der in einem Stadtgebiet wohnt?

Biko: Ich glaube, das ist ein ziemlich typisches Beispiel, mit Abweichungen natürlich, was die Zeit angeht und die Art der Arbeit, eben weil die townships weit weg von den Gebieten liegen, wo Schwarze arbeiten, und die Transportbedingungen sind entsetzlich. Züge sind überfüllt, Taxis sind überfüllt, die ganze Verkehrssituation ist gefährlich, und bis einer an die Arbeit kommt, hat er wirklich etwas durchgemacht. Er kommt zur Arbeit; und auch bei der Arbeit hat er keine Ruhe, der Chef preßt den letzten Tropfen Arbeit aus ihm raus, um die Produktion weiterzutreiben. Das ist die allgemeine Erfahrung, die der schwarze Mann macht. Wenn er von der Arbeit heimkommt, durch dieselben Verkehrsverhältnisse hindurch, kann er seinen Zorn nur an seiner Familie auslassen; das ist seine letzte Verteidigung.

Soggott: Warum gibt es dieses Gefühl der Minderwertigkeit, wie es Ihre Leute spüren?

Biko: Ich habe ein wenig von *Erziehung* gesprochen, aber ich glaube, ich muß da ausführlicher werden. Als schwarzer Student ist man der Konkurrenz weißer Studenten ausgesetzt auf Gebieten, in denen man vollkommen unzureichend ist. Unser Hintergrund ist im wesentlichen der von Bauern und Arbeitern. Wir haben keinen täglichen Kontakt mit einer im höchsten Maße technologischen Gesellschaft. Auf diesem Gebiet sind wir Fremde. Wenn man als weißes Kind einen Aufsatz schreiben muß, decken sich die Themen recht gut mit der weißen Erfahrung, aber als schwarzer Schüler, der denselben Aufsatz schreiben muß, muß man mit etwas ringen, das einem fremd ist – nicht nur fremd, sondern auch in gewissem Sinne überlegen, wegen der Fähigkeit der weißen Kultur, in der Medizin und so weiter so viele Probleme zu lösen. Man neigt dann dazu, diese Kultur als eine der eigenen überlegene zu betrachten. Man neigt dazu, die *Arbeiterkultur* zu verachten, und das bewirkt in dem schwarzen Mann ein Gefühl des *Selbsthasses*, das im Umgang mit sich selbst und anderen Schwarzen ein wichtiger Faktor ist.

Um mit den existierenden Problemen fertig zu werden, nimmt der schwarze Mann natürlich eine *doppelzüngige* Einstellung an. Ich kann ein typisches Beispiel zitieren. Da war ein Mann, der bei einem unserer Projekte im Ostkap als Elektriker arbeitete. Er installierte Leitungen; ein Weißer mit schwarzem Gehilfen. Er mußte über der Decke sein und der schwarze Mann darunter, und sie arbeiteten zusammen daran, Drähte und Kabel raufzuschieben, und die Röhren, in denen die Kabel waren, durchzuschieben, und so weiter. Und die ganze Zeit hat der weiße Mann nur geschimpft, geschimpft, geschimpft. »Schieb doch, du Idiot!« In dieser Art. Und natürlich berührte mich das. Ich kannte den weißen Mann sehr gut, er war freundlich zu mir, also luden wir die beiden zum Nachmittagstee ein, und ich fragte ihn: »Warum reden Sie so mit diesem Mann?« Er sagte mir in Anwesenheit des anderen: »Das ist die einzige Sprache, die er versteht; ist'n fauler Sack.« Und der schwarze Mann lächelte. Ich fragte ihn, ob das wahr sei, und er sagte: »Ich bin an ihn gewöhnt.« Das fand ich zum Kotzen. Ich dachte einen Augenblick lang, daß ich die schwarze Gesellschaft nicht verstünde. Nach zwei Stunden oder so bin ich wieder zu dem Schwarzen hingegangen und habe gesagt: »Hast du das wirklich gemeint?« Der Mann wurde ganz anders, sehr verbittert. Er sagte mir, daß er seinen Job gerne aufgeben würde, aber was sollte er tun? Er hatte nichts gelernt und hatte keine Garantie, daß er einen neuen Job kriegen würde, sein Job gab ihm eine gewisse Sicherheit, er hatte kein Geld auf der hohen Kante. Wenn er heute nicht arbeitete, konnte er morgen nicht leben, er mußte arbeiten, er mußte es schlucken. Und da er es schlucken mußte, wagte er es nicht, seinem Chef gegenüber aufzutrumpfen. Nun, das, glaube ich, verdeutlicht die *doppelzüngige* Einstellung vieler Schwarzer zur ganzen Frage der Existenz in diesem Lande.

Soggott: Der Gebrauch des Wortes schwarz in der Literatur und als Bestandteil der westlichen Kultur – ist das irgendwie ins Spiel gekommen?

Biko: Wie bitte?

Soggott: Der Gebrauch des Wortes schwarz; was bedeutet schwarz, und wie wird es in der Sprache angewendet?

Der Richter: Ist es ein umfassender Begriff?

Biko: Wenn ich Sie richtig verstehe – ich glaube, in der üblichen Literatur wird der Begriff schwarz meist in Zusammenhang mit negativen Dingen gebraucht. Man spricht vom schwarzen Markt, vom schwarzen Schaf der Familie, man spricht von . . . Sie wissen schon, alles, was schlecht sein soll, wird auch als schwarz angesehen.

Der Richter: Das Wort schwarz hat hier aber doch sicher nichts mit dem schwarzen Mann zu tun. Ist das nicht nur ein althergebrachtes Idiom? Die Dunkelheit, die Nacht war für den primitiven Menschen ein Geheimnis; wenn ich primitiver Mensch sage, schließt das die Weißen mit ein; und wenn er über dunkle Kräfte redet, redet er von Magie, von schwarzer Magie; ist das nicht der Grund dafür?

Biko: Das ist sicher der Grund. Aber ich glaube, durch die Geschichte und den allgemeinen Gebrauch ist eine Einstellung entstanden, aus der heraus genau diese Assoziation dauernd auch auf den schwarzen Mann angewendet wird. Die Tatsache, daß man von schwarzer Magie spricht, vom schwarzen Markt, führt der schwarze Mann darauf zurück, daß schwarz, genau wie er, als minderwertige Sache angesehen wird; eine unerwünschte Sache; eine von der Gesellschaft verpönte Sache. Und typischerweise ist es bei weiß genau andersrum, mit der Logik, daß weiß zu Engeln paßt, Sie wissen schon, Gott, Schönheit, all das. Ich glaube, das trägt dazu bei, dieses Gefühl der Selbstzensur im schwarzen Mann zu erregen.

Soggott: Wenn Sie da so Phrasen wie black is beautiful haben – würde diese Art von Phrase mit der Black-Consciousness-Einstellung übereinstimmen?

Biko: Ja.

Soggott: Worum geht es bei so einem Slogan?

Biko: Dieser Slogan ist uns sehr behilflich, in einer bestimmten Weise an die Menschen heranzukommen. Er geht an die Wurzeln dessen heran, was der schwarze Mann von sich selbst hält. Wenn man sagt, black is beautiful, sagt man eigentlich dies: »Hör mal, du bist in Ordnung, so wie du bist. Fang an, dich als menschliches Wesen zu betrachten.« Nun, besonders im afrikanischen Leben bezieht es sich auch auf die Art, in der sich Frauen darauf vorbereiten, in der Öffentlichkeit gesehen zu werden. Wie sie sich anziehen, sich schminken und so weiter, ist eigentlich eine Verneinung ihres wahren Zustandes und in gewissem Sinne eine Flucht vor ihrer Farbe. Sie benützen Salben, die ihre Haut heller machen; sie benützen Geräte, die ihre Haare glätten und so weiter. Sie glauben irgendwie, wenigstens habe ich den Eindruck, daß ihr natürlicher Zustand, der ein schwarzer Zustand ist, nicht gleichbedeutend mit Schönheit sei; daß sie nur an die Schönheit rankommen, wenn sie ihre Haut so hell wie möglich machen, die Lippen so rot wie möglich und die Fingernägel so rosa wie möglich. Also greift der Begriff black is beautiful genau diesen Glauben an, der jemanden dazu bringt, sich selbst zu verneinen.

Der Richter: Mr. Biko, warum gebrauchen Ihre Leute dann das Wort schwarz? Es ist doch so, daß schwarz nur eine harmlose Bezugnahme ist, die im Laufe der Jahre entstanden ist, genau wie weiß. Schnee wird als weiß betrachtet, und Schnee wird als die reinste Form des Wassers betrachtet und symbolisiert deshalb die Reinheit. Also hat weiß doch nichts mit dem weißen Mann zu tun?

Biko: Richtig.

Der Richter: Aber warum sprechen Sie von Ihren Leuten jetzt als Schwarzen? Warum nennen Sie sie nicht Braune? Ihre Leute sind doch eher braun als schwarz.

Biko: Genauso, wie ich Weiße eher als rosa betrachte.

(Gelächter.)

Der Richter: Eben. Aber warum gebrauchen Sie dann nicht das Wort braun?

Biko: Weil wir historisch als Schwarze definiert worden sind. Wenn wir den Begriff »nichtweiß« von uns weisen und uns das Recht nehmen, uns so zu nennen, wie wir es für richtig halten, dann haben wir vor uns eine ganze Reihe von Alternativen: Eingeborene, Afrikaaner, Kaffern, Bantus und so weiter. Wir haben Schwarze genau deswegen gewählt, weil uns dieser Ausdruck als der passendste erschien.

Der Richter: Und das war die absolut falsche Wahl. Denn Sie knüpfen damit an etwas an, was Jahrhunderte hindurch an dunkle Gewalten erinnerte.

Biko: Das ist richtig. Genau weil es in diesem Zusammenhang gebraucht wurde, ist es unser Ziel, es als Bezeichnung für uns zu verwenden und zu einer Höhe emporzuheben, von der aus wir uns positiv betrachten können; auch wenn wir beschließen, uns braun zu nennen, wird es in der Literatur und in den Reden der weißen Rassisten in unserer Gesellschaft immer noch den verunglimpfenden Gebrauch des Wortes schwarz geben.

Der Richter: Aber würden Sie immer noch von schwarzer Magie sprechen, wenn Sie Hexerei meinen?

Biko: O ja, wir sprechen von schwarzer Magie.

Der Richter: Gebrauchen Sie das jetzt positiv oder negativ?

Biko: Wir lehnen es nicht ab. Das Schwarze ist ein Teil des Geheimnisvollen unseres Erbes. Wir sind der Meinung, daß die Magie wissenschaftlich noch nicht eingehend genug gewürdigt worden ist.

Der Richter: Aber mir geht es nicht um Hexerei. Ich rede von dem Begriff. Gebrauchen Sie nach wie vor die Bezeichnung »schwarze« Magie?

Biko: Ja.

Der Richter: Aber warum gebrauchen Sie schwarz? In welchem Sinne gebrauchen Sie schwarz?

Biko: Nun, wenn wir in diesem Land von schwarzer Magie sprechen, im Gegensatz zu London zum Beispiel, wo man von schwarzer Magie als von einer Art Hexerei spricht, ohne Zusammenhang mit der schwarzen Gesellschaft . . . Wenn man in diesem Lande von Hexerei oder Aberglauben spricht, assoziieren es die meisten Leute automatisch mit schwarz. Die Weißen sind nicht abergläubisch; Weiße haben keine Hexen und Medizinmänner. Wir sind die Leute, die das haben.

Soggott: Ich bin nicht sicher, ob er da recht hat.

(Gelächter.)

Der Richter: Doch, es gibt bei uns viel Hexerei.

Biko: Nun, es ist sicher nicht unsere Art von Hexerei, muß ich schon sagen.

Der Richter: Nun, wie viele Weiße gehen zum Medizinmann?

Biko: Sie meinen zu unseren Medizinmännern? Gut, da haben Sie recht. Sie gehen schon hin, aber die Medizinmänner sind unsere, und die Hexerei ist unsere.

Der Richter: Aber Sie nehmen das übel. Ich meine die Tatsache, daß der weiße Mann den schwarzen Mann für die Hexerei verantwortlich macht. Oder nehmen Sie das nicht übel?

Biko: Nun, in bestimmten Fällen, ja. Ich glaube schon, daß die Bezeichnung abergläubisch in bezug auf Schwarze ziemlich herabsetzend ist.

Der Richter: Aber fügt das Ihren Leuten nicht großes Leid zu – die Hexerei? Ich meine, wenn ich Verhandlungen leite und Mordfälle in der Nähe von Sekukuneland oder sogar in der Nähe von Tzaneen ermittle, gibt es immer Hexereifälle, und die schrecklichsten Dinge passieren. Wenn ein Kind stirbt, glauben sie, daß jemand das Kind verhext haben muß, und bringen einfach ein paar Leute um. Das können Sie doch nicht rechtfertigen?

Biko: Nein, das tun wir nicht. Wir lehnen den Aberglauben ab. Wir lehnen die Hexerei ab. Wir sagen nur, daß es bestimmte Dinge in diesem ganzen Bereich der schwarzen Magie gibt, die nützlich erforscht werden könnten. Ich meine, ich würde es genauso ablehnen wie Sie, weil ich nicht daran glaube, aber ich verachte nicht die Leute, die daran glauben, wie sie der Großteil der Gesellschaft verachtet. Ich habe dafür Verständnis, wegen der kulturellen Wurzeln. Daran ist meine Bildung schuld, die Tatsache, daß ich soviel Literatur ausgesetzt bin und anderen, sagen wir Kulturen dieser Welt. Ich habe beschlossen, daß in meinem Glauben dafür kein Platz ist, aber der Mann, der daran glaubt: Ich kann immer noch verständnisvoll mit ihm reden. Ich lehne ihn nicht als Barbaren ab.

Der Richter: Aber ich nehme an, daß Hexerei deswegen mißbilligt wird, weil Leute unverantwortliche Dinge tun und anderen weh tun?

Biko: Das ist richtig – ja.

Soggott: Sind Sie so sehr um die Rekonstruktion des Wortes schwarz in der Linguistik bemüht, nur um die Reaktion der Schwarzen auf ihr eigenes Schwarzsein zu ändern?

Biko: Das Ganze ist tatsächlich an den Menschen gerichtet – an den Schwarzen.

Soggott: Sie sprachen vorhin von dem Verständnis, das Sie für das Minderwertigkeitsgefühl des Schwarzen haben, für seinen Selbsthaß und so.

Biko: Ja.

Soggott: In der Welt der Sprache, welche Rolle spielt da der Schwarze? Wie fühlt er sich?

Biko: Ich glaube, das ist ein weiteres Gebiet, in dem Erfahrungen . . . nun, sagen wir, wo es Schwierigkeiten gibt. Wir haben hier in Südafrika eine Gesellschaft, die hauptsächlich zwei Sprachen als *offizielle Sprachen* anerkennt: Englisch und Afrikaans. Das sind Sprachen, die man in der Schule, an der Universität gebrauchen muß, oder bei Studium und Fortbildung als schwarzer Mann. Unglücklicherweise sind die Bücher, die man liest, englisch. Englisch ist für einen Schwarzen eine Zweitsprache. Die Grundschulung erhält man wahrscheinlich in einer einheimischen Sprache, besonders heutzutage, mit der erweiterten Bantuerziehung. Bis zur Immatrikulation ringt man mit der Sprache, und bevor man sie überhaupt beherrscht, muß man sie schon im Studium gebrauchen. Das Ergebnis ist, daß man ein Buch nie ganz versteht. Ich rede jetzt vom Durchschnittsmenschen. Ich rede nicht von Ausnahmefällen. Man versteht den Absatz, aber es gelingt einem nicht ganz, das Argument, das in einem bestimmten Buch enthalten ist, wiederzugeben, ganz einfach, weil man bestimmte Worte in dem Buch nicht verstanden hat. Das macht einen als Schwarzen generell *weniger fähig, sich auszudrücken*, und deshalb introvertierter. Man spürt Dinge mehr, als daß man sie ausdrückt, und das trifft auch auf Afrikaans zu. Bei Englisch aber viel mehr als bei Afrikaans. Afrikaans ist im wesentlichen eine Sprache, die sich hier entwickelt hat, und in vielen Fällen ist sie sehr bildhaft. Sie paßt viel besser mit afrikanischen Sprachen zusammen, aber Englisch ist vollkommen fremd, und den Leuten fällt es deshalb schwer, in ihrem Verständnis der Sprache einen bestimmten Punkt zu überschreiten.

Soggott: In welchem Zusammenhang steht das mit dem Schwarzen und insbesondere mit dem schwarzen Studenten in punkto Minderwertigkeit?

Biko: Nur ein Beispiel dafür: Kehren wir noch mal zu den alten Tagen der NUSAS zurück, als weiße Studenten etwas diskutierten, das man als Schwarzer ebenfalls im täglichen Leben erlebte – aber die eigene *Formulierungsgabe* war nicht so stark war wie ihre. Bei den weißen Studenten gab es dann einige, die den Magister machten, den Bakkalaureus cum laude, sehr intelligent, sehr beredt. Man mag selbst genauso intelligent sein, sich aber nicht ausdrücken können. Man wird in eine untergeordnete Rolle gedrängt, in der man nur ja sagt, zu dem, was sie sagen, auch wenn man von dem spricht, was man selbst erlebt hat. Und das nur, weil man es nicht so gut formulieren kann. Das gibt vielen schwarzen Studenten in gewissem Sinne ein Gefühl der Unzulänglichkeit. Man neigt dazu, zu glauben, es sei nicht nur eine Frage der Sprache. Man neigt auch dazu, es in gewissem Sinne mit der Intelligenz in Zusammenhang zu bringen. Man bekommt das Gefühl, daß der Typ da geistig besser ausgerüstet ist als man selbst.

Der Richter: Aber warum sagen Sie das? Ist Englisch nicht die offizielle Sprache der SASO?

Biko: Ja, ist es.

Der Richter: Ihre Beschwerde richtet sich gegen die Sprache, und es ist genau die Sprache, die Sie benützen?

Biko: Nein, nein, ich beschwere mich nicht über die Sprache. Ich erkläre nur, wie die Sprache zur Entwicklung eines Minderwertigkeitskomplexes beitragen kann. Ich beschwere mich nicht über die Sprache selbst. Es geht darum, daß wir ungefähr zehn Sprachen haben. Wir können bei einem Treffen nicht alle zehn Sprachen sprechen. Wir müssen eine gemeinsame Sprache wählen. Aber unglücklicherweise geschieht im Lernprozeß dies: Man versteht nicht genug, und man kann sich nicht gut genug ausdrücken, und wenn man zusammen ist mit Leuten, die das besser können als man selbst, neigt man zu der Annahme, daß sie das können, weil sie intelligenter sind als man selbst; daß sie diese Dinge besser sagen können als man selbst.

Der Richter: Aber Ihre Sprache ist sehr idiomatisch. Ist es für Ihre Leute nicht einfacher, Afrikaans zu sprechen anstatt Englisch, weil Afrikaans genau wie eure Sprache sehr idiomatisch ist?

Biko: Sicher, das ist wahr, aber dummerweise weckt Afrikaans bestimmte historische Assoziationen, die den Schwarzen dazu provozieren, es abzulehnen, und das sind politische Assoziationen.

Soggott: Aber wenn ich Sie richtig verstanden habe, geht es Ihnen darum, daß sich der Afrikaaner in der Sprache etwas fremd vorkommt?

Biko: Richtig.

Soggott: Mr. Biko, bleiben wir bei der Frage der Minderwertigkeit. Dieser Artikel hier, Beweisstück Nummer acht zur Anklage: Die Angst – ein wichtiger Faktor in der südafrikanischen

Politik. Wer hat das geschrieben?

Biko: Das habe ich geschrieben.

Soggott: Darin sagen Sie: »Allein das Leben im township läßt es als Wunder erscheinen, daß irgend jemand so lange leben kann, bis er erwachsen ist.« Was meinen Sie damit?

Biko: Das bezieht sich auf den Grad der Gewalttätigkeit in den townships, der dazu angetan ist, die Zukunft ziemlich unsicher zu machen. Wenn ich in einer anderen Welt lebe und bei Ihnen übernachte, würde ich mich irgendwie den schlechten Elementen der Gesellschaft nicht ausgesetzt fühlen. Aber wenn man in einem township ist, ist es oft gefährlich, die Straße zu überqueren; trotzdem können die Kinder nicht immer zu Hause behalten werden, sie müssen auch mal draußen was zu tun haben. Sie sehen sich mit diesen Problemen konfrontiert; Vergewaltigung und Mord sind in unseren thownships alltäglich.

Soggott: Und wie sieht es nachts aus?

Biko: Nachts ist es besonders schlimm. In den paar Tagen, in denen ich hier in Mabopane war, habe ich zwei Fälle schwerer körperlicher Gewalt erlebt. Man sieht einen alten Mann, der von einigen jungen Männern scheinbar vollkommen ohne Grund angegriffen wird – aber es ist Monatsende, und er könnte etwas Geld bei sich haben. Das überrascht mich nicht. Man erlebt es überall. Aber ich habe es trotzdem nie akzeptieren können, da es eine schmerzliche Erinnerung an die Gewalt in unserer Gesellschaft ist. Wenn ich jetzt behaupte, daß es ein Wunder ist, erwachsen zu werden, dann bedeutet es dies: daß man all diese Gefahren übersteht, bei denen man ohne Erklärung sterben kann. Es ist nicht, weil man gut aufbewahrt ist, oder weil man gut beschützt ist. Es ist ein Wunder. Es passiert einfach . . .

Soggott: Wie immer die Gründe sind – was Sie sagen, ist, daß das physische Leben in einem township unsicher ist. Hat das Auswirkungen auf das Gefühl der Selbstsicherheit, auf die Minderwertigkeit oder was auch immer?

Biko: Ja. Es trägt zu einem Gefühl der Unsicherheit bei, das ein Teil des Gefuhls der Unvollstandigkeit ist. Man ist kein vollständiges menschliches Wesen. Man kann nicht hinausgehen, wann man will, Sie wissen schon, so ein Gefühl. Es ist ein in sich einsperrendes Gefühl.

Soggott: Nun, Mr. Biko, waren Sie je damit beschäftigt, anderer Leute Gespräche zu überprüfen?

Biko: Sie meinen zu wissenschaftlichen Zwecken? Ja.

Soggott: Würden Sie Seiner Ehren bitte kurz sagen, was das war?

Biko: Euer Ehren, das war eine Studie, die 1972 vorgenommen wurde. Es ging um Bildung. Nun, diese bestimmte Methode, deren wir uns bedienten, betonte das Lehren von Silben sehr stark. Man brachte den Leuten nicht nur das isolierte Alphabet bei, man mußte ihnen Silben beibringen, und man mußte mit Worten beginnen, die für sie eine bestimmte Bedeutung hatten; wir nannten sie generative Begriffe. Zuerst mußte man auf dem spezifischen Gebiet, auf dem man vorhatte zu arbeiten, einige Forschungen betreiben, die einen zu verschiedenen Teilen der Gemeinschaft führten, zu bestimmten Orten, wo die Gemeinschaft zusammentraf und offen redete. Die eigene Rolle war sehr passiv. Man war nur da, um sich die Sachen, über die gesprochen wurde, anzuhören, und auch die Worte, die benutzt wurden. Wir verwendeten auch Bilder, um die besprochenen Themen darzustellen. Das tat ich zusammen mit Jerry Modisane und Barney Pityana.

Soggott: Wer hatte diesen Forschungsauftrag erteilt?

Biko: Wir selbst. Man hatte mich gebeten, an einem Bildungsprogramm mitzuarbeiten, das die SASO einleitete.

Soggott: Unter welchen Bedingungen haben Sie gearbeitet?

Biko: Wir nahmen, was wir vorfanden. Was diesen bestimmten Fall anging, so hörten wir uns Frauen an, die in einer Klinik Schlange standen, um auf einen Arzt oder eine Krankenschwester zu warten. Wir hörten uns Leute in Kneipen an. Ich bin in vielen Kneipen herumgegangen und habe Bier gekauft, und Leuten im Bus und im Zug haben wir auch zugehört.

Soggott: Was sagten die Leute, wenn überhaupt, über ihre Lebensbedingung? Und wurde der Weiße, wurden der Weiße oder die weiße Regierung überhaupt erwähnt?

Biko: Das Auffälligste waren die ständigen Beschwerden über die Unterdrückung der Schwarzen. Manchmal waren die Beschwerden ganz allgemein, manchmal sehr speziell; aber immer enthielten sie das, was ich eine allgemeine Verurteilung der weißen Gesellschaft nennen würde. Oft geschah das unter Verwendung einer sehr, sehr groben Sprache, die teilweise nicht zur Wiedergabe vor diesem Gericht geeignet ist. Ich erinnere mich zum Beispiel an einen Bus, in dem ich fuhr. Wenn man aus Umlazi rauskommt, fährt man an einer Herberge für schwarze Wanderarbeiter vorbei. Nun gibt es in diesen Herbergen bestimmte Einschränkungen, zum Beispiel darf man keine Frauen mitbringen und so weiter, aber jedesmal, wenn wir dort vorbeifuhren, kam natürlich ein Strom von Frauen aus der Herberge heraus, und die Leute fingen an, darüber zu reden, daß diese Junggesellen einen Haufen Frauen hätten, und von da an baute sich das Thema fast automatisch dahin auf, warum Frauen überhaupt dort verboten seien. Wo, glaubt denn der weiße Mann, daß die Leute ihren Sex kriegen sollen? So in der Art, und ab da eskaliert es dann. Und dann fährt der Bus auch durch das Jacobs genannte Industriegebiet; man fährt durch den südlichen Teil von Jacobs und sieht einen nicht abreißenden Strom von Leuten, die in Fabriken reingehen und aus ihnen rauskommen, und das Gespräch geht um Arbeitsprobleme und so weiter. Ich kann mich nicht genau an das erinnern, was gesagt wurde, aber es lief immer wieder auf eine Verurteilung der weißen Gesellschaft hinaus. Wissen Sie, wenn Leute in den townships reden, dann reden sie nicht über die Regierung, sie reden nicht über die Landräte oder über die Stadträte, sie reden über Weiße. Und, wie gesagt, die Sprache ist eben oft sehr grob; manchmal werden Schimpfworte benützt, die man vor diesem Gericht nicht wiederholen kann.

Soggott: Und Sie selbst haben in King William's Town in der Ginsberg Location gewohnt? Ist das richtig?

Biko: Ja, habe ich.

Soggott: Das ist eine ziemlich arme ländliche Gegend?

Biko: Ja, ein kleines township mit ungefähr tausend Häusern, sehr arm.

Soggott: Also sind Sie mit dem Leben dort vertraut?

Biko: Das ist richtig.

Soggott: Wurden diese Empfindungen auch dort ausgesprochen, als Sie da lebten?

Biko: O ja. Sehr oft.

Soggott: Nun, Mr. Biko, als Sie anfingen, den Leuten ins Gewissen zu reden, geschah das, um ihnen die Ideen der Black Consciousness näherzubringen?

Biko: Das ist richtig.

Soggott: Wenn Sie das tun, bringen Sie dann das, was Sie sagen, in Zusammenhang mit Ihrem Zustand und den verschiedenen Aspekten, von denen Sie Seiner Ehren berichtet haben; Hunger und Arbeit und so weiter?

Biko: Das ist richtig. Wir weisen schon auf die Zustände, unter denen der schwarze Mann lebt, hin. Wir versuchen, Schwarze dazu zu bringen, ihre eigenen Probleme realistisch anzugehen, dafür Lösungen zu suchen, sich ihrer Situation sozusagen bewußt zu werden, sie analysieren zu können und sich selber mit Antworten zu versorgen. Es geht eigentlich darum, den Leuten eine Art Hoffnung zu geben. Ich glaube, das Wesentliche an der schwarzen Gesellschaft ist, daß sie Elemente einer besiegten Gesellschaft enthält. Oft machen Leute den Eindruck, als ob sie den Kampf aufgegeben haben, so wie der Mann, der mir sagte, daß er lebt, um zu arbeiten. Er hat sich dieser Idee ergeben. Nun, es ist im wesentlichen dieses Gefühl der Niederlage, das wir bekämpfen. Die Leute dürfen sich nicht einfach der Mühsal des Lebens ergeben. Die Leute müssen eine Hoffnung entwickeln. Die Leute müssen irgendeine Sicherheit entwickeln, in der sie sich gemeinsam ihre Probleme ansehen können, und die Leute müssen in dieser Art und Weise ihr Menschsein aufbauen. Das ist es, worum es bei der Black Consciousness geht.

Soggott: Ich möchte Sie fragen: Haben sich diese Leute nicht an die Bedingungen ihrer Existenz gewöhnt, an ihre Beschwernisse, ihre Unsicherheit, an den Hunger und so weiter?

Biko: Das stimmt nicht ganz. Ich glaube, es ist möglich, sich an eine existierende schwierige Situation anzupassen, eben deswegen, weil man mit ihr leben muß, jeden Tag mit ihr leben muß. Aber sich anpassen bedeutet nicht vergessen. Man macht jeden Tag die Tretmühle durch. Das Ganze bleibt trotzdem unakzeptabel. Es ist einem schon immer unakzeptabel gewesen, und das bleibt es fürs Leben. Aber man paßt sich an, in dem Sinn, daß man nicht dauernd in einem Zustand des Konflikts mit sich selber leben kann. Man akzeptiert es, so wie der Mann, der mit dem Elektriker zusammengearbeitet hat und der mir sagte: »Na ja, er redet eben so.« Das ist seine Erklärung dafür. Das ist seine Art, das zu akzeptieren; aber in seinem Inneren spürt er die Demütigung. Er kann sich nicht jeden Tag wehren, er kann nicht sagen: »Nenn mich nicht Kleiner! Schrei mich nicht an! Beschimpf mich nicht!« Weil er an seinen Job denken muß. Er hat sich angepaßt, aber er vergißt es nicht, und er akzeptiert es nicht, und das halte ich für wichtig.

Soggott: Wenn Sie in einem Papier der BPC oder SASO die Weißen oder die weiße Regierung als Unterdrücker bezeichnen, ändert das nicht die Gefühle der Schwarzen oder ihre Einstellung der weißen Regierung oder den Weißen gegenüber?

Biko: Nein, es dient nur dazu, eine gemeinsame Basis zur Diskussion zu finden; denn das, was in diesem Ausdruck enthalten ist, ist meist das, was der schwarze Mann selber normalerweise über das Problem in viel härteren Worten sagt. Aber wenn wir von den Problemen des schwarzen Mannes sprechen, setzen wir ja nur einen Ausgangspunkt für das Gespräch, und das Ziel von BPC und SASO ist es gewöhnlich, eine Mitgliedschaft aufzubauen, besonders für die BPC.

Soggott: Würden Sie Seiner Ehren jetzt bitte die Wünsche der SASO in bezug auf ausländische Investitionen mitteilen?

Biko: Was angestrebt wird, ist eine Zurückweisung der ausländischen Investitionen, die nichts sind als ein Ausnützen der Schwarzen dieses Landes durch Firmen, die Staaten angehören, die sich der Apartheid in diesem Lande gegenüber kritisch äußern. Mit anderen Worten: Einerseits kritisiert Harold Wilson das hiesige System, und andererseits investieren einige britische Firmen in diesem Land genau deswegen, weil es in diesem Land billige schwarze Arbeitskräfte gibt.

Soggott: Und was hätte die SASO in bezug auf diese Investitionen verlangt?

Biko: Unser Wunsch richtete sich auf ein ideales Ziel. Die ausländischen Geldanleger sollten die Einstellung der weißen Gesellschaft gegenüber dem schwarzen Mann ablehnen, jene Einstellung, die ihn zu einem vollkommen ungelernten Arbeiter reduziert, zur Verlängerung einer Maschine.

Soggott: Und wenn sie das nicht taten?

Biko: Dann waren wir einfach der Meinung, daß sie uns im Stich ließen und daß sie genausogut verschwinden könnten.

Soggott: Genausogut verschwinden könnten?

Biko: Das ist richtig.

Soggott: Standen hinter der Zurückweisung ausländischer Investitionen noch irgendwelche anderen Themen oder Gedanken? Sie sprachen ja von der heuchlerischen Teilnahme an der Ausbeutung.

Biko: Richtig.

Soggott: Irgendwelche anderen Aspekte?

Biko: Ja, es gab noch einen, sozusagen die Beziehung einer ausländischen Regierung zu jenen ihrer Firmen, die in diesem Land investieren. Wir meinen, daß Südafrika auf die Kritik der Weltöffentlichkeit an seiner Politik besonders sensibel reagiert. Wir glauben, daß es Bestandteil unseres politischen Feldzuges ist, so viel Leute wie möglich dazu zu kriegen, die südafrikanische Politik zu kritisieren. Die Ausübung von Druck auf ausländische Firmen wegen ihres Anteils an diesem unmoralischen System sollte auch erreichen, daß deren Regierungen mit ihnen unzufrieden wurden, und sie sollte auch generell dazu beitragen, Druck aufzubauen, um Südafrika dazu zu bringen, sein Verhalten nach und nach akzeptabler zu machen. Es war eine politische Haltung, die Druck auf Südafrika auslösen sollte, um seine Politik für die Welt und für uns Schwarze annehmbarer zu machen.

Soggott: Sie haben schon gegenüber Seiner Ehren einige Gründe erwähnt, warum Sie und Ihre Leute ausländische Geldanlagen ablehnen. Sind damit noch irgendwelche anderen Aspekte verbunden?

Biko: Der Wohlstand des Landes muß vom Volk des Landes genossen weden. Ausländische Geldanleger kommen her, beuten den Reichtum des Landes aus, mit fortgeschritteneren technologischen Mitteln als die, die wir in Südafrika haben, um Profite einzuheimsen, die rechtmäßig hierher gehören, die aber an Profitgesellschaften gehen, die nicht die unseren sind.

Der Richter: Gab es irgendwelche Befürworter dieser Anti-Investment-Richtung, die eine Schwächung der südafrikanischen Wirtschaft beabsichtigten?

Biko: Nein, dies wurde von der SASO nicht als Ziel betrachtet.

Der Richter: Oder die Erzeugung einer allgemeinen Arbeitslosigkeit?

Biko: Ganz sicherlich nicht.

Soggott: Was, glauben Sie und Ihre Leute, könnte mit dem eigentlichen Rückzug des ausländischen Geldes erreicht werden?

Biko: Wir hatten keinen Augenblick erwartet, daß ausländische Firmen sich wegen unserer Haltung zurückziehen würden.

Soggott: Wie sahen Sie die Möglichkeiten für solche Firmen, sich zurückzuziehen, wenn sie das gewollt hätten?

Biko: Nun, damals, und wohl auch noch heute, hatten wir den Eindruck, daß, jedenfalls nach Sharpeville, die ganze Frage der Investitionen oder der Teilnahme an der Wirtschaft des Landes durch ausländische Firmen straffer gehandhabt wurde, um es jedem, der in die südafrikanische Wirtschaft verwickelt war, unmöglich zu machen, nach Belieben auszuscheiden.

Soggott: Ja?

Biko: Und es ist natürlich klar, daß man, wenn man Geld in Fabriken und Maschinen und so weiter anlegt, diese Sachen nicht mit zurück nach England nimmt. Man wird sie hierlassen, also wird ein Geldanleger, dem es hier nicht mehr gefällt, sie dem nächsten Geldanleger verkaufen, oder einem südafrikanischen Konzern; was anderes bleibt ihm nicht übrig. Und deshalb, wissen Sie, war es unmöglich, eine Zersetzung der südafrikanischen Wirtschaft zu erwarten, auch wenn man sie gewünscht hätte. Jerry Modisane meinte, das sei eine unpräzise Einstellung. Man würde nichts damit erreichen. Er schlug vor, daß wir ein Programm entwickelten, mit dem wir ausländisches Kapital abschreckten. Dagegen sprach, daß wir nicht daran interessiert waren, ein Investmentabbauprogramm aufzuziehen, weil wir sowieso nicht der Meinung waren, daß die, die hier Geld anlegten, das ohne Kenntnis der Situation taten.

Soggott: Also wurde der Vorschlag abgelehnt?

Biko: Er wurde abgelehnt, ja.

<u>Soggott:</u> Können Sie uns erklären, warum Sie und Ihre Freunde so an ausländischen Investitionen interessiert sind?

<u>Biko:</u> Wir sind der Meinung, daß, wenn wir auf eine friedliche Lösung hinarbeiten wollen, unsere Bemühungen mit der Unterstützung anderer Leute gekoppelt sein müssen, anderer Regierungen, und wir betrachten diese ganze Frage der ausländischen Investitionen als Mittel, um Druck auszuüben, um Sympathie für unseren Standpunkt zu erwerben, daß Südafrika nicht nur uns, sondern auch anderen zuhört, die von derselben Sache reden. Ich spreche jetzt von dem Argument, das ausländische Geldanleger oft vorbringen: daß ausländisches Investment Arbeitsstellen schafft und dadurch dem schwarzen Mann hilft. Das ist wie die Einstellung von Polaroid, wenn sie sagen, daß sie sich um die Probleme des schwarzen Mannes kümmern werden, indem sie einen Teil ihrer Profite für Wohltätigkeitsprogramme zur Verfügung stellen. Wir betrachteten das als paternalistisch. Wir waren der Meinung, daß ausländische Geldanleger eher an das Menschsein derjenigen, die sie beschäftigen, denken sollten, und weniger an das Materialistische; daß sie ihnen nicht als Beweis ihres Entgegenkommens hier eine Lohnerhöhung und dort eine zusätzliche Fürsorge geben.

Es gibt keine Möglichkeit, die etablierte Industrie, die in diesem Land mit ausländischem Kapital errichtet worden ist, zu vernichten; wenn ein Eigentümer geht, wird es immer einen anderen geben, der die Sache übernimmt. Was also Arbeitsplätze und Arbeitsbedingungen angeht, werden diejenigen Schwarzen, die in Firmen angestellt sind, die von ausländischem Kapital gelenkt werden, ihre Stellung behalten. Was wir angreifen, ist eben die Tatsache, daß diese Leute, die Druck ausüben könnten, weil sie nicht Südafrikaner sind, davon keinen Gebrauch machen. Das ist es, was wir angreifen. Sie erleichtern das Los der Schwarzen nicht, und wenn sie sich zurückziehen, wird es uns bestimmt auch nicht schlechter gehen, weil es keinen Unterschied macht, ob der Eigentümer nun ein Südafrikaner ist oder ein Ausländer.

<u>Soggott:</u> Was ist mit dem Beschluß, der die schwarzen Marionetten verurteilt, die unter dem Mantel der Führerschaft nach Übersee gehen und ausländische Geldanleger überreden, in Südafrika

zu bleiben?

Biko: Dieser Angriff richtet sich im wesentlichen gegen die Führer der Bantustans. Ich denke insbesondere an Gatsha Buthelezi. Er hat das getan. Sebe von der Ciskei hat das auch getan. Sie fahren hinaus in die Welt, um ausländisches Kapital anzuziehen, ohne zu verstehen, was wir, die Vertreter des schwarzen Volkes, meinen. Wir sind der Ansicht, daß sie Marionetten sind, Marionetten derer, die gegen unsere Interessen und für die Interessen der weißen Gesellschaft arbeiten, und wenn ich weiße Gesellschaft sage, dann meine ich den Regierungsapparat dieser Gesellschaft. Also greifen wir sie deswegen an, weil sie so tun, als würden sie für das schwarze Volk sprechen, und doch nur sagen, was die, denen sie dienen, von ihnen erwarten.

Soggott: Mr. Biko, würden Sie bitte zu folgendem Beschluß etwas sagen, dem Beschluß 42: »Die SASO ist der Meinung, daß Südafrika ein Land ist, in dem sowohl Schwarz und Weiß leben und in dem sie weiterhin zusammen leben werden.« Was bedeutet das?

Biko: Das bedeutet, daß wir die Tatsache akzeptieren, daß Südafrika eine pluralistische Gesellschaft ist, zu deren Entwicklung alle Teile der Bevölkerung beigetragen haben.

Soggott: Wie sehen Sie das Wahlrecht beim Erreichen einer offenen Gesellschaft? Welche Wahlrechte wird der weiße Mann haben?

Biko: Wir betonen gegenüber unserer Mitgliedschaft, daß es nicht unsere Absicht ist, ein Gefühl des Anti-Weiß-Seins zu erzeugen. Wir sind nur von historischen Erwägungen gezwungen, die Tatsache zu erkennen, daß wir nicht Seite an Seite mit Menschen arbeiten können, die ihre exklusiven Privilegien ausnützen.

Der Richter: Nun, Sie sagen, Sie und Ihre Leute befürworteten one man, one vote, eine Stimme für jeden?

Biko: Ja.

Der Richter: Ist das jetzt ein zweckmäßiges Konzept im afrikanischen Zusammenhang? Gibt es das irgendwo in Afrika?

Biko: Das gibt es, sogar in diesem Land, für Weiße.

Der Richter: Ich meine jetzt, von diesem Land abgesehen. Nehmen wir irgendein anderes Land in Afrika. Gibt es one man, one vote in irgendeinem anderen Land?

Biko: Ja.

Der Richter: In welchem?

Biko: Um nicht zu weit zu greifen: in Botswana.

Der Richter: Ja, Botswana steht unter dem Einfluß der südafrikanischen Herkunft und Tradition. Aber irgendwo außerhalb der südafrikanischen Tradition?

Biko: In Ghana gibt es das.

Der Richter: Ist es dort nicht schon unter Nkhrumah verschwunden?

Biko: Es ist nicht verschwunden. Was passiert ist, ist, daß es jetzt in Ghana ein Militärregime gibt, aber das Konzept der Wahlen, seien es Stadtratswahlen oder Landratswahlen oder Wahlen für irgendeine seiner Regierungseinrichtungen, beruht auf der Basis von one man, one vote.

Der Richter: Gut, das mag auf die untergeordneten Körperschaften zutreffen. Aber was die wichtige Stimme angeht, die das Land betrifft, gibt es irgendeinen Staat in Afrika mit one man, one vote?

Biko: Nun, Kenya zum Beispiel.

Der Richter: Ich habe erst kürzlich gelesen, daß es sechsundvierzig Länder in Afrika gibt, und daß von diesen sechsundvierzig, glaube ich, nur fünf eine demokratische Regierungsform haben, und das sind nur die um Südafrika herum.

Biko: Das habe ich auch gelesen. Ich glaube, es hieß dort, daß es neunundzwanzig mit einer nichtmilitärischen Regierung gibt, aber daß viele dieser neunundzwanzig nur eine Partei hätten. Nun ist ein Einparteienstaat nicht unbedingt undemokratisch, wenn die Partei vom Volk bestimmt wird.

Der Richter: Ja, aber als Beispiel: Rußland funktioniert auf dieser Basis.

Biko: Ja.

Der Richter: Und von den zweihundertund – ich glaube – fünfundvierzig Millionen sind nur vierzehn Millionen Kommunisten, und das sind die Leute, die wirklich regieren und festlegen, was das Volk wählen soll.

Biko: Ich habe mich mit der russischen Gesellschaft nicht beschäftigt. Ich wäre nicht in der Lage, Ihnen zu widersprechen.

Der Richter: Ja, aber sehen Sie, das ist eben auch ein Einparteienstaat, und dort argumentiert man auch so, wie Sie es tun. Jeder hat eine Stimme, aber was ist sie wert?

Biko: Ja, Euer Ehren. Aber kommen wir auf die Situation in Kenya zurück, wo sich in jüngster Zeit eine Opposition entwickelt hat.

Der Richter: Ich dachte, die wäre mit Odinga Ogingas' Ermordung verschwunden?

Biko: Nein, Odinga Ogingas wurde nicht ermordet. Er lebt noch.

Der Richter: Tom Mboya?

Biko: Tom Mboya war bei der regierenden Partei, und diese Partei regiert noch.

Der Richter: Ja, aber dann stellte sich heraus, daß er einen gewissen Anhang beim Volk hatte und ...

Biko: Ich glaube, Sie verwechseln Tom Mboya mit Kariuke. Es war Kariuke, der ermordet wurde, und es war Kariuke, der im Volk ein gewisses Denken erzeugt hatte, aber Kariuke operierte ja auch von innerhalb der regierenden Partei. Sehen Sie, Kenya demonstriert in sehr guter Weise, was ein Einparteienstaat durch Meinungsverschiedenheiten innerhalb der Partei erreichen kann. Einerseits war Kariuke der Verfechter des einfachen Mannes, des Arbeiters, des Dieners in Kenya, gegen diese ganze Entwicklung einer Bourgeoisie innerhalb der regierenden Partei in Kenya. Andererseits gab es Kenyatta, der sich dauernd von Kariuke angegriffen fühlte. Okay, Kariuke durfte seine Ansichten im Parlament äußern; er durfte im ganzen Land Versammlungen abhalten, aber er operierte immer noch von innerhalb der KANU, welche die regierende Partei ist. Das ist die Essenz eines Einparteienstaates, daß es nicht nötig ist, daß Politiker sich trennen und eigene Parteien anführen, um ...

Der Richter: Ja, aber Kariuke hat all das doch nicht überlebt?

Biko: Je nun, Euer Ehren, einige Politiker überleben nicht. Verwoerd hat nicht überlebt.

(Gelächter.)

Der Richter: Nachdem Sie also Kenya erwähnt haben, sind Sie bereit zu sagen, daß es in anderen afrikanischen Ländern one man, one vote gibt?

Biko: Ja, bin ich.

Der Richter: Setzt die Demokratie nicht eine entwickelte Gemeinschaft voraus? Eine Demokratie mit one man, one vote?

Biko: Ja, das tut sie, das tut sie, und ich meine, sie ist ein Teil des Vorgangs, in dem die Gemeinschaft sich entwickelt.

Der Richter: Ja, aber die Demokratie kann doch nur wirklich erfolgreich sein, wenn die Leute, die das Recht haben, zu wählen, das auf intelligente und ehrliche Weise tun können?

Biko: Ja, Euer Ehren, und deswegen verwendet man zum Beispiel in Swaziland, wo es einige Menschen gibt, welche die Namen der Kandidaten nicht lesen können, Zeichen.

Der Richter: Ja, aber wissen sie genug von Regierungsangelegenheiten, um sie mit einer Stimme beeinflussen zu können? Ich meine, man muß doch wissen, was man wählt, weswegen man wählt? Angenommen, man hält jetzt eine Wahl ab zu irgendeiner bestimmten Politik, sagen wir hinsichtlich ausländischer Investitionen: Was weiß denn ein Bauer von ausländischem Geld?

Biko: Ich glaube, Euer Ehren, dort, wo es der Demokratie gestattet ist zu funktionieren, gibt es normalerweise ein Rückkoppelungssystem, eine Diskussion zwischen denen, die die Politik formulieren, und denen, die sie annehmen oder ablehnen. Mit anderen Worten, es muß ein System der Bildung, der politischen Bildung geben, und das setzt nicht unbedingt das Alphabetentum voraus. Afrika hat doch seine Leute immer durch diverse Häuptlinge regiert, Chaka und so, die nicht schreiben konnten.

Der Richter: Ja, aber Regieren ist heutzutage eine viel kompliziertere und spezialisiertere Angelegenheit als damals.

Biko: Und es gibt Möglichkeiten, das dem Volk zu erklären. Leute können hören. Vielleicht können sie nicht schreiben und lesen, aber sie können hören und die ihnen vorgetragenen Angelegenheiten verstehen.

Der Richter: Nun, nehmen wir einmal die Goldwährung. Gesetzt den Fall, wir müßten über das Verhalten der Regierung gegenüber der Goldwährung debattieren. Wären Sie der Meinung, daß Sie genug darüber wüßten, um in der Lage zu sein, darüber intelligent zu stimmen?

Biko: Ich persönlich?

Der Richter: Ja.

Biko: Ich glaube, wahrscheinlich besser als der Durchschnitts-Afrikaaner auf der Straße, Euer Ehren.

Der Richter: Nun ja, das mag sein. Aber wissen Sie genug darüber, um eine Stimme abzugeben, die so intelligent ist, daß sich die Regierung nach dieser Stimme richten soll?

Biko: Ja, ich bin der Meinung, daß ich das Recht habe, von meiner Regierung in jeder Angelegenheit zu Rate gezogen zu werden. Wenn ich es nicht verstehe, kann ich es mir von einer Person, der ich vertraue, erklären lassen.

Der Richter: Wie können Sie das? Schließlich ist es Ihre Stimme, und was ist mit den zehn anderen Leuten, die eine Stimme haben?

Biko: Dasselbe trifft auf jeden anderen zu, und deshalb gibt es politische Vorgänge, in denen Dinge erklärt werden. Zum Beispiel versteht der Durchschnittsbrite nicht sofort die Vorzüge oder Nachteile, die auf Großbritannien im Falle seines Beitritts zur Europäischen Wirtschaftsgemeinschaft zukommen; aber wenn es eine Angelegenheit wird, über die vom Volk entschieden werden muß, gehen politische Organisatoren raus auf die Straße und legen ihre Meinungen dar, und der Mann auf der Straße hört sich verschiedene Meinungen an und entscheidet sich, was er mit dem, was er hat, nämlich mit seiner Stimme, macht.

Der Richter: Aber ist das nicht einer der Gründe, warum Großbritannien wahrscheinlich eines der bankrottesten Länder der Welt ist?

Biko: Ich glaube, ich würde das lieber positiver betrachten und sagen, daß es eines der demokratischsten Länder der Welt ist.

Der Richter: Was nutzt das, wenn es bankrott ist?

Biko: Ich glaube, das ist nur vorübergehend, Euer Ehren. Großbritannien ist schon einmal reich gewesen. Es kann sich noch einmal erholen. Ich glaube, es handelt sich um eine Phase in der Geschichte.

Der Richter: Ja, aber irgendwo hat was nicht geklappt, und das liegt wahrscheinlich an der Demokratie.

Biko: Das glaube ich nicht. Ich glaube, es ist vor allem die Entkolonialisierung, die Großbritannien seines festen Lebensunterhalts beraubt hat. Jetzt sind die Briten auf ihre eigenen Bodenschätze angewiesen, und von denen haben sie nicht viel. Geographisch ist England ein kleines Land mit 56 Millionen Menschen.

Der Richter: Aber es muß doch irgendwann mal eine gute Regierung gehabt haben.

Biko: Ich glaube, an einem Punkt hätte es gute Gründe haben und den Gürtel enger schnallen können, um zu verhindern, daß die Verteilung des Wohlstandes nicht den kleinen Mann irgendwo benachteiligt, so wie zu Adam Smith' Zeiten; sogar während der Zeit der Laissez-faire-Politik, in der, wie Sie wissen, die wenigen Leute, die die Industrie in Großbritannien in der Hand hatten, sich im ganzen Land bereicherten und Fabriken aufmachten. Natürlich wurde die Regierung reich, aber nicht das Volk. Das Volk wurde ärmer.

Der Richter: Sie hatten das Stimmrecht.

Biko: Sie haben es gekriegt, und nach und nach haben sie eine sozialistischere Regierung gewählt, die gegen die Ausbeutung der Menschen ist.

Soggott: Mr. Biko, darf ich nur mal einige der Fragen, die Ihnen Seine Ehren gestellt hat, weiter erörtern. Was dieses Land angeht, sehen Sie irgendein besonderes Hindernis, das der Annahme und dem Funktionieren des one man, one vote-Systems im Wege steht?

Biko: Im Grunde ist es doch so, daß der südafrikanische Schwarze sich in vielen Aspekten von dem Stadium unterscheidet, in dem einige afrikanische Länder die Unabhängigkeit erreichten. Erstens, glaube ich, ist er in hohem Grade europäisiert, und seine Aufnahmefähigkeit für das ganze westliche System ist um so größer. Ich kann nur sagen, daß sein Alphabetentum, seine praktische Bildung viel höher sind. Aber zweitens glaube ich, ist er mit einem anderen Problem konfrontiert, im Gegensatz zu anderen afrikanischen Ländern, die von Kolonialisten bewohnt waren. Hier haben wir eine Situation, in der die Weißen ein Teil dieses Landes sind, nicht nur Kolonialisten und Siedler. Also bin ich der Meinung, Euer Ehren, daß der ganze Vorgang der politischen Entwicklung in diesem Lande die verschiedenen Faktoren, die unsere Gesellschaft bestimmen, in sich aufnehmen wird. Unsere Haltung ist die, daß wir das System one man, one vote wollen. Dagegen haben die Weißen ihre Vorbehalte. Nun muß es aber möglich sein, durch Verhandlungen einen Kompromiß zu finden. Wissen Sie, man kann nicht ohne Meinung verhandeln, aber unsere Meinung bedeutet nicht den Ausschluß des weißen Mannes. Wir müssen uns irgendwo in der Mitte treffen.

Soggott: Würden Sie Seiner Ehren die schwarze Auffassung wirtschaftlicher Werte erklären? Können Sie uns sagen, was für ein Wirtschaftssystem Sie und Ihre Leute anstreben?

Biko: In Ordnung. Unser wirtschaftlicher Ausgangspunkt ist der, daß wir Afrikaner sogar in unserer rudimentären Kultur (ich gebrauche jetzt den Begriff rudimentär, weil sich der ganze Umfang des Wissens in der Moderne so erweitert hat, Sie wissen ja) eine Form der Wirtschaft gehabt haben, hauptsächlich eine Agrarwirtschaft, die auf Ackerbau, Rindern, Schafen und so weiter basierte; Kleinvieh und Großvieh. Nun basierte das ganze Funktionieren dieser Gesellschaft auf bestimmten grundlegenden Voraussetzungen. Erstens glaubten wir nicht daran, Land als individuellen Privatbesitz aufzuteilen. Das Land gehörte dem Stamm, und der Häuptling verwaltete es für den Stamm. Der Häuptling konnte sagen: Da drüben werden wir unser Weideland haben, und du wirst da drüben sitzen, und deine Farm hier haben, und du wirst hier wohnen. Nun, wenn er das tut, dann gibt er dir nicht das, was im allgemeinen von der westlichen Gesellschaft sehr hoch geschätzt wird, eine Besitzurkunde über irgendwas, das man gekauft oder geschenkt bekommen hat. Er gibt einem nur das Recht, dort zu bleiben. Falls der Stamm aus irgendeinem Grund diesen Teil braucht, gibt er einem einen anderen, und damit hat es sich. Aber natürlich tut er das nicht völlig willkürlich. Wissen Sie, er berät sich mit dem Volk, und jeder kann sich bei den verschiedenen, vom Häuptling einberufenen Versammlungen Rat holen; aber was ich hauptsächlich sagen will, ist, daß dieses Wirtschaftssystem bestimmte Grundlagen gehabt hat.

Wir sind für den schwarzen Kommunalismus, der in vielem
dem afrikanischen Sozialismus ähnelt. Wir enteignen unser Her-
kommen, bei dem es im wesentlichen um den Stamm ging, um
ein inzwischen kompliziertes wirtschaftliches System aufzunehmen. Wir müssen uns an die Industriegesellschaft anpassen. Wir
müssen uns an das ganze Verhältnis zwischen Industrie und Politik anpassen und es aufnehmen. Aber diese Auslegung ist bis zu
einem gewissen Grade biegsam, eben weil doch niemand dafür
eine endgültige Definition vorgelegt hat. In Kenya sagen sie zum
Beispiel, daß sie am afrikanischen Sozialismus festhalten, aber
Kenya ist fast ein Duplikat der alten britischen Gesellschaft, mit
einer sehr kapitalistischen Einstellung.

Soggott: In welche Richtung führt Ihre Wirtschaftspolitik?

Biko: Was wir akzeptiert haben, ist die Einführung des Teilens
in der gegenwärtigen Gesellschaft. Nun, ich habe andeutungs-
weise erklärt, was unsere Meinung ist. Wir wissen, daß wir es mit
einer Gesellschaft zu tun haben, die im wesentlichen am Kapitalismus orientiert ist, obwohl sie eine Menge sozialistischer Elemente mit einschließt. In Südafrika sind zum Beispiel einige
Dinge wie der Rundfunk und die Eisenbahn verstaatlicht. Und
wieder geht es uns um das Verhandeln. Es geht uns um den Dialog zwischen zwei Standpunkten, zwei verschiedenen Seiten, die
beide an der Zukunft des Landes interessiert sind. Wir würden
unseren Standpunkt von dieser Seite aus entwickeln, die das Podium ist, von dem aus wir zu denen sprechen, die an einem System der freien Marktwirtschaft hängen. Und aus diesen beiden
Anschauungen muß natürlich eine Synthese kommen.

Der Richter: Gibt es in Ihrem Programm irgendeinen Punkt, der
die Enteignung allen privaten Eigentums befürwortet?

Biko: Nein.

Soggott: Nun, Mr. Biko, kommen wir bitte zu der Frage, wie Sie
Ihre Freiheit erreichen wollen?

Biko: Der springende Punkt in unserer Analyse ist die Existenz
des in unserer Gesellschaft institutionalisierten und von der
Mehrzahl der Weißen unterstützten weißen Rassismus. Ein weißes Kind muß nicht wählen, ob es in diesem System leben will

oder nicht. Es wird in das System hineingeboren. Es wird innerhalb weißer Schulen und Einrichtungen aufgezogen, und irgendwie wird es ständig von dem bestehenden Rassismus begleitet; es genießt die Privilegien, die ihm eingeräumt sind, und die es von der schwarzen Gesellschaft für immer trennen.

Da setzen unsere Fragen ein. Können wir die Weißen weg vom Begriff des Rassismus bewegen, weg davon, die Privilegien und die Schätze des Landes für sich selbst in Anspruch zu nehmen? Wir glauben nicht, daß die weiße Gesellschaft auf Predigten hört. Sie hören nicht auf ihre Liberalen. Der Liberalismus ist innerhalb der weißen Gesellschaft nicht größer geworden, und wir Schwarze können der Situation nicht einfach untätig zusehen. Wir können aus der weißen Gesellschaft nur dadurch eine Reaktion hervorholen, daß wir als Schwarze mit einer schwarzen Stimme sprechen und sagen, was wir wollen. Im Zeitalter der Liberalen war es so, daß die schwarze Stimme eigentlich nur dann gehört wurde, wenn sie das wiederholte, was die Liberalen gesagt haben. Jetzt ist die Zeit gekommen, in der wir, als Schwarze, das aussprechen müssen, was wir wollen, und es dem weißen Mann klarmachen müssen, und zwar von einer starken Position aus.

Wir sind uns sicher, daß wir nicht scheitern werden. Sicher ist auch, daß wir keine Alternative haben. Wir haben die Geschichte analysiert. Wir glauben, daß sich die Geschichte in einer bestimmten logischen Richtung entwickelt, und in diesem Fall ist die logische Richtung die, daß jede weiße Gesellschaft in diesem Lande früher oder später auf das schwarze Denken Rücksicht nehmen muß. In dieser Geschichte sind wir nichts weiter als Ausführende. Es gibt Alternativen. Einerseits gibt es in diesem Lande bekanntermaßen Gruppen, die sich zu einer anderen Handlungsweise entschlossen haben, zur Gewalt. Wir wissen, daß ANC und PAC das getan haben, aber wir glauben nicht, daß das die einzige Möglichkeit ist. Wir glauben, daß es möglich ist, an unser Ziel mit friedlichen Mitteln zu gelangen. Und die Tatsache selbst, daß wir uns entschlossen haben, unsere Bewegung offen agieren zu lassen, zeigt ja schon, daß wir bei unseren Operationen bestimmte legale Einschränkungen auf uns genommen haben. Wir haben akzeptiert, diesen Weg zu gehen. Wir wissen, daß der Weg, der zu dieser Wahrheit hinführt, voller Gefahren ist. Einige von uns werden geächtet, wie ich. Andere werden verhaftet, wie diese Männer hier. Aber es ist unvermeidlich, daß sich der Vorgang mit dem von der Geschichte beabsichtigten deckt, nämlich eine Situation zu schaffen, in der die Weißen zuhören müssen.

Ich glaube nicht, daß die Weißen immer taub bleiben werden. Diese Regierung ist nicht unbedingt auf einen hitlerähnlichen Kurs festgelegt. Ich glaube, sie versucht Zeit zu gewinnen. Mr. Vorster kann einige Probleme verschieben, aber ich glaube, sobald die Stimme, die nein sagt, stärker wird, wird er zuhören. Er wird auf die Gefühle der Schwarzen Rücksicht nehmen müssen.

Nach seiner Zeugenaussage vor Mr. Soggott und Richter Boshoff wurde Steve Biko anschließend von dem Staatsanwalt, Mr. K. Attwell, ins Kreuzverhör genommen; Attwell versuchte, dadurch Beweismaterial, das für die SASO/BPC schädlich war, zu erlangen, daß er aus Biko einige negative Geständnisse über das Wesen dieser Organisationen herausquetschte, insbesondere über die extravagante Formulierung eines Teils ihrer Literatur.

Attwell: Mr. Biko, ist es richtig, wenn ich sage, daß Sie einer der Gründer sowohl der SASO als auch der BPC sind, und einer der ersten Verfechter der Idee der Black Consciousness?
Biko: Richtig.
Attwell: Und daß Sie in nicht geringem Maße für den konstitutionellen Rahmen dieser Organisationen verantwortlich sind und für einen Großteil ihrer Politik, wie sie in ihren Schriften zu erkennen ist?
Biko: Zum großen Teil, ja.
Attwell: Nun, Sie und einige andere Gründungsmitglieder hatten bestimmte Tendenzen bemerkt, die Sie dazu veranlaßten, eine Vereinigung wie die SASO zu gründen. Ist das richtig?
Biko: Richtig.
Attwell: Und die SASO war damals als Organisation einzigartig, nicht wahr?
Biko: Richtig.
Attwell: Es gab in unserer Geschichte so gar keine Parallele? Man

kann sogar sagen, daß es in der ganzen Geschichte keine Parallele zur SASO-Organisation gibt, nicht wahr?

Biko: Außerhalb unseres Landes – das weiß ich nicht; aber innerhalb des Landes trifft das sicherlich zu.

Attwell: Es war ein höchst gefahrvolles Unternehmen, ein Unternehmen, daß Sie sicher mit großer Vorsicht angingen?

Biko: Richtig.

Attwell: In der Vergangenheit hatten es Organisationen, die in erster Linie für die Schwarzen arbeiteten, in diesem Lande ziemlich schwer?

Biko: Das ist richtig.

Attwell: In Ihren Publikationen werden frühere Organisationen folgendermaßen beschrieben: »Die in der Verteidigung der schwarzen Würde und Rechtschaffenheit an führender Stelle standen und in den sechziger Jahren verbannt wurden.« Das bezieht sich auf den African National Congress und den Pan-Africanist Congress, die beide geächtet sind, nicht wahr?

Biko: Sie müssen eine Sache in bezug auf die schwarze Gemeinschaft einsehen: ANC und PAC sind in der Geschichte der schwarzen Gemeinschaft wichtige Bewegungen, in dem Sinne, daß sie Einfluß auf das Leben der Leute gehabt haben und Verbundenheit geschaffen haben. Wenn eine neue Bewegung auftritt und sich überall beliebt machen will, kann jede unpassende Erwähnung früherer Bewegungen, denen die Leute noch einen Rest von Treue erweisen, ihr schaden; also haben sich BPC und SASO früheren Bewegungen gegenüber nie kritisch geäußert. Von uns selbst sprachen wir positiv, und von anderen Gruppen wie der weißen Gesellschaft und deren Machtapparaten sprachen wir so selten wie möglich.

Attwell: Würden Sie mit mir darin übereinstimmen, daß sich SASO und BPC in ihrer Annäherung sehr auf die psychologische Unterdrückung konzentrieren?

Biko: Ja, aber ich bin der Meinung, wie ich es in meiner Zeugenaussage schon gesagt habe, daß das ganze Gemeinschafts-Aufbauprogramm auch der Erleichterung des Leidens gilt, das eine Form der physischen Unterdrückung ist. Für uns bedeutet die physische Befreiung auch eine Befreiung von den tatsächlichen

Lebensbedingungen, die unterdrückend sind.

Attwell: Sind Sie persönlich in diesem Augenblick der Ansicht, daß die Schwarzen in der Lage sind, den Staat gewaltsam zu stürzen?

Biko: Ich glaube nicht.

Attwell: Einer der Militärexperten, die als Zeugen auftraten, war der Ansicht, daß Südafrika militärisch zu stark sei und jeden Angriff dieser Art seitens der Einwohner zurückschlagen würde. Trifft das zu?

Biko: Nun, ich habe in letzter Zeit nicht die Stärke der weißen Armee untersucht.

Attwell: Aber Sie halten einen Umsturz nicht für durchführbar?

Biko: Ich halte ihn nicht für durchführbar.

Attwell: Der Militärexperte meinte weiter, daß das geeignetste Terrain, auf dem die Schwarzen in diesem Land auf einen Wandel hinarbeiten könnten, das der schwarzen Arbeiter sei; stimmen Sie dieser Behauptung zu?

Biko: Wenn von fundamentalem Wandel die Rede ist, mag das richtig sein. Aber meiner Meinung nach gibt es andere, aussichtsreichere Gebiete. Zum Beispiel der Sport, der meiner Meinung nach für die Gesellschaft eine große Bedeutung hat, indem er Einstellungen auf anderen Gebieten vorausahnen läßt. Ich glaube, das Land ist jetzt in einer Phase, in der auf dem Gebiete des Sports beträchtlicher Druck auf fruchtbare Weise ausgeübt werden kann.

Attwell: Auf welchem Gebiet können die Schwarzen Ihrer Meinung nach den größten und wirksamsten Druck ausüben?

Biko: Ich sag ja, im Sport.

Attwell: Inwiefern üben Schwarze im Sport großen Druck aus?

Biko: Die Bedeutung von Gruppen wie die South African Rugby Union, das South African Cricket Board of Control und verschiedene Gruppen, die auf dem schwarzen Gebiet den Sport in der Hand haben, ist im Lauf der Jahre enorm gestiegen. Sie sind einflußreich geworden, sie haben in der Außenwelt ein ausgedehntes Publikum, und wie ich sehe, treten jetzt sogar richtige Politiker bei, wie Gatsha Buthelezi, meiner Meinung nach ganz einfach deshalb, weil das ein Gebiet ist, auf dem das Ende abzusehen ist. Die Springboks werden nicht mehr lange ausschließlich weiß bleiben, außer sie wollen nur innerhalb des Landes gegen sich selbst spielen.

Attwell: Sehen Sie voraus, daß der Sport einen fundamentalen Wandel herbeiführen kann?

Biko: Ich glaube, Entwicklungen lassen sich vorausahnen. Wenn der Sport integriert wird, voll integriert, was irgendwann passieren muß, und wenn die Weißen bei uns nicht uneinsichtig sind, dann muß man meiner Meinung nach auch an andere Gebiete denken, an Kino, Theater, Tanz und so weiter, man muß sich über politische Rechte Gedanken machen. Es ist ein Schneeballeffekt; die Außenwelt setzt sich damit auseinander, um dem weißen Südafrika klarzumachen, daß es sich über einen Wandel Gedanken machen muß. Der Wandel ist ein nicht aufzuhaltender Vorgang; denn ich glaube, daß sich die Geschichte in einer logischen Richtung auf ein logisches Ziel hinbewegt.

Attwell: Also sind Sie nicht der Meinung, daß das Feld der schwarzen Arbeiter tatsächlich das Gebiet ist, auf dem Schwarze am effektivsten wirken können?

Biko: Im Augenblick jedenfalls nicht.

Attwell: Ich würde jetzt gerne einen Teil der von den schwarzen Organisationen verwendeten Terminologie aufklären, Mr. Biko, vor allem was Sie unter diesen Begriffen verstehen. Erstens gibt es bei Ihnen doch dieses Wort *conscientize**?

Biko: Ja.

Attwell: Nun habe ich hier eine Definition der conscientization, die ich gerne vorlesen würde: »Die conscientization ist ein Vorgang, in dem einzelne oder Gruppen, die innerhalb einer gewissen gesellschaftlichen Umgebung leben, ihrer Situation bewußt gemacht werden. Es geht hier nicht so sehr um ein Bewußtsein ihrer realen Situation, sondern um ihre Fähigkeit, ihren eigenen Einfluß auf sich selbst und ihre Umgebung einzuschätzen und zu verbessern. In diesem Sinne ist es in der südafrikanischen Umwelt zum Beispiel nicht ausreichend, sich bewußt zu sein, daß man in einer Situation der Unterdrückung lebt oder an einer rassenge-

---

* *conscience* = Gewissen, in manchen Fällen Bewußtsein.
conscientize = bewußt machen. (Anmerkg. d. Übers.)

trennten und wahrscheinlich minderwertigen Bildungsanstalt studiert. Man muß dem Gedanken verschrieben sein, sich aus dem Morast herauszuholen, man muß sich der Faktoren und Gefahren, die mit einem solchen Unternehmen verbunden sind, bewußt sein, aber man muß immer von dem grundlegenden Glauben ausgehen, daß man in einem Kampf steht, der bis zum Ende durchgeführt werden muß, trotz aller Gefahren und Schwierigkeiten. Also umgreift die conscientization unter anderem den Wunsch, Menschen in einen emanzipatorischen Vorgang zu verwickeln, in einen Versuch, sich aus der Situation der Knechtschaft zu befreien. Der Rahmen, innerhalb dessen wir arbeiten, ist die Black Consciousness.« Wie lautet Ihr Kommentar zu dieser Auslegung der conscientization?

Biko: Ich glaube, sie ist ziemlich zutreffend.

Attwell: Verstehen Sie die SASO- und die BPC-conscientization in dieser Weise?

Biko: Ja.

Attwell: Und wenn man der Formulierung begegnet, irgend etwas wird zu Zwecken der conscientization gebraucht, wird das Wort dann in dem soeben dargelegten Sinne gebraucht?

Biko: Ja, das stimmt.

Attwell: Dann gibt es weiter den Begriff »System«?

Biko: Ja.

Attwell: Was verstehen Sie unter System?

Biko: Im Grunde jene operativen Kräfte in der Gesellschaft, jene institutionalisierten und nicht-institutionalisierten Kräfte in der Gesellschaft, die das Sein eines Menschen kontrollieren, sein Verhalten, die generell die Herrschaft über ihn ausüben. Damit ist auf jeden Fall die Regierung gemeint, unter anderem, und die Helfershelfer der Regierung, besonders die Polizei. In unseren Reihen betrachtet man gerne die Polizei als das System, aber zum System gehört auch der ganze Vorgang der Unterdrückung.

Attwell: Nun, von SASO- und BPC-Dokumenten erhält man den Eindruck, daß, egal ob vom System, von der Regierung oder von den Weißen die Rede ist, diese drei Begriffe anscheinend dasselbe bedeuten.

Biko: Ja, man kann diese drei Begriffe schon als untereinander austauschbar betrachten.

Attwell: Und wenn man liest, daß irgendein Autor in einer Schrift sagt, die Weißen haben dies getan oder die Regierung habe dies getan oder das System habe dies getan, bedeutet das alles im Grunde das gleiche?

Biko: Manchmal wird der Begriff Weiße als austauschbar mit einem anderen Begriff, weißer Rassismus, verwendet, doch muß der Begriff weißer Rassismus wiederum als eng mit dem System verbunden angesehen werden. Mit anderen Worten, es gibt den institutionalisierten Rassimus, der sich durch die Exekutive der Regierung ausdrückt, und es gibt den nicht institutionalisierten Rassimus, der sich auf offener Straße ausdrückt. Draußen, auf dem Platz zum Beispiel, drückt die ganze Beziehung zwischen Schwarz und Weiß eine gewisse Form des Rassismus aus. Hier draußen gibt es keine schwarze Toilette, und heute vormittag ging ich in die Toilette, wo Weiß steht, und alle schauten mich so an, als ob sie mich daran hindern wollten, und man fragte mich, wo denn die schwarze Toilette sei. Glücklicherweise haben sie mich nicht aufgehalten. Aber das, was sie mir gegenüber zeigten, war Rassismus.

Attwell: Die SASO und die BPC betrachten das System als weiß und die Regierung als eine weiße Regierung?

Biko: Das trifft nicht ganz zu: In den Reihen der Schwarzen gibt es Verlängerungen des Systems, die als Teil des Systems organisiert sind.

Attwell: Wie Gatsha Buthelezi?

Biko: Gatsha Buthelezi ist ganz sicher in der Hautfarbe so schwarz wie ich, und möglicherweise auch in seinem Streben, aber er operiert innerhalb eines Systems, das von der weißen Regierung für ihn geschaffen wird, und in diesem Sinne ist er eine Erweiterung des Systems.

Attwell: Würden Sie sich als Freiheitskämpfer bezeichnen?

Biko: Diesen Ausdruck habe ich einmal gebraucht, als mich die Sicherheitspolizei fragte, was mein Beruf sei, und ich sagte, ich sei Freiheitskämpfer.

Attwell: Das war aber ironisch gemeint, nicht wahr?

Biko: Nun, es war eben so dahingesagt, in einer allgemeinen

Plauderei. Wenn man pausenlos die Sicherheitspolizei am Hals hat, muß man sich einen Stil zurechtlegen, in dem man mit ihnen spricht, wissen Sie, und das war so ein Stil. Im Grunde verstehen sie nur eine Sprache.

(Gelächter.)

Attwell: Ist Ihnen aufgefallen, daß man die Regierung Südafrikas wegen ihres Engagements in Südwestafrika kritisiert; daß man ihr vorwirft, sie betätige sich in Südwestafrika illegal?

Biko: Nun, sie ist kritisiert worden, auch von mir selbst.

Attwell: In welchem Sinne betrachtet man Südwestafrika als nicht zu Südafrika gehörig?

Biko: Die SASO arbeitet zum Beispiel an keiner Hochschule oder Fachhochschule in Namibia, eben weil wir Namibia als ein anderes Land betrachten, das ehemals kolonialisiert wurde.

Attwell: In Ordnung, nennen wir es Namibia. Betrachten Sie Namibia als Ausland?

Biko: Ja. Als Ausland in dem Sinne, daß es ein anderes Land ist.

Attwell: Betrachtet die SASO es so?

Biko: Das ist richtig.

Attwell: Und die BPC?

Biko: Sicher.

Attwell: Ich verstehe. Nun, die SWAPO, zum Beispiel. Wäre das eine ausländische Organisation?

Biko: Es ist eine ausländische Organisation.

Attwell: Mr. Biko, wann kam Ihre Verbindung mit der SASO zu einem Ende?

Biko: Offiziell, als ich geächtet wurde.

Attwell: Als Sie Ihre aktive Verbindung zur SASO beendeten, wie viele Aufgaben in der Exekutive der SASO hatten Sie damals gehabt?

Biko: Nur zwei, ehrlich gesagt.

Attwell: Und die wären?

Biko: In erster Linie die Präsidentschaft auf ein Jahr.

Attwell: Warum traten Sie im Juli 1971 zurück und machten nicht bei der Exekutive der SASO weiter?

Biko: Dafür gibt es zwei Gründe; eigentlich können Sie mich auch gleich fragen, warum ich mich 1970 nicht wieder für die Präsidentschaft beworben habe. Wir waren im wesentlichen der Ansicht, daß wir versuchen müßten, Leute dazu zu kriegen, sich mit dem zentralen Kern unserer Aussagen zu identifizieren, und nicht mit einzelnen Personen. Wir durften keinen Führerkult aufbauen. Wir mußten die Aufmerksamkeit der Leute auf die Botschaft konzentrieren. Sie werden bemerkt haben, daß sich die ersten Präsidenten der SASO jedes Jahr abwechselten; das war der Grund dafür. Es war auch der Grund, warum jene Kolumne, die mir zu schreiben aufgetragen wurde, unter einem Pseudonym erschien; wenn man sich dauernd mit Streitfragen auseinandersetzt, neigen die Leute dazu, das Geschriebene nach ihrer persönlichen Zuneigung oder Abneigung für oder gegen den Autor zu beurteilen. Wir wollten, daß sie sich auf die Botschaft konzentrierten. Im Juli 1972 bat mich ein Parteiausschuß, wieder in die Exekutive zurückzukommen, aber ich lehnte es ab, weil ich der Meinung war, daß ich meinen Zweck schon erfüllt hatte, daß ich meinen Beitrag geleistet hatte, und daß es an der Zeit war, daß eine neue Führerschaft hervortrat. Ich war der Ansicht, daß ich dadurch, daß ich zwei Jahre in der Exekutive gewesen war, sowieso schon überfällig war.

Attwell: Um jetzt einmal zu den anderen, Ihnen bekannten Angeklagten zu kommen: ich glaube, Sie haben angedeutet, daß Sie die Angeklagten Nummer 1, Saths Cooper, Nummer 2, Muntu Myeza, Nummer 3, Patrick Lekota, Nummer 4, Dr. Aubrey Mokoape und, wenn ich mich recht erinnere, Nummer 9, Strini Moodley, kennen. Kennen Sie die anderen Angeklagten von irgendwoher?

Biko: Ja, jetzt kenne ich sie, ich habe sie kennengelernt.

Attwell: Von hier einmal abgesehen, kannten Sie sie vor ihrer Verhaftung?

Biko: Nein. Ich kannte nur drei, bevor ich geächtet wurde, und zwar Strini, Saths und Aubrey. Seitdem ich geächtet und bevor sie verhaftet wurden, lernte ich Lekota und Muntu kennen. Aber das stimmt nicht ganz: Lekota und ich gingen zusammen zur Schule. Damals kannte ich ihn als Star in unserer Fußballmannschaft.

(Gelächter.)

Attwell: Sein Spitzname ist Terror, nicht wahr?

Biko: Irgend so was, ich glaube, es war Terror.

Attwell: Hat er den Namen Terror verdient?

Biko: Als Stürmer, ja!

Attwell: War die Gründung der SASO in irgendeiner Weise geheim?

Biko: Nein, ganz sicher nicht.

Attwell: Wurde sie von der Presse aufgegriffen?

Biko: Nicht 1969. Tatsächlich hatten wir eine sehr ruhige Konferenz. Das machte uns Sorgen. 1970 hatten wir einiges an Publicity, aber wir hatten alle Hände voll zu tun, die Presse zu unserer Konferenz zu locken.

Attwell: Warum war der Führungsausschuß so wenig auf Publicity für die Gründung der SASO bedacht?

Biko: Der Führungsausschuß konnte gar keine Publicity anziehen, eben deswegen, weil er sich über eine Politik hätte äußern müssen, die von der Organisation noch gar nicht formuliert worden war.

Attwell: Also wurden diese Dinge eineinhalb Jahre lang verschwiegen?

Biko: Wem gegenüber?

Attwell: Verschwiegen, bis Sie der Ansicht waren, Sie seien stark genug?

Biko: Von wem, wem gegenüber verschwiegen?

Der Richter: Mr. Attwell, worauf wollen Sie hinaus?

Attwell: Euer Ehren, ich werde Ihnen noch beweisen, daß diese Leute wußten, daß ihr Konzept ein revolutionäres war, daß sie es eine ziemlich lange Zeit versteckt hielten, bis sie sich stark genug wähnten, um es der Öffentlichkeit vorzutragen, und daß der Grund, warum sie es versteckt hielten, der war, daß sie zunächst eine gewisse Stärke gewinnen wollten; sie wollten nicht, daß diese Sache an die Presse gelangte, weil sie Angst davor hatten, wie so eine Geschichte aufgenommen werden würde, und ob sie in den Anfangsstadien nicht hätten zerdrückt werden können.

Biko: Aber diese Verfassung, die Sie als versteckt bezeichnen, wurde in Wahrheit vielen Studentenräten vorgelegt, die sich gemäß den internen Universitätsregeln an die Rektoren wenden mußten, bevor sie sich uns anschlossen. Sie mußten die Verfassung vorzeigen. Ich habe mit einer Reihe von Rektoren über die SASO gesprochen. Sie kannten die Verfassung, und ich erinnere mich besonders an Mr. Boshoff von Turfloop; mit ihm sprach ich ausführlich über die SASO, und er akzeptierte die Verfassung und schließlich die SASO. Ich frage Sie: Kann man das als »verstecken« bezeichnen?

Attwell: Seine Ehren wird am Schluß noch sehen, daß in den Schriften der SASO eine zunehmend militantere Sprache gebraucht wurde.

Biko: Ich würde sagen, die SASO gebrauchte eine zunehmend positive Sprache.

Attwell: Sie sind doch mit der Sprache, die in den frühen Dokumenten verwendet wurde, vertraut?

Biko: Ja, da sie teilweise von mir verfaßt wurden.

Attwell: Auch jenes Dokument, das mit tiefer Besorgnis und Abscheu die Entfaltung des nackten Terrorismus feststellt?

Biko: Richtig. Aber das war nur einer der üblichen Ausdrücke der Entrüstung, die die SASO von sich gab.

Attwell: Sie sagten, die Schwarzen würden von der weißen Regierung dem direkten Terrorismus ausgesetzt?

Biko: Ja.

Attwell: Halten Sie diese Behauptung für gerechtfertigt?

Biko: Ich halte sie für weitaus gerechtfertigter als die Anklage, die gegen diese Männer erhoben wird. Ich finde das, was wir erdulden müssen, physisch für schlimmer als die paar Dinge und Behauptungen, deretwegen Sie diese Männer unter Anklage stellen.

Attwell: Von welchen Männern reden Sie?

Biko: Von den neun Angeklagten.

Attwell: Nun, vielleicht könnten Sie da etwas ausführlicher werden, Mr. Biko?

Biko: Ich spreche von der Gewalt, mit der die Polizei auf die Leute losgeht, davon, wie sie sie zusammenschlägt, etwa die Leute, die im März in Henneman streikten. Ich spreche von der Polizei, die, wie in Sharpeville, auf Unbewaffnete schießt, und ich spreche von der indirekten Gewalt, die das Ergebnis des Hungers in den townships ist. Ich spreche von dem Elend, das in diesem

Augenblick in Winterveld herrscht. Ich spreche von einer Situation wie in Dimbaza, wo die Leute keine Lebensmittel und kaum Möbel haben. Ich glaube, das alles zusammen macht mehr Terrorismus aus als das, was diese Männer hier gesagt haben. Sie werden jetzt angeklagt, aber die weiße Gesellschaft wird nicht angeklagt; das meine ich.

Attwell: Kennen Sie die Anklage, die gegen die Beschuldigten erhoben wird?

Biko: Nach dem, was man mir mitgeteilt hat, sollen sie die Gemüter der Schwarzen aufgerührt haben, um einen Zustand der Rassenfeindschaft herbeizuführen. Dieser Fall hat mich schon von Anfang an interessiert. Als ich das erste Mal davon hörte, dachte ich, daß meine Leute vielleicht etwas getan hätten; nach langer Zeit wurde die Untersuchung eingestellt; und was hatten sie getan? Sie legten einen Haufen Akten vor, aber diese sogenannte Verschwörung existierte nur in den Gedanken der Sicherheitspolizei und wahrscheinlich in den Ihren, Mr. Attwell.

Attwell: Sie bezeichnen sie als Ihre Männer?

Biko: Sie arbeiten mit mir.

Attwell: Mit Ihnen?

Biko: Ja.

Attwell: Ist es eine enge Zusammenarbeit?

Biko: Tatsächlich kenne ich einige von ihnen, aber was ich damit meine, wenn ich sage, daß sie mit mir arbeiten, ist, daß wir derselben Meinung über unsere Gesellschaft sind.

Attwell: Einige von ihnen kennen Sie nicht?

Biko: Richtig.

Attwell: Aber Sie sind bereit, sie zu verteidigen, obwohl Sie nicht wissen, was sie getan haben?

Biko: Ich verteidige sie, weil ich an unsere Organisationen glaube. Wenn man sie dafür anklagt, daß sie in der SASO und in der BPC sind, dann habe ich Vertrauen zu ihnen, weil ich der SASO und BPC vertraue.

Attwell: Natürlich sind Sie, zusammen mit dem Rest der Mitgliedschaft von SASO und BPC, in einen Befreiungskampf gegen das weiße System verstrickt?

Biko: Ja.

Attwell: Darf ich annehmen, daß Ihre Sympathien deshalb den Angeklagten gelten, unter allen Umständen?

Biko: Ich wurde unter Strafandrohung vor dieses Gericht geladen, und ich muß unter Eid die Wahrheit sagen, wenn ich das richtig sehe. Natürlich bringe ich meinen Leuten Sympathien entgegen, aber ich werde mich nicht zwischen meine Leute und die Wahrheit stellen.

Attwell: Da wir schon von Aussagen in dieser Verhandlung sprechen: Wann bat man Sie, in diesem Prozeß auszusagen, Mr. Biko?

Biko: Ende letzten Jahres bekam ich von Mr. Chetty, dem Anwalt, etwas, das man einen Fragebogen nennen könnte. Dieser Bogen enthielt verschiedene Fragen zur Gründung der SASO und zu verschiedenen Konferenzen, denen ich bis 1970 beigewohnt hatte. Ich beantwortete alle Fragen so gewissenhaft wie möglich, und ich deutete Mr. Chetty gegenüber selbst an, daß ich zur Verteidigung aller meiner Behauptungen gerne zur Verfügung stehen würde, eben weil mir klar wurde, daß es in der Tat sehr wenige Leute gab, die am Anfang der SASO dabeigewesen waren, ganz bestimmt nicht diese Leute hier, und sehr wenige von denen, die überhaupt für Aussagen zur Verfügung stehen. Im November bekam ich dann eine Vorladung unter Strafandrohung, es muß ungefähr Mitte November gewesen sein, also kam ich hierher, in der Annahme, daß ich aussagen müßte. Dem war aber nicht so, ich fuhr nach Hause, und zwei Wochen später erhielt ich eine weitere Vorladung, deretwegen ich jetzt hier bin.

Attwell: Also haben Sie sich freiwillig angeboten auszusagen?

Biko: Ja, ich habe mich freiwillig angeboten auszusagen.

Attwell: Weil es, wie Sie sagen, eine falsche Auffassung der SASO und der BPC gibt, und dies eine Gelegenheit wäre, die Sache aufzuklären?

Biko: Weil ich sehe, daß ich einer der wenigen bin, die damals bei der Gründung dieser Organisationen dabei waren und die in diesem Augenblick zur Verfügung stehen, um dem Gericht bei der Klärung historischer Fragen behilflich zu sein.

Attwell: Nachdem Sie geächtet wurden, hatten Sie da irgendwelchen Kontakt zu den Angeklagten?

Biko: Wie gesagt, ich traf nach meiner Ächtung Mr. Lekota und Mr. Myeza.

Attwell: Sind sie nach King William's Town hinuntergekommen?

Biko: Nun, sie waren geschäftlich unterwegs, sehen Sie, und ich wohne in King William's Town, und ich interessiere mich für die SASO, also kamen sie, um mit mir über Entwicklungen in der Organisation zu plaudern.

Attwell: Was taten Sie, um die Befürchtungen irgendwelcher Leute zu beschwichtigen, was die Einstellung von SASO und BPC zu den Methoden des ANC oder des PAC angeht?

Biko: Im Zusammenhang mit SASO und BPC wurden solche Befürchtungen überhaupt nicht erwähnt. Ich glaube, es war jedem völlig klar, um was es bei SASO und BPC ging; sicher ist, daß wir von der vollen Entwicklung des menschlichen Wesens sprachen, mit anderen Worten davon, wie der schwarze Mann seine eigene psychologische Unterdrückung ablegt. Jeden Tag konnte man bei unseren Zusammenkünften erkennen, daß dies das eigentliche Anliegen von SASO und BPC war.

Attwell: Wenn ich Sie richtig verstehe, wurde nichts Spezifisches getan, um irgendwelche Ängste, falls sie existierten, zu beschwichtigen?

Biko: Wenn Sie mich richtig verstehen, müssen Sie sagen, daß keine Ängste ausgesprochen wurden.

Attwell: Aber scheinbar hatten die Weißen Angst?

Biko: Nun, wir hatten ja keine weißen Mitglieder. Wenn Sie also vom Zusammenhang innerhalb der BPC sprechen – es gab keine Weißen in der BPC.

Attwell: Es gab keine Weißen in der BPC, aber Sie haben indirekt doch sicher die Weißen angesprochen?

Biko: Ich habe früher vor weißem Publikum über die Black Consciousness gesprochen und habe keine derartige Angst bemerkt. Als ich in Kapstadt vor einer Gruppe weißer Studenten sprach, sprach ich über unseren Standpunkt, und den fanden die anwesenden Afrikaanerstudenten übrigens sehr annehmbar; sie sagten mir, genauso hätte sich der Afrikaaner-Nationalismus entwickelt, okay, wir wünschen euch alles Gute. Der Präsident des Afrikaaner Studentebond, Mr. Johan Fick, und ich kamen sehr gut miteinander aus. Neulich traf ich ihn in Johannesburg, und er lud mich auf sein Zimmer in der Rand Afrikaans University ein. Er hatte keine Angst.

Attwell: Sind Sie der Ansicht, daß der weiße Mann in Afrika Angst hat?

Biko: Ich kann mir vorstellen, daß die allgemeine weiße Bevölkerung so unter dem Einfluß der Propaganda steht, daß ihr nicht bewußt ist, wie unvermeidlich der Wandel ist. Aber ich glaube, die weiße Führerschaft, besonders die Führerschaft der drei großen weißen Parteien dieses Landes ist sich der Unausweichlichkeit des Wandels bewußt, und ich glaube schon, daß eine gewisse Angst an ihnen nagt, in welche Richtung dieser Wandel wohl gehen werde. Okay, sie wollen ganz sicher nicht von den Ereignissen überrumpelt werden, sondern mit ihnen Schritt halten. Also gibt es sicher in der Führerschaft ein Element der Angst, aber ich möchte betonen, daß der Durchschnittsweiße oft keine Ahnung hat. Die Art, in der er Schwarze in Geschäften und auf der Post behandelt, weist darauf hin, daß er sich der Unvermeidbarkeit des Wandels einfach nicht bewußt ist.

Attwell: Welches Image verbreitet die BPC von ANC und PAC?

Biko: Wir bezeichnen sie als Organisationen, die in der Geschichte des schwarzen Volkes existieren.

Attwell: Billigend oder mißbilligend?

Biko: Ich glaube, Sie müssen eins verstehen, Mr. Attwell: Der Kampf der Selbstbefreiung, der Befreiung von allem, was einen bedroht, geht durch die ganze Geschichte. Zu verschiedenen Zeiten wird er von verschiedenen Menschen mit verschiedenen Methoden aufgegriffen. Okay. Aber der Kampf ist das, an was wir uns klammern. Wir müssen anerkennen, daß der ANC und der PAC in diesen Kampf verwickelt waren, und zwar nicht aus selbstsüchtigen Gründen, sondern für die Schwarzen und für deren Befreiung. Vielleicht billigen wir ihre Methoden, vielleicht auch nicht, aber Tatsache ist, daß sie in der Geschichte existieren, weil sie den Kampf vorangebracht haben.

Attwell: Aber sind wir einer Meinung, daß das eine Billigung ist?

Biko: Ich fälle kein Urteil. Ich anerkenne bloß Tatsachen, das, was in der Geschichte geschehen ist. Eine Billigung bedeutet, das, was vorgefallen ist, einer systematischen Analyse zu unterziehen, um zu einem gutheißenden oder tadelnden Urteil zu gelangen. In diesem Fall nehme ich lediglich auf eine bestimmte Phase in unserer Geschichte als Schwarze Bezug.

Attwell: Und wenn in den Schriften der BPC oder der SASO die Rede ist von »unseren wahren Führern, die geächtet und auf Robben Island eingesperrt worden sind«?

Biko: Das ist richtig.

Attwell: Auf wen wird da besonders angespielt?

Biko: Es geht um Leute wie Mandela, um Leute wie Sobukwe, um Leute wie Govan Mbeki.

Attwell: Was verbindet diese Leute?

Biko: Ihre Gemeinsamkeit liegt darin, daß sie Leute sind, die selbstlos den Kampf für den schwarzen Mann vorangetrieben haben.

Attwell: Einschließlich der Führer des ANC?

Biko: Ja.

Attwell: Kennen Sie irgendwelche dieser Personen, die auf Robben Island gewesen sind?

Biko: O ja.

Attwell: Könnten Sie sie beim Namen nennen?

Biko: Ich habe Mr. Sobukwe kennengelernt.

Attwell: In welchem Zusammenhang?

Biko: Weil ich ihn kennenlernen wollte.

Attwell: Wann war das, Mr. Biko?

Biko: Das war 1972.

Attwell: Gab es irgend etwas Besonderes, was Sie von ihm wissen wollten?

Biko: Nun, nein, ich fuhr durchs Land für die Black Community Programs und mußte mir von Mr. Stanley Ntwasa einige Informationen besorgen in bezug auf einige Fälle, die er in jenem Jahr gehabt hatte, und da wir in Kimberley waren, nutzten wir gleich die Gelegenheit aus, um Mr. Sobukwe zu besuchen.

Attwell: Das wäre wann gewesen 1972?

Biko: September.

Attwell: In der Geschichte des schwarzen Kampfes in diesem Land ist Sobukwe eine besonders bedeutende Figur, nicht wahr?

Biko: Er ist eine wichtige Persönlichkeit.

Attwell: Können Sie irgendeine Schrift der SASO oder der BPC vorweisen, die spezifisch und unzweideutig die Gewalt verurteilt?

Biko: Sie müßten mir einen ganzen Haufen Akten zum Durchsehen geben.

Attwell: Im Programm der BPC wird die Gewalt doch nicht verurteilt, oder?

Biko: Nein, wird sie nicht. Das wird sie auch nirgendwo im Programm der Nationalist Party.

Attwell: Aber Sie und Ihre Leute lebten in ungewöhnlichen Umständen, Sie hatten mit Vorurteilen fertig zu werden?

Biko: Ja.

Attwell: Eine Menge Behörden paßten ständig auf Sie auf und verfolgten Ihre Arbeit mit Argwohn?

Biko: Mmmm.

Attwell: Beiden Organisationen wurden von Anfang an schwere Zeiten vorausgesagt?

Biko: Das ist richtig.

Attwell: Und man erwartete große Abneigung?

Biko: Das ist richtig.

Attwell: Und man erwartete großen Widerstand?

Biko: Das ist richtig. Und?

Attwell: Und weder die einen noch die anderen Statuten enthalten eine spezifische Ablehnung der Gewalt?

Biko: Genau, weil wir sie nie in Erwägung gezogen haben.

Attwell: Betrachten Sie einige der weißen Studenten als eigenartige Erscheinung?

Biko: Afrikaanerstudenten?

Attwell: Ja. Ihr Mr. Negwekulu sprach in einer Rede von diesen eigenartigen Leuten mit ihrer eigenartigen Logik.

Biko: O ja, das tat er, das tat er, ja.

Attwell: Im allgemeinen werden doch Studenten die zukünftigen

Führer der Gesellschaft sein, nicht wahr?

Biko: Ja, natürlich. Aber wenn man im Zusammenhang mit Studenten von Führern spricht, dann meint man nicht jeden einzelnen Studenten. An der Universität gibt's auch Nieten.

Attwell: Würden Sie die SASO als die Kinderstube der BPC betrachten?

Biko: In dem Sinne, daß die Politik der SASO später von der BPC übernommen wurde, ja.

Attwell: Die SASO und BPC wurden gegründet, um die Gefühle der Schwarzen zu artikulieren, nicht wahr?

Biko: Ja, um ihre Gefühle in bezug auf Streitfragen zu artikulieren.

Attwell: Nun, welche Gefühle artikulieren SASO und BPC – die der Militanteren, die eine sehr herbe Sprache sprechen, oder die der Gemäßigteren?

Biko: Mr. Attwell, ich glaube, wenn Sie eine Befragung durchführten, würden Sie nur einen Bruchteil eines Prozentes schwarzer Leute finden, die mit der gegenwärtigen Situation zufrieden sind. Jetzt betrachtet sich die BPC als druckausübende politische Gruppe. Sie will die Interessen der Mehrzahl des schwarzen Volkes vertreten, und die Mehrzahl des schwarzen Volkes ist unzufrieden mit dem, was vorgeht, also versucht die BPC, diese Unzufriedenheit mit dem System zu artikulieren. Und das nimmt verschiedene Formen an. Es gibt viele Beschwerden. Es würde drei Wochen dauern, wenn ich sie hier einzeln vortragen wollte.

Attwell: Ich möchte nur wissen, welche Gruppe Schwarzer Sie vertreten?

Biko: Die Mehrzahl derer, die mit dem, was im Augenblick vorgeht, unzufrieden sind.

Attwell: Und wenn die BPC diese Gefühle artikuliert, sind das die Gefühle derer, die bösartig antiweiß und militant sind, oder die der anderen?

Biko: BPC vertritt alle Schwarzen. Ich glaube, alle Beschwerden werden zu einer Synthese verbunden. Einige Leute beschweren sich wegen der Wohnungsbedingungen, unter denen sie leben, andere beschweren sich darüber, daß sie zu kleine Höfe haben; das alles muß man unter einen Hut bringen und zu einem allgemeinen schwarzen Standpunkt verschmelzen.

Attwell: Sie sagen, die überwältigende Mehrheit der Schwarzen hätte diese Gefühle?

Biko: Ja, sicher.

Attwell: Nun, Sie wissen, daß die Angeklagten beschuldigt werden, diese feindseligen Gefühle verursacht, ermutigt oder gefördert zu haben.

Biko: So soll die Anklage lauten.

Attwell: Sehen Sie einen Unterschied zwischen Verursachen, Ermutigen und Fördern einer Sache?

Biko: Nun ja, ich bin sicher, daß ein Unterschied besteht, weil die Worte selbst verschiedene Bedeutung haben. Aber ich glaube zugleich, daß Sie die schwarze Solidarität falsch auslegen. Wir beabsichtigen nicht, eine verpflichtete Mitgliedschaft zusammenzustellen, die eine Art Armee bildet. Nein, wir wollen eine Mehrzahl der Schwarzen auf unsere Seite ziehen, auf die Seite dessen, was wir sagen, genauso, wie die Nationalist Party in diesem Augenblick eine Mehrzahl der weißen Bevölkerung hinter sich hat. Sie bilden keine homogene Masse, die man jeden Moment mobilisieren könnte. Innerhalb Ihrer Reihen gibt es große Unterschiede, aber gleichzeitig gibt es eine gemeinsame Grundüberzeugung, eine gemeinsame Basis, und die Nationalist Party und der Broederbond, das sind deren Wortführer. Man kann sie nicht morgen mobilisieren, weil sie über das ganze Land verteilt sind, aber sie haben eine Identität, ein Sprachrohr in der Gestalt der Nationalist Party, des Broederbond und all der anderen Kulturorganisationen der Afrikaaner, die für sie das Wort ergreifen. Nun, dasselbe trifft auf die Schwarzen zu; wir versuchen, eine Situation herbeizuführen, in der die BPC das Sprachrohr des Volkes ist, ihnen ein Zuhause gibt, ihnen Würde gibt, so daß sie sich wieder wie Menschen fühlen können, denn wie solche fühlen sie sich im Augenblick nicht.

Attwell: Sie wollen alle Schwarzen vereinigen, nicht wahr?

Biko: Nicht unbedingt alle. Ich bin sicher, daß nicht alle Afrikaaner in der Nationalist Party sind.

Attwell: Schön, wie viele Schwarze gibt es in Südafrika?

Biko: Über 20 Millionen.

Attwell: In den Akten werden, wie Sie sehen, dreißig Millionen erwähnt, ungefähr ein Drittel mehr als Ihr Schätzung.

Biko: Okay.

Attwell: Sie messen dieser aufgeblasenen Zahl irgendeine Bedeutung zu?

Biko: Nein. Ich glaube, das einzig Bedeutende daran ist die Erkenntnis, die die BPC durch Erfahrung gewonnen hat, daß viele Schwarze einfach nicht registriert sind. In Soweto, zum Beispiel, lautet die augenblickliche offizielle Zahl ungefähr 800 000. Aber in Soweto gibt es ungefähr eineinhalb Millionen, weil auf jeweils, sagen wir, sechs Leute, die registriert sind, zwei kommen, die nicht registriert sind. Diese Zahlen regen zum Nachdenken an. Sonst hat das keine Bedeutung.

Der Richter: Der Grund ist, daß die Bevölkerungsziffern auf einer Volkszählung beruhen?

Biko: Das ist richtig.

Attwell: Also richten Sie sich nicht unbedingt nach der registrierten Anzahl von Leuten, die wirklich in den Haushalten gezählt werden?

Biko: Nun ist es natürlich so, Euer Ehren: Wenn der Beamte zu mir kommt, einem Schwarzen, sagt er nie wirklich zu mir: »Wir zählen die Menschen, die hier im Land sind.« Nein, er wird die Sache auf typisch weiße Art und Weise angehen. Er kommt herein, und er sagt: »Wie viele Leute wohnen hier?« Jetzt ist das erste, an was man denkt, die Registrierung. Wenn bei mir irgendwelche anderen Leute auf dem Fußboden pennen, werde ich verhaftet; wenn also zehn Leute da sind, aber nur sechs registriert, dann sage ich: »Sechs, *baas*.« Also schreibt er sechs und geht nach nebenan. *(Gelächter.)* Sehen Sie, das ist doch von Bedeutung. Wenn man es den Leuten nett erklären würde, daß die Beamten nur zählen und keine Anklage erheben werden, würden die Leute die richtigen Zahlen angeben, aber sie wissen es ja nie, man sagt es ihnen nie.

Der Richter: Sie haben gesagt, daß das Verhalten des weißen Mannes eine explosive Lage hervorrief, die 1972 und 1973 zu Streiks führte.

Biko: Ja.

Der Richter: Besteht beim Gebrauch dieser extravaganten Sprache nicht die Gefahr einer agitatorischen Wirkung auf den schwarzen Mann, die diese explosive Lage verschlimmern könnte?

Biko: Euer Ehren, wie ich Ihnen schon vorgetragen habe, ist diese Sprache in bezug auf den Schwarzen wirklich sehr milde; es ist die Sprache, mit der er selbst gewöhnlich von der weißen Gesellschaft spricht. Wenn es die Absicht der SASO oder der BPC wäre, Leute zu gewaltsamen Reaktionen zu verleiten, gäbe es viele einzelne Situationen, die sie in weitaus grelleren Farben schildern könnten, um ihr Ziel zu erreichen. Um dieses Ziel zu erreichen, könnten sie auf äußerst emotionelle Weise über den Hunger reden, über die vielen Morde, die in den townships passieren, aber das haben sie nie getan. Meines Wissens ist es ganz sicher nicht die Aufgabe der SASO und der BPC, herumzugehen und zu sagen: Weiße sind dies, Weiße sind das, Weiße sind Feinde, Weiße sind Rassisten. In der Sprache gibt es eben gewisse Begriffe, die dazu da sind, lebendige Gedanken der Schwarzen zu artikulieren, Gedanken, die für den Aufbau unserer Mitgliedschaft, für den Aufbau unseres Menschseins in unseren Reihen wichtig sind. Und ich glaube, ehrlich gesagt, nicht, daß Schwarze gerade dadurch zur Gewalt angetrieben werden. Sie sehen sich die zentrale Sache an, das heißt, wir haben einen gemeinsamen Grund zur Klage, wir haben gemeinsame Erfahrungen. Fangen wir beim Aufbau unserer Gesellschaft an. Ich glaube, wenn man es wieder historisch betrachtet, wenn man die Schriften der Afrikaaner liest, in denen das ganze Afrikaaner-Engländer-Problem dargestellt ist, sieht man, daß eine ebenso extravagante Sprache gebraucht wurde, um die üblichen Probleme des Afrikaaners in bezug auf seinen Streit mit dem Engländer auszudrücken. Das läßt sich nicht vermeiden, wenn man seinen Standort definieren will, wenn man sagen will, was das Problem ist.

Attwell: Kann das die Menschen nicht feindseliger machen, als sie es ohnehin schon sind?

Biko: Euer Ehren, ich kann Ihnen typische Beispiele dafür schildern, wie Schwarze auf so etwas reagieren. Sie haben zum Beispiel eine Veranstaltung angesprochen, bei der Harry Nengwekulu von der gewalttätigen weißen Gesellschaft sprach. Ich war bei dieser Versammlung. Das Publikum bestand sicher aus mehr als tausend Menschen, vielleicht aus weit mehr. Aber zum Teufel noch mal, als er von der gewalttätigen weißen Gesellschaft sprach und sie in gewissem Sinne auf den Arm nahm, haben die Leute nur gelacht. Keiner von ihnen ist aufgestanden und hat: »Nieder mit der weißen Gesellschaft!« geschrien. Wissen Sie, sie spürten einfach einen inneren Frieden, irgendwie eine psychologische Überlegenheit über die weiße Gesellschaft, weil sie ihr Problem gemeinsam artikulieren, gemeinsam darüber sprechen und lachen konnten. Ich glaube, so geht es bei vielen SASO- und BPC-Zusammenkünften zu. Ich habe noch kein einziges Treffen erlebt, bei dem die Leute in der angedeuteten Art aufgehetzt wurden.

Attwell: Nirgendwo in diesen Schriften heißt es, die Regierung tue irgend etwas Gutes.

Biko: Sie tut so wenig Gutes, daß es eines Kommentars gar nicht wert ist.

   (Gelächter.)

Attwell: Würden Sie sich jetzt bitte diese Huldigung an den verstorbenen Nthuli Shezi ansehen, den Vizepräsidenten der Black Peoples Convention, die von der Black Peoples Convention herausgegeben wurde. Schauen Sie sich zum Beispiel den dritten Absatz dieser Schrift an: »Die gewaltsame Ermordung geschah durch einen Verteidiger des weißen Rassismus, der weißen Überlegenheit und der weißen Unterdrückung unseres schwarzen Bruders. Sie sollte nicht als nur auf ihn gezielte Tat angesehen werden, sondern als Angriff auf die gesamte schwarze Gemeinschaft.« Und weiter: »Wer kann es bestreiten, daß die Verheerungen der Armut, der Krankheit und der Gewalttätigkeit weder Fügung noch Zufall sind? Wer kann es bestreiten, daß die Tausende von schwarzen Kindern und schwarzen Müttern und Vätern, die verhungern, einen vorsätzlichen Versuch darstellen, die gesamte schwarze Nation vom Erdboden zu vertilgen?«

   Nun, diese Art von Gefühl – glauben Sie in der BPC und der SASO allen Ernstes, daß das die Absicht der Regierung und des Systems ist, systematisch und vorsätzlich die gesamte schwarze Nation vom Erdboden zu vertilgen?

Biko: Nun, ich finde, Sie sollten wissen, daß es in der afrikanischen Politik, wie in der Dichtung, eine gewisse Freiheit zur, sagen wir, gerechtfertigten Übertreibung gibt. Vorhin sprach ich von verschiedenen Situationen, in denen der schwarze Mann einzelnen Aspekten des Systems ausgesetzt ist. Ich sprach von miserablen Wohnbedingungen, von Schwarzen, die von der Polizei erschossen werden, und ich nannte das Terrorismus. Das zu behaupten ist eine politische Freiheit. Ich möchte auch sagen, daß Sie eine solche Sprache in einigen Schriften der SASO und BPC finden können, aber es ist nicht die Sprache, mit der die BPC und die SASO pausenlos umgehen. Die zentrale Botschaft von SASO und BPC ist intern, betrifft nur die schwarze Gesellschaft selbst. Man tut uns extreme Dinge an, und wir neigen dazu, in extremer Sprache darauf zu reagieren. Unglücklicherweise haben Sie nicht die schwarze Erfahrung durchgemacht, Mr. Attwell, also kann ich Ihnen das nicht erklären. Man muß schwarz sein, um zu verstehen, was ich meine.

Attwell: Nun, diesen Eindruck habe ich bekommen, als ich das erste Mal diese Schrift las . . .

Biko: Das kommt daher, daß Sie weiß sind.

Attwell: Aber es hätte in ihre Hände gelangen können?

Biko: Sicher, wenn man es verteilt hätte. Das ist nur Theorie.

Attwell: Waren Sie auf Shezis Beerdigung?

Biko: Ich war da, ja.

Attwell: War es eine emotionell aufgeladene Veranstaltung?

Biko: Alle Beerdigungen sind emotionell.

Attwell: Was für Reden hielt man?

Biko: Es gab Reden, welche die Leute aufforderten weiterzumachen. Es ist die typische afrikanische Situation: Wenn irgend jemand von Bedeutung stirbt, ist das übliche Thema der Reden das, daß andere Leute mit dem fortfahren sollen, was der Gestorbene getan hat. Das war das Thema des weißen Geistlichen, der die Beerdigung leitete.

Attwell: Sie sagen, die Beerdigung wurde von einem weißen Geistlichen geleitet?

Biko: Ja, wurde sie.

Attwell: Ich kann mir vorstellen, daß die Redner alle guten Eigenschaften Mr. Shezis betonten, was immer die auch gewesen sein mögen, und die schlechten ignorierten.

Biko: Das soll vorkommen.

Attwell: Und alles Böse über die Weißen zur Sprache gebracht haben, das möglich war, und alles Gute, das es geben oder nicht geben mag, ignoriert haben. Würden Sie mir da zustimmen?

Biko: Ich glaube, mit dem Bösen sind sie nicht zu Ende gekommen.

Attwell: Mit dem Bösen sind sie nicht zu Ende gekommen?

Biko: Nein, nein.

Attwell: Wären Sie weiter gegangen als diese Redner?

Biko: Man könnte weiter gehen, wenn man wollte.

Attwell: Wären Sie weiter gegangen?

Biko: Ich nicht unbedingt, aber jeder andere hätte es tun können, wenn er es gewollt hätte. Wenn es darum gegangen wäre, die weiße Gesellschaft als schlecht anzuprangern und damit alle Anwesenden zornig zu machen, hätte man Stunden und Stunden reden können.

Attwell: Hat ein Mann namens Bokwe Maphuna je einen Polizisten angegriffen?

Biko: Ich wohnte einer Gerichtsverhandlung bei, bei der er beschuldigt wurde, einen Verkehrspolizisten angegriffen zu haben. Laut Maphuna war genau das Gegenteil passiert. Ein weißer Verkehrspolizist hatte ihn geschlagen, er erstattete Anzeige, und scheinbar beschloß der Verkehrspolizist, als der davon hörte, Gegenanzeige zu erstatten. Sein Fall kam zuerst dran, also mußte sich Maphuna jetzt dafür verantworten, einen Polizisten angegriffen zu haben, während es tatsächlich so war, daß der Polizist ihn angegriffen hatte.

Attwell: Wurde er für schuldig erklärt?

Biko: Ja.

Attwell: Nun haben Sie folgendes geschrieben: »Beispiele der Grausamkeit an denen, die in Ungnade bei der Sicherheitspolizei fallen, zu suchen ist eigentlich nicht nötig. Man muß nicht versuchen, die Behauptung, daß Schwarze in Südafrika ums Überleben kämpfen müssen, zu beweisen. Unser Leben beweist das Tag für Tag. In unseren von Kriminalität durchsetzten townships ist die

Armut so allgegenwärtig, daß ein Schwarzer sogar einen Schwarzen umbringt, um überleben zu können. Das ist die Basis des Vandalismus, der Morde, der Vergewaltigungen und der anderen Verbrechen, die es gibt, während die wahren Schuldigen, die weißen Rassisten, sich an exklusiv weißen Stränden sonnen oder sich in ihren bourgeoisen Häusern ausruhen.«

<u>Biko</u>: Ja.

<u>Attwell</u>: Ist das Ihre tatsächliche Meinung?

<u>Biko</u>: Ja.

<u>Attwell</u>: Dann schreiben Sie: »*Dies ist eine gefährliche Art der Furcht, weil sie nur oberflächlich ist. Unter sich verbirgt sie einen unermeßlichen Zorn, der oft droht auszubrechen. Unter ihr liegt der nackte Haß gegen eine Gruppe, die keinen Respekt verdient. Im Gegensatz zu anderen, ehemaligen französischen oder spanischen Kolonien, wo es die Chancen der Anpassung den Schwarzen ermöglichten, das Weißsein anzustreben, wird in Südafrika das Weißsein inzwischen mit Polizeibrutalität, Einschüchterung, frühmorgendlichen Paßrazzien und allgemeinen Schikanen innerhalb und außerhalb der townships assoziiert, und deswegen strebt es kein Schwarzer wirklich an, weiß zu sein. Der weiße Anspruch auf Monopol, Komfort und Sicherheit ist schon immer so exklusiv gewesen, daß die Schwarzen die Weißen als hauptsächliches Hindernis auf ihrem Weg zum Frieden, zum Wohlstand und zu einer gesunden Gesellschaft betrachten. Durch seine Assoziation mit all diesen negativen Aspekten ist das Weißsein über alle Maßen verschmutzt worden. Schwarze sehen das Weißsein deshalb höchstens als Konzept, das es verdient, abgesetzt, gehaßt, zerstört und durch ein Leben mit größerem Inhalt ersetzt zu werden. Andere Schwarze beneiden die weiße Gesellschaft um den Komfort, dessen sie sich bedient, und im Kern dieses Neides steckt der Wunsch, nein, die heimliche Entschlossenheit, in den innersten Gedanken der Schwarzen, die so denken, die Weißen aus ihren bequemen Gartensesseln, die man als Schwarzer von dem Bus aus sieht, der in die townships fährt, hinauszustoßen und sie für sich selbst in Anspruch zu nehmen.«* Was haben Sie damit gemeint?

<u>Biko</u>: Wenn man den Artikel ganz liest, braucht man ihm keinen

Kommentar hinzuzufügen. Es ist ein Kommentar auf die Dekadenz unserer Gesellschaft. Ich weise auf die zunehmende Feindseligkeit zwischen Schwarz und Weiß hin, die das Ergebnis der Geschichte, das Ergebnis von dreihundert Jahren Unterdrückung ist, und ich warne hier, daß, falls diese Situation nicht korrigiert wird, es zu einer Verhärtung der Einstellungen kommen wird, besonders bei den Schwarzen. Es kann durchaus sein, daß die Schwarzen an einen Punkt kommen, wo sie sagen, sie können nicht mehr Seite an Seite mit den Weißen leben. Das ist eine Warnung an die Gesellschaft, daß man sich dieser Tendenz bewußt sein soll.

Attwell: Wo wird die Warnung als Warnung ausgesprochen?

Biko: Überall. Sie müssen das Ganze im Zusammenhang lesen, wissen Sie, und wenn Sie sich den Titel ansehen . . . ja, ich versuche, das in der weißen Gesellschaft vorherrschende Denken auszulöschen, das sie veranlaßt, aus Angst zu handeln. In anderen Worten: Die Weißen betrachten Dinge, die die Schwarzen tun, nicht unbedingt auf logische Weise. Sie betrachten sie in bezug darauf, wie sehr sie jetzt in ihrer Position als Weiße gefährdet sind, und das ist der Grund, auf dem die Polizeibrutalität beruht.

Attwell: Also sind Sie mit mir einer Meinung, daß die Weißen im Grunde Angst haben vor der Black Consciousness?

Biko: Nicht alle Weißen.

Attwell: Nun, wenn wir mal von Weißen kollektiv sprechen, wie Sie und Ihre Leute das ja gern tun – würden Sie dann sagen, daß sie sich vor der Black Consciousness fürchten?

Biko: Sie sprechen jetzt kollektiv von der Mehrzahl der Weißen, nicht wahr?

Attwell: Ja.

Biko: Ich würde sagen, daß sich die Mehrzahl der Weißen der Black Consciousness nicht einmal bewußt ist.

Die Angeklagten in dem Prozeß, Saths Cooper, Edmund Myeza, Patrick Lekota, Dr. Aubrey Mokoape, Nkwenkwe Nkomo, Pandelani Fefolovidwe, Gilbert Sidibe, Absolom Cindi und Srini Moodley, wurden für schuldig erklärt und zu jeweils mindestens fünf Jahren Haft auf Robben Island verurteilt.

Sogar dem gesprochenen Recht nach war nun ungebührlich aufsässiges Denken im Zusammenhang mit Black Consciousness ein Schwerverbrechen geworden, und die verbalen Ausdrücke des schwarzen, gegen die weiße Herrschaft gerichteten Zornes waren von Gerichts wegen als Terrorismus deklariert worden.

Nachdem Steve Biko seine Marathon-Zeugenaussage beendet hatte, kehrte er in die Verbannung zurück.

4

Der Mord

Steve Biko stirbt

Am 18. August 1977 wurden Steve Biko und sein Freund Peter
Jones bei einer Straßensperre der Sicherheitspolizei in der Nähe
von Grahamstown, in der Eastern Cape Province, angehalten.

Malusi Mpumlwana teilte mir die Verhaftung am darauffolgenden Tag telefonisch mit. Wir unterhielten uns einige Zeitlang
über die Angelegenheit. Offensichtlich hatte man Steve dabei erwischt, seine banning order zu übertreten – er hatte sich außerhalb von King William's Town aufgehalten –, und wir überlegten
uns, wann gegen ihn wohl Anklage erhoben werden würde. Wir
sprachen auch darüber, ob er gegen Kaution freigelassen werden
würde, und darüber, wie wir das Geld für die Kaution und die
Verteidigung zusammenbekommen könnten. Später rief Malusi
noch mal an, um zu sagen, daß Steve nicht einfach verhaftet, sondern festgehalten und nach Port Elizabeth zum Verhör gebracht
worden sei. Aber Wendy und ich, Malusi, Ntsiki und andere
Mitglieder der Familie Steves und seines Freundeskreises waren
überhaupt nicht übermäßig besorgt. Steve war schon öfter festgehalten worden, und es war ihm nichts zugestoßen.

Die Tatsache, daß er und Peter nach Port Elizabeth gebracht
worden waren, weckte freilich ein etwas ungutes Gefühl in uns.
Die dortige Sicherheitspolizei unter Oberst Pieter Goosen hatte
einen besonders brutalen Ruf. Aber obwohl uns der Schauplatz
von Steves Verhör nicht so gut gefiel, fürchtete keiner von uns
wirklich um Steves Leben, auch nicht, daß er Mißhandlungen
ausgesetzt werden würde. Wir nahmen an, er spiele in der südafrikanischen Politik eine zu bedeutende Rolle und sei bei wichtigen ausländischen Persönlichkeiten viel zu bekannt, als daß ihm

etwas zustoßen könnte. Zusätzlich schien er es zu verstehen, die gewaltsamen Neigungen der Vernehmungsbeamten dadurch zu entschärfen, daß er dem Zorn mit Humor, kühler Vernunft und ganz einfach mit der Kraft seiner Persönlichkeit begegnete.

Als die Tragödie begann, waren wir vollkommen unvorbereitet.

Steve war schon fast einen Monat in Haft gewesen, als wir die Nachricht von seinem Tod bekamen. Ich betrat mein Büro im *Daily Dispatch* ungefähr um 10 Uhr am Morgen des 13. September, einem Dienstag, und fand meine Sekretärin, Linda Murray, in Tränen vor. Malusi hatte angerufen, um zu sagen, daß es Meldungen gäbe, Steve sei tot. Ich reagierte überhaupt nicht betroffen. Ich war mir absolut sicher, daß es nicht wahr sein konnte. Ich sagte ihr, sie solle sich keine Sorgen machen, das Ganze müsse ein Irrtum sein. Ich lachte sogar über die bloße Vorstellung: »Steve tot? Unsinn! Ich weiß, daß die Nationalists verrückt sind – aber selbst die sind nicht so verrückt, ihn an *irgend etwas* in der Haft sterben zu lassen.«

Dann der Zweifel – schwach nur, aber trotzdem lief es mir kalt den Rücken hinunter. Könnten sie *doch* so verrückt sein?

Ich rief Malusi an. Er war nicht da.

Ich rief die Familie an.

Lieber Gott, es war wahr.

Innerhalb dieser ersten schockierenden Sekunden wurde Südafrika für mich ein anderes Land. Alles daran war jetzt anders. Die Nationalists waren nicht mehr nur katastrophal irregeführte Rassisten – sie waren jetzt der Todfeind, der vor nichts zurückschreckte, der die abscheulichste Schandtat begangen hatte. Ich erkannte sie plötzlich als das, was sie wirklich waren – Menschen vom selben Schlag wie Duvaliers Tonton Macoute auf Haiti und alle politischen Polizeiterroristen repressiver Regimes, deren Raserei keine Grenzen kennt, denen nichts heilig ist. Den Nationalists war ihre weiße Rassenreinheit so heilig, daß der Krieg, den sie zu ihrer Verteidigung führten, aufhörte, von Moral irgendeiner Art begleitet zu werden.

Ich rief Wendy an, um es ihr zu sagen. Sie konnte es ebenfalls nicht glauben. Als sie endlich davon überzeugt war, konnte sie kaum sprechen. In jener Nacht konnte keiner von uns schlafen. Über das Regime sagte Wendy: »Ich spüre gar nichts mehr. Ich bin darüber hinweg, vor ihnen Angst zu haben. Etwas Schlimmeres können sie nicht mehr tun.«

Die Reaktion auf die Tragödie

Am nächsten Morgen erfuhren Zeitungsleser in ganz Südafrika von Steves Tod, darunter vieles, was Rundfunk und Fernsehen, in der Hand der Nationalists, am Vorabend verschwiegen hatten.

Stunden nachdem sie von Steves Tod erfuhren, hatten verschiedene südafrikanische Zeitungen Wendy und mich gebeten, unsere ersten Reaktionen auf die Schreckensnachricht niederzuschreiben. Das Folgende schrieben wir noch immer unter dem Einfluß des Schocks, als wir noch kaum glauben konnten, daß Steve tatsächlich tot war. Südafrikanische Zeitungsleser konnten diese Artikel am folgenden Morgen lesen. Sie waren mit die letzten Artikel, welche die südafrikanische Presse in derart unverblümten Worten drucken konnte.

Ich schrieb:

Mir ist soeben mitgeteilt worden, daß mein bester Freund, Steve Biko, in der Haft gestorben ist. Er braucht keine Huldigungen von mir. Die brauchte er nie. Er war ein besonderer und außergewöhnlicher Mann, der, obwohl erst dreißig Jahre alt, in den Herzen und Gedanken zahlloser Tausender junger Schwarzer in ganz Südafrika ein Held geworden war.

In den drei Jahren, in denen ich ihn kannte, geriet meine Überzeugung nie ins Wanken, daß dies der wichtigste politische Führer im ganzen Land war, ganz einfach der größte Mann, den ich je die Ehre hatte kennenzulernen.

Weisheit, Humor, Mitleid, Verständnis, einen genialen Geist,

Selbstlosigkeit, Bescheidenheit, Mut – er besaß alle diese Eigenschaften. Man konnte mit den kompliziertesten Problemen zu ihm kommen, und mit ein oder zwei Sätzen traf er unfehlbar den Kern der Sache und sagte einem die Lösung, die einzig möglich war.

Wie gerne würde ich für alle Südafrikaner seine Gedanken über ihre Ängste veröffentlichen, über ihre Vorurteile und politischen Bedenken, und über das, was er als klare und friedliche Antworten auf sie erkannte – aber durch ihre banning orders hat die Regierung alle seine öffentlichen Erklärungen unterdrückt, und nicht mal im Tod darf er zitiert werden.

Sicher, seine Gedanken könnten irgendwie wiedergegeben werden, und das werden sie auch, aber ein Teil ihrer Kraft lag darin, daß sie direkt von ihm kamen, das er sie in seiner einmalig einflußreichen Position als schwarzer Wortführer vortrug.

Einmal ging ich zu Minister Kruger und bat ihn, die Einschränkungen, die über Steve verfügt waren, aufzuheben, damit ich mit ihm reden könnte. Das Ergebnis jenes Besuches war eine Verstärkung von Steves Auflagen und eine Staatsanklage gegen mich, die mit sechsmonatiger Gefängnisstrafe endete.

Als Reaktion darauf brach Steve in lautes Gelächter aus – nichts konnte ihn je einschüchtern.

Er wurde mehr als einmal verhaftet. Er saß mehr als einmal in Einzelhaft. Aus solchen Qualen kam er immer so zäh wie zuvor heraus, so hartnäckig humorvoll den Vernehmungsbeamten gegenüber wie immer.

Er verstand die Ängste und Motivationen seiner Peiniger viel besser, als sie selbst es je wissen werden, und er konnte mir den vollen Umfang ihrer Fragen fast lückenlos berichten. Viele waren einfach unglaublich. Mehr sage ich nicht – jedenfalls in diesem Moment.

Obwohl ihn seine banning orders vier Jahre lang auf King William's Town einschränkten, ging er eigentlich dorthin, wohin zu gehen er Lust hatte – nach Durban, nach Kapstadt, nach Johannesburg, nach Pretoria, nach Bloemfontein und so weiter. Mehrere Male besuchte er mich zu Hause in East London. Er betrachtete ganz Südafrika als seine Heimat und hatte überall hilfsbereite

Freunde.

Seine zahlreichen Beobachter bei der Sicherheitspolizei konnte er mühelos an der Nase herumführen.

Das einzige, was ihn besiegen konnte, war der Tod – und jetzt hat er ihn zum Schweigen gebracht.

Wir können jetzt noch nicht wissen, ob alle Umstände, die mit seinem Tode zusammenhängen, je ans Tageslicht kommen werden, aber es sind genügend viele grundlegende Tatsachen bekannt, um die Schuld richtig einzuschätzen.

Die grundlegenden Tatsachen sind die: Vor kaum drei Wochen, als er festgenommen wurde, war Steve vollkommen fit und gesund (ich weiß es, weil ich ihn ein oder zwei Tage vor seiner Festnahme getroffen habe); dieser gesunde und kräftige junge Mann wurde von einer politischen Polizei ohne Prozeß eingesperrt; er starb drei Wochen später.

Und deswegen, was auch immer die Todesursache gewesen sein mag – ich wiederhole, was auch immer die Todesursache gewesen sein mag –, halte ich alle die für verantwortlich, die in seine Festnahme verwickelt waren, weil sein Tod unter ihrer Kontrolle erfolgte. Eine Kontrolle jedoch, die auf einer unmoralischen Basis wie Festnahme ohne Prozeß beruht, ist eine moralisch nicht zu rechtfertigende Kontrolle und macht die, die sie ausüben, für alles, was im Zusammenhang mit ihr passiert, moralisch verantwortlich.

Und da Minister J. T. Kruger der Chef jener Administration ist, die diese Kontrolle ausübt, halte ich ihn für besonders verantwortlich.

Was die angeht, die in direkterem Maße etwas mit den Verhören zu tun hatten, denen er unterzogen wurde: Alles menschenmögliche wird getan werden, um ihr Tun ans Tageslicht zu bringen. Dies kann zuversichtlich versprochen werden, weil zweifelsohne sehr viele Südafrikaner heute diesen Schwur geleistet haben und ich nur einer von diesen vielen bin.

Die Regierung hat offensichtlich nie verstanden, wie sehr Steve ein Mann des Friedens war. Im Eintreten für seine Prinzipien war er militant, ja; aber das Ziel, an dem er festhielt, war die friedliche Versöhnung aller Südafrikaner, und darin, das kann ich beteuern, übte er einen mäßigenden Einfluß aus.

Den Rassisten, die sich heute in anonymen Telefonaten und Telegrammen an meinem Schmerz geweidet haben und sogar biblische Texte zur Unterstreichung ihres Hasses mißbraucht haben, antworte ich mit ähnlicher Münze: Trauert nicht um mich, sondern um euch und um eure Kinder.

Dies ist Wendys Artikel:

Es gab eine Zeit, in der Steve Biko meinem Mann und mir unbekannt war. Wir hatten von ihm gehört, kannten ihn aber nicht. Und dann, auf das unnachgiebige Drängen verschiedener Leute hin, lernten wir ihn kennen, und der Grundstein zu einer tiefen und engen Freundschaft wurde gelegt.

Wir waren von Anfang an von ihm angezogen. Körperlich war er eine imposante Gestalt: sehr groß, außergewöhnlich gut gebaut, mit einem edlen Gesicht. Er war nicht extrovertiert – man spürte, wie sehr er sich selbst in der Hand hatte. Er sprach leise, meist beherrscht, und man war sich die ganze Zeit seines scharfen Empfindungsvermögens bewußt – seiner Fähigkeit, zuzuhören, seines Urteilsvermögens, seiner Menschenkenntnis.

Als nationaler Führer war er ein vielbeschäftigter Mann und hätte sich jeder Ausrede bedienen können, hätte er versäumt, irgendwelche Menschen wahrzunehmen oder sich an ihre Namen oder Gesichter zu erinnern. Aber er ignorierte niemanden – weil es nicht in seinem Wesen lag.

Er hatte einen messerscharfen Verstand. Es war aufregend, ihm zuzuhören, wenn er über abstrakte Begriffe sprach, über Ideologien, Moralisches, Menschen und gewöhnliche, alltägliche Vorfälle.

Jemand sagte einmal: »Bei Steve gibt es keine Enttäuschungen.« In dieser Behauptung liegt keine Übertreibung. Das erste Mal, als wir ihn trafen, waren wir uns bewußt, daß wir mit jemandem sprachen, der außergewöhnlich war, und jedes darauffolgende Treffen offenbarte einen weiteren Aspekt seines außergewöhnlichen Geistes und seiner außergewöhnlichen Persönlichkeit.

Er war ein Mann der unversehrten Integrität und besaß eine intuitive Weisheit, die seiner Jugend weit voraus war. Sein tiefer Respekt gegenüber der menschlichen Würde schloß jeden Hang zum undisziplinierten und oberflächlichen Emotionalismus des revolutionären Anarchisten aus.

Das Bewußtsein seiner ideologischen Position und der seines Volkes machte ihn im Umgang mit Menschen beharrlich und sehr diszipliniert; das wurde aber von seiner persönlichen Subtilität ausgeglichen und von der Wärme, die trotz seiner Zurückhaltung zum Vorschein kam.

Er verstand die Menschen und die Machtpolitik. Er verstand seine Feinde. Er war nicht einfach ein Politiker. Er war ein Staatsmann, wie ihn dieses Land lange Zeit nicht mehr haben wird.

Steve und ich trafen uns oft, einmal als ich ihn hier in East London im Gefängnis besuchte; und in diesem Land, wo eine Krisensituation die nächste hervorruft, verstärkte sich unsere Freundschaft.

Unsere Freundschaft und die Zusammenarbeit mit ihm hat unser Leben geändert. Wir fühlen uns geehrt, zu den Freunden eines Mannes gezählt zu haben, der mit ungewöhnlichen Führereigenschaften begabt war und der sich ganz der Befreiung seines Volkes geweiht hatte.

Wir liebten ihn sehr, und der Schmerz, zu wissen, daß er tot ist, wird uns lange Zeit nicht verlassen.

Wenige Tage später schrieb ich einen jener Artikel, wie sie jeden Freitag in sechs südafrikanischen Zeitungen zugleich erschienen, mit einer Leserschaft von insgesamt weitaus mehr als einer Million:

In dieser Spalte habe ich schon oft über Steve Biko geschrieben, bestrebt, so viele Südafrikaner wie möglich mit den besonderen Eigenschaften dieses bemerkenswerten Mannes vertraut zu machen.

In einer normalen Gesellschaft, in der er frei hätte sprechen und schreiben können, wäre seine einmalige Größe offen von der überwältigenden Mehrzahl unseres Volkes anerkannt worden.

Aber kraft der ministeriellen Verordnung, die ihn ächtete, durfte er nicht öffentlich sprechen und auch nicht zitiert werden, und daher wußte ein ziemlich großer Teil der Bevölkerung, nämlich der der Weißen, wenig oder nichts über ihn.

Das war töricht von unseren politischen Führern. Im Endeffekt machten sie sich dadurch selbst zu den Hauptverlierern, da die Unterdrückung eines gemäßigten Führers den Widerstand, mit dem sie fertig werden müssen, verstärkt und vertieft.

Die Russen mußten diese Erfahrung mit Solschenitzyn machen. Sie unterdrückten seine Worte, aber seine Ideen kamen in zunehmendem Maße unter die Leute.

Die Nationalists hierzulande leiden an einer ähnlichen Fehleinschätzung des Wesens dessen, dem sie gegenüberstehen. Genau wie der Kreml meinen sie, daß der Feind aus Worten besteht. Wenn sie die Verbreitung bestimmter Worte verhindern, so meinen sie, dann haben sie gewonnen.

Aber Ideen sind ihr Feind. Gedanken mehr als Worte. Worte sind ja schließlich nur die Widerspiegelungen von Gedanken. Die Gedanken sind das Wesentliche, und gegen Gedanken kann man nicht gesetzlich vorgehen. Man kann sie nicht festhalten, ächten oder verbannen.

Aus diesem Grund kann das Credo unserer jetzigen Herrscher in Südafrika nicht überleben. Die Gedanken zu vieler sind gegen sie gerichtet, und sie selbst sind zu wenige.

Steve ist in der Haft gestorben, und die Früchte dieser Tragödie werden für die am bittersten sein, die vielleicht der Ansicht waren, sein Tod würde ihnen nützen.

Auf seinen Parteitagen verkündet Mr. Vorster in hallender und donnernder Rede, daß Südafrika demnächst wie nie zuvor auf die Probe gestellt werden wird. Falsch, Mr. Vorster. Nicht Südafrika, sondern die winzige Minderheit – die zirka 10 Prozent, welche die Nationalist Party unterstützen. Sie werden auf die Probe gestellt werden, und sie werden armselig scheitern.

Ein bestimmter Mythos hat die Anhänger Vorsters in Südafrika und die Smith' in Rhodesien dazu veranlaßt, ihre Chancen viel zu optimistisch einzuschätzen. Beide reden, als ob sie Churchill wären, der die Nation zu ihrer größten Aufgabe anspornte mit dem Versprechen, es werde nicht Bequemlichkeit geben, sondern Blut, Schweiß, Arbeit und Tränen. Beide scheinen die bevorstehende Herausforderung mit der Lage Großbritanniens von 1940 gleichzusetzen, das sich zum Zurückschlagen des Angreifers rüstete.

Aber es gibt einen massiven Unterschied. Churchill scharte ein vereintes Volk um sich – alle 50 Millionen Briten, von denen nicht wenige der großen Anti-Churchill-Mehrheit angehörten.

Das unlösbare Problem der Herren Vorster und Smith ist jedoch, daß beide Ideen vertreten, die eine große Mehrheit ihrer Landsleute ablehnt.

Dazu kommt, daß es keine internationalen Alliierten gibt.

Im Gegenteil, Zorn und Feindseligkeit im Ausland wachsen.

Mr. Vorsters Situation gleicht mehr und mehr der eines Paul Kruger, mit dem Unterschied, daß es diesmal nicht um den Widerstand einer kleinen Nation gegen das Britische Weltreich geht, sondern um den einer kleinen Nation gegen die ganze Welt – und gegen die meisten seiner eigenen Bürger.

Wieder sind Ideen der Grund dafür. Ideen, die zu Apartheidgesetzen führten, zu rassistischen Einstellungen, zu Planierraupen, welche die armseligen Hütten Obdachloser dem Erdboden gleichmachen, zu Gesetzen, die Haft ohne Prozeß erlauben, zu Umständen, unter denen fünfundvierzig Bürger in dieser Haft starben – allein zwanzig in den letzten achtzehn Monaten.

Und diesen Ideen stehen wiederum Ideen der Verurteilung, der Entrüstung, der Verbitterung und des Hasses gegenüber.

Ein Verfechter der Versöhnung hingegen, der Mäßigung und des Friedens liegt tot in der Haft.

Sein Tod verringert die Hoffnungen auf den Frieden, den er uns wünschte, beträchtlich, und wir können nur wünschen und glauben, daß seine Nachfolger sein Ziel mit noch stärkerem Eifer anstreben.

Gibt es nichts, was unsere Herrscher freiwillig von ihrem katastrophalen Kurs abbringt? Gehen wir wirklich den Schrecken des Krieges entgegen?

Diese Fragen sind nicht mehr das Problem Steve Bikos. Er starb als ein Mann, der alles getan hat, um seinen Mitmenschen

Ein Porträt von dem *Daily-Dispatch*-Künstler Don Kenyon. Es wurde auf der Titelseite der Ausgabe abgedruckt, in der Steve Bikos Tod bekanntgegeben wurde. *Daily Dispatch.*

Steve Biko ... ein typischer Gesichtsausdruck ... ein guter Zuhörer ... mit einem großartigen Sinn für Humor ... ein hingabevoller politischer Führer. *Daily Dispatch.*

Der Senator Dick Clark des United States Senate Committee on Africa stattete Steve einen Sonderbesuch ab. Zur Zeit des Treffens war Steve gerade aus einer hunderttägigen Haft entlassen, in der er fünfzehn Kilo verloren hatte. *Daily Dispatch.*

Der Herausgeber des *Daily Dispatch* in seinem Büro. *Alon Reininger.*

Gatsha Buthelezi, Führer des Bantu-
stamms Kwa Zulu. *Camera Press*.

Robert Sobukwe. *Daily Dispatch*.

Nelson Mandela: »Ich habe das
Ideal einer demokratischen und
freien Gesellschaft verehrt ... Ich
lebe für die Verwirklichung dieses
Ideals. Wenn es sein muß, sterbe ich
auch dafür.« *Daily Dispatch*.

Alan Paton und Nadine Gordimer, zwei südafrikanische Schriftsteller, die, so Donald Woods, »jeglichen Anspruch auf Rechtsgültigkeit, den die Apartheid gehabt haben mag, endgültig in Stücke gerissen haben.«

Camera Press/Daily Dispatch.

Helen Suzman, jahrelang die einzige südafrikanische Abgeordnete der Progressive Party. Aus ihrem Privatfonds für politische Gefangene ließ sie Steve Biko eine »anonyme« Spende zukommen. *Camera Press.*

Percy Quoboza, Herausgeber von *The World;* er wurde am selben Tag, als Donald Woods verbannt wurde, in Polizeigewahrsam genommen. *Alon Reininger.*

General Geldenhuys, Krugers Sicherheitschef. Er leitete ein Verfahren gegen den Verfasser ein, das mit einem sechsmonatigen, nach eingelegter Berufung aufgehobenen Gefängnisurteil endete. *Daily Dispatch.*

Nach einer schreckenerregenden Nacht der anonymen telefonischen Drohungen und der gegen ihr Haus gerichteten Schüsse fand Wendy Woods diese Parole an ihre Hauswand gesprüht. *Daily Dispatch.*

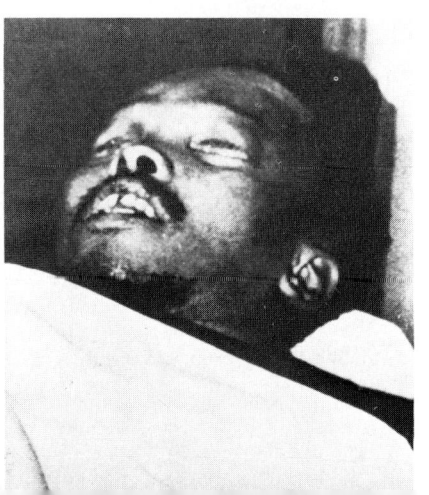

Ntsiki Biko und ihre zwei- bzw. sechsjährigen Kinder Samora und Nkosinathi erheben die Hand trotzig zum Black-Power-Gruß, kurz nachdem sie von Bikos Tod erfahren haben. »Steve mag tot sein, aber sein Kampf geht weiter.« *Keystone.*

Steve Bikos Körper gleich nach seinem Tode. *Daily Dispatch.*

Tausende von Trauernden grüßen den Sarg auf seinem Weg zur Trauerfeier.
Keystone.

Einige der zwanzigtausend Menschen, die zu Ehren des großen schwarzen
Führers gekommen waren. *Frank Spooner Pictures.*

Samora Biko beim Begräbnis seines Vaters. *International Defense and Aid Fund for South Africa.*

Der Sarg mit Steves Leichnam wurde bei der Beerdigung in einem Ochsenwagen gefahren. *John Hillelson.*

Bischof Tutu bei der Feier; hinter ihm die Fahne der Black Peoples Convention. *Frank Spooner Pictures.*

Sidney Kentridge, Anwalt der Familie Biko: »Jeder Urteilsspruch, der als Entlastung der Port Elizabether Sicherheitspolizei verstanden werden kann, wird leider allgemein als Genehmigung ausgelegt werden, hilflose Menschen ungestraft zu mißhandeln.« *Daily Dispatch.*

Mr. Prins, Oberrichter von Pretoria.
Daily Dispatch.

Leutnant Wilken von der Sicherheitspolizei: »Biko beschwerte sich nicht.«
Daily Dispatch.

Major Harold Snyman, Leiter des Untersuchungsteams, das Steve Biko
verhörte: »Das tat mir leid (Bikos Tod).
Lebend war er uns mehr wert als
tot.« *Daily Dispatch.*

Dr. Ivor Lang, ein Bezirksarzt aus Port Elizabeth: »Ich sagte Oberst Goosen, es läge kein Beweis für einen Schlaganfall vor; ich könne nicht feststellen, daß dem Mann organisch irgendwas fehlte.« *Daily Dispatch.*

Hauptmann Siebert, ein Mitglied des Verhörteams: »Biko war außer sich vor Wut und sprach undeutlich.« *Daily Dispatch.*

Oberst Goosen, der Kommandant der Sicherheitspolizei in Port Elizabeth: »Wir haben jede Befugnis. Es bleibt meinem Urteilsvermögen überlassen.« *Daily Dispatch.*

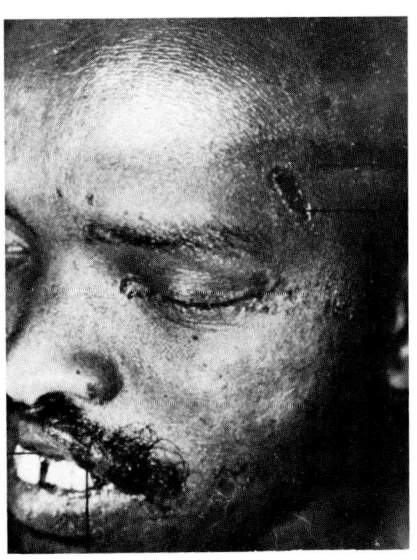

Dr. Hersch und Dr. Tucker (rechts). Beide untersuchten Steve Biko, bevor er starb; damals gaben sie keiner Befürchtung einer ernsten Gehirnverletzung Ausdruck. *Daily Dispatch.*

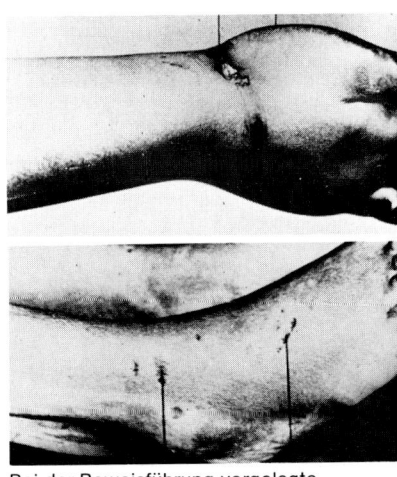

Bei der Beweisführung vorgelegte Fotos, die die Wunden, die Steve Biko am Kopf, an den Handgelenken und Knöcheln erlitt, zeigen. *Daily Dispatch.*

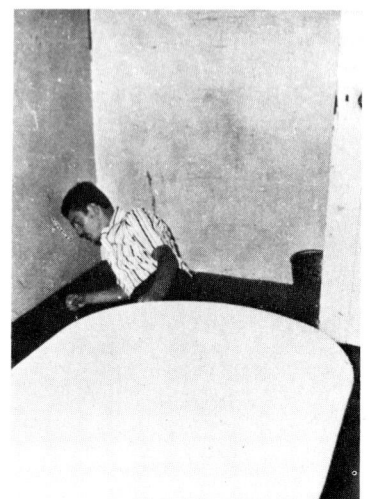

Vier der Fotos, die gebraucht wurden, um die Stellungen zu zeigen, in denen Biko zu verschiedenen Zeitpunkten während seiner Haft angetroffen wurde. *Daily Dispatch.*

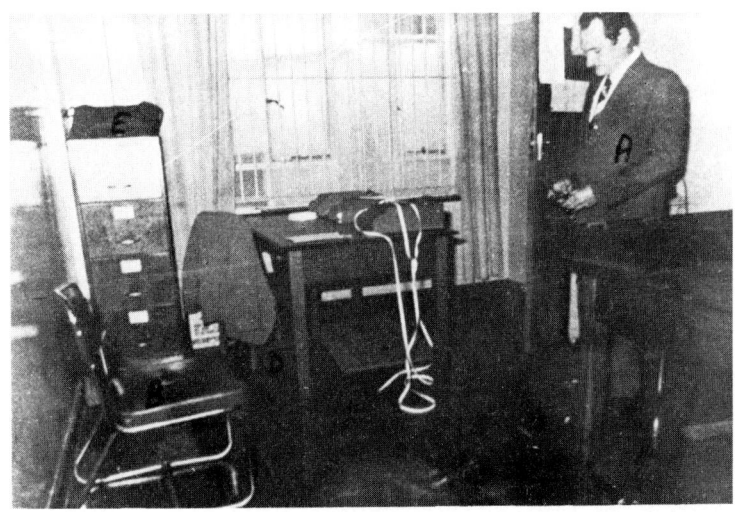

Major Snyman in dem Büro im Sicherheitspolizei-Hauptquartier in Port Elizabeth, in dem Steve achtundvierzig Stunden lang nackt in Ketten lag. *Daily Dispatch.*

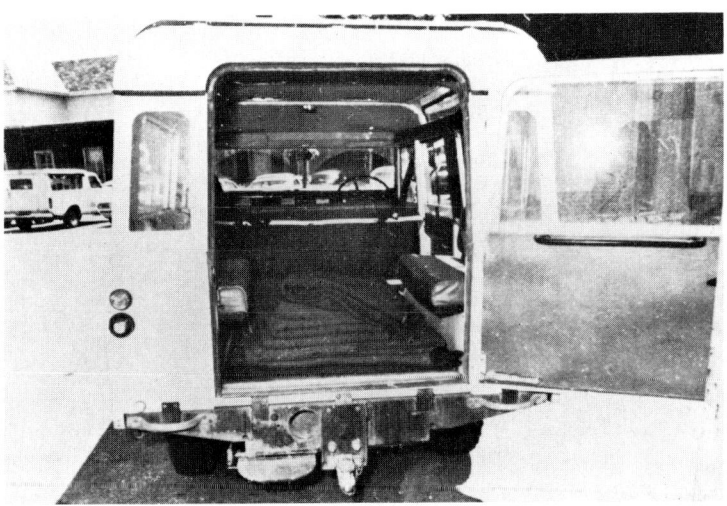

Das Fahrzeug, in dem Steve Biko am Vortag seines Todes 700 Meilen nach Pretoria gefahren wurde. *Daily Dispatch.*

Premierminister Vorster: »Die Welt kann sich auf den Kopf stellen.« *Alon Reininger.*

James Kruger, Justizminister: »Bikos Tod läßt mich kalt.« *Associated Press.*

zu helfen.

Das ist die beste Grabschrift, die sich irgendeiner wünschen kann.

Die erste Reaktion des Polizeiministers Kruger war die Andeutung, daß Steve an einem Hungerstreik gestorben sei; aber ich erinnerte mich an das, was mir Steve einmal gesagt hatte. Obwohl er daran glaubte, daß ihm in der Haft nichts zustoßen würde, sagte er, daß ich im Falle seines Todes wissen sollte, die Behauptung, er sei an einer der vier folgenden Todesursachen gestorben: Selbsterhängen, Ersticken, Verbluten (zum Beispiel wegen aufgeschnittener Pulsadern) und Verhungern, sei unter allen Umständen eine Lüge.

Er hatte mir gesagt, daß er sich sein eigenes Leben weder nehmen noch es aufs Spiel setzen würde, während er in Haft sei. Er glaubte ans Überleben und wußte aus früherer Erfahrung, daß er die Einzelhaft, lange Gefangenschaft und andauernde Verhöre aushalten konnte, ohne zusammenzubrechen oder durchzudrehen.

Am nächsten Tag begann ich mit einer Reihe öffentlicher Reden bei großen Protestveranstaltungen in den größten Städten des ganzen Landes. Ich bestritt Krugers Hungerstreiktheorie und beschuldigte ihn und seine Sicherheitspolizei, für Steves Tod verantwortlich zu sein. Wendy betätigte sich auf dieselbe Weise; während ich an der Cape Town University sprach, tat sie dasselbe an der Rhodes University.

Steves Tod fiel mit dem Transvaaler Kongreß der Nationalist Party zusammen, und Kruger, von der Parteikumpanei angesteckt, beteiligte sich an der generell frivolen Aufnahme der Nachricht durch den Kongreß. Er sonnte sich in dem Kraftmeier-Image, das die Gefühllosigkeit Sprechern der Nationalists verleiht, wenn die Parteidelegierten ihnen Beifall spenden: »Bikos Tod läßt mich kalt.« Ein Parteidelegierter aus Springs, ein gewisser Christoffel Venter, stand von zustimmendem Gekicher begleitet auf, um die demokratischen Prinzipien des Ministers Kruger zu loben. Mr. Kruger, sagte Venter, sei so demokratisch, daß er Inhaftierten das demokratische Recht, sich selbst zu Tode zu hungern, überließ, wenn sie es wünschten.

Mr. Kruger stand selbstzufrieden vor den fröhlich lachenden Delegierten und erwiderte: »Mr. Venter hat recht. Das ist sehr demokratisch.«

Kruger versuchte später zu behaupten, er sei bei der Übersetzung vom Afrikaans ins Englische falsch zitiert worden. Er behauptete, der afrikaanse Ausdruck, den er verwendet habe – *Dit laat my koud* – bedeute nicht: Es läßt mich kalt, sondern: Es tut mir leid, ich habe keine Meinung dazu.

Das war nur die erste einer Anzahl von Lügen, die zu erzählen sich Kruger anschickte. Der afrikaanse Ausdruck *Dit laat my koud* bedeutet absolut nichts anderes als: Es läßt mich kalt. Tatsächlich war Mr. Kruger noch weiter gegangen. Damals hatte er die Grenzen seines Humors gesprengt: »Jeder Todesfall tut einem leid. Mir würde wahrscheinlich mein eigener Tod auch leid tun.« Typischerweise hatte er durch seinen Versuch, den Schaden, den seine erste Erklärung angerichtet hatte, wiedergutzumachen, alles nur noch schlimmer gemacht.

Als die Proteste sich mehrten, begann Kruger, sich von seiner Hungerstreiktheorie zu distanzieren. »Ich habe nicht gesagt, daß Biko an einem Hungerstreik gestorben ist«, sagte er. Aber jedermann wußte, daß er das mit seiner Erklärung angedeutet hatte, Biko sei nach einem Hungerstreik gestorben. Tatsächlich war Kruger ins Detail gegangen, indem er behauptet hatte, einige Ärzte hätten Biko untersucht und nichts Negatives festgestellt, nur daß Biko alles, was ihm an Essen und Trinken angeboten worden sei, verweigert habe.

Zu diesem Zeitpunkt erschien Kruger schnell zweimal hintereinander im nationalen Fernsehen. Beim ersten Auftritt behauptete er, Biko sei intravenös ernährt worden. Dabei deutete Kruger vage auf seinen Arm und gab eine schlechte Darbietung eines verwirrten, von der medizinischen Prozedur geblendeten Laien zum besten. »Ich bin kein Arzt«, sagte er scheinheilig. Als die Proteste noch lauter wurden, erschien er wieder im Fernsehen und ließ sich ausführlich über die Gefahren der Black Consciousness für Weiße aus und behauptete, Biko habe gewalttätige Aktionen vorbereitet und gewaltverherrlichende Schriften verfaßt.

Die Presse der Nationalists wiederholte brav diese Verleumdungen; das Kapstädter Organ der Partei, *Die Burger,* ging sogar so weit, folgende große Schlagzeile zu drucken: *Lyke en bloed gevra in Bikopampflet* (Leichen und Blut in Biko-Pamphlet gefordert). Diese Schlagzeile erboste mich derart, daß ich *Die Burger* beim South African Press Council anzeigte, das nach einer eingehenden Untersuchung in Johannesburg der Zeitung auftrug, einen Widerruf zu drucken, in dem darauf hingewiesen wurde, daß die Schlagzeile keine Tatsachen wiedergegeben habe, sondern nur Minister Krugers Behauptung.

Die Presse der Nationalists griff mich dafür an, daß ich auf Protestkundgebungen gesprochen hatte, und beschuldigte mich, ich benützte Steves Tod, um Rassenfeindschaft gegen die Weißen zu entfachen. Dann erfuhr ich weitere Tatsachen, aus Quellen, die mit Personen zu tun hatten, die der Obduktion Bikos beigewohnt hatten, und brachte neue Anklagen gegen Minister Kruger vor. Würde er es bestätigen oder bestreiten, daß Pathologen bei der Obduktion Beweise einer Gehirnverletzung festgestellt hatten? Diesmal antwortete Kruger nicht.

Zu diesem Zeitpunkt hatte ich guten Grund anzunehmen, daß er mit mir persönlich unzufrieden war, um es gelinde auszudrücken. Tatsächlich war er das schon einige Zeit gewesen. Nachdem ich erfolgreich gegen das Gefängnisurteil Berufung eingelegt hatte, das meiner gescheiterten Mission gefolgt war, Steves Verbannung aufzuheben, hatte Kruger in Gegenwart eines Mannes, der mir später Bericht erstattete, über mich gewettert.

Nach Krugers anfänglicher Hartnäckigkeit in bezug auf die Hungerstreiktheorie hatte ich ihn öffentlich folgendermaßen herausgefordert: Falls Pathologen zu dem Schluß kommen würden, daß Steve an Unterernährung oder an einer anderen Folge eines Hungerstreiks gestorben sei, wäre ich bereit, meine journalistische Arbeit einzustellen und nie mehr ein Wort zu schreiben, vorausgesetzt, daß Kruger seinerseits verspräche, sein Ministeramt niederzulegen und sich auf immer und ewig aus dem öffentlichen Leben Südafrikas zurückzuziehen, falls die Pathologen Beweise dafür fänden, daß die Todesursachen gewaltsamer Natur seien und die Sicherheitspolizei Kruger belogen habe.

Kruger zog es vor, auf diese Herausforderung nicht zu reagieren.

Wendy und ich sahen dem Tag des Begräbnisses mit Angst entgegen. Die Beisetzung wurde von Malusi und anderen Mitarbeitern Steves organisiert. Wir wußten beide, daß uns nichts daran hindern würde, dem Begräbnis beizuwohnen, aber wir hielten es für mehr als wahrscheinlich, daß wir in ein plötzliches Aufflackern antiweißer Gefühle hineingeraten konnten, seitens Schwarzer aus anderen Teilen des Landes, deren Zorn und Schmerz bei diesem emotionellen Anlaß vielleicht alle Grenzen sprengten.

Als die Pathologen Steves Körper der Familie für die Beerdigungsvorbereitungen überließen, ging ich mit Ntsiki zur Leichenhalle. Der Leichenbestatter führte uns in einen kleinen Vorraum zu etwas, das wie ein großer, doppelter Karteikasten aussah. Er öffnete die oberste Tür des gekühlten Behälters und zog eine große Schublade heraus, auf der Steves mit einem Laken zugedeckter Körper lag. Ich beugte mich vor und deckte das Gesicht auf.

Was ich sah, war eine groteske Karikatur seiner Züge. Auf der Stirn prangte eine große Beule, die Gesichtszüge waren verzerrt, und das ganze Gebiet über der Nase und den Augen war unnormal erhöht. Ntsiki schluchzte leise und flüsterte: »Oh, Steve! Oh, Steve!«

Wir sahen uns das Gesicht ganz genau an. Es ließ sich nicht feststellen, inwieweit die veränderten Züge auf die Obduktionsoperationen zurückzuführen waren, bei denen der Kopf geöffnet worden war, um das Gehirn bloßzulegen.

Steves Augen waren offen und hatten eine silbrige, opake Starre. Der Leichnam war in keiner Weise abstoßend. Diese massive Biko-Würde war noch da – aber das Frappante war der unheimliche Kontrast zwischen jenen bewegten Gesichtszügen im Leben und der flachen Ausdrucksleere im Tode. Sogar die vollen Lippen waren in sich zusammengefallen. Es gab ganz gewiß keine Anzeichen von Unterernährung – sowohl Ntsiki als auch ich bemerkten, wie voll und normal der Körper aussah –, aber das war keine Überraschung für uns, da zu diesem Zeitpunkt sogar Kruger gemerkt hatte, daß die Hungerstreiktheorie als unsinnig fallengelassen werden mußte.

Trotz der Befürchtungen, die Wendy und ich hinsichtlich der Beerdigung gehabt hatten, verlief die fünf Stunden lange Zeremonie ohne Zwischenfall, und in meiner zugleich in mehreren Zeitungen erscheinenden Kolumne konnte ich folgendes berichten:

Eine Art Wunder.

Stellen Sie sich 20 000 Schwarze beim Begräbnis eines geliebten, in der Haft gestorbenen Führers vor und fügen Sie ihrem Schmerz eine große Portion Zorn hinzu, Zorn wegen der Umstände, unter denen der Mann gestorben ist, Zorn über gewisse gefühllose Bemerkungen eines weißen Politikers zu seinem Tode, Zorn darüber, daß es vielen Tausenden von Trauernden untersagt ist, dem Begräbnis beizuwohnen, Zorn wegen der allgemeinen Rassensituation und Zorn, dem in äußerst bewegenden Reden Ausdruck gegeben wird.

Dazu kommen mehrere hundert Weiße, die keinem in dieser Menge persönlich bekannt sind – Teenager, Studenten und andere – und die sich unter diese riesige schwarze Versammlung mischen. In diesem Land der Rassenspannung brauchte es eigentlich nur eine Bagatelle, eine falsche Bemerkung, um einen tragischen Zwischenfall auszulösen.

Aber bei der Beerdigung Steve Bikos am vergangenen Wochenende fand kein derartiger Zwischenfall statt. Während der fünf Stunden langen Feier mit den Reden der Sprecher all jener vermeintlich antiweißen Organisationen wie SASO und BPC mußte sich kein Weißer dort unerwünscht oder von dieser emotional aufgeladenen Menge persönlich bedroht fühlen.

Harte, haßerfüllte Worte fielen über die Regierung der Nationalists und einige ihrer Minister, besonders J. T. Kruger, und über die Apartheid und über den weißen Rassismus und über die Sicherheitsgesetze und über 300 Jahre der Bigotterie – aber kein einziger Weißer, ob mitten in der Menge oder auf dem VIP-Podest, wurde anders als freundschaftlich behandelt. Es war eine Art Wunder. Meine Frau und ich standen inmitten der Menge und verglichen danach die Notizen, die wir in bestimmten Augenblicken der Besorgnis gemacht hatten. Was mich anging, so hatte ich in meiner Nähe einen Herrn bemerkt, der den Eindruck eines abgebrühten Schlägers aus den townships machte; mit steinernem Gesicht und engen Augen sah er mich an. Auf der einen Backe hatte er eine große Messernarbe. Er sah ganz so aus, als ob er sich überlegte, wie ich auf sein blankes Messer reagieren würde.

Bei solchen Gelegenheiten ist man sich seines Weißseins sehr bewußt . . . Aber als er merkte, daß ich ihm in die Augen sah, wurde das steinerne Gesicht von einem freundlichen Lächeln aufgelockert, und er nickte grüßend. Ich bin mein ganzes Leben noch nie so erleichtert gewesen.

Die Progressiven Helen Suzman, Alex Boraine und Zac de Beer trafen früh ein, und ein Meer von Schwarzen auf einer der überfüllten Tribünen machte schnell für Helen einen Platz frei – aber wenige der anderen anwesenden Weißen waren so wohlbekannt. Es waren überwiegend junge Leute, und die meisten von ihnen wußten wahrscheinlich, welches Risiko sie eingingen.

Ich glaube, daß das, was viele der anwesenden Weißen, von dem natürlichen Beweggrund der Beileidsbezeigung abgesehen, dazu motiviert hat, dabei zu sein, eine Art Vertrauenskundgebung war in das Land, das Südafrika sein könnte, wenn man seine Bewohner erst als menschliche Wesen einschätzen würde und nicht als Angehörige einer Rassengruppe. Jedenfalls war das ein Punkt, der in vielen Reden hervorgehoben wurde. Zugegeben, verglichen mit dem Hauptthema, dem schwarzen Aktivismus, war er nicht so bedeutend, aber die Botschaft, daß das Endergebnis eine nichtrassistische Gesellschaft sein würde, zog sich wie ein roter Faden durch alle Ansprachen. Ich habe schon lange daran geglaubt, daß die südafrikanischen Schwarzen einfach nicht rassistisch veranlagt sind, und daß es eine immerfort gültige Wahrheit sei, wenn man sagt, daß die Schwarzen nicht in dem Maße zur Rassenbigotterie neigen, wie es so viele Weiße tun.

Was angesichts der Umstände auch eine Art Wunder ist.

Mehrere Weiße, die persönlich mit Steve Biko befreundet waren, konnten in der Menge gesehen werden, wie Rev. David Russell und Dr. Francis Wilson; zudem waren alle wichtigen Botschaften sowie die großen christlichen Kirchen gut vertreten. Es war ein angemessen trauriges und würdevolles Ereignis, aber für meine Frau und mich war das Traurigste die Heimfahrt, nachdem all die Huldigungen und Reden zu Ende waren. Wir beide wußten, daß der Steve Biko, den wir am schmerzlichsten vermißten, nicht der verehrte Führer war, den die Mehrzahl der Massen vermißte, nicht der junge Philosoph, den die Akademiker vermißten, nicht der geniale Gesprächspartner, den die Überseejournalisten vermißten, sondern der liebenswerte Freund, der sich in unserem Haus immer denselben Stuhl geschnappt hatte, und dessen Tonfall und Gesten beim Anstecken einer Zigarette, beim Biertrinken, beim Grüßen eines Kindes und beim Streicheln einer Katze sich uns so lebhaft und unauslöschlich eingeprägt hatten.

Ich werde geächtet

In der darauffolgenden Woche hielt ich meine letzte vorbereitete öffentliche Rede, bevor ich geächtet wurde. Der Wortlaut der Rede deutete an, daß ich erwartete, geächtet zu werden, aber tatsächlich standen die von mir geäußerten Befürchtungen, zum Schweigen gebracht zu werden, nicht im Zusammenhang mit irgendwelchen formellen Aktionen, die der Staat gegen mich richten konnte, sondern im Zusammenhang mit einer großen Anzahl körperlicher Drohungen, die an meine Familie und mich von der Sicherheitspolizei oder von rechtsgerichteten Fanatikern ergangen waren. An einem einzigen Tag hatten wir fünf telefonische Bombendrohungen erhalten. Hier sind einige Auszüge aus dieser Rede, die ich vor einer großen Menschenmenge an der University of Natal in Pietermaritzburg hielt:

Heute wird Südafrika von der Angst regiert – von der Angst der Untertanen und der Angst der Herrscher.
Die Herrscher haben Angst, weil sie eine Minderheit sind, und

ihre Angst nimmt zu, weil sie wahrnehmen, daß der Haß der Mehrheit gegen sie zunimmt.

Wie immer erzeugt die Angst Haß, und der Haß erzeugt wiederum Angst. In zunehmendem Maße wird Warnung als Hetze verstanden, eine andere Meinung als Verrat, Mäßigung als Extremismus. Und die Friedensstifter werden als Fürsprecher der Gewalt dargestellt.

Heute bewegt sich Südafrika auf einen Bürgerkrieg zu, und wir, die wir davor warnen, bringen uns dadurch selber in Gefahr, weil das, was wir als Warnung verstehen, die von der Liebe zu allen unseren Mitbürgern ausgelöst wird, als Befürwortung eben dessen angesehen wird, was wir versuchen zu verhindern.

Die Gefahr liegt darin, die Dinge, welche die Leute nicht wahrhaben wollen, tatsächlich deutlich auszusprechen. Die Leute hassen diese Gedanken, weil sie vor deren Folgerungen Angst haben. Sie würden das ganze Thema viel lieber in die Tiefen des Unterbewußten verbannen und so tun, als ob der angenehme Sonnenschein von heute die gewünschte Realität widerspiegelte.

Steve Biko sah Gewalt und Blutvergießen in Südafrika voraus. Tun wir das nicht alle? Er sah sie drohend ihr Haupt erheben. Tun wir das nicht alle? Aber die Behauptung, er hätte sie befürwortet oder herbeigewünscht, ist eine verachtenswerte Lüge. Es geht darum, daß eine der wichtigsten politischen Persönlichkeiten in diesem Land bei guter Gesundheit festgenommen und nach drei Wochen der fünfundvierzigste Südafrikaner wurde, der unter geheimnisvollen Umständen im Gewahrsam der Sicherheitspolizei starb, und daß es die Pflicht aller freien Menschen ist, die Ursachen dieses mysteriösen Todes so lange in Frage zu stellen, bis die Verantwortlichen zufriedenstellend geantwortet haben.

Ich bin mir der physischen Gefahr bewußt, die mit der Forderung nach Gerechtigkeit verbunden ist. Ich bin mir auch bewußt, daß, von bestimmten vernünftigen Sicherheitsvorkehrungen abgesehen, nichts getan werden kann, um diese Gefahr zu verringern, aber ich möchte die Gelegenheit nutzen, um dies zu sagen: Falls Leuten wie mir irgend etwas zustößt, um unsere Stimmen in dieser Angelegenheit zum Schweigen zu bringen, dann bitte ich die Hunderttausende von Südafrikanern, die so denken wie wir, dafür zu sorgen, daß ein solches Vorgehen die vielen Rufe nach Gerechtigkeit nicht verringert, sondern vielmehr zu ihrer Lautstärke und Eindringlichkeit beiträgt.

Es ist höchst unangenehm, unter Drohungen zu leben, aber die Umstände haben es zu diesem Zeitpunkt notwendig gemacht, und es besteht nicht die leiseste Chance, daß sich das noch einmal ändert. Für das Klima der Hysterie und des Hasses, das diese Gefahren geschaffen hat, mache ich diese Regierung verantwortlich, insbesondere Premierminister Vorster und den Justiz- und Polizeiminister Kruger, sowie ihre Helfershelfer in der Zeitungsbranche.

Sie sind diejenigen, welche die Bedingungen geschaffen haben, die diese gewaltsame Unruhe verursachen. Sie haben mit dem, was sie gesagt haben, einige Male weiße Extremisten zu ihren Ausschreitungen ermutigt. Was viel schlimmer ist: Sie haben ein Polizeisystem geschaffen, das es zuläßt, daß hilflose Leute festgenommen, gefoltert und geschlagen werden können, ohne je Zugang zu ihren Anwälten, Freunden oder ihrer Familie zu haben. Trotzdem sieht die Regierung keinen Grund, eine gerichtliche Untersuchung über Todesfälle in der Haft zu veranlassen.

Es gibt Gründe für solche Untersuchungen: die vielen Beschwerden über Folter in der Haft. Egal, ob Mr. Vorster diese Beschuldigungen als unwahr betrachtet oder nicht, kann ich ihm sagen, daß buchstäblich Millionen von Südafrikanern glauben, daß Verhöre durch die Sicherheitspolizei oft von Folter begleitet sind, einschließlich elektrischer Schocks, Prügel und dem Zusammenziehen von Handtüchern um den Hals, bis der Betroffene kurz vor dem Ersticken ist. Man glaubt auch, daß dieses Stadium bei einigen Gelegenheiten überschritten worden ist – deshalb die Anzahl der Todesfälle durch angebliches Selbsterhängen in der Zelle. Diese Angelegenheit ist doch wichtiger als einige andere Angelegenheiten, die zum Gegenstand einer Untersuchung geworden sind!

Wenn Mr. Vorster und Mr. Kruger wollen, daß die Tragödie Biko aufhört, dem Ansehen dieses Landes zu schaden, müssen eine ganze Anzahl von Dingen getan werden, und zwar schnell: Anklagen, die auf Grund der Untersuchungsergebnisse fällig werden, müssen so bald wie möglich danach eingeleitet werden.

Eine gerichtliche Untersuchungskommission muß so bald wie möglich einberufen werden, um alle Todesfälle und alle Beschuldigungen von Folter zu untersuchen.

Die Inhaftierung ohne Prozeß muß abgeschafft werden.

Minister Kruger muß entweder zurücktreten oder wegen seiner unfähigen und gefühllosen Handhabung der ganzen Angelegenheit entlassen werden.

Und die Nationalists sollen aufhören, Sündenböcke für die schwarze Unruhe zu suchen. Die Unruhe ist nicht auf schwarze Agitatoren zurückzuführen, sondern auf die Apartheid. Sie können jeden einzelnen vermeintlichen Agitator einsperren, aber einen endgültigen Frieden wird Südafrika nur dann erreichen, wenn die Apartheid abgeschafft wird.

Allen Nationalists möchte ich folgendes sagen: Ob ihr es glaubt oder nicht, wir, die wir euch offen kritisieren, hassen euch nicht. Wir möchten dieses Land mit euch teilen. Wir akzeptieren völlig eure Kultur und eure Identität. Diese Dinge müssen nicht geopfert werden.

Aber, in Gottes Namen, wendet euch ab von dem Irrsinn der Apartheid, bevor es zu spät ist, und lernt, euch selbst ehrlich so zu sehen, wie euch andere sehen. Nach dreißig Jahren der Macht habt ihr es fertiggebracht, jeden gegen eure Politik aufzubringen – die Schwarzen, die Inder, die Farbigen und viele Weiße. Ihr habt es fertiggebracht, euch den ganzen afrikanischen Kontinent zum Feind zu machen, sogar die ganze Welt. Haben alle unrecht? Haben alle christlichen Kirchen unrecht?

Ihr erklärt euch bereit, es mit der ganzen Welt aufzunehmen – aber nicht einmal die Mehrzahl eurer eigenen Bürger wird euch in einem solchen Kampf zur Seite stehen. Nicht euer bekannter Mut und eure bewiesenen Qualitäten werden in Frage gestellt, sondern euer Rassismus, euer Bestehen darauf, daß nur ihr es seid, die entscheiden können, was für die meisten von uns in diesem Land gut ist. Doch dieses Land ist nicht euer Haus – es ist ein Haus, das ihr mit uns allen teilt. Niemand will euch hinausschmeißen. Es gibt niemanden, der euer Recht, hier zu sein, in Frage stellt – aber es gibt Millionen, die euer Recht in Frage stellen, *nur unter euren eigenen Bedingungen* hier zu sein.

Dies sind gefährliche Tage, und ich sage hier all die Dinge, die ich sagen will, solange ich sie noch sagen kann. Ich sage sie in der bewußten Angst vor einer Anzahl fürchterlicher Möglichkeiten, die in diesem Klima der übertriebenen Verteufelung durch die Anwälte des Hasses geschehen können.

Doch diese Dinge müssen gesagt werden, weil keine Angst größer sein kann als die Notwendigkeit, sie auszusprechen.

Kurz nachdem diese Rede gehalten wurde, begann in Südafrika der allgemeine Wahlkampf.

Zu diesem Zeitpunkt hatte Kruger seine Hungerstreiktheorie vollkommen aufgegeben. Er hatte sogar in einem Interview behauptet, daß Köpfe rollen würden, wenn sich herausstellen sollte, daß sich die Sicherheitspolizei ungehörig verhalten habe. Er schien dabeizusein, einige untere Dienstgrade als Sündenböcke hinzustellen, um von seiner eigenen traurigen Rolle in der Tragödie abzulenken.

In den Wochen, die der Untersuchung vorausgingen, arbeiteten Regierungspropagandisten hart daran, die Öffentlichkeit durch die vom Staat kontrollierten Medien Rundfunk und Fernsehen zu beeinflussen.

Dafür genügt ein Beispiel. Kraft des Restes, der von dem südafrikanischen Prozeßrecht noch übrig ist, kann eine Untersuchung nur dann durchgeführt werden, wenn eine gewisse Formalität erfüllt ist. Diese Formalität ist eine Bescheinigung des Staatsanwalts, die besagt, daß keine Anklage gegen irgendeine Person wegen des Todesfalls beabsichtigt sei. Mit anderen Worten, der Staatsanwalt erklärt: »Ich habe keine sichere Information, die auf irgendeine bestimmte Person oder irgendwelche bestimmten Personen als für den Tod verantwortlich hinweist; also soll eine Untersuchung durchgeführt werden, bei der sich herausstellt, wen ich anklagen soll, wenn überhaupt jemanden.«

Das wurde von den Staatspropagandisten begierig aufgegriffen, die wiederholt Nachrichten-Bulletins im Rundfunk und im Fernsehen ausstrahlten, in denen gesagt wurde: »Der Staatsanwalt hat bestätigt, daß niemand wegen des Todes des Black-

Consciousness-Führers Steve Biko angeklagt werden wird.«

Kein Wort wurde darüber verloren, daß es sich hierbei um eine prozeßrechtliche Formalität handelte. Kein Wort, mit dem erklärt wurde, daß es als nächstes eine Untersuchung geben werde, um festzustellen, gegen wen man Anklage erheben müsse.

Die Nachrichten sollten den Eindruck erwecken, daß eine ausgedehnte Untersuchung schon vor der gerichtlichen Untersuchung die Sicherheitspolizei von aller Schuld freigesprochen habe und daß Steves Tod entweder auf einen Unfall oder auf Selbstmord zurückzuführen sei. Ein großer Teil der südafrikanischen Öffentlichkeit glaubte das. Es ging sogar ein Gerücht um, daß es keine gerichtliche Untersuchung geben würde.

Wir erneuerten unsere Forderung nach einer baldigen gerichtlichen Untersuchung. Es ist gut möglich, daß es diese Forderungen waren, die zusammen mit der Reaktion im Ausland die Regierung dazu bewegten, die gerichtliche Untersuchung vor Abschluß des Wahlkampfes durchzuführen.

Die Wahlen deuteten am Ende sowieso nicht an, daß die erschreckenden Details, die bei der Untersuchung zu Tage kamen, die Nationalists Stimmen gekostet hätten. Im Gegenteil: Die Regierung vergrößerte ihre Mehrheit, und Krugers eigener Wahlbezirk unterstützte ihn auf massive Weise.

Aber bevor die Untersuchung begann, wurden mehrere Leute, die sie gefordert hatten, geächtet oder in Haft genommen. Percy Qoboza wurde von der Sicherheitspolizei abgeholt und seine Zeitung, *The World*, ohne Angabe von Gründen verboten. Beyers Naudé, Theo Kotze, David Russell, Cedric Mayson, Brian Brown und ich wurden geächtet und Malusi Mpumlwana, Thenjiwe Mtsintso, Kenny Rachidi und andere Funktionäre der BPC festgenommen.

An jenem Tag, dem 19. Oktober, sollten Percy und ich nach Amerika fliegen, zu einer Konferenz des African-American-Institute in Williamsburg, Virginia. Die Sicherheitspolizei hatte Percy schon abgeholt, als sie mich am Flughafen festhielten. Ich war im Begriff, am Flughafen durch die Paßkontrolle zu gehen, als drei Männer auf mich zukamen.

»Mr. Woods?« fragte einer auf englisch. »Wir kommen vom

Hauptquartier der Sicherheitspolizei in Pretoria. Sie werden nicht mit der Maschine fliegen – bitte, kommen Sie mit uns.«

In einem kleinen Büro in der Nähe der Paßkontrolle gaben sie mir drei Stöße von Papieren, die von Polizeiminister J. T. Kruger unterschrieben waren und mich nach den Bestimmungen des Internal Security Act ächteten. Die banning orders schränkten mich auf den Amtsbezirk East London ein, untersagten es mir, irgend etwas zu schreiben oder zu veröffentlichen, irgendein Zeitungs- oder Verlagsgebäude, eine Schule oder andere Bildungsanstalten zu betreten, mich in der Gesellschaft von mehr als jeweils einer Person zu befinden (von Frau und Kindern abgesehen) und befahlen mir, mich jede Woche beim East Londoner Polizeirevier zu melden. Die Verfügung galt für fünf Jahre.

»Jetzt ist Kruger aber endgültig verrückt geworden, nicht wahr?« sagte ich. Die Beamten zogen es vor, sich nicht festzulegen.

Sie teilten mir mit, daß sie Anweisung hätten, mich sofort nach East London zurückzubringen. Zwei von ihnen fuhren mich bis nach Winburg, im Orange Free State, wo sie mich drei anderen Beamten der Sicherheitspolizei übergaben, die mich von Winburg nach Aliwal North brachten. Von dort fuhren mich zwei weitere nach Queenstown, und von dort noch mal zwei nach East London. Die Fahrt dauerte zwölf Stunden. Während der Reise stellte ich viele, die Todesfälle in der Haft betreffende Fragen, erhielt aber keine zufriedenstellenden Antworten.

Bei unserer Ankunft in East London fuhren wir gleich zu den dortigen Büros der Sicherheitspolizei, wo mich Oberst J. van der Merwe darüber informierte, was die Verfügung bedeutete. »Meine Leute sind darauf erpicht, Sie beim Übertreten der Verfügung zu schnappen«, fügte er hinzu. »Es gibt nichts, was sie lieber tun würden. Glauben Sie mir, wir wissen, was vor sich geht, und können Sie jederzeit zu Hause überraschen.«

Ich wurde dann mit meinem Koffer an meiner Haustür abgesetzt.

Zu meinem neuen Lebensstil als Geächteter gehörte, daß ich der gerichtlichen Untersuchung nicht beiwohnen konnte, deren Beginn auf den 14. November festgesetzt war. Wendy sollte bei der ganzen Untersuchung dabei sein und mich regelmäßig anrufen, um den Verlauf jedes Tages zu beschreiben.

In gewissem Sinne war das alles akademisch. Die Person, mit der wir die Untersuchung am liebsten besprochen hätten, war nicht mehr erreichbar. Dennoch war es nötig, die Untersuchung so genau wie möglich zu beobachten. So grauenhaft die Beweise sein würden – dies war unser letztes Zusammenkommen mit dem körperlichen Steve Biko, und wir mußten uns so gut wie nur irgend möglich auf jedes sichtbare Detail der letzten Tage seines Lebens konzentrieren.

5

Die gerichtliche Untersuchung

Die Szene

Am Montag, dem 14. November 1977, begann in Pretoria die gerichtliche Untersuchung über den Tod von Steve Biko. Sie wurde in dem Old Synagogue genannten Gebäude abgehalten, der ehemaligen Hauptsynagoge Pretorias, die aber schon lange als Gerichtssaal verwendet wurde. Die Weltpresse und jede bedeutende südafrikanische Zeitung waren vertreten.

Für mich bestand die größte Ironie darin, daß ich durch die Verbannung davon abgehalten wurde, der Untersuchung beizuwohnen, die ich selbst so energisch verlangt hatte, und daß mir die Verfügung offensichtlich auferlegt worden war, um mich für die Schritte zu bestrafen, die ich unternommen hatte, um die Notwendigkeit einer öffentlichen Untersuchung zu verkünden. Also mußte ich zu Hause bleiben und auf die mündlichen oder schriftlichen Berichte anderer warten – ein frustrierendes Erlebnis, das aber vor allem durch Wendys detaillierte Schilderungen dessen, was weit weg in einem Gerichtssaal in Pretoria geschah, gelindert wurde. Sie war während der ganzen Untersuchung anwesend.

Das Folgende ist eine Aufzeichnung des Verlaufes der gerichtlichen Untersuchung und stützt sich auf die Notizen von Wendy, Roger Omond vom *Daily Dispatch* und Helen Zille von der *Rand Daily Mail*, und auf die detaillierten Berichte, die in beiden Zeitungen erschienen.

Dies waren die Hauptbeteiligten an der gerichtlichen Untersuchung des Todes von Steve Biko:

Mr. Marthinus Prins – Vorsitzender Richter
Professor Johannes Olivier
Dr. Isidor Gordon – Beisitzer
Mr. Sidney Kentridge – Rechtsanwalt der Familie Biko
Mr. George Bizos – Rechtsanwalt der Familie Biko
Mr. Ernest Wentzel – Rechtswanwalt der Familie Biko
Mr. Shun Chetty
Mr. K. von Lieres – Leiter der Untersuchungskommission
Mr. Retief van Rooyen – Rechtsanwalt der Polizei
Mr. J. M. C. Smit – Rechtsanwalt der Polizei
Mr. W. H. Heath
Mr. B. de V. Pickard – Rechtsanwalt der Ärzte
Dr. Marquard de Villiers – Rechtsanwalt der Ärzte

Die wichtigsten Zeugen, die zur Aussage aufgerufen wurden, in der Reihenfolge ihres Erscheinens:

Leutnant G. Kuhn – Polizei (Port Elizabeth)
Unteroffizier P. J. van Vuuren – Sicherheitspolizei (Grahamstown)
Major H. Snyman – Sicherheitspolizei (Port Elizabeth)
Oberfeldwebel R. Marx – Sicherheitspolizei (Port Elizabeth)
Hauptmann D. Siebert – Sicherheitspolizei (Port Elizabeth)
Major R. Hansen – Sicherheitspolizei (King William's Town)
Oberst P. J. Goosen – Sicherheitspolizei (Port Elizabeth)
Mr. J. Fitchet – Wärter im Gefängnis von Port Elizabeth
Leutnant W. E. Wilken – Sicherheitspolizei (Port Elizabeth)
Dr. I. Lang – Bezirksarzt in Port Elizabeth
Dr. B. Tucker – Oberster Bezirksarzt in Port Elizabeth
Dr. C. Hersch – Facharzt in Port Elizabeth
Professor J. Loubser – Chefpathologe in Pretoria

Professor N. Proctor – Professor für anatomische Pathologie, Witwatersrand University

Dr. A. van Zyl – Bezirksarzt in Pretoria

Dr. J. Gluckman – Arzt der Familie Biko

Professor I. Simson – Chef der Abteilung Anatomische Pathologie, Pretoria University

Oberfeldwebel J. Beneke – Sicherheitspolizei (Grahamstown)

Erster Tag: Montag, 14. November 1977

Die Untersuchung begann mit dem Vorlegen des Obduktionsberichtes durch den Chefpathologen Dr. J. D. Loubser. Der Bericht Dr. Loubsers erklärte kategorisch, daß Steve Biko an einer ausgedehnten Hirnverletzung gestorben sei, die den Kreislauf in einem solchen Maße lahmgelegt habe, daß es zu einem Blutgerinnsel in den Gefäßen, akutem Nierenversagen und Urämie gekommen sei. In dem Bericht wurden auch Hautabschürfungen links an der Stirn, Verletzungen am Brustkasten und andere zahlreiche, jedoch oberflächliche Verletzungen erwähnt.

Leiter der Untersuchungskommission war der stellvertretende Oberstaatsanwalt beim Oberlandesgericht Transvaal, Mr. Klaus von Lieres. Er verlas eine Erklärung des Leutnants Alfred Oosthuizen von der Sicherheitspolizei in Grahamstown. In seiner Erklärung sagte der Leutnant aus, ihm sei am 18. August mitgeteilt worden, daß man aufrührerische Pamphlete verteile – Pamphlete, welche die Schwarzen dazu ermunterten, Unruhe zu stiften. Ihm wurde auch mitgeteilt, daß sich Mr. Biko auf dem Weg von King William's Town nach Kapstadt befand, und er hatte Grund, Mr. Biko der aktiven Teilnahme zu verdächtigen.

Um 20 Uhr errichtete er eine Straßensperre, und um 22.20 Uhr wurde ein weißer Kombi angehalten. Er bat den Fahrer, den Kofferraum aufzuschließen; dieser konnte das aber nicht, weil, wie er zuerst sagte, der Wagen seiner Firma gehöre, und dann, weil er einem Freund gehöre. Aufgrund dieser abweichenden Erklärungen bat der Leutnant den Fahrer, sich auszuweisen. Der Fahrer und sein Fahrgst wurden beide ziemlich frech, und der

Fahrer fragte den Leutnant aufsässig, ob das die übliche Handlungsweise sei. Er wies sich als Peter Jones aus, und der Fahrgast als Bantu Biko. Sie weigerten sich, weitere Angaben zu machen, und Leutnant Oosthuizen beschloß, sie zum Revier mitzunehmen. Dort fragte er Mr. Biko, ob er die Erlaubnis habe, sich außerhalb des Bezirks King William's Town aufzuhalten, auf den er eingeschränkt war. Mr. Biko sagte, er habe keine schriftliche Genehmigung und könne das tun, was er wolle. Mr. Biko lachte ihn aus und fiel dabei auf eine Bank, die brach.

Leutnant Oosthuizen versuchte laut der Erklärung, Mr. Biko und Mr. Jones zu durchsuchen, aber sie ließen es nicht zu, und Mr. Biko hielt ihn an den Händen fest. Schließlich durchsuchte er sie. Mr. Biko wollte seine persönlichen Sachen mit sich in die Zelle nehmen, doch das wurde ihm nicht gestattet. Laut der Erklärung trat Leutnant Oosthuizen dann mit seinem Vorgesetzten in Verbindung, der ihm sagte, er solle die beiden Männer nach Port Elizabeth bringen. Das geschah am darauffolgenden Tag.

Mr. von Lieres las auch eine Erklärung des Majors Andries Michiel Kuhn aus Grahamstown vor. Er sagte, er habe das Kommando über die Straßensperre gehabt, als der Kombi angehalten wurde, und sei später im Revier gewesen, als Mr. Biko und Mr. Jones durchsucht wurden.

Dann wurde Leutnant Gert Kuhn in den Zeugenstand gerufen und verlas drei Erklärungen, die er abgefaßt hatte. In der ersten, die vom 20. Oktober 1977 datiert war, stellte der Leutnant eine Liste all seiner Besuche bei Mr. Biko in der Zelle auf. Der erste Besuch fand um 8.10 Uhr am 22. August 1977 statt; er nannte weitere am 8., 9. und 10. September. In der ersten Erklärung sagte er, er habe bei Mr. Biko keine Verletzungen gesehen; er sei sich auch keines Vorfalls bewußt, bei dem Mr. Biko hätte verletzt werden können. Die zweite Erklärung vom 18. Oktober 1977 befaßte sich mit einem Besuch in Mr. Bikos Zelle zusammen mit einem Polizeifotografen, der Biko nach Anweisung fotografierte. In der dritten Erklärung, die vom 9. November 1977 datiert war, revidierte der Leutnant seine erste Erklärung. Er wiederholte die Liste der Besuche bei Mr. Biko in dessen Zelle, aber ließ die Daten

8., 9. und 10. September aus. Er sagte, ihm sei nicht von anderen Polizisten gesagt worden, daß sich Mr. Biko weigere zu essen oder daß er sich beschwert habe. Leutnant Kuhn sagte auch, daß er von Mr. Biko nie eine Beschwerde erhalten habe. Er hatte ihn schon unbekleidet unter einer Decke liegen sehen, aber er konnte nicht sagen, ob Mr. Biko damals nackt herumging.

Auf Befragen Mr. Kentridges bestätigte Leutnant Kuhn, daß er mit Mr. Biko englisch gesprochen hatte. Er sagte, er habe, als er die erste Zeugenaussage – die mit den Besuchszeiten bei Mr. Biko – schrieb, gewußt, daß diese für eine Untersuchung gebraucht würde. Mr. Kuhn sagte, er habe bei Mr. Biko keine Verletzungen gesehen, auch nicht die Beule an Mr. Bikos linker Stirn, die auf einem ihm vorgelegten Foto zu sehen war. Der Leutnant sagte dem Gericht, seine Erklärung zu den Besuchen bei Mr. Biko sei nicht falsch, sondern nur fehlerhaft. In einer späteren Erklärung hätte er das richtiggestellt. Er gab folgendes als den Grund für seinen Irrtum an: Als er seine Aussage niederschreiben wollte, stellte sich heraus, daß sein Vorgesetzter schon einen Auszug seiner Zellenbesuchszeiten aus dem Buch gemacht hatte, in dem sie eingetragen waren. Er übernahm diese Zeiten in seine Aussage, ohne sie nachzuprüfen. Er wußte, daß man seine Aussage verwenden würde, um nachzuweisen, daß Mr. Biko an diesen Tagen nichts gefehlt habe. Leutnant Kuhn sagte, er habe Mr. Biko nach dem 6. September nicht mehr gesehen. Erst als Mr. von Lieres in einer Besprechung seine Aufmerksamkeit darauf gelenkt hatte, merkte er, daß die Daten in seiner Erklärung unrichtig waren. Er sagte, er habe seine Erklärungen abgegeben, als General Kleinhaus nach Port Elizabeth gekommen sei, um der Angelegenheit nachzugehen. Der General befragte jeden, der irgend etwas mit Biko zu tun gehabt hatte. Von den Erklärungen wurden Duplikate angefertigt, aber er wußte nicht, von wem. Der General brachte sie nicht mit.

Dann sagte Unteroffizier Paul Janse van Vuuren aus. Er hatte Mr. Biko vom 18. August bis zum 6. September täglich besucht, und wieder am 11. September, aber Mr. Biko hatte sich nie beschwert. Er hatte den Eindruck, als wolle Mr. Biko nicht sprechen. Er brachte Mr. Biko zu essen: Suppe, *magewu*, Brot, Margarine, Marmelade und Kaffee. Mr. Biko lehnte Suppe und *magewu* ab, und das Brot blieb liegen. Der Gefangene verlangte kein anderes Essen. Am 11. September sah er in den Eintragungen, daß Mr. Biko, den man am 6. September vom Polizeirevier Walmer in Port Elizabeth fortgebracht hatte, wieder da war.

An jenem Abend besuchte er die Zelle 5, wo Mr. Biko eingesperrt war, der auf seinen Matten lag und scheinbar schlief. Später sah er Mr. Biko auf dem Betonfußboden, den Kopf zum Zellengitter gerichtet, die Füße auf den Matten. Unteroffizier van Vuuren sagte, daß man durch vier abgeschlossene Türen gehen mußte, wenn man in die Zelle wollte. Er war nicht sicher, ob Mr. Biko in diese Stellung gefallen oder gekrochen war. Mr. Biko lag auf der rechten Seite, die Augen auf die Tür gerichtet. Er hatte Schaum vorm Mund, und die Augen schienen leblos. Unteroffizier van Vuuren sagte, er habe versucht, ihm Wasser zu geben, aber er sei in derselben Stellung geblieben. Er zog Mr. Biko auf die Matten, deckte ihn zu und rief die Sicherheitspolizei.

Major Fischer, Oberst Goosen und Dr. Tucker kamen und entfernten Mr. Biko aus der Zelle.

In einer zweiten Erklärung sagte Unteroffizier van Vuuren aus, er habe einem Polizeifotografen die Stellung gezeigt, in der er Mr. Biko das letzte Mal vorgefunden hätte. Am 20. Oktober gab er General Kleinhaus eine dritte Erklärung, in doppelter Ausführung, der einige Details handschriftlich hinzugefügt waren. Eine Extraliste führte seine Besuche in Mr. Bikos Zelle zu allen Tages- und Nachtzeiten auf, bis zu sechs Besuchen während einer Wache. Er sagte, er habe bei Mr. Biko keine Verletzungen gesehen, auch keine Beule an der linken Stirn, wie sie auf einem ihm vorgelegten Foto zu sehen war. Mr. Bikos Hautfarbe sei viel dunkler gewesen als die auf dem Foto gezeigte, teilte er dem Gericht mit.

In einer vierten, maschinegeschriebenen Erklärung, die dem Gericht vorgelesen wurde, sagte Unteroffizier van Vuuren, daß Mr. Biko nie mit ihm gesprochen habe – er beantwortete keine einzige Fragen und reagierte nie, wenn man ihm Essen in die Zelle brachte. Mr. Biko ignorierte ihn. Suppe und *magewu* ließ er in der Zelle stehen, und wenn sie beim nächsten Besuch immer noch dastanden, wurden sie den anderen Gefangenen gegeben. Der Unteroffizier sagte, der Becher Kaffee war meist leer. Er konnte nie feststellen, ob Biko von dem Brot gegessen hatte oder nicht. Es bestand die geringe Möglichkeit, daß er es tat. Als er am 11. September Mr. Biko auf dem Betonfußboden liegen sah, faßte er ihn von hinten unter den Armen und zog ihn auf seine Schlafmatte. »Wie ein Lebensretter«, meinte Mr. Prins, der Richter.

Auf Befragen Mr. Kentridges sagte Unteroffizier van Vuuren, er habe Befehl erhalten, Mr. Biko in der Zelle nackt zu lassen. Mr. Kentridge las dem Gericht dann einen Bericht eines Richters vor, der Mr. Biko in der Zelle des Polizeireviers Walmer am 2. September besucht hatte. Der Richter erklärte, Mr. Biko habe ihn um Wasser, Seife, Waschlappen und Kamm gebeten. Laut der Erklärung dieses Richters hatte Mr. Biko gesagt: »Ich möchte, daß man mir erlaubt, Lebensmittel zu kaufen. Hier lebe ich nur von Brot. Muß ich unbedingt nackt sein? Ich bin, seitdem ich hierher gebracht wurde, nackt.« Mr. Kentridge fragte, ob man Mr. Biko nackt gehalten habe, um ihn zu erniedrigen.

»Das kann ich nicht sagen«, erwiderte Unteroffizier van Vuuren. Er bestätigte dann, daß Mr. Biko zwischen dem 18. August und dem 6. September seine Zelle nicht verlassen durfte.

»Ist ein Gefangener nicht berechtigt, sich an der frischen Luft zu bewegen?« fragte Mr. Kentridge.

Unteroffizier van Vuuren sagte, er habe nur die Anweisungen des Chefs der Sicherheitspolizei in Port Elizabeth, Oberst P. Goosens, befolgt. Er bestätigte, daß Mr. Biko am 11. September, am Tag, bevor er starb, Schaum vor dem Mund gehabt hätte, daß seine Augen leblos ausgesehen hätten und sein Atem beschleunigt gewesen wäre. Um 18.20 Uhr trug Unteroffizier van Vuuren Mr. Bikos Überführung aus dem Polizeirevier Walmer ein. Er wußte nicht, wo man ihn hinbrachte.

Der nächste Zeuge, Major Harald Snyman von der Sicherheitspolizei in Port Elizabeth, sagte, er sei der Leiter eines aus fünf Männern bestehenden Untersuchungsteams, das aufgestellt worden sei, um die Black-Power-Häftlinge zu vernehmen. Mr. Biko war am 19. August festgenommen worden, aber aus taktischen

Gründen wurden andere vor ihm vernommen. Am 6. September wurde beschlossen, daß man Mr. Biko bestimmtes Beweismaterial vorlegen wollte. Er wurde im Zimmer 619 des Sanlam Building in Port Elizabeth verbracht. Das Verhör begann um 10.30 Uhr und endete um 18.00 Uhr.

Major Snyman sagte, Mr. Biko hätte eine außerordentlich aggressive Haltung gegenüber den Mitgliedern seines Verhörteams eingenommen. Um es ihm bequemer zu machen, wurden ihm die Handschellen abgenommen und ihm ein Stuhl angeboten. Im Verlauf des Tages bot man ihm Fleischpasteten und Milch an, die er ablehnte. Eigenartigerweise, sagte Major Snyman, benutzte er die Toilette nicht. Major Snyman sagte, Mr. Biko wich Fragen aus, die seinen Besuch in Kapstadt betrafen. Er beantwortete Fragen nicht direkt, aber im Verlauf des Verhörs wurde er kooperativer. Unter anderem habe er gesagt, daß er nach Kapstadt gefahren sei, um ehelichen Problemen auszuweichen. Später sagte er, der einzige Grund für seine Reise sei die Beilegung einer Unstimmigkeit gewesen, die innerhalb der Black People's Convention aufgetreten sei.

Auf die Frage nach der Verteilung von Flugschriften in Port Elizabeth am 17. August gab Mr. Biko zu, daß er und Mr. Patrick Titi, ein weiterer Gefangener, für die Texte verantwortlich seien.

Mr. Kentridge befragte den Major über die Methoden, die während des siebeneinhalbstündigen Verhörs angewendet wurden, um Mr. Bikos Haltung von einer außerordentlich aggressiven in eine solche umzuwandeln, die das Geständnis einer Verwicklung in die Abfassung von Flugschriften und anderen Dingen zur Folge hatte. Mr. Kentridge: »Welche Methoden der Überredung haben Sie angewandt, um einen widerwilligen Zeugen dazu zu bringen, mit Ihnen zu reden? An jenem Vormittag bestritt Mr. Biko, von dieser Flugschrift überhaupt etwas zu wissen, und als es 18.00 Uhr war, gab er zu, sie verfaßt zu haben. Welche Methoden der Überredung haben Sie angewandt?« Major Snyman sagte, daß Mr. Biko bestimmten Beweismaterialien gegenübergestellt wurde, welche die Sicherheitspolizei hatte, und daß er dann gestanden habe.

Mr. Kentridge: »Erst bestritt er es, und dann gab er es zu.

Warum hätte er Ihnen überhaupt antworten müssen? Warum Ihnen nicht einfach was vorpfeifen? . . . Haben Sie ihn bedroht?« Major Snyman bestritt, Mr. Biko bedroht oder unter physischen Druck gesetzt zu haben.

Mr. Kentridge: »Wie haben Sie ihn dazu gebracht, klein beizugeben?« Major Snyman sagte, ihm stünde unbegrenzte Zeit zur Verfügung, um die Informationen zu bekommen, die er brauche, und es habe sich für die Polizei nicht gelohnt, Mr. Biko gegenüber der Information halber handgreiflich zu werden. Er wies Mr. Biko lediglich darauf hin, daß er in Haft bleiben würde, bis er die Fragen zufriedenstellend beantwortet habe.

Mr. Kentridge sagte, Mr. Biko seit 1976 101 Tage in Haft festgehalten worden. »Was soll das für eine Drohung sein, einen Mann festzuhalten, bis er Fragen beantwortet? Was können Sie mit einem Mann tun, der darauf besteht, stumm zu bleiben?« Mr. Kentridge wiederholte diese Frage einige Male, während Major Snyman eine Zusammenfassung der Themen gab, über die Mr. Biko verhört worden war. Mr. Kentridge fragte dann erneut den Major: »Sie weichen meinen Fragen aus. Anfangs bestritt er (Biko) es. Später erhielten Sie von ihm richtige Informationen. Wie kriegt man einen Mann aus dem ersten ins zweite Stadium?«

Hier wurde Mr. Kentridge von Mr. R. van Rooyen unterbrochen, der die südafrikanische Polizei vertrat und darauf hinwies, daß Major Snyman erwidert habe, daß Mr. Biko seine Verwicklung zugegeben hätte, nachdem man ihn mit Beweismaterial aus anderen Quellen konfrontiert hatte.

In seiner den darauffolgenden Tag, als das Verhör fortgesetzt wurde, betreffenden Erklärung erzählte Major Snyman von einem Handgemenge zwischen seinem Vernehmungsteam und Mr. Biko. Major Snyman sagte, kurz nachdem man Mr. Biko seine Handschellen und Fußeisen abgenommen und ihm einen Stuhl angeboten hatte, »bekam er plötzlich einen wilden Blick und sprang vom Stuhl auf«. Mr. Biko warf mit dem Stuhl nach Major Snyman, der aber auswich. Dann raste Mr. Biko auf Oberfeldwebel J. Beneke zu, schlug wild auf ihn ein und preßte ihn gegen einen Stahlschrank. Major Snyman sagte, er und Hauptmann Siebert seien Oberfeldwebel Beneke zu Hilfe gekommen. Sie hätten versucht, Mr. Biko, der offensichtlich außer sich vor Wut war, festzuhalten. Dabei stießen sie gegen die Tische im Büro.

Zwei weitere Mitglieder des Teams kamen zu Hilfe. Sie überwältigten Mr. Biko und legten ihm Handschellen und Fußeisen an. Der Kampf dauerte mehrere Minuten, obwohl Major Snyman nicht mehr wußte, wie lange genau. Mr. Biko wurde an das Gitter im Büro gekettet, aber er fuhr fort, sich gegen Handschellen und Fußeisen zu sträuben. »Oberfeldwebel Beneke sagte mir, daß er eine furchtbare Beule am rechten Ellenbogen hätte«, sagte Major Snyman. Um 7.30 Uhr an jenem Morgen erstattete Major Snyman Oberst Goosen Bericht über den Vorfall. Sie besuchten zusammen Mr. Biko im Zimmer 619. Oberst Goosen sprach Mr. Biko an, der, so Major Snyman, immer noch einen wilden Ausdruck in den Augen und eine sichtbare Anschwellung auf der Oberlippe hatte. Er sprach auf unverständliche und verschwommene Weise. Mr. Biko weigerte sich, auf Fragen zu reagieren, und der wilde Ausdruck blieb in seinen Augen. Um 9.30 Uhr untersuchte ihn Dr. Lang, der Bezirksarzt. Major Snyman war nicht anwesend. Nach der Untersuchung, sagte Major Snyman, versuchten er und das Team, mit Mr. Biko zu sprechen, aber er reagierte auf keine Frage. Er gab dann Befehl, daß man Mr. Biko sich auf seiner Matte ausruhen lassen und ihn zudecken solle. Mr. Biko trug immer noch Handschellen, und die Fußeisen waren an dem Gitter festgemacht. Es wurde ihm mehrmals Wasser angeboten, das er murmelnd ablehnte. Mr. Biko wurde in den Gewahrsam eines Nachtteams unter Leutnant Wilken gegeben.

Am nächsten Morgen, dem 8. September, kehrten Major Snyman und sein Team zurück und fanden Mr. Biko immer noch am Boden liegend vor. Er war wach, aber reagierte nicht auf Fragen; eine Fortsetzung der Untersuchung wäre sinnlos gewesen. Major Snyman wußte, daß Dr. Lang am Vortag keine physischen Schäden bei Mr. Biko festgestellt hatte. Oberst Goosen hatte einen diesbezüglichen medizinischen Bescheid erhalten. Als Major Snyman sah, daß Mr. Biko sich immer noch weigerte, Fragen zu beantworten, trug er das Handgemenge in ein für das Festhalten derartiger Vorfälle bestimmtes Buch ein.

Major Snyman sagte, er habe gewußt, daß Oberst Goosen Dr.
Lang am 8. September noch einmal bestellte. Er erfuhr, daß man
Mr. Biko am 8. September ins Gefängnisspital gebracht hatte und
am 11. September zurück in die Zellen des Polizeireviers Walmer.
Er war am 11. September um 18.20 Uhr anwesend, als Mr. Biko
mit Hauptmann Siebert und anderen Polizisten nach Pretoria ab-
fuhr. Er erfuhr später, daß Mr. Biko in Pretoria gestorben sei.

Major Snyman sagte, daß der Grad der Gewaltanwendung, mit
dem Mr. Biko am 7. September wieder unter Kontrolle gebracht
wurde, angemessen gewesen sei, »nur so viel, um ihn am Boden
festhalten und ihm Handschellen anlegen zu können«. Mr. Kentridge befragte den Major in diesem Zusammenhang, ob er Mr.
J. T. Krugers (Justiz-, Polizei- und Strafvollzugsminister) Hun-
gerstreikerklärung gehört habe.

Major Snyman: Ich erinnere mich daran.

Mr. Kentridge: Wie reagierten Sie auf die Nachricht von Mr. Bikos Tod?

Major Snyman: Das tat mir leid. Lebend war er uns mehr wert
als tot.

Mr. Kentridge: Deswegen tat er Ihnen leid?

Major Snyman: Sein Tod berührte mich auch so.

Mr. Kentridge: Waren Sie darüber erstaunt, daß er gestorben
war?

Major Snyman: Ich war überrascht. Wir dachten nicht, daß ihm
so viel fehlte, wie . . .

Mr. Kentridge: Wie was?

Major Snyman erwiderte, daß sie einen ärztlichen Befund gehabt hätten, demzufolge Mr. Biko physisch nichts fehlte.

Mr. Kentridge befragte Major Snyman über die Erklärung des
Polizeiministers dem Kongreß der Nationalist Party in Pretoria
gegenüber, in der behauptet worden war, daß Mr. Biko um 15
Minuten Zeit gebeten hätte, um sich zu überlegen, ob er Polizei-
fragen beantworten würde, und dann bekanntgegeben hätte, daß
er einen Hungerstreik beginnen würde. Mr. Kentridge fragte,
ob Major Snyman darüber irgendwelche Informationen an
den Minister gegeben habe. Major Snyman erwiderte: »Ich
erstattete meinem Vorgesetzten Bericht. Er hat die Sache dann

weitergeleitet.«

Dann legte Mr. Kentridge eine schriftliche Aussage einer gewissen Mrs. Ilona Kleinschmidt vor, die sich auf Erklärungen des Polizeiministers zum Tode Mr. Bikos in der Haft bezog. Mr. Kentridge sprach von der Bedeutung dieses Beweismaterials: »Der Minister hat eine Reihe von Dingen gesagt, die im ernsten Widerspruch zu den vorliegenden schriftlichen Aussagen der Polizisten stehen. Daher kann es sein, daß dieses Material von beträchtlicher Bedeutung bezüglich der Glaubwürdigkeit bestimmter Polizisten ist. Es geht darum, daß, falls diese Erklärungen der Wahrheit entsprechen, bestimmte Erklärungen des Ministers unwahr sein müssen. Wir wissen nicht, welche wahr sind. Aber einige Polizisten werden nicht darum herumkommen, die Abweichungen zu erklären.«

In einer weiteren Erklärung sagte Major Snyman, man habe ihm gesagt, die Obduktion habe ergeben, daß Mr. Biko an einer Verletzung gestorben sei, die zu einer Gehirnschädigung geführt habe. Generalmajor Kleinhaus leitete die Untersuchung, bei der festgestellt werden sollte, wie Mr. Biko die Verletzungen erlitten hatte. Major Snyman erklärte, daß er zu keinem Zeitpunkt eine Beule auf Mr. Bikos Stirn gesehen habe und nicht sagen könne, wie es passiert sei. In seiner Erklärung vom 20. Oktober sagte Major Snyman, daß niemand Mr. Biko in seiner Anwesenheit angegriffen habe.

Mr. Kentridge fragte, warum man Mr. Biko in den Zellen des Polizeireviers Walmer nackt ließ. Major Snyman sagte, er habe Anweisungen befolgt, die wiederholte Selbstmorde in Polizeizellen verhindern sollten. Mr. Kentridge wies dann darauf hin, daß man den Gefangenen nackt und nur mit einer Decke gelassen habe, und sagte: »Es gibt Leute, die mit Decken Selbstmord begangen haben.«

Major Snyman sagte, so etwas sei in den Zellen des Walmer-Reviers nie vorgefallen.

Mr. Kentridge fragte dann, warum es nötig gewesen sei, Mr. Biko am 6. Fußeisen anzulegen, wenn er vor dem Vormittag des 7. keine Zeichen von Gewalttätigkeit von sich gegeben habe. Major Snyman sagte, das Büro sei nicht abgeschlossen gewesen.

Mr. Kentridge: Hätten Sie es nicht abschließen können? Ich glaube, Sie müssen uns eine bessere Antwort geben. Warum haben Sie ihm Fußeisen angelegt? War es, um den Mann fertigzumachen, oder um ihn von der Flucht abzuhalten?

Major Snyman: Es war so üblich.

(Vertagung)

Zweiter Tag: Montag, 15. November 1977

Major Snyman sagte dem Gericht, daß Mr. Biko bei dem Handgemenge mit den fünf Sicherheitspolizisten, von dem er am Vortag berichtet hätte, mit dem Kopf gegen eine Wand gefallen sei. Major Snyman hatte gesagt, daß er am nächsten Morgen, dem 8. September, als er sich zum Dienst meldete, bemerkte, daß Mr. Biko immer noch undeutlich redete. Er hatte auch gewußt, daß man einen Arzt gerufen hatte.

Mr. Kentridge: Als Sie sahen, daß er sich nicht erholt hatte, beschlossen Sie, sich dadurch abzusichern, daß Sie den Vorfall in das erwähnte Buch eintrugen. Aber Sie hielten es nicht für nötig, schon am 7. einen Eintrag in das Buch zu machen. Glaubten Sie, er simuliere?

Major Snyman: Ich sah keinen Anlaß zu glauben, daß ihm ernsthaft irgend etwas fehlte.

Mr. Kentridge: Warum änderten Sie vom 7. auf den 8. Ihre Meinung?

Major Snyman: Weil er sich hartnäckig weigerte, zu antworten.

Mr. Kentridge: Aber das war am 7. doch genauso.

Major Snyman: Ich erstattete meinem Vorgesetzten, Oberst Goosen, einen mündlichen Bericht, bevor ich den Eintrag ins Buch machte.

Mr. Kentridge: In Ihrem Eintrag heißt es unter anderem, daß er Amok lief, Ihnen einen Stuhl an den Kopf warf und nach einem Handgemenge mit dem Kopf gegen eine Wand fiel. Gegen welche?

Major Snyman: Gegen die Nordwand.

Mr. Kentridge: Zwischen dem Schrank und dem Stuhl, auf dem er vorher saß?

Major Snyman: Das ist richtig.

Mr. Kentridge: Welcher Teil seines Kopfes traf die Wand?

Major Snyman: Der Hinterkopf; er ist mehrere Male gefallen.

Mr. Kentridge: Erstatteten Sie Oberst Goosen darüber Bericht, daß er mit dem Kopf gegen die Wand schlug?

Major Snyman: Ja, das tat ich.

Mr. Kentridge: Waren Sie alle fünf im Zimmer, als er mit dem Kopf gegen die Wand schlug?

Major Snyman: Richtig.

Mr. Kentridge: Aber Oberst Goosen sagte dem Arzt nicht, daß Mr. Biko mit dem Kopf gegen die Wand fiel. Er sagte nur, daß er befürchte, Mr. Biko habe einen Schlag abbekommen.

Major Snyman: Ich weiß nicht, was Oberst Goosen dem Arzt gesagt hat.

Mr. Kentridge: Im Zusammenhang mit dem Vorfall wurden achtundzwanzig schriftliche Zeugenaussagen gemacht, und in keiner von ihnen wird erwähnt, daß Mr. Biko mit dem Kopf gegen die Wand schlug.

Mr. Kentridge fragte Major Snyman, ob Generalmajor Kleinhaus ihm, Major Snyman, bei seiner Untersuchung in Port Elizabeth gesagt habe, daß Mr. Biko an den Folgen einer Gehirnverletzung gestorben sei, und ob er auf eine Verletzung an Mr. Bikos linker Stirn hingewiesen habe.

Major Snyman: Das ist richtig.

Mr. Kentridge: Man bat Sie dann, alles, was Ihnen nötig erschien, Ihrer schriftlichen Zeugenaussage hinzuzufügen, aber darin erwähnten Sie nicht, daß er mit dem Kopf gegen die Wand fiel?

Major Snyman: Ich betrachtete es nicht als nötig.

Mr. Kentridge: In Ihrer Erklärung sagen Sie, daß niemand Mr. Biko in Ihrer Gegenwart angegriffen habe?

Major Snyman: Das ist richtig.

Mr. Kentridge: Hat Sie General Kleinhaus über die Beule an seinem Kopf befragt?

Major Snyman: General Kleinhaus fragte uns, und wir zeigten ihm, wie es passiert war.

Mr. Kentridge: Zeigten Sie General Kleinhaus, wie Mr. Biko mit dem Kopf gegen die Wand schlug?

Major Snyman: Ich erklärte dem General den Verlauf des Kampfes, wo wir überall hingefallen waren, und wie sich so ein Handgemenge überhaupt hat zutragen können.

Mr. Kentridge: Haben Sie dem General genau gesagt, daß, und wie, Mr. Biko mit dem Kopf anschlug?

Major Snyman: Ja.

Mr. Kentridge: Ich darf die Wahrheit dieser Antwort bezweifeln. General Kleinhaus hat eine Anzahl schriftlicher Zeugenaussagen von Ihren Männern entgegengenommen, und in keiner von ihnen wird erwähnt, daß Mr. Biko mit dem Kopf gegen die Wand schlug. Als die Polizei Ihr Büro fotografierte, bat man Sie da, die Stelle an der Wand zu zeigen?

Major Snyman: Nein.

Mr. Kentridge: Ich meine, Sie dachten nicht, daß Mr. Biko sterben würde, und trugen die Angelegenheit im Buch ein, für den Fall einer gerichtlichen Untersuchung.

(Die Antwort Major Snymans war nicht zu hören.)

Mr. Kentridge: Als Oberst Goosen Mr. Biko sah, zeigte der schon Symptome einer Gehirnverletzung. Ich meine, daß er um 7.30 Uhr am Morgen des 7. September schon an einer Gehirnverletzung litt.

Major Snyman: Mr. Biko beschwerte sich nicht über Kopfschmerzen und hat auch keinen Arzt verlangt.

Mr. Kentridge: Ich meine, daß Mr. Biko sich die Gehirnverletzung wahrscheinlich zwischen dem Abend des 6. und dem Morgen des 7. zuzog.

Major Snyman: Ich bestreite es.

Mr. Kentridge: Dann meine ich, daß er sie sich in Ihrer Gegenwart zuzog.

Major Snyman: Die einzige Verletzung, die ich bei Mr. Biko sah, war ein Kratzer an seiner Lippe.

Mr. Kentridge: Bevor die Obduktionsresultate veröffentlicht wurden, gab es vom Polizeiminister Erklärungen, in denen von Hungerstreiks und so weiter die Rede war, aber nichts von einem gegen die Wand geschlagenen Kopf. Hielten Sie es nicht für Ihre besondere Pflicht, Ihren Vorgesetzten zu sagen, daß er mit dem Kopf gegen die Wand geschlagen war?

An dieser Stelle unterbrach Mr. Prins, der Richter, Mr. Kentridge und fragte Major Snyman, ob er tatsächlich gesehen habe, wie Mr. Biko mit dem Kopf gegen die Wand schlug, oder ob das eine Folgerung sei, die er aus dem Vorgefallenen schloß.

Major Snyman: Nun, ich konnte es selbst nicht sehen, da ich in das Handgemenge verstrickt war.

Mr. Prins: Es besteht also die Möglichkeit, daß er nicht mit dem Kopf gegen die Wand schlug?

Major Snyman: So ist es.

Mr. Kentridge: Aber in das Buch trugen Sie ein, daß er mit dem Kopf gegen die Wand schlug. Ich meine, Ihrer Erklärung ist kein Wert beizumessen.

Major Snyman: Ich glaube, er muß sich die Verletzung nach dem letzten Mal, an dem ich ihn gesehen habe, am 8. September, zugezogen haben.

Vorher hatte Major Snyman bestritten, daß sie Mr. Biko in ihren Büros behalten hätten, um zu verhindern, daß irgendwer erfuhr, wie Mr. Biko behandelt worden war. Er sagte, Mr. Biko sei ein gewalttätiger Revolutionär gewesen, der Amok lief, als ihm klar wurde, daß er von seinen Freunden betrogen worden war. Major Snyman sagte, daß Mr. Biko unmittelbar, bevor er in den Büros der Special Branch in Port Elizabeth durchdrehte, gesagt worden sei, daß die Polizei über seine Pläne und Tätigkeiten Bescheid wisse. Zu diesen Plänen gehörte die Gründung einer vereinten revolutionären Front der Black People's Convention und der verbotenen African Nationalist und Pan-Africanist Congresses. Diese Vereinigung, so Major Snyman, hätte sowohl in Südafrika als auch in Übersee über terroristische Abteilungen verfügt. Man hätte ausgebildete Männer zum bewaffneten Umsturz der Regierung in das Land eingeschleust.

Major Snyman sagte, die Polizei besäße schriftliche Zeugenaussagen, aus denen hervorging, daß Mr. Biko in die Abfassung und Verteilung einer umstürzlerischen und revolutionären Flugschrift in einigen der townships von Port Elizabeth am 17. August verwickelt war. Er hatte Mr. Biko Erklärungen seiner Freunde unterbreitet, deren Handschrift Biko kannte, in denen seine Verstrickung in umstürzlerische Umtriebe bezeugt wurde.

Man hatte Mr. Biko gesagt, daß die Polizei wisse, daß er nicht aus den von ihm angegebenen Gründen nach Kapstadt gefahren sei, das heißt, wegen ehelicher Schwierigkeiten bzw. einer Meinungsverschiedenheit innerhalb der Black People's Convention. »Ich sagte ihm . . . daß der primäre Zweck tatsächlich darin bestand, mit Neville Alexander und anderen Mitgliedern des Unity Movement Kontakt aufzunehmen. Es gab Besprechungen wegen der Gründung einer revolutionären Front mit ANC und PAC, die terroristische Organisationen sind, und dem Unity Movement of South Africa und der BPC. Ich sagte auch, daß wir Informationen bekommen hätten, denen zufolge es bereits geplant war, daß er (Mr. Biko) nach Übersee gehen sollte, um diese vier Organisationen in einer vereinten Front zusammenzubringen. Ich sagte ihm, daß er Besprechungen mit dem geächteten Präsidenten des PAC, Robert Sobukwe, geführt hätte.«

Major Snyman fuhr fort, er hätte Mr. Biko gesagt, daß, falls Mr. Biko nicht in der Lage sein sollte, ins Ausland zu gehen, ein anderer seinen Platz einnehmen, ihn vertreten und unter dem Vorwand eines Theologiestudiums nach England gehen würde. Diese Vorhaltungen stützten sich auf Mr. Bikos Geständnis vom Vorabend, in dem er zugegeben hatte, in die Abfassung einer umstürzlerischen Flugschrift verwickelt zu sein.

Laut Major Snyman hatte man Mr. Biko auch über Mr. Donald Woods, den Herausgeber des *Daily Dispatch*, ausgefragt. Mr. Woods hatte einen Artikel über die Errichtung einer neuen Organisation, der Azania Liberation Front, geschrieben, und man hatte Mr. Biko gefragt, ob er mit Mr. Woods Besprechungen geführt habe.

Als man ihm mitteilte, was die Polizei wußte (so Major Snyman), hätte sich Mr. Bikos Gesichtsausdruck beunruhigend verändert. »Er sprang sofort wie ein Besessener auf, ergriff den Stuhl und warf ihn nach mir. Ich führe das auf die Tatsachen zurück, mit denen wir ihn an jenem Vormittag konfrontierten.« Major Snyman sagte, er könne keine detaillierte Beschreibung des gewaltsamen Handgemenges geben, in dessen Verlauf zuerst drei und dann fünf Polizisten versucht hätten, Mr. Biko zu überwältigen. Die Beule auf Mr. Bikos Stirn, wie sie auf einem Foto des

Leichnams zu sehen war, hätte er nicht bemerkt. Alles, was er nach dem Handgemenge bemerkt hätte, waren eine Beule auf Mr. Bikos Oberlippe und ein Kratzer auf seiner Brust gewesen.

Auf die Frage, was für eine Reaktion er sich von einem Mann erwartet hatte, der mit belastendem Beweismaterial konfrontiert wurde, wie es bei Mr. Biko der Fall war, sagte Major Snyman, daß an jenem Morgen eine ganze Reihe Dinge gegen Mr. Biko sprachen. Es gab möglicherweise Anklagen wegen Übertretung des Hausarrests, wofür sich Mr. Biko vielleicht zu verantworten hätte. Er war in die Verbreitung einer revolutionären Flugschrift verwickelt und in die Errichtung einer neuen revolutionären Partei. Seine eigenen Leute hatten ihn im Stich gelassen, und sein Bild in der Öffentlichkeit wäre im Falle seiner Verurteilung schwer getrübt gewesen.

Auf eine Frage Mr. van Rooyens, die sich auf Mr. Bikos Image in der Öffentlichkeit bezog, sagte Major Snyman erst, daß Mr. Biko ganz gewiß nicht den Ruf einer friedliebenden Person gehabt habe, sondern den eines Revolutionärs. Die Flugschrift, die in Port Elizabeth zur Debatte stand, rief das Volk auf, am darauffolgenden Tag nicht zur Arbeit zu gehen und Schwarz bzw. ein schwarzes Kleidungsstück als Sympathiezeichen für jene zu tragen, die gestorben, im Exil oder in Haft waren.

Mr. Kentridge sagte, es gäbe keine Beweise, daß Mr. Biko die Flugschrift zusammengestellt habe. Er wolle ihre Gültigkeit zu diesem Zeitpunkt nicht in Frage stellen, obwohl er später in bezug auf ihre Bedeutung vielleicht etwas zu sagen haben werde. Major Snyman verlas dann den vollständigen Wortlaut der Flugschrift.

Dann erklärte Mr. Kentridge: »Diese Flugschrift erscheint mir im Rahmen dieser Untersuchung vollkommen belanglos zu sein. Ob Mr. Biko dazu ein Geständnis abgelegt hat, bleibt dahingestellt. Der einzige, der uns darüber Auskunft geben könnte, weilt nicht mehr unter uns. Es ist ja nicht so, daß man jemanden, weil er eine umstürzlerische Flugschrift verfaßt hat, einfach umbringen darf. Ich kann es verstehen, daß man versucht, Mr. Biko posthum für schuldig zu erklären, aber ich bin sicher, daß Euer Ehren damit nichts zu tun haben wollen.«

Auf eine Frage Mr. van Rooyens sagte Major Snyman, daß das Beweismaterial, das sich in Händen der Sicherheitspolizei befinde, Mr. Bikos Image als friedliebenden Mann zerstören und ihn als gewalttätige Person darstellen würde. Auf die Frage, ob er irgend etwas habe, womit er beweisen könne, daß Mr. Bikos Image falsch sei, erwiderte Major Snyman, daß er einen Ausschnitt aus dem East Londoner *Daily Dispatch* habe, und zwar einen von Mr. Donald Woods geschriebenen Artikel über die Bildung einer neuen Front unter dem Namen Azania Liberation Front. Er hätte auch Erklärungen »von seinen (Bikos) eigenen Freunden, den Leuten, die mit ihm gearbeitet haben«.

Mr. van Rooyen: Es ist ihm also klar gewesen, daß ihn seine Freunde im Stich gelassen hatten?

Major Snyman: Wir mußten den Mann mit Tatsachen konfrontieren. Er mußte wissen, daß seine Freunde geredet hatten, und wir wollten das alles aus seinem eigenen Munde hören.

Mr. van Rooyen: Sie waren dabei. Warum drehte er durch?

Major Snyman: Ich stellte ihn diesen Tatsachen gegenüber. Er sprang sofort wie ein Besessener auf. Ich führe das auf die Enthüllungen, die ich ihm machte, zurück.

Mr. van Rooyen bat dann um Erlaubnis, die Flugschrift und die Aussagen anderer Festgehaltener als Beweismaterial vorlegen zu dürfen. Mr. Kentridge sagte, er habe die Unterlagen gerade gelesen und zöge seine Einwände zurück. Er sagte, er sehe, daß die beschworenen Erklärungen, die Mr. Biko vorgelegt wurden, mit an seinem Ausbruch schuld gewesen seien.

Mr. Kentridge fragte dann, ob diese beschworenen Erklärungen Mr. Biko am 6. September oder am Morgen des 7. September vorgelegt worden seien. Major Snyman erwiderte, daß das am Morgen des 7. geschehen sei. Mr. Kentridge vergewisserte sich dann beim Richter, daß die schriftlichen Zeugenaussagen vom 15. bis zum 30. September datiert waren, und sagte, die Erklärungen seien Mr. Biko nicht vorgelegt worden, als er noch am Leben war. »Was wir hier haben, ist eine nach Mr. Bikos Tod angefertigte Verleumdung.«

Mr. van Rooyen sagte, der Inhalt der Unterlagen sei Mr. Biko vorgelegt worden. Mr. Kentridge erwiderte, es sei ganz klar ausgesagt worden, daß die beschworenen Erklärungen selbst Mr. Biko vorgelegt worden seien. Er forderte den Zeugen auf, dies zweifelsfrei zu bestätigen.

Der Richter beschloß dann, daß die Erklärungen nicht als Beweismaterial zulässig seien. Mr. van Rooyen stimmte zu.

Auf Mr. van Rooyens Frage nach dem Handgemenge zwischen Mr. Biko und den fünf Polizisten wiederholte Major Snyman seinen Bericht vom Vortag und fügte hinzu, daß Mr. Biko einmal gerufen habe: »Ihr schikaniert mich, ihr wollt mich einschüchtern!« Mr. van Rooyen fragte, ob Mr. Biko mit dem Hinterkopf gegen die Wand geschlagen sei. »Ja, mit dem Hinterkopf«, erwiderte Major Snyman.

Der nächste Zeuge war Oberfeldwebel Ruben Marx, ein weiteres Mitglied des Verhörteams. In seiner ersten Erklärung sagte er, daß er und Kriminalkommissar Nieuwoudt, der im Nebenzimmer gearbeitet hatte, am 7. September um 7.20 Uhr in den Verhörraum gerannt seien, nachdem sie einen heftigen Knall gehört hätten. Dort hätten sie gesehen, wie Major Snyman, Hauptmann Siebert und Oberfeldwebel Beneke mit Mr. Biko rangen, der außer sich vor Wut war. Oberfeldwebel Marx gab Mr. von Lieres eine detaillierte Beschreibung der Auseinandersetzung mit Mr. Biko. Kriminalkommissar Nieuwoudt sei auf Mr. Biko zugestürzt und ihm mit der Schulter gegen den Rücken geprallt. Mr. Biko sei zu Boden gefallen, aber sofort wieder aufgestanden und habe weitergekämpft. Dann sei er über einen Stuhl gefallen und in einer sitzenden Stellung auf dem Stuhl gelandet. Dann sprang Mr. Biko auf und schrie: »Ihr schikaniert mich, ihr wollt mich einschüchtern!« Er war wütend und außer sich. Mr. Biko wurde dann überwältigt, und es wurden ihm Handschellen angelegt.

In seiner Befragung bezog sich Mr. Kentridge auf die Worte: »Ihr schikaniert mich, ihr wollt mich einschüchtern.«

Mr. Kentridge: Heute morgen gebrauchte Major Snyman genau diese Worte. Wissen Sie das?

Oberfeldwebel Marx: Davon weiß ich nichts.

Mr. Kentridge: Darüber, was in jenem Zimmer am Morgen des 7. passiert ist, gibt es elf Erklärungen. In keiner einzigen dieser

Erklärungen heißt es, daß Mr. Biko etwas geschrien habe, und heute kriegen wir plötzlich von Ihnen und Major Snyman genau dieselben Worte zum ersten Mal zu hören. Ich meine, daß es sich hierbei um eine Erfindung handelt.

Oberfeldwebel Marx: Es ist keine Erfindung.

Dann wies Mr. Kentridge Oberfeldwebel Marx auf einen Eintrag vom 8. September in dem Buch hin, in dem Major Snyman das Handgemenge am 7. festgehalten hatte, in dessen Verlauf Mr. Biko mit dem Kopf gegen die Wand und mit dem Körper auf den Boden schlug und sich dabei an der Lippe und am Körper verletzte.

Mr. Kentridge: Ist das wahr?

Oberfeldwebel Marx: Ich weiß von einer Verletzung an der Oberlippe.

Mr. Kentridge: Ich frage Sie, ob Major Snymans Erklärung der Wahrheit entspricht oder nicht.

Oberfeldwebel: Ich habe nicht gesehen, wie er mit dem Kopf gegen die Wand schlug.

In einer zweiten, vom 10. Oktober datierten, nicht beschworenen Erklärung sagte Oberfeldwebel Marx, er habe keinen Kratzer und keine Wunde über Mr. Bikos linkem Auge bemerkt, wie es auf Fotos zu sehen sei. Mr. Kentridge fragte, ob ihn die Todesursache interessiert habe.

Oberfeldwebel Marx: Ich konnte nur Vermutungen anstellen. Ich bin kein Arzt . . . vielleicht war es auf unsere Auseinandersetzung zurückzuführen. Das wäre eine Möglichkeit; es gab einen heftigen Kampf.

Mr. Kentridge: Wegen der Auseinandersetzung, die stattfand? Wie kommen Sie darauf?

Oberfeldwebel Marx: Es ist naheliegend, daß man sich bei solch einer Auseinandersetzung eine Verletzung zuzieht.

Mr. Kentridge: Tatsächlich? Sagten Sie das General Kleinhaus?

Oberfeldwebel Marx: Man stellte mir Fragen, und ich beantwortete sie.

Mr. Kentridge: Trugen Sie General Kleinhaus diese Theorie, die Sie hatten, vor?

Oberfeldwebel Marx: Ich beantwortete seine Fragen, und er bat mich nicht, ausführlicher zu werden.

<u>Mr. Kentridge:</u> Glaubten Sie nicht, daß das Handgemenge eine der Ursachen war, warum er sich so anomal benahm, als die Ärzte ihn in Port Elizabeth besuchten?

<u>Oberfeldwebel Marx:</u> Ich hatte nicht viel mit ihm zu tun.

<u>Mr. Kentridge:</u> Er fiel zweimal. Sahen Sie, wie er auf den Kopf fiel?

<u>Oberfeldwebel Marx:</u> Nein.

Als nächster sollte Major R. Hansen aus King William's Town in den Zeugenstand treten. Mr. Kentridge bat darum, daß das Gericht sich an die Reihenfolge für die Zeugenaussagen halten und Hauptmann Siebert aufrufen möge, der auch an dem Handgemenge mit Mr. Biko beteiligt gewesen war. Der Richter hielt sich an die Regelung, und Hauptmann Siebert wurde aufgerufen.

Hauptmann Siebert gab dem Gericht zwei Erklärungen, die eine vom 17. September, die andere vom 10. Oktober. In seiner ersten Erklärung wiederholte Hauptmann Siebert die Details, die in den anderen Aussagen enthalten waren. In seiner zweiten Erklärung sagte er, er habe die Beule auf Mr. Bikos Stirn nicht gesehen, aber es sei nicht auszuschließen, daß er sich diese Verletzung am 7. September zugezogen habe, als sie gezwungen waren, ihn zu überwältigen. Hauptmann Siebert sagte, daß Mr. Biko am 8. September normal und ohne Hilfe gehen konnte.

Nach Hauptmann Sieberts Aussage erklärte Mr. Kentridge dem Gericht: »Mit großem Erstaunen bemerke ich, daß mein gelehrter Freund Mr. von Lieres es abgelehnt hat, sich von diesem Zeugen eine vollständige Beschreibung dessen geben zu lassen, was in jenem Büro vorgefallen ist, so wie er es bei den anderen Zeugen getan hat. Darf ich auch Euer Ehren bitten, diese Tatsache zur Kenntnis zu nehmen.« Mr. Kentridge befragte Hauptmann Siebert über das dem Handgemenge vorausgegangene Verhör und erwähnte dabei, daß sich Mr. Biko beschwert haben solle, man schikaniere ihn und schüchtere ihn ein. Hauptmann Siebert sagte, das sei richtig.

Hauptmann Siebert bestätigte, daß Mr. Biko während dieses

Verhörs keine Unterlagen gezeigt wurden.

Er sagte, Mr. Biko sei zweimal gefallen – das erste Mal in der Nähe des Stuhles, auf dem er vorher saß, und das zweite Mal in der Nähe des Bettes, mit dem Gesicht nach unten. Mr. Kentridge befragte ihn über Major Snymans Eintragung in das Buch. Hauptmann Siebert sagte, er wisse nicht, daß diese Eintragung erfolgt sei. Mr. Kentridge las ihm die Eintragung vor und fragte ihn, ob sie wahr sei. Hauptmann Siebert sagte, es sei nicht auszuschließen, daß Mr. Biko mit dem Kopf gegen die Wand geschlagen sei.

Mr. Kentridge: Sahen Sie, wie er mit dem Kopf gegen die Wand stieß?

Hauptmann Siebert: Nein.

(Vertagung)

Dritter Tag: Mittwoch, 16. November 1977

Mr. Kentridge fuhr mit dem Kreuzverhör von Hauptmann Siebert fort und fragte ihn, ob er gehört habe, daß irgend jemand seinem befehlshabenden Offizier (Oberst Goosen) mitgeteilt habe, daß Mr. Biko am Vormittag des 7. September bei einem Verhör in Port Elizabeth mit dem Kopf gegen die Wand geschlagen sei.

Hauptmann Siebert: Ich kann mich nicht erinnern.

Mr. Kentridge: Sie selbst sagten Oberst Goosen nicht, daß er sich den Kopf angeschlagen hatte?

Hauptmann Siebert: Möglicherweise.

Mr. Kentridge: Sie könnten es getan haben, aber *haben* Sie es getan?

Hauptmann Siebert: Nein, das kann ich nicht behaupten.

Hauptmann Siebert sagte, er habe gegenüber dem untersuchenden Offizier, Generalmajor Kleinhaus, deshalb nicht erwähnt, daß Biko während des Verhörs zweimal hingefallen war, weil er sich an die Erklärung halten wollte, die er vorher Oberst Goosen gegeben hatte. In seiner Erklärung an General Kleinhaus habe er nur auf Fragen geantwortet, die man ihm gestellt hatte.

Am Vormittag des 11. September hatte man ihm und bestimmten anderen Polizisten gesagt, sie sollten Mr. Biko in einem Landrover ins Gefängnis Pretoria überführen.

Hauptmann Siebert: Man sagte mir, daß die Ärzte nicht feststellen konnten, daß ihm etwas fehle, und daß die örtlichen Krankenhäuser nicht die nötigen Einrichtungen hätten, und daß er deshalb nach Pretoria zur Beobachtung und Untersuchung müßte.

Mr. Kentridge: Warum wurde er nicht in einem Krankenwagen dorthin gebracht?

Hauptmann Siebert: Man versuchte, ein Flugzeug für seine Überführung nach Pretoria zu bekommen, aber es war keines zu haben. Deshalb wurde der Landrover benutzt.

Mr. Kentridge: Geschah es, um zu vermeiden, daß Leute außerhalb der Polizei zu ihm Zugang hatten?

Hauptmann Siebert: Nein. Verschiedene Ärzte untersuchten ihn, und meiner Meinung nach hätten sie seinen Transport nicht gestattet, wenn sein Zustand es nicht erlaubt hätte.

(Mr. Biko wurde hinten in den Landrover hineingeworfen und lag auf einigen Zellenmatten.)

Mr. Kentridge: Was hatte er an?

Hauptmann Siebert: Er war nackt.

Auf weitere Fragen antwortete Hauptmann Siebert, daß man Mr. Biko als sich in einem halb besessenen Zustand befindlich betrachtet habe. In dem abgegrenzten Teil des Landrovers mit den Sitzen wäre es noch schwieriger gewesen, ihn unter Kontrolle zu halten, als es im Verhörraum gewesen war.

Mr. Kentridge: Haben Ihnen ganz einfache menschliche Aspekte gar nichts bedeutet?

Hauptmann Siebert: Ich glaube doch.

Mr. Kentridge: Laut Oberst Bothma (vom Prisons Department in Pretoria) sagten Sie ihm, daß Mr. Biko vier Jahre Medizin studiert habe, daß er Yogaübungen mache, und daß es ihm leichtfiele, andere Leute zu täuschen. Haben Sie das gesagt?

Hauptmann Siebert: Es ist möglich, daß ich das gesagt habe.

Mr. Kentridge: Was veranlaßte Sie, Oberst Bothma das zu sagen?

Hauptmann Siebert: Ich glaube nicht, daß ich ihm sagte, daß es ihm leichtfiele, andere Leute zu täuschen.

Hauptmann Siebert sagte, er selber habe geglaubt, daß Mr. Biko simuliere, aber jetzt glaube er es nicht mehr.

Mr. Kentridge: Ein anderer Gefängnisoffizier, Oberst Dorfling, erklärte, Sie hätten ihm gesagt, Mr. Biko sei in Hungerstreik getreten.

Hauptmann Siebert: Ich sagte, ich hätte gesehen, daß er sich weigerte zu essen.

Mr. Kentridge: Oberst Bothma erklärte auch, daß Sie ihm gesagt hätten, daß Mr. Biko seit seiner Verhaftung nichts gegessen habe.

Hauptmann Siebert: Das bestreite ich. Ich habe Mr. Biko ja erst am 6. September das erste Mal gesehen.

Mr. Kentridge: Oberst Dorfling sagte ferner, Sie hätten ihm gesagt, Mr. Biko sei Medizinstudent und mache Yogaübungen. Er hat das so aufgefaßt, als ob Mr. Biko eine Krankheit vortäuschen könne.

Hauptmann Siebert: Er wurde von zwei Ärzten untersucht, die nichts Negatives feststellen konnten.

Mr. Kentridge: Ich möchte wissen, warum Sie sich so viel Mühe gegeben haben, den beiden Obersten mitzuteilen, daß Mr. Biko simuliere?

Hauptmann Sieberts Antwort war nicht zu hören.

Auf die Frage, ob er Oberst Dorfling gesagt habe, daß Mr. Biko eine aggressive Natur besitze und daß er vor seinem Hungerstreik mit einem Stuhl nach einem Major geworfen habe, antwortete Hauptmann Siebert: »Ich sagte, er habe mit einem Stuhl nach ihm geworfen. Was den Hungerstreik angeht, so glaube ich, daß der Oberst sich irrt.« Hauptmann Siebert sagte, daß sich Mr. Bikos Zustand nicht von dem am Vorabend unterschied, als er ihn den Gefängnisbehörden in Pretoria übergab.

Mr. Kentridge: Der Krankenpfleger, dem Sie Mr. Biko übergaben, Unteroffizier Pretorius, sagte, er sähe todkrank aus. Der Pfleger hatte recht, nicht wahr?

Hauptmann Siebert: Rückblickend schon.

Mr. Kentridge: Der Pfleger sagte auch, einer der Sicherheitspolizisten habe ihm gesagt, daß Mr. Biko Medizin und Yoga studiere.

Was sollte das – die Mediziner auf die falsche Fährte bringen?
Hauptmann Siebert: Das war nicht meine Absicht.

Auf andere Fragen antwortete Hauptmann Siebert, seiner Ansicht nach habe Mr. Biko, um weitere Verhöre zu vermeiden, Krankheit simuliert.

Dann beschrieb ein Sicherheitspolizist aus King William's Town, wie Mr. Biko einen anderen Sicherheitspolizisten, der ihm Fragen stellte, ohrfeigte. Der Polizist, Major Hansen, sagte, er habe Mr. Biko seit Anfang 1975 gekannt. Mr. Biko hatte sich oft darüber beschwert, daß die Sicherheitspolizei ihn und andere Mitglieder der Black-Power-Organisationen schikaniere.

Am 31. August 1976 wurde Mr. Biko bei Mrs. E. Mtintso verhaftet und zur Befragung festgehalten. Major Hansen beschrieb einen Vorfall, der sich dabei ereignete: »Als wir beim Büro der Sicherheitspolizei in King William's Town ankamen, gab ich Oberfeldwebel Hattingh Anweisungen, die Personalien aufzunehmen, während ich die Verhaftung meldete. Nach einer Weile kam Oberfeldwebel Hattingh und sagte mir, Mr. Biko würde frech und weigere sich, die erforderlichen Angaben zu machen. Ich ging mit Oberfeldwebel Hattingh ins Büro zurück, wo Mr. Biko war. Ich sagte Mr. Biko, er solle nicht kindisch sein und seine Personalien angeben. Als Oberfeldwebel Hattingh ihm eine Frage stellte, sprang Mr. Biko an mir vorbei und versetzte Oberfeldwebel Hattingh mit der offenen rechten Hand einen heftigen Schlag auf die linke Backe und schlug auch mit der geballten Faust auf Oberfeldwebel Hattingh ein. Oberfeldwebel Hattingh wehrte den Schlag ab, und ich packte Mr. Biko von hinten. Dabei fragte ich ihn, was er denn tue. Plötzlich beruhigte er sich und sagte: ›Verzeihung, Hauptmann, ich vergaß mich.‹«

Auf die Frage Mr. Kentridges, ob Oberfeldwebel Hattingh irgend etwas getan habe, um Mr. Biko zu provozieren, sagte Major Hansen: »Nicht, daß ich wüßte.« Auf die Frage, ob Oberfeldwebel Hattingh Mr. Biko wegen tätlichen Angriffs angezeigt habe, sagte Major Hansen, er habe Oberfeldwebel Hattingh geraten, zu jenem Zeitpunkt ihn nicht wegen tätlichen Angriffs anzuzeigen, da bestimmte Beschuldigungen gerade untersucht würden, die

Mr. Biko und Mr. Donald Woods, den Herausgeber des *Daily Dispatch*, beträfen. Mr. Kentridge fragte, ob es nicht deshalb gewesen sei, weil er (Hattingh) dann einem Kreuzverhör unterzogen worden wäre? Major Hansen verneinte dies.

Major Hansen sagte weiter, daß er nach Mr. Bikos Tod eine Erklärung und eine schriftliche Aussage über die Vorfälle in King William's Town abgegeben habe, weil er dazu aufgefordert worden sei.

Mr. Kentridge: Bat man Sie, Mr. Bikos Angriff auf Mr. Hattingh zu schildern? Hat man das verlangt?

Major Hansen: Ja, aber man sagte nicht, warum man es wollte. In der schriftlichen Aussage sollte ich Mr. Bikos Charakter beschreiben.

Mr. Kentridge: Mr. Biko wurde einmal 101 Tage in Gewahrsam gehalten, und danach wurde keine Anklage erhoben. Wissen Sie darüber Bescheid?

Major Hansen: Ich weiß, daß er festgehalten wurde, möglicherweise für diese Zeitspanne. Es wurde keine Anklage erhoben.

Der nächste Zeuge war Oberst P. J. Goosen, der Chef der Sicherheitspolizei im Ostkap. Er sagte, die Sicherheitspolizei betrachtete Mr. Biko aufgrund ihrer Informationen schlicht und einfach als einen Terroristenführer in Südafrika. Einer schriftlichen Aussage, die er am 17. September gemacht hatte, fügte Oberst Goosen hinzu: »Am 9. September, ungefähr um 7.30 Uhr, erstattete mir Major Snyman Bericht, daß Mr. Biko sehr aggressiv geworden sei, ihm einen Stuhl an den Kopf geworfen und Oberfeldwebel Beneke mit den Fäusten angegriffen habe. Ein bestimmtes Maß an Gewalt mußte angewandt werden, um ihn zwecks Wiederanlegung der Handschellen zu überwältigen. Ich besuchte sofort Mr. Biko. Er saß auf seiner Schlafmatte, die Hände in Handschellen und die Fußeisen an einem Eisengitter befestigt. Ich bemerkte eine Anschwellung auf seiner Oberlippe. Er hatte einen wilden Ausdruck in den Augen. Ich sprach ihn an, aber er ignorierte mich.«

Oberst Goosen habe dann sofort versucht, telefonisch mit dem Bezirkschirurgen, Dr. Lang, in Verbindung zu treten. Nach einigen anderen Telefonaten habe er Dr. Lang eine Nachricht hinterlassen. Dr. Lang habe dann später am selben Morgen zurückgerufen. Ungefähr um 9.30 Uhr sei er ins Büro gekommen. Oberst Goosen fuhr fort: »Ich gab ihm eine kurze Zusammenfassung von Mr. Bikos persönlichem Hintergrund und bat ihn, den Häftling zu untersuchen. Nachdem Dr. Lang ihn untersucht hatte, gab er mir folgenden Bescheid: ›Hiermit wird bezeugt, daß ich auf Wunsch Oberst Goosens von der Sicherheitspolizei, der sich beschwert, daß Steve Biko nicht spricht, Letztgenannten untersucht habe. Ich habe bei dem Häftling keinen Hinweis auf irgendeine Anomalität und keinen pathologischen Befund feststellen können.‹ Unterschrift: Dr. Lang. Zeit: 10.10 Uhr, 7. September 1977.«

Auf einen Bericht Major Fischers, des Leiters des zweiten Verhörteams, hin besuchte Oberst Goosen Mr. Biko am 7. September um 21.15 Uhr wieder. Er erklärte: »Ich sprach Mr. Biko an. Wieder murmelte er Unverständliches. Zu diesem Zeitpunkt war ich wirklich der Meinung, daß uns Mr. Biko an der Nase herumführte, da weder der Bezirksarzt noch ich irgendwelche Verletzungen oder Anzeichen von Krankheit feststellen konnten. Während ich im Büro war, fragte ich noch einmal nach, ob Mr. Biko irgend etwas gegessen oder getrunken habe. Man berichtete mir, daß er sich grundsätzlich weigere, zu essen oder zu trinken. Als ich am Vormittag des 8. September in mein Büro kam, sah ich sofort nach Mr. Biko. Er lag auf den Zellenmatten. Ich sprach ihn an. Er murmelte. Ich rief sofort Dr. Lang an und bat ihn, herzukommen, um Mr. Biko noch mal zu untersuchen, da er nicht auf unsere Fragen reagiere. Ungefähr um 12.55 Uhr meldeten sich der oberste Bezirksarzt, Dr. Tucker, und Dr. Lang bei mir im Büro. Ich beschrieb ihnen kurz Mr. Bikos Zustand und äußerte mich abermals besorgt darüber, daß er nichts aß und trank. Beide Ärzte untersuchten dann Mr. Biko. Nach der Untersuchung sagte mir Dr. Tucker, daß keiner von ihnen an Mr. Biko etwas physisch Anomales gefunden habe. Dr. Tucker schlug vor, daß man Mr. Biko irgendwohin bringen solle, wo bessere Einrichtungen für eine gründliche Untersuchung zur Verfügung stünden, und daß man einen Spezialisten konsultieren solle.« Dann wurde die Überführung Mr. Bikos in ein Gefängnisspital veranlaßt, wo ein Facharzt, Dr. Hersch, ihn untersuchen konnte. Später am Abend wurde Mr. Biko von Dr. Hersch und Dr. Lang untersucht.

»Nach der Untersuchung teilte mir Dr. Hersch mit, daß er, genau wie Dr. Lang und Dr. Tucker vor ihm, an Mr. Biko nichts physisch Anomales feststellen konnte. Wir einigten uns dann, daß Mr. Biko zur Beobachtung im Gefängnisspital behalten würde, damit Dr. Hersch am Vormittag des 9. September weitere Tests an ihm durchführte, einschließlich eines lumbalen Einstiches. Am 9. September teilte mir Dr. Lang telefonisch mit, daß die Lumbalpunktion gemacht worden sei und daß er Mr. Biko zur weiteren Beobachtung noch gerne im Spital behalten würde. Am 11. September teilte mir Dr. Lang telefonisch mit, daß weder er, noch Dr. Tucker, noch Dr. Hersch bei Mr. Biko irgend etwas physisch Anomales feststellen könnten, und daß ich ihn wieder nach Walmer ins Gefängnis zurückholen sollte. Die nötigen Vorbereitungen wurden mit Major Fischer getroffen. Am 11. September, ungefähr um 14.00 Uhr, bat mich Major Fischer telefonisch, ins Polizeirevier Walmer zu kommen, wo man mir Bericht erstattete. Ich besuchte Mr. Biko in seiner Zelle. Er lag auf seinen Zellenmatten und atmete einigermaßen unregelmäßig. Seine Lippen waren von etwas Schaum bedeckt. Ich rief sofort Dr. Tucker an und bat ihn, herzukommen und Mr. Biko zu untersuchen. Dr. Tucker untersuchte Mr. Biko um 15.20 Uhr. Wir waren beide besorgt, da keine mögliche Krankheit diagnostiziert werden konnte. Es wurde gemeinsam beschlossen, Mr. Biko in eine Anstalt zu bringen, in der alles für eine gründliche ärztliche Untersuchung Nötige vorhanden war. Ich teilte Brigadegeneral Zietsman vom Sicherheitspolizei-Hauptquartier in Pretoria telefonisch die Lage der Dinge mit. Ich erhielt Anweisung, Mr. Biko ins Zentralgefängnis in Pretoria zu überführen, jedoch sollte ich erst feststellen, ob irgendwelche Militärflugzeuge zur Verfügung stünden. Wenn dem nicht so sei, sollte ich einen Wagen benützen, falls der oberste Bezirksarzt dagegen nichts einzuwenden hätte.

Keine militärische oder andere Maschine stand zur Verfügung. Ich besprach mich mit Dr. Tucker, der keine Einwände dagegen hatte, daß man Mr. Biko überland nach Pretoria brachte, vorausgesetzt, wir gaben ihm eine Matratze oder irgend etwas anderes Weiches zum sich Drauflegen. Brigadegeneral Zietsman wurde erneut telefonisch informiert, und alles Nötige wurde veranlaßt, um Mr. Biko so schnell wie möglich von Hauptmann Siebert, Leutnant Wilken, Oberfeldwebel Fouche und Unteroffizier Nieuwoudt im bequemen Landrover unseres Reviers nach Pretoria bringen zu lassen. Am 11. September, ungefähr um 18.30 Uhr, teilte mir Hauptmann Siebert telefonisch mit, daß sie jetzt mit Mr. Biko nach Pretoria aufbrechen würden. Ich tat alles, was ich konnte, um Mr. Bikos Komfort und Gesundheit in der Haft zu gewährleisten.«

Oberst Goosen sagte, daß Mr. Biko in den Polizeizellen nackt und in Ketten gehalten worden sei, um ihn daran zu hindern, Selbstmord zu begehen oder zu entkommen. »Wer gibt Ihnen das Recht, einen Mann 48 Stunden lang oder noch länger in Ketten zu legen?« fragte Mr. Kentridge. Oberst Goosen sagte, als Divisionskommandeur habe er die Befugnis, das mit einem Mann, der unter Berufung auf Abschnitt 6 des Terrorism Act festgehalten wird, zu tun, um ihn davon abzuhalten, Selbstmord zu begehen oder sich zu verletzen.

Mr. Kentridge: Woher haben Sie diese Befugnis? Zeigen Sie mir ein Stück Papier, das Sie berechtigt, einen Mann in Ketten zu legen – oder stehen Sie und Ihre Leute über dem Gesetz?

Oberst Goosen: Wir sind dazu berechtigt. Es bleibt meinem Urteil überlassen.

Mr. Kentridge: Mit welcher gesetzlichen Befugnis?

Oberst Goosen: Wir brauchen keine gesetzliche Befugnis.

Mr. Kentridge: Sie brauchen keine gesetzliche Befugnis? Haben Sie vielen Dank, Oberst, genau das haben wir immer angenommen.

Mr. Kentridge fragte, warum man in der Nacht vom 6. September Mr. Biko in den Büros der Sicherheitspolizei in Ketten gehalten habe, anstatt ihn zurück in seine Zelle im Walmerschen Polizeirevier zu schicken. Oberst Goosen sagte, in den Büros existierten ausreichende Schlaf- und Toiletteneinrichtungen; Mr. Biko hätte versuchen können, zu entkommen; wenn man ihn transportiert hätte, hätte es Befreiungsversuche geben können.

Oberst Goosen fügte hinzu, daß Mr. Biko in Ketten gelegt wurde, weil nicht alle Büros einbruchssicher seien.

Mr. Kentridge: Würden Sie einen Hund auf diese Weise 48 Stunden lang anketten? Ich will wissen, was für ein Mensch Sie sind.

Oberst Goosen: Wenn ich ihn als absolut gefährlich betrachtet hätte, hätte ich das getan.

Mr. Kentridge: Man teilt uns mit, daß Mr. Biko in den Polizeizellen in Walmer nackt bleiben mußte. Können Sie das bestätigen? Man sagt auch, daß das auf Ihren Befehl hin geschah.

Oberst Goosen: Das trifft zu.

Auf die Frage, ob er befürchte, daß Festgehaltene sich mit Kleidungsstücken aufhängen könnten, sagte Oberst Goosen, daß es in jüngster Zeit zwei Fälle gegeben habe, bei denen sich Häftlinge mit zerrissenen Hemden und anderen Kleidungsstücken erhängt hätten.

Mr. Kentridge: Gibt es irgendeinen Grund, warum ein Mann keine Unterhosen anhaben darf?

Oberst Goosen: Einen ganz bestimmten Grund: um Selbstmord auszuschließen.

Mr. Kentridge: Hat sich ein Mann je bei Ihnen mit Streifen erhängt, die er aus seinen Decken herausgerissen hat?

Oberst Goosen: Ich glaube nicht, daß es bei mir in dreiundzwanzig Jahren einen Fall gegeben hat, wo das passiert ist. Decken sind für Ausbrüche verwendet worden.

Oberst Goosen sagte, es seien ihm keine Behauptungen der Special Branch bekannt, wonach sich Männer mit ihren Decken erhängt hätten, und er konnte keinen Kommentar dazu geben, ob er das für möglich hielt. Dann sagte der Richter, Mr. Prins: »Es geht darum, ob Sie es je für möglich gehalten haben, daß sich jemand mit einer Decke umbringen könnte.« Oberst Goosen erwiderte: »Darüber habe ich nie nachgedacht.« Auf die Frage, ob er Befehl gegeben habe, Mr. Biko im Gefängnisspital nackt zu lassen, sagte Oberst Goosen, daß er sich nicht daran erinnern könne, einen derartigen Befehl gegeben zu haben. Auf die Frage, ob er wisse, ob Mr. Biko im Gefängnisspital Kleidungsstücke gehabt habe, sagte Oberst Goosen, er habe gewußt, daß Mr. Biko unter anderem einen Schlafanzug besessen habe.

Oberst Goosen sagte, daß Nachforschungen Mr. Biko in einen Zusammenhang mit dem Abfassen, Tippen, Vervielfältigen und Verteilen einer umstürzlerischen Flugschrift gebracht hätten, die in der Nacht des 17. August in einigen der townships von Port Elizabeth verteilt worden seien. »Wäre er noch am Leben, hätte man gegen den Verstorbenen ganz sicher Anklage erhoben.«

Oberst Goosen äußerte die Vermutung, daß sich Mr. Biko seine tödliche Kopfverletzung während seines Gefängisspitalaufenthalts in Port Elizabeth am 8. oder 9. September zugezogen haben müsse. Er wußte, daß man Mr. Biko dort zweimal im Bad und einmal auf dem Fußboden vor seinem Bett gefunden hatte. Er sagte: »In Anbetracht der Tatsache, daß sich diese Vorfälle in der Nacht vom 8. oder 9. September ereigneten, möchte ich den ernsten Verdacht aussprechen, daß sich der Verstorbene seine Stirnwunde und die Gehirnverletzung möglicherweise zur Zeit dieser Vorfälle zugefügt hat. Der Verstorbene schien es auf die Selbstvernichtung abgesehen zu haben, sogar mit seiner Atmungsmethode während der Haft.«

Oberst Goosen sagte auch, daß Mr. Biko absichtlich auf anomale Art und Weise geatmet hätte; später sei das von Dr. Lang als Hyperventilation diagnostiziert worden. Diese Methode, die von Tiefseetauchern angewendet wird, um so viel Sauerstoff wie möglich zu bekommen, könne gefährlich sein, da sie zur Euphorie und sogar zum Tode führen könne; das habe er in medizinischen Büchern gelesen. »Diese Tatsache und die Tatsache, daß der Verstorbene bekleidet in einer gefüllten Badewanne gefunden worden ist – scheinbar ein Selbstmordversuch –, könnte darauf zurückzuführen sein, daß er vielleicht den Kopf fest gegen die Badewanne geschlagen und dadurch die Gehirnverletzung verursacht hat«, sagte Oberst Goosen.

(Vertagung)

Vierter Tag: Donnerstag, 18. November 1977

Das Kreuzverhör Oberst Goosens wurde fortgeführt. Mr. Kentridge sagte, wie er höre, sei es Mr. Biko während seines Aufenthaltes in den Walmerschen Polizeizellen nicht gestattet gewesen, sich Bewegung zu verschaffen, auf Anweisung Oberst Goosens hin. Oberst Goosen erwiderte, man interpretiere ihn falsch. Mr. Biko sei in einer Zelle allein gewesen und hätte dadurch genügend frische Luft gehabt. Er gab zu, daß man Mr. Biko nicht aus der Zelle hinausgelassen hatte.

Mr. Kentridge sagte, daß in dem Befehl, aufgrund dessen Mr. Biko festgehalten würde, bestimmt spezielle Klauseln enthalten waren, wonach er von niemandem besucht werden und von draußen keine Lebensmittel und keine Lektüre erhalten durfte. Der Befehl schrieb auch vor, daß Mr. Biko als Untersuchungsgefangener behandelt werden sollte.

Laut Gefängnisbestimmungen sollte es Gefangenen, die an der frischen Luft keine Arbeit verrichteten, gestattet sein, sofern es das Wetter erlaubte, eine Stunde täglich an die Luft zu gehen, sagte Mr. Kentridge. Oberst Goosen sagte, seine Anweisungen hätte er gegeben, um zu verhindern, daß Mr. Biko mit irgend jemandem draußen in Kontakt trete. Mr. Kentridge fragte ihn: »Wer gab Ihnen das Recht, eine gesetzliche Regelung zu mißachten?« Mr. van Rooyen, für die Polizei, erhob Einspruch und sagte, die Frage hätte nichts mit der Todesursache zu tun, sondern wäre Teil eines Verleumdungsfeldzuges gegen die Sicherheitspolizei. Die Untersuchung solle nicht als ein Forum für Propaganda gegen die Sicherheitspolizei benützt werden. Sie sei nur dazu da, um zu ergründen, ob jemand für Mr. Bikos Tod verantwortlich gemacht werden könne. »Da die ganze Welt erfährt, was in diesem Saal vorgeht, geht das ein wenig zu weit«, sagte er.

Mr. M. J. Prins, der vorsitzende Richter, sagte, Mr. Bikos Geisteszustand während seiner Haft sei schon eine wichtige Sache. Zu beachten sei auch, daß vielleicht mit Absicht eine bestimmte Gemütsverfassung hergestellt wurde, die schließlich Mr. Bikos Erregung auslöste.

Mr. van Rooyen sagte, die Frage, ob Mr. Biko sich an der frischen Luft fit halten durfte, sei schon von Bedeutung, aber die Frage an Oberst Goosen, ob seine Anweisungen von den allgemeinen Vorschriften abwichen, hätte nichts mit Mr. Bikos Geisteszustand zu tun und sollte nicht erlaubt sein.

Mr. Kentridge sagte: »Ich glaube nicht, daß Euer Ehren irgendeine Kritik an der Sicherheitspolizei gehört hat, außer an der in Port Elizabeth oder an der, die mit Mr. Biko zu tun hatte. Ich hätte eigentlich erwartet, daß sich die Polizei von diesen Mitgliedern distanziert.« Bei seiner gesamten Fragestellung ginge es ihm darum, zu zeigen, daß man Mr. Biko damit fertiggemacht habe, daß man ihn nackt in der Zelle liegen ließ. Seine Fragen über den Gebrauch von Ketten, das Versäumnis, Mr. Biko die Gelegenheit zu geben, sich fit zu halten, und über das Versäumnis, außergewöhnliche Vorfälle in dem dafür bestimmten Buch festzuhalten, würden gestellt, um zu zeigen, daß sich die Sicherheitspolizei bei ihrer Behandlung von Mr. Biko nicht um das Gesetz geschert und sich nicht dazu verpflichtet gefühlt habe, sich an Verordnungen zu halten. Es interessiere ihn nicht, wie Oberst Goosen andere Gefangene behandele; er wolle nur zeigen, daß sich Oberst Goosen in diesem Falle nicht um die klaren gesetzlichen Vorschriften gekümmert habe. Eine Anzahl von Zeugen der Polizei hätten ausgesagt, daß ihr Verhalten auf keine Weise gesetzwidrig gewesen sei. Der Richter müsse selbst entscheiden, mit was für Menschen er es hier zu tun habe.

Mr. Kentridge bezog sich dann auf Oberst Goosens schriftliche Zeugenaussage, in der es hieß, daß Dr. Tucker (der oberste Bezirksarzt von Port Elizabeth) am 8. September in sein Büro gekommen sei, um Mr. Biko zu untersuchen. Der Oberst hatte ausgeführt, daß er den Ärzten seine Vermutungen mitgeteilt habe. Mr. Kentridge wollte wissen, was für Vermutungen das waren.

Oberst Goosen: Ich teilte ihnen mit, was ich hinsichtlich von Mr. Bikos Weigerung, irgendwelche Nahrung zu sich zu nehmen, vermutete. Hier hatten wir einen Menschen, der sich weigerte, zu reagieren oder zu sprechen, und der nicht die Toilette benutzte. Das war ein unnatürliches Verhalten. Ich konnte nicht akzeptieren, daß das das Verhalten einer normalen Person sei. Ich glaubte immer noch, er simuliere. Ich hatte in so etwas schon Erfahrung.

Mr. Kentridge: Wenn ein Mann drei Tage nicht auf die Toilette geht, halten Sie das für Simulieren?

Oberst Goosen: Er hatte keine Flüssigkeit zu sich genommen. Ich dachte, das Bedürfnis sei dann nicht so stark. Ich bin nur ein Laie. Dieser Mann war in meiner Obhut. Ich war für ihn verantwortlich.

Oberst Goosen sagte, er hätte den Ärzten nie gesagt, daß er glaube, Mr. Biko simuliere. Er hatte Dr. Lang gerufen, und Dr. Lang kam mit Dr. Tucker, weil er es für nötig hielt, ein zweites Gutachten zu hören. Es ist möglich, sagte Oberst Goosen, daß er Dr. Tucker gesagt habe, er befürchte, Mr. Biko habe vielleicht einen Schlaganfall erlitten. Nach der ärztlichen Untersuchung, so der Oberst, war er immer noch überzeugt, daß Mr. Biko eine Krankheit vortäuschte. Später war er sich nicht mehr so sicher. Er hatte seine Zweifel und wollte hundertprozentig sichergehen. Er wußte, daß es am 8. eine gewaltsame Auseinandersetzung gegeben hatte, aber er wußte nicht genau, was für Verletzungen es gegeben haben konnte.

Mr. Kentridge: Machten Sie sich Sorgen, daß Mr. Biko sich eine Kopfverletzung zugezogen haben könnte?

Oberst Goosen: Zu dem Zeitpunkt achtete ich nicht darauf. Ich wußte es nicht genau. Aber ich mußte mit dieser Möglichkeit rechnen.

Mr. Kentridge: Warum erwähnten Sie das gegenüber den Ärzten? Konnten Sie irgendwie sicher sein, daß er einen Schlaganfall erlitten hatte? Sie sagten den Ärzten, daß Sie sich wegen eines Schlaganfalls Sorgen machten, aber nie wegen einer Kopfverletzung.

Oberst Goosen sagte, daß die Tatsache, daß Mr. Bikos Sprachvermögen beeinträchtigt war, ihn einen Schlaganfall vermuten ließ.

Mr. Kentridge: Ich glaube eher, daß Sie wußten, daß sich Mr. Biko eine Kopfverletzung zugezogen haben könnte, aber daß Sie die Ärzte davon ablenken wollten.

Oberst Goosen: Das stimmt nicht.

Oberst Goosen sagte, daß Mr. Biko immer noch an Händen und Füßen in Ketten war, als die Ärzte kamen. Nachdem sie gegangen waren, wurde er wieder in Ketten gelegt.

Mr. Kentridge: Sind wir uns darin einig, daß er zu jenem Zeitpunkt eine Gehirnverletzung hatte?

Oberst Goosen: Ich weiß jetzt, daß es möglich war.

Mr. Kentridge: Ich stelle fest, daß man einen Mann mit einer Gehirnverletzung 48 Stunden lang in Ketten daliegen ließ.

Oberst Goosen: Wenn ich zu jenem Zeitpunkt gewußt hätte, daß er an einer Gehirnverletzung litt, hätte ich es nicht getan.

Mr. Kentridge: Sie geben selber zu, daß Sie nicht wußten, was Mr. Biko fehlte, und trotzdem ließen Sie ihn auf der Matte liegen.

Oberst Goosen: Die Ärzte konnten nichts Negatives feststellen.

Mr. Kentridge: Das stimmt nicht ganz. Dr. Tucker war besorgt genug, um vorzuschlagen, man solle Mr. Biko in einem Gefängnisspital von einem Facharzt untersuchen lassen. Und trotzdem haben Sie ihn auf der Matte liegen lassen.

Oberst Goosen: Ich war für diesen Mann verantwortlich. Ich hatte guten Grund zu glauben, er simuliere. Deshalb mußte ich ihn so behandeln.

Mr. Kentridge: Für Ihr Verhalten gibt es gute Präzedenzfälle. Wenn ich richtig informiert bin, ist das genau die Art und Weise, in der im 18. Jahrhundert Geisteskranke behandelt wurden.

Hier stand Mr. van Rooyen auf und sagte, dies sei die Art von Bemerkung, die Schlagzeilen hergebe und die nicht zugelassen werden dürfe.

Mr. Kentridge erwiderte: »Wir machen keinen Hehl daraus, daß wir feststellen werden, daß Mr. Biko mit äußerster Gefühllosigkeit behandelt wurde. Wenn Mr. Biko anständig behandelt worden wäre, wäre er vielleicht gar nicht gestorben.« Mr. Prins intervenierte. Mr. Biko hätte zu jenem Zeitpunkt vielleicht noch keine Kopfverletzung gehabt, sagte er. Mr. Kentridge sagte dann, daß er solche Kommentare unterlassen werde, bis er sein Plädoyer halte.

Er warf Oberst Goosen vor, daß Mr. Biko zwischen dem Vormittag des 7. September und dem Zeitpunkt, zu dem er aus dem Gewahrsam der Sicherheitspolizei entlassen wurde, nicht einmal einen Klacks Salbe für seine angeschwollene Lippe erhalten habe. Oberst Goosen sagte, als er Mr. Biko ins Krankenhaus habe transportieren lassen, habe dieser nicht mehr unter seiner Befehlsgewalt gestanden, sondern sei den Gefängnisvorschriften unterworfen gewesen; trotzdem sei der Wunsch geäußert worden, daß man Mr. Biko während seines Krankenhausaufenthaltes isoliert halte. Während er die Verantwortung für Mr. Biko getragen habe, hätten diesen zwei Ärzte untersucht, und das Verschreiben von Medikamenten sei deren Sache gewesen.

Mr. Kentridge wies dann darauf hin, daß Dr. Lang am 7. sogar bemerkt hatte, daß Mr. Bikos Knöchel angeschwollen waren. Oberst Goosen erwiderte, daß er selbst Kratzer an Mr. Bikos Handgelenken und Knöcheln gesehen habe. Das sei nichts Unnatürliches. Er sagte, Mr. Biko hätte sich wenige Stunden zuvor wie ein Wahnsinniger gegen seine Ketten gewehrt. Oberst Goosen sagte, daß er immer noch glaube, er habe alles mögliche für das Wohlbefinden Mr. Bikos in der Haft getan.

»Am 8. ist Mr. Biko erst nach Einbruch der Dunkelheit ins Gefängnis von Port Elizabeth gebracht worden. Sie gaben Oberst Bothma, dem Gefängnisdirektor, ganz bestimmte Anweisungen«, sagte Mr. Kentridge. Oberst Goosen erwiderte, er habe Oberst Bothma das Vorgefallene kurz umrissen. Er habe Oberst Bothma gebeten, Mr. Biko zur Beobachtung dazubehalten und darauf zu achten, daß er nicht mit anderen Gefangenen Kontakt aufnehme. Mr. Kentridge zitierte dann Oberst Bothma; dieser habe gesagt, daß Oberst Goosen ihm Anweisungen gegeben habe, Mr. Biko nur von weißen Mitgliedern der Polizei bewachen zu lassen. Er habe Oberst Goosen gefragt, ob er den schwarzen Mitgliedern der Polizei nicht traue. Oberst Goosen habe erwidert, daß dies gemäß einem seiner Dauerbefehle in allen derartigen Haftfällen zu geschehen habe. Schwarze Polizisten stünden nicht immer zur Verfügung. Das Gefängnisspital sei mit Weißen bemannt gewesen, und dieser Befehl sei erteilt worden, um das Weiterleiten von Nachrichten zu unterbinden.

Mr. Kentridge: Läßt das, zusammen mit der Tatsache, daß Mr. Biko erst nach Einbruch der Dunkelheit ins Gefängnis gebracht wurde, nicht vermuten, daß Sie es vermeiden wollten, daß irgend jemand von Mr. Bikos Leiden erfuhr?

Oberst Goosen: Unterkünfte für Untersuchungsgefangene mußten für Mr. Biko freigemacht werden. Ich mußte mich mit Oberst Bothma besprechen, und mir wurde gesagt, daß der Arzt sich Mr. Biko erst spät an jenem Abend ansehen könne.

Mr. Kentridge zitierte einschlägige Gefängnisvorschriften, in denen es hieß, daß die Gefängnisbehörden im Falle eines Todes, einer ernsten Krankheit oder einer Verletzung den nächsten Verwandten des Gefangenen verständigen müßten. Mr. Bikos Krankheit war ernst genug, um die Untersuchung durch einen Facharzt und die Überführung in ein Spital im 700 Meilen entfernten Pretoria zu rechtfertigen.

Mr. Kentridge: Warum haben Sie nicht seine nächsten Verwandten verständigt?

Oberst Goosen: Nachdem die Ärzte ihn untersucht hatten, waren sie der Meinung, daß ihm physisch nichts fehle. Ich sah keinen Grund, seine Familie zu unterrichten. Ich hatte guten Grund zu glauben, daß er simuliere.

Mr. Biko, sagte er außerdem, wurde lediglich zur Diagnose nach Pretoria geschickt.

Mr. Kentridge: Sie dachten, es sei alles in Ordnung, aber am Sonntagabend versuchten Sie, ein Flugzeug zu bekommen, um diesen Simulanten nach Pretoria zu schaffen?

Oberst Goosen: Daran sehen Sie ja, wie wir uns um ihn kümmerten. Auch wenn ein Gefangener nur Kopfweh hat, holen wir einen Arzt. Ich versuchte, Mr. Biko so bald wie möglich nach Pretoria zu bringen.

Mr. Kentridge: Wissen Sie, daß Dr. Hersch einen lumbalen Einstich vornahm und daß der Befund positiv war? Man fand rote Blutkörperchen in der Rückenmarksflüssigkeit.

Oberst Goosen: Soviel ich weiß, sagten die drei Ärzte, es fehle ihm nichts.

Mr. Kentridge: Wenn Ihnen alle diese Ärzte gesagt haben, es fehle ihm nichts, warum versuchten Sie dann, sich ein Militärflugzeug zu besorgen?

Oberst Goosen sagte, das zeige eben, wie bemüht sie gewesen seien, jede Kritik zu vermeiden.

Mr. Kentridge: Wenn Sie nichts zu verbergen hatten, hätten Sie doch eigentlich die reine Menschlichkeit und der Anstand dazu verleiten müssen, die Familie zu unterrichten.

Oberst Goosen: Die Umstände waren außergewöhnlich. Wir versuchten zu beweisen, daß Mr. Biko jemand ganz anderer war als der, der er zu sein schien. Hätten wir gewußt, daß er krank war, wäre die Familie unterrichtet worden.

Mr. Kentridge sagte, in seiner schriftlichen Aussage habe Oberst Goosen behauptet, daß Dr. Lang zu dem Schluß gekommen sei, daß Mr. Biko eine leichte Lähmung simuliere.

Oberst Goosen: Dr. Hersch und Dr. Lang sagten mir, sie könnten nichts physisch Anomales feststellen. Dadurch bestärkten sie mich in der Annahme, daß er seine Krankheit vortäusche.

Mr. Kentridge: In Ihrer schriftlichen Aussage geben Sie an, daß Sie anwesend waren, als Dr. Hersch Mr. Biko untersuchte. Dr. Lang war auch da. Sie sagen, daß er, als er von Dr. Lang und Dr. Tucker untersucht wurde, so tat, als ob sein einer Arm etwas schwach sei, obwohl er im Gefängnis so getan hatte, als ob sein anderer Arm etwas schwächer sei, aber daß Sie sich nicht erinnern könnten, um welchen Arm es ging.

Mr. Kentridge sagte, er könne in Dr. Langs Aussage keine Erwähnung davon finden, obwohl dies Oberst Goosen offenbar stark beeindruckt hatte.

Oberst Goosen: Ich kann mich nicht daran erinnern, welcher Arm es war, aber es fiel mir sofort auf, daß er den Arm gewechselt hatte. Es war nur eine Beobachtung. Ich machte deswegen keine Eintragung.

Mr. Kentridge: Das kann doch nicht wahr sein. Wenn es Ihnen so stark aufgefallen ist, müssen Sie doch eine Erinnerung daran haben? Ich finde es eigenartig, daß Sie nicht sagen können, um welchen Arm es sich handelte.

Mr. Kentridge erklärte, daß Dr. Tucker auch eine schriftliche Aussage gemacht hätte, in der er feststellte, daß Mr. Biko, als man ihn bat, seine Gliedmaßen zu bewegen, seine linken Extremitäten nicht richtig bewegen konnte.

Oberst Goosen: Bei Dr. Tuckers Untersuchung war ich nicht anwesend.

Mr. Kentridge: Ich werde klarstellen, daß diese Ihre Aussage eine freie Erfindung ist. Ich werde Ihnen sagen, warum. In Ihrer schriftlichen Ausage heißt es: »Es war zu bemerken, daß Mr. Biko während der von Dr. Lang und Dr. Tucker durchgeführten Untersuchung am 7. und 8. so tat, als ob einer seiner Arme etwas schwach sei.« Gestern sagten Sie uns, daß Sie nicht anwesend waren. Also muß diese Erklärung unwahr sein.

Oberst Goosen: Dr. Lang und Dr. Tucker kamen zu mir ins Büro, und es gab eine Diskussion. Ich wollte die Diagnose wissen. Während der Diskussion sagte man mir, daß er so getan habe, als ob ein Arm schwach sei. Dr. Lang wies mich im Gefängnis noch einmal darauf hin.

Mr. Kentridge: Warum hat Dr. Lang das nicht erwähnt?

Oberst Goosen: Er wird dazu vermutlich aussagen.

Mr. Kentridge: In seiner schriftlichen Aussage erklärte Dr. Lang, Mr. Biko habe Wasser und Essen verweigert und sei an allen vier Gliedmaßen schwach gewesen. Warum hätte er Ihnen etwas anderes sagen sollen, als er in seinem Bericht festgehalten hat?

Oberst Goosen sagte, daß dieses Gespräch sofort nach der Untersuchung geführt worden sei. Der Untersuchung durch Dr. Hersch und Dr. Lang habe er beigewohnt.

Mr. Kentridge sagte, dem Bericht zufolge stellte sich ein jeweils anderer Arm beim Prüfen der Reflexe als schwach heraus, die Ärzte hätten das jedoch als unerheblich angesehen. Man kann Reflexe nicht vortäuschen, sagte er. Er unterstellte Oberst Goosen, daß diese vermeintliche Diskrepanz eine Erfindung seinerseits sei.

Mr. Kentridge: In Ihrer schriftlichen Aussage sagten Sie, daß Mr. Biko zu dem Zeitpunkt, zu dem Sie beschlossen, ihn nach Pretoria zu schicken, von drei Ärzten untersucht worden sei, und daß die Ihnen versichert hätten, daß ihm nichts fehle und daß die allgemeine Ansicht die sei, daß er simuliere. Wollen Sie uns weismachen, daß Dr. Hersch auch nichts auszusetzen hatte?

Oberst Goosen: Ich hatte ein Gespräch mit Dr. Hersch. Ich wollte unbedingt seine Diagnose erfahren. Er sagte, er könne nichts physisch Anomales feststellen, und schlug vor, daß am folgenden Tag eine Lumbalpunktion vorgenommen werden solle.

Mr. Kentridge: Was veranlaßt Sie zu sagen, daß Dr. Hersch auch der Meinung war, daß Mr. Biko nichts fehle?

Oberst Goosen: Ich habe nicht gesagt, daß dies die generelle Meinung der Ärzte war. Ich gebe meine eigene Meinung wieder. Dr. Lang stimmte mir weitgehend zu.

Mr. Kentridge las den entsprechenden Absatz in der schriftlichen Aussage noch einmal vor. »Sollte das nicht Dr. Hersch einschließen?« fragte er. Oberst Goosen sagte, was er meine, sei, daß Dr. Lang dieser Ansicht gewesen sei, und daß andere Leute dieser Ansicht gewesen sein mögen. Dr. Lang habe ihm gesagt, daß weder er, noch Dr. Tucker, noch Dr. Hersch hätten feststellen können, daß Mr. Biko etwas fehle, und daß deshalb Mr. Biko ins Walmersche Polizeirevier zurückgebracht werden könne.

Mr. Kentridge: Hat Dr. Lang Ihnen je gesagt, daß Dr. Hersch der Meinung war, Mr. Biko simuliere?

Oberst Goosen: Nicht mit diesen Worten.

Mr. Kentridge: Es ist nicht geschehen, nicht wahr? Ich unterstelle Ihnen, daß Sie diese Äußerung in Ihrer schriftlichen Aussage gemacht haben in der Absicht, zu täuschen. Hat Ihnen Dr. Lang etwa nicht gesagt, daß Dr. Hersch rote Blutkörperchen im Rückenmark gefunden hatte? Was hat er Ihnen gesagt?

Oberst Goosen erwiderte, man hätte ihm gesagt, daß ein lumbaler Einstich vorgenommen worden sei und daß Dr. Lang und Dr. Hersch Mr. Biko im Gefängnisspital zur Beobachtung dabehalten wollten. Er sagte, er habe Befehl gegeben, Mr. Biko nach Pretoria zu bringen, weil dort eine richtige Untersuchung möglich wäre.

Mr. Kentridge: Warum nicht Port Elizabeth? Es gibt sehr gute Krankenhäuser in Port Elizabeth.

Oberst Goosen: In Anbetracht der Tätigkeiten Mr. Bikos und seines Charakters gab es gute Gründe, ihn nicht dort zu behalten.

Mr. Kentridge: In Krankenhäusern werden Gefangene doch oft rund um die Uhr bewacht? Ich weiß, daß Sie seinem Yogastudium große Bedeutung beigemessen haben. Hielten Sie ihn für einen Zauberer?

Oberst Goosen: Ich war immer noch der Ansicht, er simuliere. Ich hielt es für möglich, daß man ihm zur Flucht und zum Verlassen des Landes verhelfen könnte. Ich habe oft bewachte Gefangene in Krankenhäusern gehabt, denen es gelang, zu entkommen.

Mr. Kentridge: War der wahre Grund nicht der, daß Sie es vermeiden wollten, daß jemand Mr. Biko in diesem Zustand sah? Sie glaubten nicht, daß er sterben würde, und bis er sich erholt haben würde, wollten Sie ihn verstecken.

Oberst Goosen: Ich hatte keinen Grund, ihn zu verstecken. Weder ich, noch irgendwelche meiner Kollegen, noch die Ärzte stellten irgendwelche äußeren Verletzungen fest.

Mr. Kentridge: Wissen Sie, daß General Gericke, der Kommandant des Pretoria-Gefängnisses, in einer schriftlichen Aussage festgestellt hat, daß Mr. Biko in ein öffentliches Krankenhaus zur Behandlung gebracht worden wäre, wenn sein Gefängnis nicht über die nötigen Einrichtungen verfügt hätte?

Oberst Goosen: Wenn ich gewußt hätte, wie es ihm wirklich ging, hätte ich dazu meine Einwilligung gegeben, aber damals glaubte ich noch, er simuliere.

Oberst Goosen sagte, er habe Dr. Tucker gefragt, ob eine Überführung auf dem Landweg möglich sei, falls er für Mr. Biko keine Militärmaschine auftreiben könne. Dr. Tucker habe gesagt, wenn sich Mr. Biko auf eine weiche Matratze legen könne, ginge das in Ordnung.

Mr. Kentridge: Was wurde Mr. Biko zur Verfügung gestellt?

Oberst Goosen: Ein relativ luxuriöser Landrover. Um Platz für die Matratze zu schaffen, wurden Sitze entfernt.

Mr. Kentridge: Wie man hört, war alles, was Mr. Biko zur Verfügung gestellt wurde, ein Behälter mit Wasser.

Oberst Goosen: Wir dachten immer noch, er simuliere. Die Ärzte haben ihm nichts verschrieben.

Mr. Kentridge: Wissen Sie, daß Mr. Biko nicht einmal von einem medizinischen Befund nach Pretoria begleitet wurde?

Oberst Goosen: Ich rief Oberst Dorfling vom Zentralgefängnis an und erkundigte mich, wer Mr. Biko behandeln würde. Er sagte mir, das würde Dr. Brandt tun. Er sagte mir, ich solle Dr. Brandt mitteilen, er möge sich mit Dr. Lang und Dr. Tucker in Port Elizabeth in Verbindung setzen. Oberst Dorfling wurde zweimal angerufen. Ich glaube, alles, was möglich war, wurde getan, um Pretoria zu unterrichten.

Der Oberst sagte, er wisse nicht, ob der medizinische Befund richtig weitergegeben wurde. Er erfuhr später, daß Dr. Brandt nicht Dr. Lang und Dr. Tucker angerufen hätte, aber er selbst habe alles, was von seiner Seite aus möglich gewesen sei, getan. Er sei einigermaßen bestürzt gewesen, als er vom Tode Mr. Bikos erfuhr, weil dieser im Gewahrsam der Sicherheitspolizei gewesen war und ihm, Goosen, klar war, was für eine furchtbare Tragödie es war, daß man Mr. Biko nun nicht mehr vor Gericht bringen konnte, um zu zeigen, was er wirklich war. Die traurige Situation sei jetzt die, daß Mr. Biko von der internationalen Presse und dem Ausland als Märtyrer angesehen werde. Anstatt daß man Mr. Biko bloßstellen könne, sei jetzt ein Schleier über seine Tätigkeiten gezogen worden.

Mr. Kentridge sagte: »Sie haben jedenfalls Ihr Bestes getan, ihn in diesem Gerichtssaal bloßzustellen.« Oberst Goosen sagte, daß ihm, als Mr. Biko starb, klar wurde, daß er überhaupt nicht simuliert habe. Mr. Kentridge: »Unglücklicherweise kam diese Erkenntnis für Mr. Biko zu spät.« Oberst Goosen sagte, für die südafrikanische Polizei sei dies ein tragischer Vorfall, angesichts der daraus möglicherweise resultierenden Propaganda. Er habe Mr. Bikos Tod mit seinen Kollegen besprochen, aber niemand könne sich diesen Tod erklären. Er habe keine Ahnung, was die Todesursache hätte sein können.

Mr. Kentridge las einen Teil von Oberst Goosens schriftlicher Zeugenaussage vor, in dem ein Vorfall beschrieben wurde, bei dem Mr. Biko in einer Badewanne gefunden wurde. Oberst Goosen hatte in seiner schriftlichen Aussage erklärt, daß er den ernsten Verdacht aussprechen möchte, daß sich Mr. Biko bei diesem Vorfall eine Gehirnverletzung zugezogen habe. Oberst Goosen hatte ferner gesagt, daß Mr. Biko es auf Selbstzerstörung abgesehen habe, sogar mit seiner Atmungsmethode in der Haft. Die Ärzte hätten Mr. Bikos Stirnverletzung nie bemerkt, und er wüßte nicht, was sie verursacht haben könnte. Inzwischen habe er erfahren, daß das dem Gericht vorgelegte Foto, das die Verletzung zeige, überbelichtet sei, und daß die Verletzung einfach aus ein paar Kratzern bestehen könnte, die auf dem Foto stärker zum Vorschein kämen.

Dann sagte Mr. Kentridge: »Wollen Sie ernsthaft andeuten, daß der Vorfall im Bad ein Selbstmordversuch war? Wollen Sie behaupten, daß sich eine normale Person vollbekleidet ins Bad setzt? Denken Sie nicht, daß er da schon eine Gehirnverletzung hätte haben können?« Er fuhr fort und sagte, daß der Wärter Coetzee, als er Mr. Biko vollständig angezogen in einer Badewanne antraf, ihn aufgefordert hätte, auszusteigen, was er schließlich auch tat. Als ihn der Wärter fragte, was er dort so früh am Morgen tue, sagte er nichts, sondern stöhnte nur.

Oberst Goosen erwiderte: »Viele von Mr. Bikos Methoden sind mir eigenartig vorgekommen.« Er stimmte zu, daß es nicht normal sei, daß ein Mann vollbekleidet in eine Badewanne steige, den Hahn aufdrehe und nach der Aufforderung, ihn zuzudrehen, ihn gelassen mit dem Fuß zudrehe.

Mr. Kentridge sagte: »Hört sich das nicht nach einem Gehirnschaden an? Warum sagen Sie nur, daß Sie den ernsthaften Verdacht hatten, daß Mr. Biko es auf Selbstmord abgesehen hätte? Ist die richtige Erklärung nicht die, daß Sie, als Sie die schriftliche Aussage anfertigten, als sicher annahmen, daß er sich die Verletzung zugezogen hatte, bevor er ins Krankenhaus kam?« Er fragte Oberst Goosen, ob er, als er seine schriftliche Aussage anfertigte, Mr. Bikos Gehirnverletzung nicht mit seinem Gemurmel und der Tatsache, daß er in seine Decke genäßt hatte, in Zusammenhang gebracht hätte.

Oberst Goosen: Ich habe viel darüber nachgedacht, wo er sich die Gehirnverletzung hätte zuziehen können.

Mr. Kentridge: Als Sie Ihre schriftliche Aussage anfertigten, dachten Sie immer noch, daß Mr. Biko möglicherweise die Resultate einer Gehirnverletzung am 7. und 8. nur vortäuschte und sie sich tatsächlich erst am 9. zufügte?

Oberst Goosen: Ich dachte, der Mann simuliere möglicherweise, um in ein Krankenhaus eingewiesen zu werden, wo er vielleicht die Möglichkeit hätte, sich umzubringen.

Mr. Kentridge: Was ist mit Ihrer Ansicht, daß Mr. Bikos absichtliche Hyperventilation ebenfalls ein Versuch war, sich umzubringen?

Oberst Goosen: Ich machte mir zu diesem Zeitpunkt darüber Gedanken, daß er sich die Verletzung außerhalb unserer Beobachtung hätte zuziehen können. Ich war der Meinung, daß das

Atmen einen Teil seiner versuchten Selbstzerstörung darstellen könnte.

Oberst Goosen sagte, er habe auch an die Möglichkeit gedacht, daß Mr. Biko im Gewahrsam der Sicherheitspolizei verletzt worden sei.

Mr. Kentridge: Haben Sie irgendeine Vermutung?

Oberst Goosen: Ich würde jetzt sagen, daß es durchaus möglich ist, daß er sich die Verletzung auf Zimmer 619 zugezogen hat.

Mr. Kentridge ging dann auf das Thema Hungerstreik über und zu den in einigen schriftlichen Zeugenaussagen der Polizei enthaltenen Behauptungen, daß sich Mr. Biko in einem solchen Streik befand. Er fragte Oberst Goosen nach der Bedeutung des Wortes Hungerstreik; dieser erwiderte, daß es viele Bedeutungen habe. Mr. Kentridge sagte, es wäre wichtig, daß man sich Klarheit verschaffe; wenn jemand nicht esse, weil er sich nicht wohl fühle, würde der Oberst das als Hungerstreik bezeichnen?

Oberst Goosen: Nein.

Mr. Kentridge: Wenn jemand nicht ißt, weil er keinen Hunger hat, befindet er sich dann Ihrer Meinung nach in einem Hungerstreik?

Oberst Goosen: Ja – so würde ich es nicht ausdrücken ...

Mr. Kentridge: Der Mann ißt einfach nicht?

Oberst Goosen: Ja.

Mr. Kentridge sagte, er werfe dem Oberst vor, daß er überhaupt nicht dazu berechtigt gewesen sei, zu sagen, Mr. Biko befinde sich in einem Hungerstreik. Mr. Kentridge verlas Auszüge aus schriftlichen Aussagen des Obersten, des Arztes und einiger anderer, in denen erwähnt wurde, daß Mr. Biko Speise und Trank annahm und einigen dafür dankte. Mr. Kentridge wies darauf hin, daß Mr. Biko von dem Brot, dem Kaffee und dem *magewu* etwas zu sich genommen habe. Er beschuldigte Oberst Goosen, daß seine Beobachtung, Mr. Biko habe mit einem Hungerstreik begonnen, lediglich auf der Tatsache beruht habe, daß er in seiner Zelle Stücke Brot gesehen hätte. Die Antwort war nicht zu verstehen.

Mr. Kentridge sagte, es deute nichts darauf hin, daß Mr. Biko am 6. September weder Brot noch Kaffee zu sich genommen

habe, außer der Aussage einiger von Oberst Goosens Polizisten.
Der Oberst sagte, das stimme. Mr. Kentridge sagte dann, daß Mr.
Biko, als er am 8. ärztlich untersucht wurde, um Wasser bat und
es trank. Oberst Goosen sagte, davon wüßte er nichts.

Mr. Kentridge wies dann darauf hin, daß die schriftlichen Aussagen, die sich auf den 8. und 9. bezogen, sowie die schriftlichen
Aussagen der Wärter erwähnten, daß Mr. Biko Wasser getrunken
habe. Nachdem er aus den schriftlichen Aussagen, die sich auf Mr.
Bikos Nahrungsmittelaufnahme bezogen, vorgelesen hatte, sagte
er: »Das hört sich in keiner Weise nach einem Mann im Hungerstreik an.« Oberst Goosen sagte, man habe ihm berichtet, daß
Mr. Biko einfach nichts äße.

Mr. Kentridge wies das Gericht auf einen Vorfall am 9. September hin, nachdem man Mr. Biko in der Badewanne gefunden
hatte. Der Wärter Du Preez hatte Mr. Biko Verpflegung gebracht
und ihn aufgefordert, zu essen. Mr. Kentridge las einen Teil von
Wärter Du Preez' Erklärung vor: »Obwohl er seine Finger stark
bewegte, konnte er (Biko) seinen Löffel nicht festhalten. Dann
fütterte ich ihn. Nachdem er die Hälfte seines Haferbreis gegessen hatte, sagte er, daß er nicht mehr wolle, er habe genug. Dann
gab ich ihm seinen Becher Kaffee, und er trank ihn aus.«

Mr. Kentridge wies Oberst Goosen dann auf die erste offizielle
Erklärung hin, die der Justizminister Kruger nach Mr. Bikos Tod
abgab. In dieser Erklärung sagte der Minister, daß sich Mr. Biko
seit dem 5. September im Hungerstreik befunden habe. Mr. Kentridge las dann dem Gericht Teile dieser Erklärung vor.

Mr. Kentridge: Sehen Sie, erstens heißt es hier, daß Mr. Biko seit
dem 5. September die Nahrungsmittelaufnahme verweigerte und
mit einem Hungerstreik drohte. Aus dem Beweismaterial geht
ganz klar hervor, daß er nie irgendwelche Drohungen im Zusammenhang mit einem Hungerstreik ausgesprochen hat. Und zweitens ist es nicht richtig, wenn es heißt, Mr. Biko habe am Sonntag
(dem 11. September) immer noch nichts gegessen ... Oberst, in
dieser Erklärung stecken eine Anzahl grundlegender Fehler. Das
ist Ihnen doch klar?
Oberst Goosen: Wenn das die Worte des Ministers sind, dann
gibt es Widersprüche. Ich kann nicht sagen, daß es korrekt ist.

Mr. Kentridge sagte, der Minister wäre in einer Beschwerde über die *Rand Daily Mail* an das Press Council von dieser Erklärung ausgegangen und hätte einen der Erklärung beigefügten Brief unterschrieben.

Mr. Kentridge: Da gibt es mindestens zwei Fehler.

Oberst Goosen: Wenn es die Erklärung des Ministers ist, kann ich dazu keinen Kommentar abgeben.

Mr. Kentridge fragte Oberst Goosen, wer dem Minister Bericht erstattet hätte. Goosen erwiderte: »Ich habe keine Ahnung. Ich informiere das Hauptquartier der Sicherheitspolizei, dann, so nehme ich an, geht die Sache weiter an den *commissioner* und den Minister.«

Mr. Kentridge wandte sich dann an das Gericht: »Wir haben dem Gericht das Dossier vorgelegt, das eine Anzahl von Erklärungen des Polizeiministers in bezug auf die Behandlung Mr. Bikos enthält. Der Minister war nicht in Port Elizabeth. Der Minister hatte keine persönliche Kenntnis von dem, was vorgefallen war. Er mußte sich auf Berichte verlassen, die, wie Oberst Goosen gesagt hat, von seinen Offizieren über das Hauptquartier der Sicherheitspolizei kommen. Der Ausgangspunkt der Information ist Oberst Goosen. Um was es mir dabei geht, ist folgendes: Diese Erklärungen geben vor, im Detail zu beschreiben, wie Biko am 5. September mit einem Hungerstreik drohte. Einer anderen Erklärung des Ministers zufolge hatte Biko um eine Viertelstunde Bedenkzeit gebeten, bevor er den Hungerstreik ankündigte. Aus dem Dossier geht ferner hervor, daß der Minister später wiederholte, daß er nie gesagt habe, Biko sei an einem Hungerstreik gestorben, daß Biko aber einen solchen durchgeführt habe. Das ist vollkommen unbegründet. Es widerspricht den Aussagen von Oberst Goosen und Major Snyman. Nach dem, was ich aus den Erklärungen der Gefängniswärter vorgelesen habe, ist es einfach falsch zu behaupten, Biko habe ab 5. September die Nahrungsaufnahme verweigert.

Euer Ehren, deshalb ist es vollkomen klar, daß der Minister, als er die Erklärung abgab, irregeführt worden war. Daraus ergeben sich zwei Fragen – wer hat ihn irregeführt und warum? Nicht nur der Hungerstreik wird nicht erwähnt, sondern auch das

Handgemenge (am 7. September). Nirgends wird die Tatsache erwähnt, daß der Oberst einen Schlaganfall vermutete. Nirgends wird ein lumbaler Einstich und dessen ziemlich beunruhigendes Ergebnis erwähnt. Ich meine, die Hungerstreikgeschichte war unwahr und offensichtlich eine Ausrede, eine Tarnung.

Daraus ergeben sich weitere zwei Fragen, und die sind nicht weniger wichtig als andere Fragen in dieser Untersuchung. Wo hat das Vertuschen angefangen, und wie hoch hinauf ist es gegangen? Wenn wir auf diese Fragen eine Antwort erhalten, werden wir der Wahrheit über das, was Steve Biko wirklich zugestoßen ist, als er sich im Gewahrsam des Oberst Goosen befand, um einiges näherkommen. Es gibt nur eine Methode, es zu erfahren. Er (Oberst Goosen) hat bestritten, der Ausgangspunkt dieser Informationen zu sein. Schön, dann müssen wir mit dem Mann reden, dem er die Information gab, und, wenn nötig, mit dem nächsten Glied in der Kette, bis wir wissen, wie und warum diese unwahre Geschichte dem Minister aufgetischt wurde, um von ihm an das Land und an die Welt weitergegeben zu werden.

Sie sehen sicher ein, daß der Person, die dem Minister diese falsche Informationen gegeben hat, die Peinlichkeit, die daraus für den Minister und das Land resultieren würde, völlig gleichgültig war. Und das ist es, was wir untersuchen müssen.«

Mr. van Rooyen erhob Einspruch: Die Erklärungen des Ministers, die in Zeitungsberichten wiedergegeben seien, beruhten auf Hörensagen. Mr. Kentridge sagte, man könne das Dossier doch ohne weiteres Mr. Kruger vorlegen und ihn fragen, ob es stimme oder nicht. Und außerdem wüßte er nicht, sagte Mr. Kentridge, daß das Gericht dem Hörensagen verpflichtet sei.

»Gesetzt den Fall, Oberst Goosen bestreitet, die falsche Information auf den Weg gebracht zu haben, dann rufen wir den nächsten Mann in der Kette auf, und den nächsten; entweder wird irgend jemand die Verantwortung dem vorausgegangenen Glied der Kette zuschieben, oder, falls das nicht der Fall sein sollte, wir werden bis zum Minister selbst gehen und ihn bitten müssen, hierherzukommen, um Euer Ehren zu sagen, wer ihm die falsche Information gegeben hat. So etwas wollte ich eigentlich vermeiden. Ich wollte die Erklärung des Ministers nicht in Zweifel ziehen. Es ist nicht meine Absicht, den Minister unnötig zu belästigen. Ich dachte auch nicht, daß es nötig sein würde, höher hinauf als bis zu Oberst Goosen zu gehen. Aber dem Gericht bleibt nun nichts anderes übrig, als seine Aussage zu prüfen.«

Mr. Kentridge bat dann, man möge das Dossier vorläufig als Beweismaterial zulassen, während der Ermittlungsbeamte den Minister aufsuche, um festzustellen, ob irgendwelche Teile seiner Erklärung falsch seien. »Wenn der Minister zufriedengestellt ist, sehe ich nicht ein, warum es mein gelehrter Freund nicht auch sein sollte.«

Mr. van Rooyen erwiderte: »Ich habe so einen leisen Verdacht, daß mir eben ein vollendeter Trick vorgeführt worden wäre. Mein gelehrter Freund (Mr. Kentridge) hat es fertiggebracht, sich über die Dinge zu äußern, für die er keine Beweise vorlegen kann, weil es unzulässig wäre. Gegen diese Methodik kann ich nur auf allerschärfste Weise Einspruch erheben.«

Mr. van Rooyen sagte, der Zweck der gerichtlichen Untersuchung sei es, die Todesursache festzustellen, und ob irgendeine lebende Person verantwortlich sei . . . (teils nicht zu hören). Mr. van Rooyen sagte, er habe Berichte gelesen, in denen es hieß, Mr. Biko sei ermordet worden; man habe ihm den Kopf eingeschlagen. Zeitungsberichte, sagte er, beruhten auf Hörensagen und seien unzulässig. Es liege nicht der geringste Beweis vor, daß Oberst Goosen vor Gericht irgendwelche widersprüchlichen Erklärungen abgegeben habe. »Die versucht man, aus der Luft zu greifen. Euer Ehren werden auf juristischer Basis die Todesursache oder die wahrscheinliche Todesursache feststellen.«

Mr. K. von Lieres, der den Staat vertrat, sagte, daß alles, was nicht in den Rahmen der Untersuchung gehöre, im Grunde unwichtig und belanglos sei. Der Minister könne kein für die Untersuchung bedeutendes Beweismaterial erbringen, da er kein Augenzeuge sei. »Diese schriftliche Zeugenaussage ist ein Versuch, nachteiliges Beweismaterial einzuführen, das im Rahmen der normalen Regeln nicht zulässig ist.« Mr. von Lieres deutete an, daß hier der Versuch gemacht worden sei, das Gericht in ein politisches Podium für die Wahlen am 30. November umzufunktionieren. »Dieses Gericht ist nicht als Forum für den *Electoral*

Act einberufen, sondern im Rahmen des *Inquest Act*.« Auch wenn das Dossier von Belang wäre, sagte Mr. von Lieres, würde es die Objektivität der Untersuchung gefährden.

Mr. Kentridge erwiderte, die Einstellung Mr. van Rooyens wundere ihn nicht; schließlich sei es seine Aufgabe, die Polizei zu schützen. Aber die Einstellung des stellvertretenden Staatsanwaltes, Mr. von Lieres, wundere ihn angesichts der Behauptung sehr, die Untersuchung würde so gründlich wie möglich sein, ohne auch nur die Andeutung eines Versuchs der Vertuschung.

Auf Befragen des Richters sagte Mr. Kentridge: »Wir haben es hier nicht mit einem Mißverständnis zu tun. Wir haben es mit dem Polizeiminister zu tun, der eine Erklärung abgegeben hat, die absolut unrichtig ist und Dinge enthält, die sich nie zugetragen haben.« Mr. Prins sagte, nur in einigen Berichten sei behauptet worden, daß der Minister diese Erklärungen abgegeben habe. Mr. Kentridge erwiderte: »Der Ermittlungsbeamte kann uns darüber Klarheit verschaffen, indem er den Minister herholt.« Auf die Frage des Richters, wie das dem Gericht helfen solle, da »der Minister sagen kann, er hat es behauptet und niemand hat es ihm mitgeteilt«, sagte Mr. Kentridge, es wäre kein fruchtloses Unternehmen. Gesetzt den Fall, der Minister gäbe doch eine Erklärung ab und sage vor Gericht, daß der Brigadegeneral ihm die Information gegeben habe, dann würde man den Brigadegeneral herbitten.

Mr. Prins sagte: »Würde es dazu beitragen, die Ursache von Mr. Bikos Tod festzustellen, wenn es sich herausstellen sollte, daß Oberst Goosen lügt?« Mr. Kentridge sagte: »Ja, wenn sich herausstellt, daß er lügt, sagt das etwas sehr Wichtiges aus. Es zeigt, daß die Polizei etwas zu verbergen hat.«

Mr. Prins wollte wissen, inwieweit die Erklärung des Ministers von Belang sei. »Wir haben versucht zu zeigen«, sagte Mr. Kentridge, »daß einiges an den schriftlichen Aussagen von Oberst Goosen und seinen Mitarbeitern sehr eigenartig ist. Ich sagte Oberst Goosen, daß das sehr eigenartig sei, und erwähnte den Fall im Bad und die Hyperventilation. Wir behaupten, diese Leute haben etwas zu verbergen. Was haben sie zu verbergen? Wie wollen sie die Schuld von sich schieben? Wir haben wesentliche Beweise, daß die offiziele Information, die dem Minister gegeben wurde, greifbare Unwahrheiten enthält. Wenn wir herausfinden sollten, daß sich jemand in der Sicherheitspolizei die Mühe gemacht hat, diese falsche Information dem Minister zuzuspielen, so ist das der klarste Beweis der Schuld.

Wir haben hier offizielle Kommunikationswege. Wir wissen, daß die Information, die der Minister hatte, ihn nicht zufällig erreichte. Wir wissen, daß er einen offiziellen Bericht bekommen haben muß, dessen Ausgangspunkt Oberst Goosen war. Wenn Oberst Goosen nicht (für die falsche Information) verantwortlich war, warum hat er nicht reagiert und sie richtiggestellt? Sie wurde nie korrigiert.

Den Minister ließ man die Erklärung wiederholen. Man muß schon sehr starke Motive haben, um eine Erkärung dieser Art wiederholen zu lassen.«

Mr. Kentridge sagte, daß die Behauptung, Mr. Biko sei an einer Nierenkrankheit gestorben, wenn sie aus amtlicher Quelle käme, von größter Bedeutung wäre. »Die Bedeutung liegt darin, daß die Urquelle der Nachricht die Sicherheitspolizei in Port Elizabeth sein muß. Diejenigen, die ich vertrete, würden sich nie zufriedengeben, wenn man die Untersuchung in dieser Richtung jetzt abschneiden würde.«

Mr. B. de V. Pickard, der die Ärzte vertrat, sagte, seine Mandanten seien an dem Streit um die Glaubwürdigkeit Oberst Goosens nicht interessiert. Er sei gegen Mr. Kentridges Richtung, weil seine Mandanten keine Lust hätten, sich das Tag für Tag im Gericht anhören zu müssen.

Mr. von Lieres sagte, sie wollten alle eine gründliche Untersuchung, aber sie wollten nicht, daß man dem Gericht belangloses Beweismaterial vorlege, und es sei seine Pflicht, dagegen Einspruch zu erheben. Mr. Prins vertagte die Verhandlung und sagte, er würde am darauffolgenden Tag seinen Befund über die Annehmbarkeit der von Mr. Kentridge eingehändigten Berichte vorlegen.

(Vertagung)

*

Richter Prins lehnte Mr. Kentridges Antrag ab und weigerte sich, Abschriften von Minister Krugers öffentlichen Erklärungen als Beweismaterial zuzulassen. Für seine Entscheidung gab er vier Gründe an:

1. Gemäß den Regeln zum Beweismaterial sollte das Dossier, weil es nur in bezug auf Oberst Goosens Glaubwürdigkeit von Belang war, nicht berücksichtigt werden.
2. Es sollte nicht berücksichtigt werden, weil es in bezug auf die Umstände, unter denen Mr. Biko starb, belanglos war.
3. Es sollte nicht berücksichtigt werden, weil es auf Hörensagen beruhte.
4. Es sollte nicht berücksichtigt werden, weil es auf in gefährlichem Maße weit hergeholtem Hörensagen beruhte.

Mr. van Rooyen erhob sich und sagte dem Gericht, daß er, um jede Behauptung zu widerlegen, daß man die Untersuchung behindere, sich mit dem Polizeipräsidenten in Verbindung gesetzt habe; um zu prüfen, ob es widersprüchliche Erklärungen gegeben habe, habe man ihm nahegelegt, die beiden Brigadegenerale dem Rechtsbeistand der Familie zur Konsultation zur Verfügung zu stellen. Falls der Rechtsbeistand dann noch nicht zufriedengestellt sei, könne er die Aufnahme weiterer Beweismaterials beantragen.

Mr. Kentridge sagte, dies sei ein sehr eigenartiges und erstaunliches Angebot, und fragte: »Warum nicht eine öffentliche Konsultation, bei der sie im Zeugenstand befragt werden können?« Er wisse nicht, was eine private Konsultation bezwecken solle. Er würdige jedoch das Angebot, wie es dastehe, und sagte, er würde es sich durch den Kopf gehen lassen. Er fügte hinzu, daß der Rechtsbeistand der Familie keine Augenzeugen vorführen und sich nur auf Indizienbeweise verlassen könne.

Mr. Kentridge fuhr dann mit seiner Befragung von Oberst Goosen fort. Er fragte Goosen, warum er nichts getan habe, um die Erklärung des Ministers richtigzustellen, als er von ihr hörte.

Der Oberst erwiderte, das sei bestimmt nicht seine Pflicht und gehöre nicht zu seinem Aufgabenbereich. Auf die Andeutung, daß er seinem Vorgesetzten doch schriftlich Bericht erstattet haben müsse, erwiderte er: »Ich fertigte mehrere schriftliche Aussagen an. In ihnen war alles enthalten, was man in einem schriftlichen Bericht sagen kann.« Er sähe keinen Grund, warum irgend jemand den Minister hätte falsch informieren sollen. Er könne massenweise Fälle anführen, in denen der Minister von der Presse schon falsch wiedergegeben wurde.

Mr. Kentridge: Können Sie uns irgendwie erklären, wie sich ein derart bemerkenswerter Irrtum in den Bericht eingeschlichen haben könnte?

Oberst Goosen: Ich habe nie gesagt, daß Biko mit einem Hungerstreik drohte. Ich kann nicht sagen, wie dieser Irrtum den Minister erreichte.

Oberst Goosen sagte, er habe die Hyperventilationstheorie ungefähr eine Woche später mit Oberst Bothma im Gefängnis von Port Elizabeth erörtert. Sie sprachen über die eigenartige Atemübung, und Oberst Bothma holte ein medizinisches Buch hervor. Mr. Kentridge fragte, ob Dr. Lang seiner Theorie, die Hyperventilation sei ein Teil eines Selbstmordversuches, zugestimmt habe. Der Oberst erwiderte, er glaube nicht, daß sich Dr. Lang damit befaßt habe. Als er die Möglichkeit zur Sprache brachte, war Dr. Lang anwesend, und er betonte, daß die Hyperventilation nach einem bestimmten Zeitraum gefährlich sein könne. Das, sagte Oberst Goosen, sei es, was er gemeint habe, als er in seiner schriftlichen Aussage von Nachforschungen in medizinischen Büchern sprach. Diese Besprechung fand statt, lange bevor General Kleinhaus nach Port Elizabeth gekommen war, ungefähr fünf Tage nach dem Tode Mr. Bikos.

Mr. van Rooyen, Anwalt der Polizei, erhob sich dann, um Oberst Goosen neu zu vernehmen. Mr. van Rooyen sagte, zu Lasten des Obersts sei die Behauptung aufgestellt worden, seine Männer würden gegen Häftlinge bedenkenlos gewalttätig werden. Oberst Goosen sagte, in allen Fällen im Rahmen von Abschnitt 6 sei es das Ziel der Sicherheitspolizei, Inhaftierte gründlich zu verhören, um ihre Tätigkeiten in Erfahrung zu bringen, die Quellen ihrer Gelder und eine große Menge anderer Sachverhalte. Alles würde getan, um sich des Wohlergehens des Festgehaltenen zu versichern, um zu gewährleisten, daß er nicht entkommt, sich verletzt oder verletzt wird. Es hätte keinen Sinn, wenn ein Festgehaltener ein Geständnis ablegte, um im nächsten Moment zu sagen, man habe Gewalt angewendet, um ihn zu dem Geständnis zu zwingen.

»Wir haben viel Zeit«, sagte Oberst Goosen. Festgehaltene behalte man da, bis sie alle Fragen beantwortet hätten. Manchmal dauere es Tage und Wochen, bis eine Kommunikation aufgebaut sei, und eine Kommunikation begänne manchmal auf lächerliche Weise. »Unsere Technik ist fast die von Mr. Kentridge – manchmal reden wir nett, manchmal werden wir sarkastisch. Wir haben keinen Grund, einen Festgenommenen zu mißhandeln.«

Oberst Goosen sagte dann, daß noch nie eine Anklage wegen Gewaltanwendung »gegen mein gewalttätiges Team« erhoben worden sei. Es wurde gelacht, und er änderte die Bezeichnung in Verhörteam um.

Die Mitglieder eines Verhörteams seien ausgesuchte Männer. Sie würden in Anbetracht ihres Charakters und ihrer Fähigkeit, mit Leuten reden zu können, ausgewählt. Ein Polizist mit schlechtem Charakter habe wenig Aussicht, ein Sicherheitspolizist zu werden.

Oberst Goosen sagte, Teile der Presse hätten ein Klima der Auflehnung gegen die Sicherheitsbestimmungen in der Öffentlichkeit erzeugt. »Es ist so weit gekommen, daß Südafrikaner Schuldgefühle bekommen, daß wir uns vielleicht falsch benehmen.« Die Sicherheitspolizei gebe sich alle Mühe, keinen Anlaß zur Kritik zu geben. »Wir sind von dieser Kritik bestürzt, weil wir wissen, wie höflich und besorgt wir unsere Häftlinge behandeln. Wir kaufen ihnen Zigaretten, kalte Getränke und gute Sachen zum Essen.« Anklagen wegen körperlicher Übergriffe würden dem Image der Sicherheitspolizei schaden.

Da es eine Tendenz zu Selbstmorden in Polizeizellen gäbe, wie die Baader-Meinhof-Fälle in Deutschland bewiesen, täten sie alles, um das zu verhindern. Wenn ein Festgehaltener auch nur über Kopfschmerzen klage, bestelle man einen Arzt. Wenn ein

Gefangener zum Beispiel an hohem Blutdruck leide, würden regelmäßige Arztbesuche erfolgen.

Oberst Goosen fuhr fort, indem er sagte, Mr. Bikos Gesundheit sei ihm außerordentlich wichtig gewesen. Anhand von Informationen, die in seinem Besitz wären, wäre ihm klargeworden, daß es unbedingt erforderlich sei, diesen friedlichen Mann vor Gericht zu bringen. Er wüßte, daß die Black People's Convention sich mit der Ausbildung von Terroristen beschäftige, und daß Mr. Biko den Transport von Auszubildenden nach Botswana finanzierte. Er hätte ein Klima des Blutvergießens und der Revolution in Südafrika geschaffen.

Außerdem hätte ihm daran gelegen, Mr. Bikos Mitarbeiter ausfindig zu machen. »Sein Tod hat die Nachforschungen nur vereitelt«, sagte er. Er wäre enttäuscht gewesen, wenn Mr. Biko freigelassen worden wäre.

Mr. van Rooyen fragte, warum man Mr. Biko nackt und in Ketten dabehalten hätte, und der Oberst erwiderte, dies sei auf Anweisung des Hauptbüros geschehen, und um die Fortsetzung einer Reihe von ähnlichen Selbstmorden zu verhindern. Am Morgen des 7. September habe sich Mr. Biko wie ein Wahnsinniger aufgeführt.

Mr. Prins fragte dann: »Wenn das der Fall war, hätten die Dinge, mit denen Sie ihn gefesselt haben, nicht zu einer Verletzung führen und dem von Ihnen so streng beachteten Image schaden können?« Oberst Goosen: »Diese Sachen gehören zur Standardausrüstung. Sie haben ihn nur in seiner Bewegungsfreiheit eingeschränkt.« Vor dem Fenster des Büros im 6. Stock, wo Mr. Biko festgehalten wurde, sei, sagte er, ein Gitter angebracht, aber nicht vor den Fenstern der benachbarten Büros. Es habe kurz zuvor einen Unfall gegeben, bei dem ein Mann aus einem dieser Fenster hinausgesprungen sei. Alle Büros hätten gewöhnliche Türen. Um Mr. Biko sicher zu verwahren, habe es nicht ausgereicht, nur eine Tür abzuschließen. Während seines Verhörs sei Mr. Biko angezogen gewesen, da er dabei besser bewacht gewesen sei als in der Zelle. Kurz vor dem Biko-Vorfall habe es zwei Fälle gegeben, in denen sich Gefangene in ihren Zellen an ihren Schnürsenkeln und Hosenbeinen aufgehängt hätten.

Oberst Goosen sagte, seine Anweisungen verlangten, daß Festgehaltene nicht von einem Ort zum anderen gebracht werden dürften, wenn sie nicht Handschellen trügen oder von Polizisten am Arm gehalten würden.

Wenn Dr. Lang gesagt hätte, daß Mr. Biko krank sei, hätte er ihn in eine Anstalt mit den nötigen medizinischen Einrichtungen überführen lassen. Er hätte ihm nicht Handschellen anlegen und ihn an ein Gitter anketten lassen. Dr. Lang hätte gesagt, daß alles in Ordnung sei, und Oberst Goosen hätte gedacht, Mr. Biko simuliere. Er habe Mr. Biko in Ketten gelassen, weil er eine gewaltsame Auseinandersetzung angezettelt habe. Oberst Goosen sagte, er sei tagsüber regelmäßig in Mr. Bikos Zimmer gegangen. Mr. Bikos Einstellung hätte sich nicht verändert, mit der Ausnahme, daß er nicht mehr sehr aggressiv war.

Oberst Goosen habe es als unbedingt erforderlich betrachtet, herauszukriegen, was Mr. Biko fehle. Um eine Diagnose zu bekommen, habe er nichts dagegen gehabt, daß ihn ein Facharzt für innere Krankheiten untersuche. Der konnte keine äußeren Verletzungen feststellen. Goosen habe dem Vorschlag zugestimmt, daß man Mr. Biko zur Beobachtung länger dabehielte, weil er hundertprozentig sicher sein wollte. Er sagte, er habe immer noch geargwöhnt, daß Mr. Biko vielleicht einen Schlaganfall erlitten habe. Er wollte, daß ein privater Facharzt Mr. Biko untersuche, und habe seine Einwilligung gegeben, daß er in die Spitalabteilung des Gefängnisses verlegt werde.

Oberst Goosen sagte, die Polizei hätte Befehl, daß ein Register geführt werde. Das habe nichts mit Statuten zu tun. Ein Vorkommnisbuch diene nur zur besseren Verwaltung.

Mr. Prins fragte dann: »Wenn das der Fall war, wozu hat man dann überhaupt Sachen in das Vorkommnisbuch eingetragen?« Mr. Goosen erwiderte: »In vielen Fällen ist es im Interesse einer guten Verwaltung ratsam, ein Vorkommnisbuch zu führen. Ein Gefangener könnte sich beim Fußballspielen verletzen, es könnte eine gerichtliche Untersuchung geben, einen Prozeß.« Gewöhnlichen Gefangenen sei es gestattet, sich an der frischen Luft zu bewegen, wobei sie mit den benachbarten Zellen Kontakt aufnehmen könnten. Aber bei Mr. Biko mußte Kommunikation auf alle

Fälle vermieden werden, und deshalb habe er, Goosen gedacht, daß Mr. Biko ausreichend frische Luft und Bewegung in seiner Zelle kriegen konnte.

Er habe versucht, mit Mr. Biko zu reden, sagte Oberst Goosen. Mr. Biko habe unverständlich gesprochen. Aus früherer Erfahrung, und weil er ein Laie sei, habe er gemeint, daß Mr. Biko vielleicht einen Schlaganfall erlitten habe.

Oberst Goosen sagte, er sei dabei gewesen, als Dr. Lang Mr. Biko untersucht habe. Mr. van Rooyen zitierte dann Dr. Langs Aussage folgendermaßen: »Oberst Goosen betonte nachdrücklich, daß er sehr um das Wohlergehen Mr. Bikos besorgt sei . . . Mr. Biko war in der Lage, mich ausreichend über seinen Zustand zu unterrichten, und zeigte keine anderen Symptome als Schwäche in den Gliedern und Appetitlosigkeit.«

Dr. I. Gordon, einer der beiden Beisitzer, stellte Oberst Goosen einige Fragen über seine Selbstmordtheorie.

<u>Dr. Gordon:</u> Sagen wir, der Mann erlitt am 6. oder 7. eine Kopfverletzung. Hätte er nicht in verwirrtem Zustand auf dem Rand der Badewanne sitzen können?

<u>Oberst Goosen:</u> Bis zu diesem Zeitpunkt wußte ich nicht, daß es mit seinem Kopf Probleme gab. Ich gebe jetzt zu, daß er sich auf Zimmer 619 hat verletzen können, aber ich rief sofort den Arzt. Es ist unnatürlich, daß ein Mann um 3 Uhr morgens ein Bad nimmt.

<u>Dr. Gordon:</u> Wie hätte er Selbstmord in Anwesenheit anderer begehen können?

Oberst Goosen erwiderte, er glaube nicht, daß Mr. Biko unter persönlicher Aufsicht stand, aber er könne sich irren.

<u>Dr. Gordon:</u> Wenn er nicht bewacht war, dann wäre das gegen Ihre Anweisungen gewesen.

<u>Oberst Goosen:</u> (Antwort nicht zu hören).

<u>Dr. Gordon:</u> Sie haben keine medizinischen Kenntnisse und . . . (nicht zu hören). Dann sind Sie der erste, der sagt, daß Hyperventilation zum Selbstmord führen könne?

<u>Oberst Goosen:</u> Nein, das ist meine eigene Theorie.

<u>Dr. Gordon:</u> Ich möchte noch etwas erfahren: Kann sich ein

Mann mit dieser Methode umbringen?

Oberst Goosen: Das kann ich nicht sagen.

Dr. Gordon: Gehe ich richtig in der Annahme, daß Sie keine wesentlichen Gründe haben, um zu sagen, daß sich jemand auf diese Weise umbringen kann?

Oberst Goosen: Überhaupt keine wesentlichen Gründe. Ich habe mich geirrt. Es war eben die Vermutung eines Laien.

Nach dem Mittagessen wurde Hauptmann Daniel Siebert zurückgerufen. Man zeigte ihm die handschriftlichen Unterlagen mit vermeintlichen Aussagen von Mr. Jones und Mr. Titi. Hauptmann Siebert wurde von Mr. van Rooyen befragt und sagte, daß das Team Mr. Biko während des Verhörs gefragt habe, ob er die Handschrift von Mr. Titi und Mr. Jones erkenne. Richter Prins fragte dann den Hauptmann, wann man Mr. Biko mit den Unterlagen konfrontiert habe. Hauptmann Siebert sagte, das wäre am Nachmittag des 6. September geschehen. Am Abend des 7. September wurden Mr. Biko keine weiteren Unterlagen gezeigt.

Der nächste Zeuge war Mr. J. Fitchet, ein Wärter des Gefängnisses von Port Elizabeth, der drei Erklärungen vor Gericht abgab. In einer vom 15. September datierten Erklärung sagte Mr. Fitchet folgendes: Am 9. September, als er sich um Mr. Biko kümmerte, gab er ihm einen Becher *puzamandla*, den er austrank; Mr. Biko bat dann um Wasser und trank zwei volle Becher aus; dann sagte er, er wolle Mr. Fitchet küssen, weil Mr. Fitchet ihm *magewu* und Wasser gegeben habe.

Mr. Fitchet sagte ferner, daß Mr. Biko nach Bewegung verlangte, sich von seinem Bett erhob und in seiner Zelle umherging. Er ging ohne Hilfe, und ohne sich auf irgend etwas zu stützen. Er schien nicht unsicher auf den Beinen. Er hatte den Kopf gesenkt, die Augen auf den Boden gerichtet. Nach ungefähr zwanzig Minuten sagte er, er sei müde, und setzte sich wieder auf sein Bett.

Eine Frage Mr. Fitchets beantwortete Mr. Biko damit, daß seine Familie in Fort Beaufort lebe. Mr. Fitchet fragte ihn, warum man ihn verhaftet habe; Mr. Biko sagte, er sei in seinem Auto unterwegs gewesen. Auf die Frage, was für ein Auto das gewesen sei, sagte er, ein Passat, der jetzt in Queenstown stünde. Mr. Biko wollte dann nichts mehr sagen.

Mr. Wentzel, der die Familie Biko vertrat, befragte Mr. Fitchet über diese Aussagen. »In Anbetracht seiner gesundheitlichen Verfassung ist es unvorstellbar, daß er am 9. September in der von Ihnen beschriebenen Weise umhergelaufen ist. Was sagen Sie dazu?« Mr. Fitchet ergriff das Mikrophon, schwieg jedoch.

Mr. Wentzel: Vom Mikrophon werden Sie keine Inspiration kriegen.

Mr. Fitchet: Diese Frage kann ich nicht beantworten.

Mr. Wentzel wies Mr. Fitchet auch darauf hin, daß andere Zeugen gesagt hatten, Mr. Bikos Aussprache sei einige Male vor dem 9. September undeutlich gewesen, und Dr. Lang, der Bezirksarzt, habe bei einer Untersuchung am 7. September festgestellt, daß Mr. Biko torkele. Mr. Wentzel wies auch darauf hin, daß niemand in Mr. Bikos Familie aus Fort Beaufort stamme und daß man ihn in einem Peugeot und nicht in einem Passat verhaftet habe, und zwar in King William's Town, nicht in Queenstown.

Mr. Wentzel befragte Mr. Fitchet auch über eine vervielfältigte Erklärung, die auszufüllen ihn General Kleinhaus gebeten hatte. Die schriftliche Aussage enthielt Erklärungen, die mit Mr. Bikos Haft zu tun hatten. Der Ausfüllende mußte unrichtige Behauptungen ausstreichen, richtige stehenlassen und eigene Kommentare hinzufügen, wenn er es für nötig hielt. Mr. Wentzel sagte, in dieser Untersuchung würden eine große Anzahl solcher schriftlicher Aussagen als beschworenes Beweismaterial verwendet. Mr. Fitchet strich folgende Worte aus: »Außer dem, was ich schon in meiner (meinen) Erklärung(en) gesagt habe, habe ich keinerlei Verletzungen an Steve Biko bemerkt.« Er strich auch diese Behauptung aus: »Bei meinem Besuch bei Steve Biko bemerkte ich folgende Verletzung(en).« Folgende Erklärung blieb so, wie sie in der vervielfältigten Form dastand: »Ich bemerkte keinerlei Verletzung an Steve Biko.« Mr. Fitchet hatte folgendes hinzugefügt: ». . . außer Handschellenspuren an beiden Handgelenken.«

Die andere Erklärung, die unverändert blieb, war diese: »Mir wurde auf einem Foto, das während der Obduktion von Mr. Biko aufgenommen wurde, eine Narbe gezeigt. Ich habe eine solche Narbe oder Verletzung an Steve Biko bemerkt.«

Mr. Wentzel: Gab Ihnen General Kleinhaus Anweisungen, das, was nicht zutreffend war, allein oder im Beisein anderer Wärter auszustreichen?

Mr. Fitchet: Er gab uns keine Anweisungen.

Mr. Wentzel: Erklärte er Ihnen, was Sie mit den vervielfältigten Formularen allein oder im Beisein Ihrer Kollegen tun sollten?

Mr. Fitchet: Ich bin nicht sicher.

Mr. Wentzel: Es ist weniger als einen Monat her. Haben Sie ein besonders schlechtes Gedächtnis?

Mr. Fitchet: Ja.

Hier bat Mr. von Lieres Leutnant Winston Eric Wilken in den Zeugenstand. Am 6. September um 18.00 Uhr hatte dieser mit den Oberfeldwebeln Coetzee und Fouche Nachtdienst. Er fand Mr. Biko im Verhörraum vor, wie er auf zwei Zellenmatten unter zwei Decken lag, mit einer dritten Decke als Kissen unter seinem Kopf. Eine von Mr. Bikos Füßen war locker unten an das Gitter vor der Tür gefesselt, und er trug Handschellen. Er konnte sich aber leicht bewegen.

Leutnant Wilken bemerkte, daß man eine Packung Milch und eine Fleischpastete auf den Aktenschrank gestellt hatte. Major Snyman sagte ihm, daß Mr. Biko nicht essen wolle. Auf die Frage, ob er irgendwelche Beschwerden hätte, wurde Mr. Biko aggressiv und antwortete mit nein. Er wollte auch kein Essen und kein Wasser zu sich nehmen. Die meiste Zeit schlief Mr. Biko. Obwohl ihn Leutnant Wilken dazu aufforderte, wollte er nie die Toilette benutzen. Die Nacht verging ruhig.

Am nächsten Tag erwähnte Major Snyman ihm gegenüber, daß Mr. Biko sich am vorhergehenden Tag gewalttätig aufgeführt und ihn und andere Polizisten angegriffen hätte, und daß sie eine Weile gebraucht hätten, um ihn wieder zu beruhigen. Man sagte ihm, daß Mr. Biko von einem Arzt untersucht worden sei, der nichts Negatives hätte feststellen können. Major Snyman hatte auch erwähnt, daß Mr. Biko nichts essen oder trinken wolle.

Als der Leutnant an jenem Abend zum Dienst erschien, schlief Mr. Biko immer noch auf denselben Matten. Sein Fuß war an das Gitter gekettet. Er hatte auch Handschellen an. »Ich bemerkte eine Schwellung auf der Oberlippe und meinte, das sei wohl das Ergebnis der Auseinandersetzung an jenem Tag«, sagte Leutnant Wilken.

Mr. Biko wachte ungefähr um 7.00 Uhr auf, und Leutnant Wilken sprach mit ihm. »Ich bot ihm Essen an, aber er wollte nichts. Ich sagte ihm, er möge doch endlich die Wahrheit sagen, er verschwende jedermanns Zeit. Seine Antwort war, ich solle ihm fünfzehn Minuten Zeit geben, dann würde er eine Erklärung abgeben. Ich habe ihm echt geglaubt und bin weggegangen. Als ich etwas später zurückkam, sah ich, daß er schlief.

Ungefähr um 9.00 Uhr wachte Mr. Biko auf und sprach mit schwerer Zunge. Ich wußte nicht, was los war, und rief Major Fischer, meinen Abteilungschef, an. Ich sagte ihm, daß Mr. Biko zu einem früheren Zeitpunkt eine Erklärung hätte abgeben wollen, aber jetzt mit schwerer Zunge spreche.«

Leutnant Wilken beschrieb dann den Landrover, mit dem Mr. Biko nach Pretoria gebracht wurde. Die Rücksitze waren entfernt worden; an ihre Stelle hatte man fünf Zellenmatten gelegt. Mr. Biko war in vier Decken eingehüllt. Eine fünfte benützte er als Kissen.

Leutnant Wilkens ziemlich lange Erklärung war vom 17. September datiert.

In seiner zweiten Erklärung vom 20. Oktober sagte Leutnant Wilken, er sei an jenem Tag von General Kleinhaus unterrichtet worden, daß dieser die Umstände, die zu Mr. Bikos Tod geführt hätten, untersuche; eine Obduktion habe ergeben, daß die Todesursache eine Verletzung gewesen sei, die wiederum zu einer Gehirnverletzung geführt habe. Man zeigte Wilken ein Foto, auf dem eine Narbe über dem linken Auge zu sehen war. »Man sagte mir, es sei möglich, daß Mr. Biko sich diese Verletzung zugezogen habe, während ich ihn bewachte. General Kleinhaus machte mich darauf aufmerksam, daß ich nicht verpflichtet sei, irgendeine weitere Erklärung abzugeben.«

Der Leutnant fuhr fort: »Jetzt, als man mir das Foto von Mr. Bikos Gesicht mit der Narbe über dem linken Auge zeigte, erinnerte ich mich, daß ich, als ich mich am 6. September kurz nach 18.00 Uhr zum Dienst meldete, sah, daß Mr. Biko, der auf dem Rücken mit dem Gesicht zur Decke dalag, eine dunklere Stelle auf der Haut hatte, ähnlich einem Muttermal, dunkelbraun, über seinem linken Auge und ungefähr an derselben Stelle wie auf dem Foto. Ich habe nicht weiter darauf geachtet. Es sah mir nicht nach einer Verletzung aus. Biko beschwerte sich nicht.«

Leutnant Wilken sagte, die Wachmannschaft sei nicht in Mr. Bikos Zelle gewesen, wo er festgehalten wurde, sondern in einer Nachbarzelle, von wo aus sie ab und zu nach ihm sahen. Er sagte, er habe Mr. Biko zu keiner Zeit ins Kreuzverhör genommen. Mr. von Lieres fragte dann, ob Mr. Biko von dem Leutnant oder irgendwelchen anderen Diensthabenden angegriffen worden sei. Wilken antwortete: »Nein.«

Dann nahm Mr. Kentridge Leutnant Wilken ins Kreuzverhör.

Mr. Kentridge: Als Sie Major Snyman ablösten, hat er Sie da über Fortschritte des Verhörs unterrichtet?

Leutnant Wilken: Ich wußte, daß sie vorangekommen waren.

Mr. Kentridge: Sagte er, wie sie mit Biko zurechtkamen?

Leutnant Wilken: Ich kann mich nicht erinnern, daß er irgendeinen Fortschritt erwähnte, aber er sah zufrieden aus.

Mr. Kentridge: Als Sie ihn am 6. September ablösten, sollten Sie da das Verhör weiterführen?

Leutnant Wilken: Nein.

Mr. Kentridge: Kommt es Ihnen nicht eigenartig vor, daß ein Leutnant und zwei Oberfeldwebel abkommandiert wurden, um einen an Händen und Füßen gefesselten Mann zu bewachen?

Leutnant Wilken: Ja, wahrscheinlich, unter normalen Umständen. Das waren die Anweisungen des Obersts.

Mr. Kentridge: Zu einem früheren Zeitpunkt am Abend sagten Sie Biko, er solle mit der Wahrheit herausrücken.

Leutnant Wilken: Wenn Sie Mittwoch, den 7., meinen, ist das richtig.

Mr. Kentridge: Mit der Wahrheit worüber?

Leutnant Wilken: Es ist üblich, daß man einem Festgehaltenen sagt, er solle die Wahrheit sagen. Manchmal weiß man gar nicht, um was es geht.

Mr. Kentridge: Warum sagten Sie, daß er jedermanns Zeit vergeude?

Leutnant Wilken sagte, wenn Mr. Biko die Wahrheit gesagt hätte, hätten sie ihn zurück in seine Zelle gebracht.

Mr. Kentridge: Major Snyman sagte, daß Sie mit Ihren beiden Assistenten zu dem Nachtverhörteam gehört hätten.

Leutnant Wilken: Das stimmt nicht.

Mr. Kentridge: Was meinte er, als er von fünfzehn Minuten sprach?

Leutnant Wilken: Biko sagte, geben Sie mir 15 Minuten.

Mr. Kentridge: Sie müssen ziemlich zufrieden gewesen sein, als Biko sagte, er würde Ihnen gegenüber eine Erklärung abgeben.

Leutnant Wilken: Ich war überrascht und froh.

Mr. Kentridge: Das war sehr gut für einen, der mit dem Verhör nichts zu tun hatte.

Leutnant Wilken: Ja.

Mr. Kentridge: Haben Sie dann Papier und Feder geholt?

Leutnant Wilken: Dazu war es zu früh; erst brauchten wir die Geschichte mündlich.

Mr. Kentridge: Kamen Sie nach 15 Minuten zurück?

Leutnant Wilken: Ja, er schlief.

Mr. Kentridge: Warum weckten Sie ihn nicht auf?

Leutnant Wilken: Es war . . . (undeutlich) nicht meine Anweisung, ihn aufzuwecken.

Mr. Kentridge: Sie hatten einen großen Durchbruch erzielt. Sie sagten, Sie wären froh gewesen.

Leutnant Wilken: Ich hatte Anweisung, ihn ausruhen zu lassen, und als es so aussah, als ob er schliefe, habe ich ihn in Ruhe gelassen.

Mr. Kentridge: Fanden Sie das nicht eigenartig: Erst sagte er 15 Minuten, und dann fanden Sie ihn schlafend vor?

Leutnant Wilken: Kann sein, daß er mich auf den Arm genommen hat.

Mr. Kentridge: Er wachte ungefähr eine Stunde später auf?

Leutnant Wilken: Richtig.

Mr. Kentridge befragte dann Leutnant Wilken über die Narbe auf Mr. Bikos Stirn. Leutnant Wilken sagte, er habe die Narbe das erste Mal gesehen, als er im Dunkeln auf einem Stuhl neben Mr. Biko gesessen habe.

Mr. Kentridge: Saßen Sie nicht auf dem Stuhl wie eine Nachtschwester, um ihm ein paar Fragen zu stellen?

Leutnant Wilken: Euer Ehren, das mit der Nachtschwester gefällt mir nicht, aber ich habe ihm keine Fragen gestellt.

Leutnant Wilken sagte, er habe nur auf dem Stuhl gesessen, um die Zeit totzuschlagen. Mr. Kentridge wies darauf hin, daß es viele Methoden gebe, die Zeit totzuschlagen. Außerdem habe er zwei Kollegen gehabt, und es gebe ja auch Zeitungen. Leutnant Wilken sagte: ja, es seien Zeitungen dagewesen. Er erklärte, das Licht im Büro nebenan habe gebrannt, und es sei nicht so dunkel gewesen. Mr. Kentridge fragte, was er an jenem Abend wirklich tat, worauf er erwiderte: »Ich weiß nicht, worauf Sie anspielen, aber nichts ist passiert.«

Mr. Kentridge sagte ihm, er sei der einzige einer Anzahl von Polizisten, der zugegeben habe, eine Narbe auf der linken Stirn von Mr. Biko gesehen zu haben. Leutnant Wilken erwiderte, daß er die Angelegenheit oft mit seinen Kollegen besprochen habe, daß er seinen Kollegen aber nichts von der Narbe gesagt habe, weil er ihr nie eine besondere Bedeutung beigemessen habe.

Der Richter vertagte die Sitzung dann bis Montag und gab bekannt, daß er nach einer Besprechung mit den an der Untersuchung beteiligten Rechtsbeiständen beschlossen habe, die drei vor dem Mittagessen eingeführten Unterlagen nicht zur Veröffentlichung freizugeben; sie seien unter der klaren Bedingung angenommen worden, daß sie nur zum Beweis ihrer Existenz dienen sollten, und nicht als Beweis ihres Inhaltes.

(Vertagung)

Sechster Tag: Montag, 21. November 1977

Mr. Kentridge berichtete von seinen privaten Gesprächen mit den beiden Brigadegeneralen, denen Oberst Goosen Bericht erstattet haben sollte. Die Besprechungen waren auf die Weigerung des Richters Prins erfolgt, Presseberichte über die Erklärungen des Polizeiministers, Mr. J. T. Kruger, als Beweismaterial zuzulassen. Es war dann vereinbart worden, daß Mr. Kentridge sich privat mit den beiden Brigadegeneralen besprechen könnte. Man nahm an, daß die Brigadegenerale Glieder in der Informationskette über Mr. Bikos Tod seien, die zwischen Oberst Goosen und Mr. Kruger gespannt war.

Über seine Begegnung mit den Brigadegeneralen Zietsman und Coetzee sagte Mr. Kentridge: »Wir sprachen mit beiden Brigadegeneralen getrennt. Beide Gespräche wurden in Anwesenheit des Ermittlungsbeamten, Generalmajor Kleinhaus, geführt. Die Informationen und Erklärungen, die ich von den Brigadegeneralen erhalten habe, haben viele der Probleme geklärt, die existierten, als wir den Antrag stellten, diese und andere Offiziere aufzurufen, die wir als Glieder in der Informationskette zwischen Oberst Goosen und dem Minister bezeichneten.

Wir wußten damals nicht, wie viele Glieder die Kette enthielt und wer diese Glieder waren. Wir sind jetzt in der Lage, Brigadegeneral Coetzee völlig aus der Untersuchung auszuschließen. Am 13. September war er nicht in Pretoria, und Oberst Goosen hat an jenem Tag nicht mit ihm gesprochen. Wir sind uns darüber im klaren, daß ihn in dieser Angelegenheit keine Verantwortung trifft, und daß es nicht nötig ist, ihn als Zeugen aufzurufen.

Tatsächlich war es Brigadegeneral Zietsman, mit dem Oberst Goosen am Vormittag des 13. September sprach. Brigadegeneral Zietsman hat nichts weiter getan, als die Information, die ihm Oberst Goosen gab, zu notieren. Brigadegeneral Zietsman stellte die Fragen, Oberst Goosen beantwortete sie, und der Brigadegeneral schrieb sie auf. Der Brigadegeneral gab die Information dann an den Chef der südafrikanischen Polizei, General Prinsloo, weiter, der vermutlich dem Minister Bericht erstattete.

Wir glauben nicht, daß General Prinsloo die ihm gegebene Information verzerrt hat; auch nicht der Minister.

Was von großer Bedeutung ist und sich bei unserem Gespräch herausgestellt hat: Brigadegeneral Zietsman tat es auch nicht. Seiner Ansicht nach kann es auch keinen Irrtum gegeben haben, wenigstens keinen Irrtum, der an der ernsthaft unrichtigen Schilderung der Verhältnisse, die der Minister am 13. und 14. September von sich gab, schuld sein könnte. Es scheint deshalb nur nötig zu sein, Brigadegeneral Zietsman aufzurufen. Er kann die ganze Angelegenheit in wenigen Worten klären. Überdies sagte er uns, daß das Büro in Port Elizabeth nach seinem Gespräch mit Oberst Goosen sogar Fernschreiben an das Sicherheitspolizei-Hauptquartier in Pretoria im Zusammenhang mit der Verhaftung Bikos schickte. Wir haben um diese Fernschreiben gebeten, aber Brigadegeneral Zietsman kann sie nicht ohne Genehmigung des Polizeichefs herausgeben. Natürlich hat dieses Gericht die Befugnis, die Herausgabe dieser Fernschreiben zu verlangen.

Wir bitten dann das Gericht, zur richtigen Zeit Brigadegeneral Zietsman vorzuladen und ihn aufzufordern, die einschlägigen Fernschreiben aus Port Elizabeth mitzubringen.

Er sagte, er wolle schriftliche Aussagen einbringen, welche die vermeintlichen Erklärungen des Ministers vom 13. und 14. September bestätigten. Diese stammten von einem Journalisten der *Rand Daily Mail*, Mr. Patrick Laurence, und einem Anwalt, der die *Rand Daily Mail* in einem kürzlich veranstalteten Hearing des Press Councils über diese Erklärungen vertrat: Mr. William Lane.«

Mr. van Rooyen, Anwalt der Polizei, erhob dagegen Einspruch, besonders gegen die schriftlichen Aussagen von Mr. Laurence. Mr. Prins habe schon entschieden, daß Unterlagen, die sich auf Erklärungen des Ministers bezögen, auf Hörensagen basierten und unzulässig seien; die schriftliche Aussage eines Journalisten sei belanglos und unzulässig.

Mr. Prins sagte, keine schriftliche Aussage, welche die Erklärungen des Ministers bestätige, könne etwas ändern. Das, was als Erklärung des Ministers veröffentlicht worden sei, sei als richtig akzeptiert. Bevor das Gericht nicht irgendeinen Hinweis darauf habe, welche Teile von Oberst Goosens Aussage unrichtig seien, könne es keine schriftliche Aussage von Brigadegeneral Zietsman verlangen; nur dann würde es sich überlegen, ob man ihn als Zeugen aufrufen, oder ob man irgendwelche Fernschreiben über seine Berichte an den Minister einsehen solle.

Mr. Kentridge fuhr dann mit seiner Befragung Leutnant Wilkens fort. Dieser sagte, er habe Wert darauf gelegt, von Zeit zu Zeit nach Mr. Biko in der Nacht vom 6. September zu sehen. Er sagte, er glaube, allein gewesen zu sein, als er mit Mr. Biko auf Zimmer 619 sprach, und er glaube, daß Mr. Biko den Großteil der Nacht geschlafen habe.

Mr. Kentridge fragte Leutnant Wilken, ob er ernsthaft glaube, daß man die Nacht durchschlafen könne, wenn man mit Handschellen und Fußeisen gefesselt sei. Leutnant Wilken sagte, meist wache man nachts ja sowieso auf, auch ohne Handschellen und Fußeisen. Leutnant Wilken sagte dann, er habe ja schon zu Protokoll gegeben, daß Mr. Biko nur an einem Fuß angekettet gewesen sei und sich deshalb sehr wohl habe bewegen können. Wenn er sage, Mr. Biko habe geschlafen, dann meine er, daß seine Augen nicht offen gewesen seien. Mr. Bikos Handschellen seien locker angelegt gewesen, und er bestreite, daß der Druck des Fußeisens sich immer als Gewicht auf dem Bein bemerkbar gemacht habe. Der Druck würde genauso sein wie bei jemandem, der eine Sonnenbrille trüge.

Leutnant Wilken stimmte der Behauptung zu, daß Mr. Bikos Fuß und Knöchel angeschwollen gewesen waren.

Mr. Kentridge sagte, medizinischem Beweismaterial zufolge, das man vorlegen würde, erschiene es wahrscheinlich, daß sich Mr. Biko seine Verletzung in der Nacht vom 6. auf den 7. September oder am frühen Morgen des 7. September zugezogen habe, vor 7.30 Uhr. Wenn das der Fall sei, scheine die Verantwortung bei Leutnant Wilkens Nachtteam oder Major Snymans Tagesteam zu liegen.

Leutnant Wilken sagte, er könne sich nicht erklären, wie sich Mr. Biko eine Verletzung hätte zufügen können, während er in seiner Obhut war, oder wie er am 6. September eine Kopfverletzung hätte erleiden können.

Er hatte an der Landrover-Reise von Port Elizabeth nach Pretoria teilgenommen; er hatte vorne in dem Fahrzeug gesessen. Mr. Bikos Zustand war normal, mit der Ausnahme, daß Mr. Bikos Atmen jedesmal, wenn sie sich einer Stadt näherten, schwerer wurde. Anscheinend schlief Mr. Biko die meiste Zeit. Als sie zum

Tanken anhielten, gab er Mr. Biko keine Gelegenheit, auszusteigen und sich die Beine zu vertreten. Es wurde ihm erlaubt, auf die Toilette zu gehen, aber er wollte nicht.

Als sie in Pretoria ankamen, war Mr. Bikos Zustand der gleiche; der war nach Meinung von Leutnant Wilken normal.

Mr. Kentridge: Er war normal, und jetzt reden wir von ungefähr zwölf Stunden vor seinem Tod.

Leutnant Wilken: Das ist richtig.

Mr. Kentridge sagte, ein Pfleger im Gefängnis von Pretoria, Unteroffizier Pretorius, hätte gesagt: »Biko sah todkrank aus.« Erinnere sich Leutnant Wilken daran, diese Bemerkung gehört zu haben? Der Leutnant sagte, er erinnere sich nicht.

Mr. Kentridge fragte ihn, ob er sich daran erinnern könne, daß einer aus seiner Gruppe beim Aufenthalt im Gefängnis von Pretoria den anderen gesagt habe, Mr. Biko habe vier Jahre Medizin studiert, mache Yogaübungen und könne Leute leicht täuschen.

Leutnant Wilken sagte, es sei gut möglich, daß er das selber gesagt habe, da er zu jenem Zeitpunkt glaubte, Mr. Biko simuliere.

Mr. Kentridge: Welches Recht hatten Sie zu behaupten, dieser Mann könne Leute täuschen und simuliere wahrscheinlich?

Leutnant Wilken: Es war meine Meinung.

Mr. Kentridge: Wie kommt es, daß ihr von der Sicherheitspolizei dauernd behaupten mußtet, daß er wahrscheinlich simuliere?

Leutnant Wilken: Die Ärzte hatten eben gesagt, daß ihm nichts fehle. Wir mußten annehmen, daß sie recht hatten.

Mr. Kentridge: Ist der wahre Grund nicht der, daß es da etwas gab im Zusammenhang mit diesem Mann, was Sie vertuschen wollten?

Leutnant Wilken: Nein, wir hatten nichts zu befürchten oder zu vertuschen.

Mr. Kentridge sagte, aus den schriftlichen Ausagen ginge deutlich hervor, daß sich die Wärter in Port Elizabeth um Mr. Bikos Zustand Sorgen gemacht und ihn auf menschliche und zuvorkommende Weise behandelt hätten. Einige hatten ihn sogar gefüttert, als er das nicht selber tun konnte. Leutnant Wilken sagte, er habe Mr. Biko auch menschlich behandelt.

Mr. Kentridge: Die Situation ist die: Sie werden an einem Samstagabend auf eine dringende Reise nach Pretoria geschickt, um einen Mann ins Krankenhaus zu bringen. Laut Ihrer Aussage hat er Essen und Wasser abgelehnt und während einer zwölf- bis vierzehnstündigen Fahrt nicht die Gelegenheit wahrgenommen, die Toilette aufzusuchen. Soweit wir wissen, hat er während der ganzen Reise kein Wort gesprochen. Dann, bei Ihrer Ankunft in Pretoria, maßten Sie sich an, Leuten zu sagen, dies sei eine Person, die andere leicht täuschen könne und die wahrscheinlich simuliere. Ist das eine angemessene Zusammenfassung dessen, was passiert ist?

Leutnant Wilken: Wenn man den Hintergrund ausläßt, ist sie einseitig, aber sonst – ja, richtig.

Mr. Kentridge: Ich meine, es war nicht Biko, der simuliert hat, sondern die Mitglieder der Sicherheitspolizei. Ich werde feststellen, daß dieser dauernde Refrain dazu da war, um von dem abzulenken, was die Sicherheitspolizei tatsächlich getan hat.

Leutnant Wilken: (Antwort nicht zu hören).

Leutnant Wilken sagte, Mr. Biko habe niemals mit der Sicherheitspolizei zusammengearbeitet, da er sie als Feinde betrachtete; gegenüber den Gefängniswärtern hingegen habe er eine andere Einstellung gehabt. Mr. Kentridge sagte, diese andere Einstellung hätte noch einen Grund: Vielleicht schlugen die Gefängniswärter Mr. Biko nicht zusammen.

Leutnant Wilken sagte, Mr. Kentridge sei nicht dabeigewesen und könne das nicht sagen. Mr. Kentridge gab Leutnant Wilken recht, sagte aber, daß Mr. Biko zu einem bestimmten Zeitpunkt körperlich mißhandelt worden sei; er überließ es dem Leutnant zu erklären, wie Mr. Biko zu seiner Verletzung kam. Mr. Kentridge fügte hinzu, dies unterstreiche die Nachteile, die das Abkapseln eines Gefangenen von der Außenwelt mit sich brächte.

Mr. van Rooyen, Anwalt der Polizei, sagte, er wolle sich heftigst über Mr. Kentridges Anspielung auf eine vermeintliche körperliche Mißhandlung beschweren. Bis jetzt lägen für solche Bemerkungen noch keine Beweise vor.

Mr. Kentridge sagte, die Anwälte der Familie Biko hätten vor, die Behauptung aufzustellen, daß Mr. Biko wahrscheinlich eine Kopfverletzung zwischen dem Abend des 6. September und 7.30

Uhr am Morgen des 7. September erlitten habe. Es läge auf der Hand, daß man mit ihm gewalttätig umgegangen sei; das Gericht habe noch keine Erklärung für diese Verletzung erhalten. Das Gericht müsse seine eigenen Schlußfolgerungen ziehen.

Mr. van Rooyen sagte, es lägen die klarsten Beweise vor, daß es einen gewalttätigen Akt gegeben habe, der aber von Mr. Biko, nicht von der Polizei eingeleitet worden sei, und zwar am Morgen des 7. September, an dem Mr. Bikos Kopf mit der Wand in Verbindung gekommen sein mag.

Mr. Kentridge erwiderte: »Ich wäre über alle Maßen daran interessiert, von meinem gelehrten Kollegen zu hören, ob sich der Kopf mit der Wand in Verbindung gesetzt hat oder die Wand mit dem Kopf.«

Mr. van Rooyen fragte Leutnant Wilken, ob er an Mr. Biko irgendeine Verletzung bemerkt habe, die auch nur im geringsten andeuten könnte, daß man ihn körperlich mißhandelt habe. Leutnant Wilken sagte, als er die Narbe über Mr. Bikos linkem Auge gesehen habe, sei die Stelle nur dunkler als die übrige Haut gewesen, aber es habe nicht nach dem Ergebnis einer Handgreiflichkeit ausgesehen.

Mr. Pickard, der die Ärzte vertrat, brachte dann das Ersuchen vor, man möge die gerichtliche Untersuchung, sobald die Aussagen der Laien abgeschlossen seien, verschieben, möglichst auf den 9. oder 15. Januar. Er sagte, Dr. Lang und Dr. Tucker seien erst letzten Donnerstag in Pretoria angekommen, und es sei sehr schwierig, das Beweismaterial für die Verhandlung auf angemessene Weise vorzubereiten: Man müsse eine Vielzahl von Informationen verschiedener medizinischer Experten prüfen.

Es sei gut möglich, daß sich die Familie Biko über die Ärzte, die Mr. Biko während seiner letzten Tage behandelt hätten, kritisch äußern würde. Er fügte hinzu, die berufliche Karriere der Ärzte, die er vertrete, stünden auf dem Spiel.

Nach einer Diskussion und einer kurzen Vertagung lehnte Mr. Prins das Ersuchen ab.

*

Dr. Ivor Lang, Bezirksarzt aus Port Elizabeth, wurde dann von Mr. von Lieres in den Zeugenstand gerufen. Seine Aussage enthielt folgendes:

Auf Ersuchen Oberst Goosens besuchte er Mr. Biko am 7. September. Nach den Umständen befragt, gab er die Zeit seines Besuches mit 12.00 Uhr an, änderte dies aber in einer späteren schriftlichen Aussage in 9.30 Uhr um. Oberst Goosen, sagte er, habe sich besorgt darüber geäußert, daß Mr. Biko einen Schlaganfall erlitten haben könnte. Er führte eine lange und vollständige Untersuchung durch und teilte Oberst Goosen, bevor er ging, mit, daß er keinen organischen Grund für Mr. Bikos offensichtliche Schwäche habe ausfindig machen können, und daß er sicher sei, Biko habe keinen Schlaganfall erlitten; es lag auch keine Lähmung vor.

Im Kreuzverhör wies Mr. Kentridge darauf hin, daß Oberst Goosen Dr. Lang nach seinem ersten Besuch bei Mr. Biko um einen medizinischen Bescheid gebeten habe. In diesem Bescheid hieß es, daß Dr. Lang bei Mr. Biko keinen Hinweis auf Anomalien habe feststellen können, auch keinen pathologischen Befund. Mr. Kentridge sprach dann von einem klinischen Bericht, den Dr. Lang dem Pathologen, der die Obduktion an Mr. Biko durchführte, gegeben hatte. Dieser Bericht führte unter anderem auf, daß Mr. Bikos innere Oberlippe eine kleine Verletzung aufwies, und daß über dem Brustbein, ungefähr beim zweiten Rückenwirbel, eine Beule war. Um beide Hände und Handgelenke zeigten sich pigmentierte Spuren, und die Füße und Knöchel waren angeschwollen.

Mr. Kentridge wies darauf hin, daß in dem Bericht für Oberst Goosen keine dieser Verletzungen Erwähnung fand. Dr. Lang konnte dafür keine Erklärung abgeben; er sagte, er nehme an, der erste Bericht habe nur für Aufzeichnungszwecke gedient.

Mr. Kentridge: Wäre es für Aufzeichnungszwecke nicht wichtig gewesen, einen kompletten und korrekten Bericht zu haben?

Dr. Lang: Rückblickend, ja.

Mr. Kentridge: Warum nicht damals?

Dr. Lang: Ich habe nicht daran gedacht.

Dr. Lang gab zu, daß der erste Teil des auf Oberst Goosens

Wunsch angefertigten Berichtes unrichtig sei. Mr. Kentridge kam dann auf folgenden Satz zu sprechen: »Ich habe an dem Festgehaltenen keine Zeichen von Anomalie und keinen pathologischen Befund feststellen können.« Dr. Lang gab zu, daß er die Verletzung, die in dem späteren Bericht erwähnt wurde, gesehen hatte.

Mr. Kentridge: Nichts davon ist in Ihrem Bescheid erwähnt. Hätte jemand, der Ihren Bericht später gelesen hätte, ihn nicht auch so auslegen können, daß bei Mr. Biko keine Verletzungen festzustellen gewesen seien? Also wäre dieser Teil ebenfalls unrichtig?

Dr. Lang: Ja, das stimmt.

Mr. Kentridge: Es hätte doch sein können, daß Mr. Biko eines Tages sagen würde, er hätte eine geschnittene, angeschwollene Lippe gehabt, und man hätte ihn einen Lügner genannt.

Dr. Lang: Ja, das sehe ich jetzt ein.

Mr. Kentridge: Ist das nicht der Grund, weshalb Oberst Goosen den Bescheid wollte?

Dr. Lang: Ich glaube nicht.

Mr. Kentridge fragte Dr. Lang auch, ob er das Gefühl habe, daß Oberst Goosen ihn deshalb über Mr. Bikos Medizinstudium unterrichtet habe, um darauf anzuspielen, daß Mr. Biko vielleicht simuliere. Dr. Lang erwiderte: »Das ist eine Möglichkeit.« Mr. Kentridge wollte auch wissen, warum Dr. Lang Mr. Biko nicht gefragt hatte, wie er zu seinen Verletzungen gekommen war. Dr. Lang sagte, er habe angenommen, Biko habe sie sich zugezogen, während er von der Polizei überwältigt worden sei. Er habe auch angenommen, daß es ihm Oberst Goosen gesagt hätte, falls das nicht der Fall gewesen sei, und er habe Mr. Biko nicht gefragt, als Oberst Goosen draußen war, weil er »annahm, daß er (Biko) mir es selber gesagt hätte«.

Mr. Kentridge: Hatten Sie nicht an die Möglichkeit einer Kopfverletzung gedacht?

Dr. Lang: Ja, sofort. In dem Augenblick, in dem ich die Verletzung an der Lippe sah, war das das erste, woran ich dachte.

Mr. Kentridge: Warum haben Sie sich nicht danach erkundigt?

Dr. Lang: Das kann ich nicht beantworten.

Mr. Kentridge: Oberst Goosen sagte Ihnen nie irgend etwas, um

anzudeuten, daß er (Mr. Biko) eine Beule am Kopf hätte?
Dr. Lang: Nein.

Er sagte, kein Sicherheitspolizist habe die Möglichkeit je erwähnt. Dr. Lang stimmte Mr. Kentridge zu, daß seine Untersuchung in gewissem Maße auf dem beruhte, was man ihm über den Patienten gesagt hatte. Mr. Kentridge fragte Dr. Lang, ob er wegen Mr. Bikos geschwollenem Knöchel die Anweisung gegeben habe, die Fußeisen nicht wieder anzulegen. Dr. Lang erwiderte, damals habe er nicht daran gedacht, aber rückblickend würde er es für ratsam halten.

Mr. Kentridge wies das Gericht auf die Tatsache hin, daß man Mr. Biko nach der ärztlichen Untersuchung in Ketten auf seiner Matte liegen ließ. Dr. Lang sagte, er habe Mr. Biko eingehend untersucht und seinen Gesundheitszustand nicht für sonderlich bedenklich gehalten. Mr. Kentridge fragte Dr. Lang, warum er wegen der ihm aufgefallenen Symptome Mr. Biko nicht ins Bett stecken ließ. Dr. Lang sagte, er habe Oberst Goosen gebeten, ihn wieder zu rufen, falls sich Mr. Bikos Zustand nicht bessere.

Am folgenden Tag, dem 8. September, wurde Dr. Lang wieder von Oberst Goosen bestellt, der, so Dr. Lang, sehr besorgt war. Er kam mit dem obersten Bezirksarzt, Dr. Tucker, um Mr. Biko zu untersuchen. Dr. Lang sagte, Mr. Biko habe sich verständlich ausgedrückt. Mr. Kentridge sagte, es gebe viele Zeugen, die sagten, Mr. Biko sei zeitweilig unansprechbar gewesen und man habe sich mit ihm nicht mehr verständigen können. Dr. Lang sagte, Mr. Biko habe klar geantwortet, als man ihn nach seinem Namen fragte. Mr. Kentridge sagte, seines Wissens reiche eine solche Befragung nicht aus, um die geistigen Fähigkeiten ausreichend zu testen.

Mr. Kentridge bemerkte, die Tatsache, daß Mr. Biko in Ketten lag, sei erst in Dr. Langs vierter schriftlicher Aussage erwähnt worden.

Dr. Lang sagte, Mr. Biko sei am 8. September immer noch auf der Matte gelegen, den einen Fuß angekettet. Er konnte sich nicht entsinnen, ob Mr. Biko Handschellen trug; jedenfalls hatte man ihm nicht gesagt, daß Mr. Biko wieder gewalttätig gewesen sei. Auf die Frage, ob er darüber schockiert gewesen sei, antwortete er: »Ich war ziemlich überrascht.«

Bevor sie ihre Untersuchung um 12.45 Uhr begannen, sagte ihnen Oberst Goosen, daß Mr. Biko seit 24 Stunden keinen Harn gelassen habe. Bei der Untersuchung stellten sie fest, daß die Decken genäßt waren und entsprechend rochen. Niemand kümmerte sich darum.

Dr. Lang sagte, er und Dr. Tucker hätten angeordnet, daß Mr. Biko ins Gefängnisspital von Sydenham gebracht werden solle. Auf die Frage Mr. Kentridges, ob Mr. Biko vielleicht einige Zeit unter den nassen Decken gelegen habe, sagte Dr. Lang: »Das mag sein.« Am Ende dieser Untersuchung hatte Mr. Biko um Wasser gebeten, weil er Durst hatte; er erhielt es von einem Mitglied der Sicherheitspolizei. Mr. Biko zeigte keine Anzeichen der Dehydrierung; seine Zunge war feucht und nicht trocken.

Während der am 8. September erfolgten Untersuchung hatte sich Mr. Biko über nicht zu lokalisierende Schmerzen im Kopf und im Rücken beschwert. Dr. Tucker sagte, er habe außerdem einen bedenklichen Reflex des Fußsohlenstreckmuskels festgestellt. Wenn Biko an der Fußsohle gestreift wurde, bog sich sein großer Zeh nach oben; was indessen normalerweise geschieht, ist, daß sich die Zehen nach innen biegen. Dr. Lang und Dr. Tucker sagten dann, daß sie Mr. Biko zur Untersuchung durch einen Facharzt ins Krankenhaus schaffen wollten.

Mr. Kentridge: Glaubten Sie zu diesem Zeitpunkt, daß er simuliert?

Dr. Lang: Ich konnte nicht verstehen, warum er im Bett Harn gelassen hatte. Ich konnte daraus nur schließen, daß er nicht aufstehen konnte. Ich fragte ihn, aber er konnte mir keine befriedigende Antwort geben.

Mr. Kentridge: Diesbezüglich konnte er sich Ihnen nicht ausreichend mitteilen?

Dr. Lang: Nein, diesbezüglich nicht.

Mr. Kentridge: Dachten Sie immer noch an die Möglichkeit einer Kopfverletzung?

Dr. Lang: Von ferne.

Ungefähr um 21.45 Uhr am 8. September ließ man Dr. Hersch, einen Facharzt, kommen, um im Gefängnisspital von Sydenham, in Dr. Langs Anwesenheit, Mr. Biko untersuchen zu lassen. Bezüglich einer schriftlichen Aussage Dr. Herschs vom 16. September fragte Mr. Kentridge Dr. Lang, wer ihn über Mr. Bikos frühere Haft unterrichtet habe. Dr. Lang sagte, Oberst Goosen habe ihn informiert. Mr. Kentridge: »Er spielte ziemlich hartnäckig darauf an, daß dieser Mann möglicherweise simuliere ... und als Dr. Hersch seine Untersuchung begann, hatte man ihn schon auf eine bestimmte Fährte gesetzt, nicht wahr?« Dr. Lang war derselben Meinung.

Dr. Lang sagte, daß Dr. Hersch am 8. September festgestellt hätte, daß Mr. Biko an Echolalie leide, einem Zustand, in dem der Patient ein Wort oder einen Teil eines an ihn gerichteten Satzes wiederholt. Er hatte auch einen Fußsohlenstreckmuskelreflex, der auf eine Gehirnverletzung hindeutete ... (Rest der Erklärung nicht zu hören.) Auf die Frage, ob die Simulierung eines Fußsohlenstreckmuskelreflexes nicht praktisch unmöglich sei, antwortete Dr. Lang: »Das stimmt.«

Mr. Kentridge sagte: »Als die Ärzte bei diesem Stadium angelangt waren, begannen sie, sich über eine Gehirnverletzung Sorgen zu machen, und führten eine *Lumbalpunktion* durch. Das Ergebnis: eine beträchtliche Anzahl roter Blutkörperchen im Liquor, was darauf schließen ließ, daß im Gehirn etwas nicht stimmte.« Dr. Lang sagte, das träfe zu, wenn die roten Blutkörperchen nicht einem Blutgefäß, sondern der Rückenmarksflüssigkeit entstammten.

Er sagte, am 7. September sei der Neurochirurg Mr. Keely konsultiert worden. Auf die Frage, ob er zu diesem Zeitpunkt davon überzeugt gewesen sei, daß Mr. Biko simuliere, sagte Dr. Lang: »Das Ganze war so bizarr, daß ich gar nicht wußte, was ich denken sollte ...«

Nach Aussage von Dr. Lang war es die Meinung Dr. Keelys, daß es nur nötig sei, Mr. Biko zu beobachten, um zu sehen, ob sich sein Zustand ändere. Dr. Lang wollte Mr. Biko aus dem Sydenhamer Gefängnisspital ins Polizeirevier Walmer zurückschicken, weil das Gefängnis über kein ausgebildetes Personal verfügte. »Die Sicherheitspolizei erlaubte uns aber nicht, ihn in ein Krankenhaus zu schaffen. Wir hatten keine andere Wahl, als das zu tun, was sie verlangte.« Auf eine weitere Frage sagte Dr. Lang: »Jeden anderen Gefangenen hätten wir in diesem Fall ins Kreiskrankenhaus geschickt.« Mr. Kentridge erwiderte: »Natürlich.«

Mr. Kentridge: Sie sagten, ein gewöhnlicher Gefangener wäre in ein Krankenhaus eingewiesen worden?

Dr. Lang: Ich bin kein Neurochirurg. Ich mußte das Beste aus der Situation machen.

Mr. Kentridge: Wenn Mr. Keely sagte, eine aufmerksame Beobachtung sei nötig, meinte er ein Krankenhaus . . . Sie sagten ihm: »Tut mir leid, geht nicht, die Sicherheitspolizei will ihn in einer Polizeizelle behalten, und wir müssen daraus das Beste machen.«

Dr. Lang: Ja.

Dr. Lang fügte hinzu, daß er zwar den Eindruck gewonnen habe, daß Mr. Bikos Zustand besser geworden sei; aber wenn es nach ihm gegangen wäre, hätte er Mr. Biko spätestens am 10. September in ein Krankenhaus eingewiesen.

Mr. Kentridge: Sehen Sie, das ist eben die Sicherheitspolizei: sie selbst sind sich das eigene Gesetz.

Dr. Lang: Wir sind Bezirksärzte. Wir sind nicht bei der Sicherheitspolizei.

Mr. Kentridge: Gegen die Sicherheitspolizei soll man sich nicht stellen. Das ist sehr schwierig. Sie waren die letzten paar Tage nicht hier im Gerichtssaal, sonst wüßten Sie das auch.

(Vertagung)

Siebenter Tag: Dienstag, 22. November 1977

Als die Verhandlung fortgesetzt wurde, war Dr. Lang noch im Zeugenstand. Nachdem Mr. Kentridge das Gericht gefragt hatte, ob man Professor Proctor als Zeugen aufrufen werde – er habe seines Wissens die Datierung von Mr. Bikos Gehirnverletzung bestimmt –, und Mr. Prins gesagt hatte, er würde das später entscheiden, wurde Dr. Langs Kreuzverhör fortgesetzt.

Mr. Kentridge wies Dr. Lang auf die Ereignisse des Samstagnachmittages (10. September) hin, an dem Mr. Biko immer noch in der Krankenhauszelle war. Laut seiner schriftlichen Aussage hatte Dr. Lang Mr. Biko gesgt, daß er in die Zellen des Polizeireviers Walmer zurückgebracht werden sollte.

Mr. Kentridge: Wie nahm er die frohe Botschaft auf?

Dr. Lang: Er sagte: »Yes, Sir« – so, wie er mich normalerweise ansprach.

Mr. Kentridge: Laut schriftlicher Aussagen der Wärter Shehab und Hamilton hatten Sie Mr. Biko gesagt, daß die Untersuchungen negativ ausgefallen waren.

Dr. Lang: Ich habe die Untersuchungsergebnisse nicht mit Mr. Biko besprochen, auch nicht mit den Wärtern. Es kann sein, daß Sie mich mißverstanden haben.

Auf die wiederholte Frage bezüglich Mr. Bikos Kopfverletzung sagte Dr. Lang, daß er Mr. Bikos Kopf am ersten Tag sehr sorgsam untersucht habe.

Mr. Kentridge: Es scheint mir unfaßbar, daß Sie die Verletzung nicht gesehen haben.

Dr. Lang: Ich sah sie nicht. Ich hätte keinen Grund, die Tatsache zu vertuschen. Ich kann Ihnen keine Erklärung dafür bieten. Ich untersuchte seine Pupillen und bemerkte eine Anschwellung der Oberlippe. Aber ich sah keine Verletzung.

Mr. Kentridge: Kann es sein, daß Sie die Kopfverletzung in Ihrem Bericht genauso ausgelassen haben wie die Brust- und Lippenverletzung?

Dr. Lang: Ich habe die Lippen- und die Brustverletzung gesehen. Ich kann Ihnen versichern, daß die Brustverletzung nicht so offensichtlich war.

Mr. Kentridge: Es ist nicht immer einfach, eine präzise Diagnose zu stellen, besonders wenn das Gehirn mit im Spiel ist. Ich sage nicht, daß Sie, als praktischer Arzt, eine vollständige Diagnose hätten stellen müssen, aber es ist doch recht eigenartig, daß weder Sie noch Dr. Tucker akzeptieren wollten – so scheint es jedenfalls –, daß Sie es mit einem kranken Mann zu tun hatten.

Dr. Lang erwiderte, das sei geschehen wegen des bizarren Bildes, das man von Mr. Biko gehabt habe, und wegen der Tatsache, daß er sich zu erholen schien. Es habe so ausgesehen, als ob es ihm langsam besser ginge. »Ich mußte mich auf sehr unerfahrene Beobachter verlassen«, sagte er. »Ich hatte keine Wahl.«

Mr. van Rooyen, Anwalt der Polizei, befragte dann Dr. Lang, der wiederholte, daß Oberst Goosen sich um Mr. Bikos Gesundheit Sorgen gemacht habe und daß er, Dr. Lang, ihn nach seinem ersten Besuch beruhigt habe.

Mr. van Rooyen: Es gab nichts Wesentliches, das Sie behandeln konnten. Wenn Oberst Goosen mit seinem Verhör gerne fortgefahren wäre, hätten Sie nichts dagegen einzuwenden gehabt?

Dr. Lang: Richtig.

Mr. van Rooyen: Rückblickend, wenn Sie jetzt jemand fragen würde, ob Ihr Bericht vollständig und richtig gewesen sei, müßten Sie dann mit nein antworten?

Dr. Lang: Richtig.

Mr. van Rooyen: Aber an dem Tag, von dem wir reden, war das der korrekte Bericht?

Dr. Lang: Richtig.

Mr. van Rooyen bezog sich auf den Fußsohlenstreckmuskelreflex. Am Vortag sei alles in Ordnung gewesen, sagte er. Aber am 8. seien Dr. Lang und seine Kollegen über die Lage gar nicht erfreut gewesen. Dr. Lang erwiderte: »Ich konnte daraus nicht schlau werden.«

Dr. Gordon von der University of Natal Medical School, einer der Beisitzer, schaltete sich ein.

Dr. Gordon: Man kann einen Fußsohlenreflex nicht simulieren.

Dr. Lang: Am 8. waren wir uns darüber nicht sicher. Wir waren uns nicht sicher, ob sich der Zeh nach oben bog oder ob er waagerecht blieb.

Dr. Gordon: Ein wichtiger Unterschied.

Dr. Lang: Wir machten uns deswegen Sorgen.

Mr. van Rooyen: Zu keinem Zeitpunkt haben Sie gegenüber Oberst Goosen auch nur angedeutet, daß Mr. Biko ärztliche Behandlung brauchte. Im Gegenteil, Sie versicherten Oberst Goosen, daß Sie nichts feststellen konnten, was ihm organisch fehle.

Dr. Lang: Richtig.

Dr. Gordon: Wo beginnt die Diagnose und die Behandlung und wo endet sie?

Dr. Lang: (Antwort nicht zu hören).

Am Morgen des 7., so Dr. Lang, war er eine ganze Weile mit

Mr. Biko allein gewesen. Später war er noch einmal allein mit Mr. Biko zusammen. Mr. Biko hätte Zeit genug gehabt, sich über Gewaltanwendung zu beschweren, sagte Dr. Lang, aber er habe das nicht einmal angedeutet.

Mr. van Rooyen bezog sich dann auf die Untersuchung durch Dr. Hersch und Dr. Lang im Gefängnis Sydenham, und auf die Tatsache, daß Oberst Goosen Dr. Hersch über Mr. Biko unterrichtet habe. Dr. Lang sagte, Oberst Goosen habe angedeutet, daß Mr. Bikos Verhalten bei früheren Inhaftierungen Ähnlichkeit mit seinem jetzigen habe.

Mr. van Rooyen: Dr. Hersch war also darauf vorbereitet, daß dieser Mann nur simuliere?

Dr. Lang: Richtig.

Mr. van Rooyen: Eigentlich wäre doch jeder vernünftige Facharzt auf der Hut gewesen?

Dr. Lang: Ja.

Später bezog sich Mr. van Rooyen auf den Unterschied in Mr. Bikos Zustand zwischen dem Nachmittag des 8. September und dem Abend des 8. September, an dem Mr. Biko von Dr. Hersch untersucht wurde, und zwar um 21.45 Uhr. Im Bericht hieß es, daß sich Mr. Biko nur mit Mühe im Bett umdrehen könne, daß Mr. Biko aber trotz eines Nachziehens des linken Beines gut gehen könne. Dr. Lang meinte auch, mittags an jenem Tag habe er den Eindruck gehabt, als könne Mr. Biko nicht gehen.

Mr. van Rooyen: Waren Sie der Meinung, daß das einen psychologischen Grund haben könnte? Am Abend des 7. konnte er ja noch recht gut gehen?

Dr. Lang: Richtig.

Mr. van Rooyen: Und Sie wurden daraus nicht klug?

Dr. Lang: Richtig.

Mr. van Rooyen: Kann man sagen, daß vor allem die undeutlichen Reflexe zuerst am rechten und dann am linken Fuß das für Sie verwirrende Bild ergeben haben?

Dr. Lang: Richtig.

Dr. Gordon: Warum sagen Sie bizarr, wenn der Reflex ganz deutlich zu bemerken war?

Dr. Lang: (Antwort nicht zu hören).

<u>Mr. van Rooyen:</u> Eins ist sicher: Ab jener Nacht wurde hauptsächlich darüber diskutiert, ob er simuliere; aber am nächsten Tag sollte eine Lumbalpunktion vorgenommen werden?

<u>Dr. Lang:</u> Ja.

<u>Mr. van Rooyen:</u> Ist es denn so eigenartig, daß Oberst Goosen so fest davon überzeugt war, daß der Mann simulierte? Nach dem lumbalen Einstich wären doch Kopfschmerzen zu erwarten gewesen?

<u>Dr. Lang:</u> Ja.

<u>Mr. van Rooyen:</u> Aber er sagte, er habe keine Kopfschmerzen, überhaupt keine Schmerzen, und es gehe ihm gut?

<u>Dr. Lang:</u> Richtig.

<u>Dr. Gordon:</u> Haben Sie nach der Lumbalpunktion einen weiteren Streckmuskeltest durchgeführt?

<u>Dr. Lang:</u> Nein, das tat ich nicht. Ich wollte ihn nicht allzusehr stören.

Im Zusammenhang mit den Ereignissen des 9. sagte Dr. Lang, er habe die Lumbalpunktion mit Dr. Hersch besprochen. Die Ergebnisse seien größtenteils negativ gewesen. Sonst ergab sich am 9. nichts Neues.

Mr. van Rooyen bezog sich auf die Unterredung Dr. Langs mit dem Neurochirurgen Dr. Keely. (Nach einem Telefongespräch zwischen Dr. Lang und Dr. Hersch über die Tatsache, daß die Lumbalpunktion bei Mr. Biko rote Blutkörperchen in der Rückenmarksflüssigkeit ergeben hatte, war man am 10. September mit Mr. Keely in Verbindung getreten. Dr. Lang hatte gesagt, Dr. Hersch sei der Meinung gewesen, man solle sich an einen Neurochirurgen wenden und, wenn nötig, eine Röntgenaufnahme des Schädels machen lassen. Dr. Lang hatte gesagt, daß Mr. Keely bei einem Telefongespräch mit ihm gemeint habe, daß zu diesem Zeitpunkt nur eine Beobachtung Mr. Bikos nötig sei.) Mr. van Rooyen sagte, das letzte Ergebnis der telefonischen Unterredung sei gewesen, daß es Beweise weder für eine innere Hirnblutung noch für eine Rückenmarksverletzung gebe und daß eine weitere besondere Untersuchung nicht nötig sei.

Dr. Lang beantwortete auch Fragen Mr. Pickards (Rechtsbeistand der Ärzte) und Mr. von Lieres'. Im Verlauf der Befragung sagte Dr. Lang, Mr. Biko sei die erste unter Berufung auf Abschnitt 6 des Terrorism Act festgehaltene Person gewesen, die er untersucht habe. Er sagte, es habe keine Indizien eines brutalen Angriffs auf Mr. Biko gegeben. Auf die Frage, ob Oberst Goosen Mr. Bikos Einweisung in ein Krankenhaus genehmigt hätte, sagte Dr. Lang, die Frage sei schwierig zu beantworten, da er den Eindruck gewonnen habe, daß man Mr. Biko unter keinen Umständen in ein Krankenhaus lassen wolle.

Mr. von Lieres sagte, Dr. Langs Aussage ließe vermuten, daß er Mr. Biko zur weiteren Beobachtung in ein Krankenhaus habe einweisen wollen. Er fragte Dr. Lang, was geschehen wäre, wenn man eine sichere Diagnose gestellt hätte. Dr. Lang sagte, er glaube, wenn er Oberst Goosen gesagt hätte, daß es positive Anzeichen dafür gäbe, daß Mr. Biko wirklich krank sei, hätte man ihn ins Krankenhaus eingewiesen.

Der nächste Zeuge war der oberste Bezirksarzt aus Port Elizabeth, Dr. Benjamin Tucker. Er beantwortete viele Fragen Mr. Kentridges über seine in Begleitung von Dr. Lang gemachte Visite bei Mr. Biko am 8. September. Auf die Frage, warum er Mr. Biko nicht über die Hautabschürfungen an seinem Handgelenk und an seiner Lippe befragt habe, sagte Dr. Tucker, Mr. Biko habe ihm keine Auskunft gegeben. Er habe ihn gefragt, ob er irgendwelche Beschwerden habe, und Mr. Biko habe gesagt, daß er Kopfweh und Rückenschmerzen habe.

Mr. Kentridge: Sie stellten ihm eine einzige Frage, und Sie erhielten eine einzige Antwort. War das alles?

Dr. Tucker: Ja.

Mr. Kentridge: Auf dieser Basis schreiben Sie in Ihrer schriftlichen Aussage: »Er war aufnahmefähig, aber er beantwortete Fragen sehr undeutlich.« Das ist eine irreführende Behauptung.

Dr. Tucker: Das tut mir leid.

Mr. Kentridge: Sie ist nicht nur irreführend, sie ist ganz einfach falsch.

Dr. Tucker: Das würde ich nicht sagen.

Mr. Kentridge: Aber ich würde. Ich werde Ihnen sagen, warum. Er beantwortete keine Fragen. Er beantwortete höchstens eine Frage. Und zweitens hatten Sie aufgrund dieser einen Frage und

dieser einen Antwort nicht das Recht zu sagen, er sei geistig aufnahmefähig.

Dr. Tucker sagte auch, daß bei der Prüfung von Mr. Bikos Re-
flexen die Sache mit dem rechten großen Zeh nicht ganz klar gewesen sei; sie hätte höchstens auf ein neurologisches Problem
hindeuten können. Mr. Kentridge sagte, dies bedeute doch, daß
Mr. Biko kein Simulant gewesen sei. »Das kommt auf den Beobachter an«, sagte der Arzt. Am Ende der Untersuchung, sagte Dr.
Tucker, sei er nicht der Meinung gewesen, daß Mr. Biko simuliere. Er habe Oberst Goosen nicht gesagt, daß Mr. Biko vielleicht
simuliere, weil er seine Zweifel hatte. »Ich sagte ihm (Oberst
Goosen), daß ich nicht in der Lage wäre, irgendwelche Schlußfolgerungen zu ziehen, und daß ich es für ratsam hielte, einen Spe-
zialarzt zu konsultieren.«

Auf die Frage, ob ihm die Möglichkeit in den Sinn gekommen
sei, daß Mr. Biko an einer Kopfverletzung leide, sagte Dr. Tuk-
ker, daß er daran gedacht habe. Er habe aber weder Mr. Biko noch
Oberst Goosen darüber befragt. Er sagte, die Lippenverletzung
habe vielleicht mit der Gehirnverletzung in Verbindung gestanden.

Mr. Kentridge: Dr. Tucker, wenn Sie der Meinung waren, daß
die Lippenverletzung möglicherweise auf eine Gehirnverletzung
hinwiese, hätten Sie der Sache doch weiter nachgehen sollen?

Dr. Tucker: Bei wem?

Mr. Kentridge: Bei Oberst Goosen?

Dr. Tucker: Das kann ich, glaube ich, nicht beantworten. Da war
die Geschichte mit dem Handgemenge, und die Verletzung hätte
daher rühren können.

Mr. Kentridge: Warum haben Sie nicht die auf der Hand liegende
Frage gestellt, nämlich, ob der Mann einen Schlag auf den Kopf
erhalten habe?

Dr. Tucker: Ich habe sie nicht gestellt – das ist alles, was ich sagen
kann.

Mr. Prins: Haben Sie Biko befragt?

Dr. Tucker: Nein.

Mr. Kentridge: Warum nicht? Weil Sie Oberst Goosen nicht in
eine peinliche Lage bringen wollten?

Dr. Tucker: Nein.

Mr. Kentridge: Haben Sie gelesen oder selbst erlebt, daß die Polizei mit Festgehaltenen gewalttätig umgeht?

Dr. Tucker: Ich habe . . . (nicht zu hören).

Mr. Kentridge: Aber in diesem Falle haben Sie nicht gefragt?

Dr. Tucker: Nein, habe ich nicht. Wenn man mir Leute zum Untersuchen gibt, fertige ich meinen Bericht auf einem besonderen Formular an. Das ist alles, was von mir verlangt wird.

Mr. Prins: Wir haben hier einen Mann mit geschwollener Lippe. Es wird erwähnt, daß es mit ihm Ärger gegeben hat, daß man ihn überwältigen mußte. Sie führten Ihre Untersuchungen durch; was für Untersuchungen waren das?

Dr. Tucker: Da war die Geschichte, die ich untersuchen mußte. Dr. Lang hat sie bekommen . . . (undeutlich).

Mr. Prins: Haben Sie das, was Goosen Ihnen sagte, für bare Münze genommen?

Dr. Tucker: Ich möchte es so sagen: Wenn man mich bestellt, damit ich einen Patienten untersuche, und der Patient hat einen Kratzer am Kopf, dann kümmere ich mich um die Behandlung und nicht darum, wie er den Kratzer bekommen hat.

Mr. Prins: Wenn Sie an der Behandlung des Patienten interessiert sind, ist es dann nicht auch erforderlich und ratsam, die Ursache zu kennen?

Dr. Tucker: Da war die Geschichte, daß Biko hysterisch geworden war und überwältigt werden mußte . . .

Mr. Prins: Warum hätte die Gehirnverletzung daran nicht schuld sein können?

Dr. Tucker: Dr. Lang sagte, er habe keine Beulen am Kopf gesehen.

Mr. Kentridge: Lassen Sie mich noch einmal anfangen. Sind Sie sich nicht bewußt, daß es Fälle von körperlicher Mißhandlung im Polizeigewahrsam gibt? Haben Sie darüber nie nachgedacht?

Dr. Tucker: Nein.

Mr. Kentridge: Sie sagten, die Möglichkeit einer Kopfverletzung sei Ihnen schon in den Sinn gekommen?

Dr. Tucker: Ja.

Mr. Kentridge: Wenn jemand sagen würde, dieser Mann sei mit

dem Kopf gegen die Wand geschlagen, würden Sie da anderer Meinung sein?

Dr. Tucker: Nein.

Mr. Kentridge: Wenn Sie jemanden sehen und Sie den Verdacht fassen, daß er irgendeinen neurologischen Schaden hat, und wenn Sie zudem wissen, daß er in irgendeinen gewaltsamen Zwischenfall verwickelt war, würden Sie ihn dann nicht fragen, ob er einen Schlag auf den Kopf abbekommen hat?

Dr. Tucker: (Antwort nicht zu hören).

Mr. Kentridge: Ich glaube, Sie haben deswegen nicht nachgehakt, weil Sie es mit der Sicherheitspolizei zu tun hatten, nicht wahr?

Dr. Tucker: Nein.

Hier erhob Mr. van Rooyen heftigen Einspruch gegen Mr. Kentridges Behauptung. Mr. Kentridge erwiderte: »Es ist eine Frage, keine Behauptung«, und fuhr mit der Befragung des Zeugen fort.

Mr. Kentridge: Stellt man in so einer Situation keine Fragen?

Dr. Tucker: Ich würde sagen nein; nein, das tut man nicht.

Es gab großes Gemurmel im überfüllten Gerichtssaal, und Mr. Prins unterbrach die Sitzung für fünf Minuten. Danach drohte er, er werde den Saal räumen lassen, wenn das Gelächter auf der Galerie nicht aufhöre. Mr. van Rooyen erhob dann formell Einspruch gegen Mr. Kentridges Art der Befragung. Mr. Kentridge wandte sich an den Richter und sagte, ihm schiene der Einspruch sowohl gegen ihn als auch gegen Mr. Prins gerichtet. Er versuche, seine Fragen so zu formulieren, wie er sie immer formuliert habe.

Dr. Tucker bat dann darum, seine letzte Antwort anders formulieren zu dürfen. Er sagte, es sei dem Bezirksarzt nicht verboten, in den Büros der Sicherheitspolizei Fragen zu stellen.

Mr. Kentridge: Ich behaupte nicht, daß es verboten sei. Ich behaupte bloß, daß Sie selbst die Frage nicht gestellt haben.

Dr. Tucker: Dagegen muß ich mich verwahren. Ich habe seitens der Sicherheitspolizei immer die nötige Mitarbeit erhalten.

Mr. Kentridge: Sie gebrauchten das Wort Mitarbeit.

Dr. Tucker: Welche Mitarbeit? Was heißt Mitarbeit?

Mr. Kentridge: Sie gebrauchten es.

Dr. Tucker: Für mich ist die Bedeutung des Wortes die, daß, wenn wir Information brauchen und wenn wir wollen, daß bestimmte Dinge geschehen, das auch geschieht.

Mr. Kentridge: Sie bestreiten, daß Sie irgendwelche Hemmungen haben, Fragen zu stellen, auch wenn es peinliche Fragen sind?

Dr. Tucker: Ja.

Mr. Kentridge: Warum erkundigten Sie sich nicht, ob Biko einen Schlag auf den Kopf erhalten habe?

Dr. Tucker schwieg.

Mr. Kentrige: Goosen hat Ihnen überhaupt nicht gesagt, daß dieser Mann einen Schlag auf den Kopf bekommen habe?

Dr. Tucker: Nein.

Mr. Kentridge: Hat irgend jemand Ihnen gegenüber angedeutet, daß Biko einen Schlag auf den Kopf bekommen habe?

Dr. Tucker: General Kleinhaus.

Mr. Kentridge: Wann?

Dr. Tucker: Zur Zeit der Nachforschungen des Generals.

Mr. Kentridge: Das war das erste Mal, daß man das Ihnen gegenüber andeutete?

Dr. Tucker: Auch als ich mit Professor Loubser, dem Chefpathologen in Pretoria, sprach, am darauffolgenden Morgen, wahrscheinlich am dreizehnten ...

Mr. Kentridge: Als Sie ihn (Biko) das letzte Mal sahen, lag er immer noch auf derselben Matte, unter einer nassen Decke, in denselben Hosen?

Dr. Tucker: Ja.

Dr. Tucker sagte, er habe diesbezüglich keine Anweisungen gegeben.

Mr. Kentridge: Mr. Biko wurde von Dr. Hersch untersucht, dessen Befund man Ihnen am darauffolgenden Tag mitteilte?

Dr. Tucker: Ja. Am darauffolgenden Tag.

Dr. Tucker sagte, er habe von dem Fußsohlenreflex gewußt, aber nicht davon, daß man in der Rückenmarksflüssigkeit rote Blutkörperchen gefunden habe.

Mr. Kentridge bezog sich dann auf eine Behauptung in der schriftlichen Aussage Dr. Tuckers, derzufolge Dr. Lang ihm berichtet habe, daß Dr. Hersch Mr. Biko untersucht habe und alles in Ordnung sei, außer vielleicht dem Fußsohlenreflex. »Das war aber doch ein sehr schwerwiegender Befund?« Dr. Tucker sagte, er habe die Möglichkeit eines neurologischen Schadens angedeutet. »Ich bin da kein Spezialist, aber es ist ein sehr ernster Hinweis auf einen Gehirnschaden.«

Mr. Kentridge: Erfuhren Sie vom Ergebnis der Lumbalpunktion?

Dr. Tucker: Nein.

Mr. Kentridge: Hat Sie das nicht interessiert?

Dr. Tucker: Es war Dr. Langs Patient.

(Vertagung)

Achter Tag: Mittwoch, 23. November 1977

Am darauffolgenden Tag befragte Mr. Kentridge Dr. Tucker über seine Visite bei Mr. Biko am 11. September.

Dr. Tucker sagte, Oberst Goosen habe ihn am Sonntagnachmittag bestellt, weil er Dienst gehabt habe und Oberst Goosen gesagt habe, er könne Dr. Lang nicht ausfindig machen. Bei diesem Besuch habe er, sagte Dr. Tucker, die Verantwortung für die medizinischen Entscheidungen übernommen. Man habe ihn bestellt, weil Mr. Biko offensichtlich etwas zugestoßen war. Oberst Goosen habe ihm gesagt, Mr. Biko sei zusammengebrochen und von Unteroffizier Paul van Vuuren aufgefunden worden. Dr. Tucker stellte fest, daß Mr. Biko hyperventilierte. Mögliche Ursachen dieses Verhaltens seien Hysterie, Nierenversagen, Gehirnblutung, epileptische Anfälle, Ertrinken und Lungenbeschwerden.

Mr. Kentridge: Sie sagen, das zentrale Nervensystem habe sich seit der vorausgegangenen Untersuchung nicht verändert?

Dr. Tucker: Ich führte eine rasche neue Untersuchung durch.

Mr. Kentridge: Wie rasch?

Dr. Tucker: In ungefähr fünf Minuten.

Mr. Kentridge: Haben Sie den Fußsohlenreflex geprüft?

Dr. Tucker: Nein.

Dr. Gordon: Aber der Fußsohlenreflex ist hier doch der wichtigste Test? Das einzige positive Indiz war bis dahin die erhobene

Zehe. Warum haben Sie das nicht geprüft?

Dr. Tucker: Ich suchte nach Anzeichen eines Druckes im Schädelinneren. Es gab keine Parese, keine Spasmen; weder auf der einen noch auf der anderen Seite.

Dr. Gordon: Haben Sie dem Fußsohlenreflex nicht eine große Bedeutung beigemessen?

Dr. Tucker: Doch.

Dr. Tucker sagte, Mr. Biko sei apathisch gewesen, aber es habe zu dieser Zeit kein Anzeichen für eine weitere organische Krankheit gegeben. Er habe es für ratsam gehalten, Mr. Biko in ein Krankenhaus mit ausgebildetem Personal einzuweisen. Im Krankenhaus des Gefängnisses Sydenham habe es kein ausgebildetes Personal gegeben, weil der einzige Krankenpfleger nicht anwesend gewesen sei. Man beschloß, den Gefangenen nach Pretoria zu schicken.

Dr. Tucker sagte, er habe gewußt, daß man Mr. Biko in einem Auto nach Pretoria bringen wolle, und habe dagegen nichts einzuwenden gehabt. Er habe sich nicht dagegen gewehrt. Er habe nicht gewußt, daß man Mr. Biko in einem Landrover transportieren wolle; man habe ihm gesagt, man würde einen Kombi verwenden. Er wußte, daß Mr. Biko ganz ohne medizinische Betreuung reisen würde, aber es sei ja kein Krankenpfleger zu haben gewesen.

Mr. Kentridge: In Ihrer schriftlichen Zeugenaussage heißt es, daß Mr. Bikos Zustand zu dieser Zeit zufriedenstellend war. Waren Sie nicht der Meinung, daß diese Verlegung irgendwelche negativen Auswirkungen haben würde? Betrachteten Sie seinen Zustand als so zufriedenstellend?

Dr. Tucker: Das tat ich.

Mr. Kentridge: An jenem Sonntagnachmittag bat man Sie dringend her und sagte Ihnen, daß Mr. Biko zusammengebrochen sei. Als Sie ihn vorfanden, lag er immer noch am Boden, mit unerklärlichem Schaum vor dem Mund.

Dr. Tucker: Ja.

Mr. Kentridge: Außerdem hyperventilierte er, und den Grund dafür wußten Sie auch nicht?

Dr. Tucker: Ja.

Mr. Kentridge: Sein linker Arm war halb gelähmt?

Dr. Tucker: Ja.

Mr. Kentridge: Er war apathisch?

Dr. Tucker: Ja.

Mr. Kentridge: Sie wußten, daß der Arzt, der ihn untersucht hatte, einen verdächtigen Fußsohlenreflex festgestellt hatte?

Dr. Tucker: Ja.

Mr. Kentridge: Wollen Sie sagen, daß jemand, der in diesem Zustand ist, sich in einem zufriedenstellenden Zustand befindet?

Dr. Tucker: Von der erhobenen Zehe abgesehen, war es immer noch möglich, daß er simulierte.

Mr. Prins: Hat diese Sache mit dem Simulieren zu dieser Zeit in Ihren Gedanken noch eine solche Rolle gespielt?

Dr. Tucker: Soviel ich wußte, hatte Dr. Lang Mr. Biko untersucht und nichts Ernstliches festgestellt. Ich hatte ihn untersucht. Dr. Hersch hatte ihn untersucht. Dr. Lang teilte mir mit, was Dr. Hersch festgestellt hatte. Das Ganze ergab ein sehr rätselhaftes Bild.

Mr. Kentridge: Als Sie Oberst Goosen sagten, daß man den Mann über Land nach Pretoria schaffen könne, wußten Sie, daß man eine Lumbalpunktion durchgeführt habe. Aber Sie kannten das Ergebnis nicht?

Dr. Tucker: Nein.

Mr. Kentridge: Ich bin der Meinung, daß kein gewissenhafter Arzt in dieser Situation die Behauptung hätte aufstellen können, Mr. Bikos Zustand sei zufriedenstellend.

Dr. Tucker: Unter den gegebenen Umständen hielt ich ihn für zufriedenstellend.

Dr. Tucker sagte, Dr. Lang habe ihm später mitgeteilt, daß bei dem lumbalen Einstich nichts sonderlich Beunruhigendes gefunden worden sei, außer den roten Blutkörperchen. Er habe gewußt, daß es dafür mehr als eine Ursache geben könnte, aber er habe sich darüber keine Sorgen gemacht, weil Dr. Lang gesagt habe, Mr. Biko habe gegessen und getrunken und sei umhergegangen.

Dr. Gordon: Als man Ihnen mitteilte, daß Mr. Biko umhergegangen sei, sagte man Ihnen da gleichzeitig, daß Dr. Lang das selber beobachtet habe?

Dr. Tucker: Nein, das kann ich leider nicht sagen . . . ehrlich.

Mr. Kentridge: Nehmen wir an, einige Feriengäste aus Pretoria kommen zu Ihnen in Port Elizabeth, weil sich ihr Kind merkwürdig verhält. Die Eltern haben den Verdacht, daß ihr Kind nicht in die Schule zurückwill, aber es weist einen verdächtigen Fußsohlenreflex auf, liegt auf dem Boden, hat rote Blutkörperchen in der Rückenmarksflüssigkeit, Schaum vor dem Mund, es hyperventiliert und ist am linken Arm und Bein halb gelähmt. Würden Sie seinen Eltern erlauben, es 700 Meilen nach Pretoria zu fahren?

Dr. Tucker: Die Umstände waren anders. Ich würde darauf bestehen, daß das Kind sofort in ein Krankenhaus eingewiesen würde. Aber hier gab es soviel Ungewißheit.

Mr. Kentridge: Hätte diese Ungewißheit Sie nicht vorsichtiger statt unvorsichtiger machen sollen? Liegt der einzige Unterschied nicht darin, daß bei Biko der Oberst darauf bestand, daß er nicht ins Krankenhaus solle?

Dr. Tucker: Ich würde nicht sagen, daß er darauf bestand. Er war dem Gedanken einfach abgeneigt.

Mr. Kentridge: Warum haben Sie sich nicht für die Gesundheit Ihres Patienten eingesetzt?

Dr. Tucker: Ich weiß nicht, ob man in diesem besonderen Fall die Entscheidungen eines verantwortlichen Offiziers hätte umgehen können.

Dr. Gordon: Warum sagten Sie nicht, daß Sie nichts mit der Sache zu tun haben wollten, wenn man Biko nicht in ein Krankenhaus einwiese?

Dr. Tucker: Zu diesem Zeitpunkt glaubte ich nicht, daß sich Mr. Bikos Zustand dermaßen verschlechtern würde. Da war immer noch die Möglichkeit des Simulierens.

Mr. Kentridge: Waren Sie der Meinung, daß der Fußsohlenreflex vielleicht vorgetäuscht war?

Dr. Tucker: Nein.

Mr. Kentridge: Waren Sie der Meinung, daß jemand rote Blutkörperchen im Rückenmark vortäuschen könne?

Dr. Tucker: Nein.

Mr. Kentridge: Ist nach dem Hippokratischen Eid nicht die Gesundheit Ihrer Patienten das Wichtigste?

Dr. Tucker: Ja.

Mr. Kentridge: Aber in diesem Falle war die Aufrechterhaltung der Sicherheit wichtiger?

Dr. Tucker: Ja.

Mr. Kentridge: Die klassischen Anzeichen für eine Gehirnverletzung sind Abnahme der geistigen Fähigkeiten, ein erhobener Zeh und Blut in der Rückenmarksflüssigkeit?

Mr. Prins: Fairerweise muß ich darauf hinweisen, daß, wenn ich ihn richtig verstanden habe, Dr. Tucker an dem Sonntag, an dem er Mr. Biko untersuchte, von den roten Blutkörperchen in der Rückenmarksflüssigkeit nicht unterrichtet war.

Mr. Kentridge: Ja, aber er wurde vor Mr. Bikos Abreise nach Pretoria davon unterrichtet.

Mr. Kentridge bezog sich dann auf das nach Mr. Bikos Tod aufgenommene Foto mit der Narbe auf seiner Stirn. Mr. Kentridge sagte, die Pathologen meinten, die Verletzung auf Mr. Bikos Stirn sei zwischen vier und acht Tagen alt gewesen und müßte für einen Arzt sofort zu erkennen gewesen sein. Dr. Tucker sagte, die Narbe müsse dagewesen sein, sie sei aber nicht sichtbar gewesen. Er sagte, er könne sich das nur dadurch erklären, daß die Narbe dieselbe Färbung hatte wie die Haut des Gefangenen und er sie deshalb nicht sehen konnte.

Auf Befragung von Mr. van Rooyen sagte Dr. Tucker, daß Mr. Biko, als er ihn untersuchte, geistig wach und in der Lage gewesen sei, Fragen intelligent zu beantworten. Er habe sich nicht über irgendwelche Handgreiflichkeiten oder Verletzungen beklagt. Dr. Tucker sagte, als er Mr. Biko am 11. September in den Zellen des Walmerschen Polizeireviers besucht habe, habe man ihm gesagt, daß der Gefangene aus dem Krankenhaus entlassen worden sei, da sein Zustand ihm den Aufenthalt im Polizeirevier erlaubt habe. Dr. Lang habe ihm mitgeteilt, daß Mr. Biko verlegt wurde, nachdem Mr. Biko gegessen hatte und umhergegangen war, und nachdem Dr. Keely, der Neurochirurg, gesagt hatte, daß die Lumbalpunktion negativ ausgefallen war. Dann wurde Dr. Colin Hersch bestellt, der Facharzt, der Mr. Biko untersucht hatte,

nachdem Dr. Lang und Dr. Tucker sich durch die Symptome ver-
wirrt erklärt hatten. Eine schriftliche Aussage Dr. Herschs wurde
dem Gericht überreicht. Sie enthielt einen medizinischen Befund,
den Dr. Hersch für Dr. Lang nach seiner Untersuchung Mr. Bikos geschrieben hatte. Der medizinische Befund war vom 16.
September datiert – vier Tage nach Mr. Bikos Tod. Auf Befragen
von Mr. von Lieres sagte Dr. Hersch, daß das Ergebnis der am
9. September bei Mr. Biko durchgeführten Lumbalpunktion jede
Schlußfolgerung völlig offengelassen habe. Die Blutkörperchen
könnten von einer Gehirnverletzung herrühren, aber auch daher,
daß man ein Blutgefäß anstatt des Rückenmarks getroffen habe.
Die Einfachheit einer Lumbalpunktion spreche allerdings gegen
letztere Möglichkeit.

Dann befragte Mr. Kentridge Dr. Hersch, der sagte, er habe
am 8. September einen Anruf von Dr. Lang erhalten, der ihn über
Mr. Biko unterrichtete. Während einer früheren Haft habe Mr.
Biko Sprachschwierigkeiten gehabt und sein linkes Bein nachge-
zogen. Dr. Lang habe auch die Möglichkeit einer erhobenen Zehe
am rechten Fuß erwähnt. Dr. Hersch sagte, er habe Mr. Biko des
Simulierens verdächtigt.

Später erweckte Oberst Goosen bei Dr. Hersch auch den Eindruck, daß Mr. Biko simuliere. Oberst Goosen erwähnte nie die
Möglichkeit, daß Mr. Biko vielleicht einen Schlag auf den Kopf
bekommen habe, obwohl er doch den Vorfall erwähnte, bei dem
Mr. Biko mit einem Stuhl warf und man ihn überwältigte.

Dr. Hersch habe auch gewußt, daß Mr. Biko vier Jahre lang
Medizin studiert hatte. Dr. Hersch sagte, er habe kapiert, daß er
es mit einem Mann zu tun hatte, der möglicherweise simulierte,
mit einem gefährlichen Mann. Er sagte, besonders bei neurologischen Fällen könnte ein falscher Vorbericht die Untersuchung
leicht beeinflussen.

Dr. Hersch habe die Beule an Mr. Bikos Kopf oder die auf dem
Obduktionsfoto zu sehende Narbe nie wahrgenommen. »Aber
rückblickend sehe ich recht klar, wie er vor mir steht, mit einer
weißlichen Stelle über dem linken Auge, die ich für trockenen
Speichel hielt.«

Auf die Frage, wie er sich erkläre, daß er die Narbe nicht gesehen habe, antwortete Dr. Hersch: »Ich habe keine Ahnung. Angesichts der übrigen Untersuchungsergebnisse hätte man fast erwarten können, dort Anzeichen einer Verletzung zu finden.

Auf die Frage, ob es möglich sei, das mit der Zehe zu simulieren, sagte Dr. Hersch, er habe es nie während seiner ärztlichen Laufbahn erlebt; Dr. Marquard de Villiers, der dem Rechtsbeistand der Ärzte assistierte, sei es jedoch gelungen, diese Reaktion vorzutäuschen.

Dr. Hersch sagte, er habe Dr. Lang nach der Untersuchung kein grünes Licht gegeben. Er habe Oberst Goosen erklärt, daß es positive Anzeichen dafür gebe, daß mit dem Nervensystem etwas nicht stimme. »An den genauen Wortlaut erinnere ich mich nicht. Ich habe ihm klargemacht, daß der Befund teils positiv war.«

Auf die Frage, warum Mr. Biko nicht in ein richtiges Krankenhaus eingewiesen worden sei, sagte Dr. Hersch: »Das lag nicht in unserer Hand.« Es bestünde kein Zweifel, daß er als Privatpatient sofort in ein Krankenhaus eingewiesen worden wäre. Auf die Frage, ob er es zugelassen hätte, daß man Mr. Biko in einem Landrover, auf vier Zellenmatten, transportierte, sagte Dr. Hersch, er wäre nicht unglücklich darüber gewesen, wenn Mr. Bikos Zustand der gleiche gewesen wäre wie bei der Untersuchung. Auf eine Frage Mr. Kentridges sagte Dr. Hersch, er hätte es einem Patienten nie gestattet, eine 700 Meilen lange Autofahrt mitzumachen, wenn er bereits in einem Dämmerzustand gewesen wäre.

Mr. Kentridge wies das Gericht dann auf ein Formular hin, das zusammen mit Mr. Bikos Rückenmarksflüssigkeit zur Untersuchung an das Institute for Medical Research geschickt worden war. Der Name des Patienten war mit Stephen Njelo angegeben. Mr. Kentridge fragte, ob man den falschen Namen eingetragen habe, um zu vermeiden, daß das Personal im Institut den richtigen Namen des Patienten erführe. Dr. Hersch sagte, er wüßte nicht, wer den Namen im Formular eingetragen habe. Es hätte ein Pfleger im Spital des Gefängnisses Sydenham sein können. Mr. Kentridge sagte, er habe versucht, vom Institut zu erfahren, ob dort irgendwelche Analysen von Mr. Bikos Rückenmarksflüssigkeit gemacht worden seien; zuerst habe er eine negative Antwort bekommen.

Mr. Kentridge wies das Gericht auch auf einen Tagesbericht Dr. Langs vom 10. September hin, in dem es hieß, daß er (Dr. Lang) und Dr. Hersch bei Mr. Biko nichts Pathologisches feststellen konnten, und daß das Ergebnis der Lumbalpunktion normal war. Dr. Hersch gab zu, daß sie in der erhobenen Zehe Anzeichen eines pathologischen Befundes gesehen hätten und daß das Rückenmark Blutkörperchen enthalten habe, die auf eine Gehirnverletzung hinweisen konnten.

Auf Befragen Mr. van Rooyens sagte Dr. Hersch, er habe sich wegen Bikos Zustand Sorgen gemacht, sei aber von der Dringlichkeit der Lage nicht überzeugt gewesen. Mr. van Rooyen sagte, daß Dr. Hersch, wenn er sich ernsthafte Sorgen gemacht hätte, dies Oberst Goosen hätte wissen lassen. Dr. Hersch erwiderte, die Lage sei damals nicht absolut dringend gewesen.

Mr. Prins: Sie waren also nicht so besorgt?

Dr. Hersch: Ich war besorgt, weil er mein Patient war. Eine Person mit positiven neurologischen Anzeichen und eine Person mit anomalem Rückenmark macht einem schon Sorgen, aber man hat keine Angst, daß die Person in Todesgefahr schwebt. Mir war klar, daß nur ein Neurochirurg genau Bescheid geben konnte. Man kann die Person entweder beobachten, behandeln oder sie operieren.

Mr. van Rooyen: In dem Bericht, den Sie angefertigt haben, als Sie schon wußten, daß er tot war, heißt es an keiner Stelle, daß Sie zu der festen Schlußfolgerung gekommen waren, daß eine organische Krankheit vorgelegen haben könnte.

Dr. Hersch: Nein, aber ich hätte es schreiben sollen.

Mr. van Rooyen: Sie haben den Fall nicht an Dr. Keely weitergegeben, sondern gefragt, ob weitere Untersuchungen durchgeführt werden sollten?

Dr. Hersch: Das kommt aufs gleiche heraus.

Mr. van Rooyen: Tut mir leid, aber ich bin verblüfft. Sie sagten, daß es Ihrer Meinung nach Anzeichen einer organischen Krankheit gab, die mit der Gehirntätigkeit in Zusammenhang stand?

Dr. Hersch: Ja.

Mr. van Rooyen: Das steht nicht in Ihrem Bericht?

Dr. Hersch: Ich dachte, das läge auf der Hand. Es war kein guter Bericht.

Mr. van Rooyen: Ich stelle Ihre Aussage in Frage . . . ich glaube, Sie waren sich darüber zur Zeit der Untersuchung viel weniger im klaren.

(Antwort nicht zu hören.)

Mr. Prins fragte Dr. Hersch, was er Dr. Lang gesagt habe. War es dasselbe, was er in seinem Bericht geschrieben hatte? Dr. Hersch erwiderte, er habe vier Punkte erwähnt, auf die er seine Diagnose gestellt habe, nach der Mr. Biko von einem Neurochirurgen untersucht werden solle. Auf die Frage, ob Dr. Lang angedeutet habe, daß Mr. Biko simuliere, bevor sich Dr. Hersch den Gefangenen ansah, sagte Dr. Hersch, daß Dr. Lang das Simulieren nicht erwähnt habe.

(Vertagung)

Neunter Tag: Donnerstag, 24. November 1977

Mr. van Rooyen fuhr mit seiner Vernehmung Dr. Herschs fort. Dr. Hersch stimmte ihm zu, daß er die Sache nur sehr vage mit Oberst Goosen besprochen habe, ohne sich auf Details einzulassen. Mr. van Rooyen sagte, beim Lesen des Berichtes von Dr. Hersch habe er keine Diagnose gefunden, was darauf hinweise, daß bis zur Ausfertigung des Berichtes noch keine Diagnose gestellt worden war. Dr. Hersch erwiderte: »Damals war ich überzeugt, daß es sich um eine Kopf- und Gehirnverletzung handelte. Die Tatsache, daß dies nicht in meinem Bericht enthalten ist, kann ich nicht bestreiten.«

Nachdem Dr. Hersch über die medizinischen Details befragt worden war, wurde Dr. Lang von Mr. von Lieres wieder in den Zeugenstand gerufen. Dr. Lang wurde ein Blatt Papier gezeigt, das er als einen Teil eines Tagesberichtes in seiner Handschrift identifizierte, der im Gefängnisspital ausgefertigt worden war. Aus diesem Blatt zitierte Mr. von Lieres: »Von Dr. Hersch gestern abend untersucht. Bei Bewußtsein. Im Besitz der geistigen Fähigkeiten. Nichts Pathologisches, abgesehen von Reflex und scheinbarem Verlust des Gefühls in den Beinen. Zustand unverändert.«

Mr. Kentridge: Sie waren dabei, als der Fußsohlenreflex geprüft wurde. Sie berichteten fälschlicherweise, daß der Test am rechten Fuß vorgenommen wurde. Er ist am linken vorgenommen worden, nicht wahr?

Dr. Lang: Ja.

Mr. Kentridge: Aber in Ihrem Tagesbericht heißt es, daß sowohl Sie als auch Dr. Hersch nichts Pathologisches feststellen konnten. Das ist falsch, nicht wahr?

Dr. Lang: Ja.

Mr. Kentridge: Und daß die Lumbalpunktion normal war. Das war auch falsch?

Dr. Lang: Nein, es war unrichtig.

Mr. Kentridge: Es war doch falsch, zu behaupten, daß nichts Pathologisches festzustellen war?

Dr. Lang: In dem Tagesbericht war eine unrichtige Behauptung enthalten. Ein Wort wurde ausgelassen. Es hätte »ernsthaft Pathologisches« heißen müssen. Das war der Kern von dem, was ich Mr. Biko gesagt habe. Daß es keine Anzeichen für eine ernsthafte Erkrankung gab.

Mr. Kentridge: Das war auch falsch. Ein äußerst bedeutsames Anzeichen für eine Gehirnverletzung war festgestellt worden.

Dr. Lang: Meines Erachtens nach war die erhobene Zehe nur eines von mehreren.

Mr. Kentridge: Meiner Ansicht nach ist es vollkommen klar, daß Sie sowohl Mr. Biko gegenüber als auch in Ihrem Tagesbericht die Unwahrheit sagten, nur um Mr. Biko so bald wie möglich wieder der Polizei übergeben zu können.

Dr. Lang: Das bestreite ich. Es war ein Irrtum meinerseits.

Mr. van Rooyen bezog sich auf Dr. Langs schriftliche Aussage, in der es hieß, daß er und Dr. Keely sich geeinigt hatten, daß Mr. Biko in den Gewahrsam der Polizei zurückgebracht werden könne, und daß lediglich Mr. Biko beobachtet werden müsse. Dr. Lang bestätigte, daß er Oberst Goosen von dieser nicht beunruhigenden Sachlage unterrichtet habe, und daß er ihm gesagt habe, Mr. Biko könne transportiert werden, falls sich sein Zustand nicht ändere.

Dr. Gordon: Am Sonntag hatten Sie keinen Dienst. Sie wußten, daß er vom Gefängnisspital Sydenham ins Walmersche Polizeirevier verlegt worden war. Gehe ich richtig in der Annahme, daß Sie an jenem Tag nicht in der Lage gewesen wären, Mr. Keelys Wunsch Folge zu leisten?

Dr. Lang: Ich wußte, daß man ihn im Laufe des Vormittags fortbringen würde. Ich wollte ihn am Nachmittag besuchen, aber ich erfuhr von Dr. Tucker, daß er schon bei Mr. Biko gewesen sei.

Dr. Gordon: Es scheint, daß Ihr Vorhaben, Mr. Biko zu beobachten, an jenem Tag nicht ausgeführt wurde. Sie hatten sich doch vorgenommen, ihn zweimal am Tag zu besuchen?

Dr. Lang: Das war meine eigene Entscheidung. Ich habe Dr. Keely nichts aufgetragen oder versprochen.

Dr. Gordon: Im Rahmen Ihres Beobachtungsprogramms hätten Sie ihn doch an dem Sonntag besuchen sollen. Warum taten Sie das nicht?

Dr. Lang: Ich wußte nicht genau, wann er verlegt werden sollte.

Dr. Gordon: Aufsicht bei Kopfverletzungen bedeutet mehr, als den Patienten zweimal am Tag zu besuchen. Meiner Meinung nach sollte mindestens stündlich oder halbstündlich nach ihm gesehen werden.

Dr. Lang: Das trifft zu, wenn der Patient in einem Krankenhaus liegt. Als Arzt konnte ich das nicht tun. Ich konnte mich nicht auf einen Pfleger verlassen, der einen Hunderttagekurs mitgemacht hat.

Dr. Gordon: Hätte er den Puls messen können?

Dr. Lang: Ja.

Dr. Gordon: Hat man Ihnen bei Ihrer ärztlichen Ausbildung nicht gesagt, daß bei der Beobachtung von Kopfverletzten mindestens stündlich der Puls gemessen werden muß? Heißt das, daß Mr. Biko am Sonntag jeder Beobachtung entzogen war?

Er gab keine Antwort.

Dr. Langs Platz im Zeugenstand wurde von Brigadegeneral Johan Coetzee, dem stellvertretenden Chef der Sicherheitspolizei, eingenommen. Mr. Prins sagte, er habe von Brigadegeneral

Coetzee und seinem Chef, Brigadegeneral C. F. Zietsman, schriftliche Aussagen erhalten; beiden wolle er erlauben auszusagen.

Bevor die Befragung von Brigadegeneral Coetzee beginnen konnte, erhob Mr. van Rooyen Einspruch. Er sagte, die ganze Sache habe damit angefangen, daß man in der Absicht, Oberst Goosens Glaubwürdigkeit zu erschüttern, unzulässige Zeitungserklärungen als Beweis zugelassen habe. Damals habe er schärfsten Einspruch dagegen erhoben. Jenem Einspruch sei stattgegeben worden, jedoch habe Mr. Prins angedeutet, daß er die Brigadegenerale gerne im Zeugenstand sehen würde.

Mr. van Rooyen sagte, hier ginge es wieder einmal um Belang und Zulässigkeit. Das Gericht wolle den Wagen vor das Pferd spannen und sich auf einen Vorgang einlassen, bei dem Oberst Goosens Glaubwürdigkeit geprüft werden solle. Dies sei unzulässig.

Mr. Kentridge sagte, es sei absolut richtig, daß Mr. Prins um die Aussage der Brigadegenerale bäte. Ihre Aussage beträfe nicht nur vorausgegangene widersprüchliche Behauptungen; vielmehr würde sie zum Kern dessen führen, was in Port Elizabeth geschehen sei. Brigadegeneral Zietsman habe korrekterweise ein ihm zugegangenes Fernschreiben ans Licht gebracht, und seine schriftliche Aussage habe vieles enthalten, was dem widerspräche, was Oberst Goosen gesagt habe. Er könne verstehen, warum Mr. van Rooyen die Interessen Oberst Goosens und Major Snymans wahren wolle, da dieses Beweismaterial sie größtenteils vernichten würde.

Nach einer Weile sagte Mr. Prins, er würde am darauffolgenden Tag seine Entscheidung bekanntgeben.

Als nächster sagte Professor Johann Loubser über seine Obduktion aus, die am 13. September stattgefunden hatte. Mr. Kentridge sagte, er wolle zu Protokoll geben, daß die Familie Biko völliges Vertrauen in die Sorgfältigkeit und Integrität von Professor Loubsers Untersuchungen setze. Bevor er Professor Loubser über medizinische Details befragte, erkundigte sich Mr. Kentridge, ob er irgendwelche Anzeichen der Dehydrierung an

Mr. Bikos Körper festgestellt habe, was Professor Loubser verneinte.

Mr. Kentridge bezog sich auf einen von Professor Neville Proctor, dem Leiter der pathologischen Abteilung des South African Institute of Medical Research, eingereichten Bericht. Er sagte, Professor Proctor habe einen internationalen Ruf als Neuropathologe und sei Spezialist für Gehirnpathologie. In seinem Bericht sei Professor Proctor zu dem Schluß gekommen, daß Mr. Bikos Gehirn mehrfach verletzt worden sei; es handele sich hauptsächlich um Blutungen und Nekrose (Absterben des Gewebes); die Untersuchungsbefunde haben ganz klar auf ernsthafte traumatische Gehirnquetschungen und dadurch verursachte Gewebsschäden hingewiesen. Professor Proctor stimmte dem zu; die Quetschungen rührten von äußerer Gewalteinwirkung her.

Mr. Kentridge fragte Professor Loubser, ob er auch der Meinung sei, daß die Quetschungen zwischen drei und fünf Tage alt gewesen seien. Professor Loubser sagte, er und Professor W. Simson hätten das Alter der Quetschungen auf zwischen drei und fünf Tage geschätzt.

<u>Mr. Kentridge:</u> Sein Tod erfolgte am 12. September; fünf Tage zurück lag der 7. September und sechs Tage zurück der 6. September.

<u>Professor Loubser:</u> Eine solche Zeitspanne wäre denkbar.

Mr. Kentridge faßte Professor Proctors Schlußfolgerungen in weniger fachlichen Worten zusammen und sagte, mit Ausnahme der sekundären Blutung gäbe es in Mr. Bikos Gehirn fünf einzelne Verletzungen. Mr. Kentridge meinte, diese Verletzungen setzten mindestens drei, wahrscheinlich vier Schläge auf den Kopf voraus. Er betonte, daß sein Gebrauch des Wortes Schlag die Anwendung von Gewalt überhaupt auf den Kopf bedeute, nicht unbedingt durch eine Faust.

In bezug auf die erste Verletzung sagte er, sie rühre von einem Schlag auf die Gegenseite des Kopfes her. Professor Loubser sagte, es sei seine sorgfältig erwogene Meinung, daß die Hauptverletzung durch einen Schlag auf die linke Stirnseite verursacht wurde. Er sagte weiter, die Lage des Schädels und des Gehirns im Verhältnis zueinander während des Augenblicks des Aufpralls sei außerordentlich wichtig. Zum Beispiel sei die Wucht eines Falles nicht das ausschlaggebende Moment beim Ausmaß einer Gehirnverletzung.

Mr. Kentridge faßte die Darstellung zusammen, die von Mr. Bikos Verhalten seit dem Morgen des 7. September vor Gericht gegeben worden war. Er sagte, Mr. Biko schien zwischen sich und andere Leute einen Schleier gezogen zu haben, seine Sprache sei verwischt und zusammenhanglos gewesen, er habe gemurmelt. Ab und zu habe er Schwäche in den Gliedern gezeigt, einen möglicherweise hinkenden Gang, einen falschen Fußsohlenstreck- muskelreflex, Symptome von Sprachstörung und Schwäche im linken Arm. In der Rückenmarksflüssigkeit seien rote Blutkör- perchen gefunden worden. Sähe es angesichts dieses Gesamtbil- des nicht so aus, meinte Mr. Kentridge, als hätte Mr. Biko an einer ziemlich ernsten Gehirnverletzung gelitten? Professor Loubser erwiderte: »Das alles steht vollkommen im Einklang mit dem pa- thologischen Befund.«

Mr. Kentridge sagte, die neurologischen Experten, mit denen er gesprochen habe, seien der Ansicht gewesen, daß Mr. Bikos Verletzung eine Periode von mindestens zehn Minuten Bewußt- losigkeit gefolgt sein müsse, wenn nicht fünfzehn oder zwanzig Minuten, möglicherweise eine Stunde. Professor Loubser sagte, dem würde er ohne weiteres beistimmen.

Die Befragung wandte sich dann der sichtbaren Verletzung an Mr. Bikos Stirn zu. Diese Verletzung bestand aus einer Beule, ei- ner Schwellung und einer verschorften Blutung, wie auf einem dem Gericht vorgelegten Foto zu sehen war. Professor Loubser sagte, als er den Leichnam untersuchte, habe er sofort die Verlet- zung auf Mr. Bikos Stirn bemerkt. Er habe keine Schwierigkeiten gehabt, die Wunde zu sehen.

Die Diskussion wandte sich dann den möglichen Ursachen der Kopfverletzung zu. Mr. Kentridge fragte Professor Loubser, ob man sie auf einen Sturz zurückführen könne. Professor Loubser bejahte das. Könne sie auf einen Schlag mit einem stumpfen Ge- genstand, wie einem Gummiknüppel, zurückzuführen sein? Professor Loubser sagte, dagegen würde die Größe der Wunde sprechen. Der Schorf, der auf Mr. Bikos Kopfoberfläche zu sehen war, sei das einzige, was sich mit einem Knüppelschlag vereinbaren ließe.

Mr. Kentridge erkundigte sich dann über die Möglichkeit, daß zwei oder drei Knüppelschläge die Verletzung verursacht hätten. Professor Loubser sagte, diese Theorie würde nur durch die Hautabschürfungen gestützt. Mr. Kentridge fragte weiter, ob die Wunde auf einen Faustschlag zurückgeführt werden könne. Professor Loubser sagte, diese Möglichkeit wäre rein hypothetisch. Dann sagte Mr. Kentridge: »Wie ist es mit der Faust eines Mannes, der einen Ring trägt?« Professor Loubser sagte, das sei denkbar.

Mr. Kentridge kam noch einmal auf die Möglichkeit zu sprechen, daß die Verletzung auf einen Sturz zurückzuführen sein könnte. Er sagte, es hätte ein Sturz sein müssen, bei dem die linke Stirn und der Backenknochen betroffen seien, aber nicht die Nase. Professor Loubser stimmte dem zu. Mr. Kentridge fragte dann, wie jemand auf diese Weise stürzen könne, ohne sich beim Aufprall die Nase zu verletzen. Professor Loubser erwiderte, es müsse ein Sturz auf die linke Gesichtshälfte sein, bei dem der Kopf nach rechts gewendet sei.

Mr. Kentridge sagte, ein Epileptiker könne bei einem Anfall auf diese Weise stürzen; ebenso jemand, den man bewußtlos geschlagen habe. Er könne es nicht so leicht akzeptieren, daß jemand, der bei vollem Bewußtsein stürze, so eine Verletzung davontrage. Professor Loubser sagte, das wäre ungewöhnlich. Mr. Kentridge sagte, wenn jemand auf das Gesicht oder auf die Stirn falle, könne man annehmen, daß er seine Hände gebrauchen würde, um sich zu schützen. Professor Loubser war auch dieser Meinung.

Mr. Kentridge sprach dann über Mr. Bikos Lippenverletzung. Professor Loubser sagte, er könne die beiden Lippenverletzungen nicht mit den anderen Kopfverletzungen verbinden. Er habe den Eindruck, daß die Lippenverletzungen anders entstanden seien. Er war sich mit Mr. Kentridge einig, daß die Schnitte auf den Lippen eher von zwei Schlägen als von einem Sturz verursacht worden seien.

Bezüglich der Quetschungen über den Rippen sagte Mr. Kentridge, daß diese Verletzungen wahrscheinlich von Stößen mit einem scharfen Gegenstand herrührten, zum Beispiel einem Finger oder einem Stock. Professor Loubser war auch dieser Meinung, fügte aber hinzu: »Es war kein heftiger Stoß, sondern eben nur ein Stoß.«

Professor Loubser war der Meinung, daß die Hautabschürfungen an Mr. Bikos Händen und Füßen von Handschellen und Fußeisen stammten. Er sagte, er habe an Mr. Bikos linker großer Zehe eine Wunde bemerkt – etwas, das wie eine Blase mit einem kleinen, durch eine Nadel verursachten Loch aussah. Auf die Frage, was die Ursache sein könne, sagte Professor Loubser, er vermute eine mechanische Ursache.

Mr. Kentridge wandte sich dann den Ursachen von Gehirnquetschungen zu. Es sei üblich, sagte er, daß diese Art von Verletzungen durch einen plötzlichen Stopp eines sich bewegenden Kopfes entstünden. Er wies darauf hin, daß viele von Boxern erlittene Gehirnverletzungen zu dieser Gattung gehörten. Professor Loubser stimmte dem zu.

Beide waren der Meinung, daß die Geschwindigkeit des Kopfes nicht von höchster Bedeutung sei. Wichtig sei, daß der Bewegung des Kopfes plötzlich Einhalt geboten werde. Professor Loubser sagte, die Verletzung könne daher rühren, daß sich der Kopf nach vorne bewegt hatte und von einem Schlag gestoppt worden war. Mr. Kentridge fragte, ob Quetschungen entstehen könnten, wenn man eine Person am Kragen packe und sie gegen eine Wand stoße. Professor Loubser sagte, das sei möglich.

(Vertagung)

Zehnter Tag: Freitag, 25. November 1977

Zu Beginn der Verhandlung bezog sich Mr. Kentridge auf Professor Loubsers vorausgegangene Aussage, daß die Gehirnverletzungen davon herrühren könnten, daß jemand selbst mit dem Kopf gegen eine Wand gerannt sei.

<u>Mr. Kentridge:</u> Sie behaupten nicht, daß das geschehen sei?

<u>Professor Loubser:</u> Ich kann das weder als wahrscheinlich an-

nehmen, noch als unmöglich verwerfen.

Mr. Kentridge: Jemand müßte sich vor eine Wand stellen und mit dem Kopf gegen sie rennen?

Professor Loubser: Ja, ein paarmal.

Mr. Prins: Jemand, der in ein Handgemenge verwickelt ist, könnte sich doch öfter einmal auf diese Weise verletzen?

Professor Loubser: Richtig.

Mr. Kentridge: Die Wucht des Anpralls wäre leichter zu erklären, wenn eine andere Person den Schlag versetzt hätte?

Professor Loubser: Ich kann mir vorstellen, daß ein gewöhnlicher Stoß ausreichen würde.

Professor Loubser sagte, ein Sturz von einem Stuhl würde ärgere Verletzungen verursachen als ein Schlag im Stehen. Er sei zwar noch nie einer ähnlichen selbstbeigebrachten Verletzung begegnet. »Aber es gibt immer ein erstes Mal«, sagte er.

Mr. Kentridge wies dann auf die Verrenkungen hin, die ein diesbezüglicher Versuch Mr. Bikos zur Voraussetzung gehabt hätte. Professor Loubser stellte die Theorie auf, daß die Verletzung von einem Sprung herrühren könnte. »Er hätte sich von der Wand abstoßen und mit Schwung auf den Fußboden hechten müssen«, sagte er.

Mr. Kentridge meinte, wenn sich jemand den Kopf einrennen wolle, könne er das an der nächsten Wand tun. Wegen der Stellung, in der Mr. Biko angekettet gewesen sei, hätte die Verletzung aber auf der anderen Seite sein müssen.

Dann fing Mr. van Rooyen mit seinem Verhör an. Er bemerkte, man habe ihm gesagt, daß ein einziger Schlag gegen die Stirn alle fünf Verletzungen auf einmal hätte verursachen können. Professor Loubser stimmte dem sehr verallgemeinernd zu.

Mr. van Rooyen bezog sich dann auf Aussagen, die über einen Vorfall am Morgen des 7. September gemacht worden waren. Damals sei, sagte er, Mr. Biko angeblich Amok gelaufen, habe alle Leute angegriffen und mußte überwältigt werden. Niemand habe ausgesagt, daß Mr. Biko während dieses Vorfalls mit der linken Stirnseite irgendwo angeschlagen sei. Jedoch beschrieb Mr. van Rooyen drei spezifische Vorfälle, bei denen sich Mr. Biko seine Kopfverletzung möglicherweise habe zuziehen können: 1. als

Mr. Biko gewaltsam gegen eine Bürowand gedrückt wurde, um festgehalten zu werden; 2. als Mr. Biko vornüber hinfiel, weil der Mann, der ihn festhielt, wegtrat, als Mr. Biko ihm auf den Fuß stieg; 3. als Mr. Biko danach nochmals zu Fall gebracht wurde, um in Ketten gelegt zu werden. Professor Loubser war auch der Meinung, daß die festgestellten Prellungen von jedem dieser drei Vorfälle herrühren könnten.

Bezüglich der Tatsache, daß niemand, der Mr. Biko persönlich gesehen hatte, mit Ausnahme einer Person, zugegeben hatte, eine Wunde an seiner Stirn bemerkt zu haben, fragte Mr. van Rooyen, ob es möglich sei, daß die Wunde nicht deutlich zu sehen gewesen war. Professor Loubser sagte, er selbst habe bei Obduktionen bestimmte Verletzungen nicht wahrgenommen, wegen des subjektiven Faktors.

Später erhob sich Mr. Kentridge und sagte, er könne sich nicht vorstellen, daß der Gehirnverletzung, die zur Debatte stand, nicht eine beträchtliche Zeit der Bewußtlosigkeit gefolgt sei. Nachdem das Thema eingehender diskutiert worden war, sagte Professor Loubser, er hätte erwartet, daß eine solche Verletzung mit Bewußtlosigkeit verbunden sei, wäre aber nicht überrascht, wenn keine Bewußtlosigkeit eingetreten wäre. Eine Bewußtlosigkeit sei jedoch zu mehr als fünfzig Prozent wahrscheinlich.
Mr. van Rooyen: Sie können die Möglichkeit, daß er nicht bewußtlos war, nicht ausschließen?
Professor Loubser: Nein.

Der nächste Zeuge war Professor Neville Proctor, Professor für anatomischen Pathologie an der University of the Witwatersrand und Leiter der School of Pathology am South African Institute of Medical Research. Mr. Kentridge stellte ihm verschiedene technische Fragen über seinen Befund bei der Untersuchung von Mr. Bikos Gehirn. Während dieser Befragung gab der Professor die Schlußfolgerungen, die sich aus seiner Untersuchung ergeben hatten, bekannt. Er stimmte mit den anderen Pathologen darin überein, daß die Hauptverletzung in Mr. Bikos Gehirn durch einen Schlag auf die Gegenseite des Kopfes verursacht worden sein könne. Er sagte, es sei ausgesprochen passend, daß sich die

Hauptverletzung an der linken Stirn befinde.

Seiner Meinung nach waren die einzelnen Verletzungen nicht auf einen einzigen Hieb zurückzuführen. Er sei der Ansicht, daß es mindestens drei Hiebe gewesen sein müßten.

Bezüglich Mr. Kentridges Beschreibung von Mr. Bikos Verhalten am Morgen des 7. September sagte Professor Proctor, in Anbetracht dieses Zustandes und des Ausmaßes der Verletzungen müsse Mr. Biko bewußtlos gewesen sein. Er sagte, Mr. Biko habe eine mäßige bis schwere Gehirnschädigung erlitten. Sollte es eine mittlere Verletzung gewesen sein, so wäre eine zehn- bis zwanzigminütige Bewußtlosigkeit die Folge gewesen.

Er sagte, die Hauptverletzung allein könne schon tödlich sein.

(Vertagung)

Elfter Tag: Montag, 27. November 1977

Professor Proctor wurde von Mr. van Rooyen, Mr. Pickard und Mr. von Lieres befragt.

Dann sagte Dr. Andries van Zyl aus, ein Bezirksarzt aus Pretoria, der Mr. Biko an dem Tag, als er starb, untersucht hatte. Man habe ihm gesagt, daß Mr. Biko sich seit einer Woche geweigert habe, zu essen und zu trinken. Und daß Mr. Biko von zwei Ärzten untersucht worden sei, die an ihm nichts auszusetzen gehabt hätten.

Dr. van Zyl sagte, er habe aus Port Elizabeth keinen Bericht über den Patienten erhalten. Bei seiner Untersuchung konnte er eine allgemeine Schwäche und eine Dehydrierung feststellen, deren Ursache die Tatsache war, daß Mr. Biko sieben Tage lang weder gegessen noch getrunken hatte. Dr. van Zyl sagte, er habe intravenöse Ernährung verschrieben und Mr. Biko eine Vitaminspritze gegeben.

Mr. Kentridge fragte Dr. van Zyl, wer ihm gesagt habe, daß Mr. Biko angeblich sieben Tage lang weder gegessen noch getrunken habe. Dr. van Zyl sagte, er habe es bei einem Telefongespräch mit einem Unteroffizier Pretorius vom Gefängnisspital erfahren. Soweit er sich erinnern könne, habe ihm niemand gesagt, daß Mr. Bikos Fall dringend sei. Auf die Frage Mr. Kentridges, ob Mr. Biko ernsthaft krank gewesen zu sein schien, erwiderte Dr. van Zyl: »Medizinisch war er ein kranker Mensch, ein sehr kranker . . . er befand sich in einem Dämmerzustand.«

Dann wurde Dr. van Zyl von Mr. Pickard befragt. Er sagte, er sei vor dem 12. September nie in der Abteilung gewesen, in der sich Mr. Biko befand. Mr. von Lieres fragte Dr. van Zyl, ob das Zimmer, in dem man Mr. Biko festhielt, ausreichend eingerichtet gewesen sei. Dr. van Zyl sagte, er habe verschiedene Stationen gesehen, die denen in Krankenhäusern glichen. Mr. Biko sei in einem privaten Zimmer gewesen.

Mr. Kentridge teilte dem Gericht mit, daß er Fotos von dem Zimmer habe. »Es sieht so aus, als ob der Patient auf einer Matte auf dem Fußboden lag und nicht auf dem Bett«, sagte er. Dr. van Zyl sah sich die Fotos an und meinte, das scheine schon der Raum zu sein.

Mr. Kentridge: Als Sie Mr. Biko sahen, lag er da auf Matten auf dem Fußboden?

Dr. van Zyl: Das ist richtig.

Dr. van Zyl verließ den Zeugenstand. Bevor der nächste Zeuge, Dr. Gluckmann, aufgerufen wurde, gab es eine Diskussion. Richter Prins beschloß schließlich, daß man Dr. Gluckmann, den Arzt der Familie Biko, als Zeugen aufrufen solle. Er blieb den ganzen Tag im Zeugenstand und beantwortete Fragen über die Obduktion an Mr. Bikos Leichnam.

(Vertagung)

Zwölfter Tag: Dienstag, 28. November 1977

Dr. Gluckmann fuhr mit der Beantwortung von Fragen über die Obduktion fort. Dann sagte Professor Ian Simson aus, der Leiter der Abteilung Pathologische Anatomie an der University of Pretoria. Er hatte der Obduktion Mr. Bikos beigewohnt und beantwortete ausgesprochen technische Fragen über die Ergebnisse der Obduktion.

Danach bat der Richter Mr. van Rooyen, weiter darüber zu beraten, ob man den Chef des Sicherheitspolizei-Hauptquartiers zur Aussage vorladen solle. Mr. van Rooyen sagte, Mr. Kentridge wolle durch die Aussage der Brigadegenerale Widersprüche beseitigen, die sich durch die Erklärungen des Obersten Pieter Goosen und die darauffolgende angebliche Erklärung des Polizeiministers J. T. Kruger ergeben hätten. Es gäbe keine Anzeichen der Fälschung oder der Diskrepanz zwischen Oberst Goosens schriftlichen Aussagen und seinen Erklärungen vor Gericht. Die Diskrepanz sei durch Hörensagen-Behauptungen entstanden, die der Minister angeblich gemacht habe. Das sei unzulässig.

Der Richter erklärte dann, er habe die Erklärungen der beiden Brigadegenerale geprüft und festgestellt, daß sie, zusammen mit einem Fernschreiben, das einer der Erklärungen beigefügt war, eine vorausgegangene widersprüchliche Erklärung Oberst Goosens nicht einmal andeuteten. Mr. van Rooyens Argument sei akzeptiert.

Die Diskussion wandte sich dann der Frage zu, ob schriftliche Aussagen Dr. Reuben Plotkins, eines Neurochirurgen, und Dr. Ronald K. Tuckers, der dem Rechtsbeistand der Familie Biko assistierte, als Beweismaterial zulässig seien. Mr. Prins sagte, er habe die schriftlichen Aussagen gelesen und müsse nun entscheiden, ob die Ärzte in den Zeugenstand gerufen werden sollten.

Mr. van Rooyen erhob Einspruch gegen die Annahme der schriftlichen Aussagen als Beweismaterial. Bezüglich der Feststellung der Todesursache und der Frage, ob irgend jemand strafrechtlich dafür verantwortlich sei, müsse man die schriftlichen Aussagen als belanglose Spielereien betrachten.

Mr. Kentridge sagte, er glaube, der Inhalt der schriftlichen Aussagen würde dem Gericht bei seiner Entscheidung wesentlich weiterhelfen. Dadurch, daß man Dr. Plotkin und Dr. Tucker vorlade, könnten die Tatsachen von zwei unabhängigen Klinikern interpretiert werden. Der Richter habe drei Möglichkeiten. Er könne entweder entscheiden, daß es zu diesem Thema genügend Beweismaterial gegeben habe, und die schriftlichen Aussagen ablehnen; er könne die schriftlichen Aussagen annehmen, ohne die Verfasser in den Zeugenstand zu rufen; schließlich könne er die schriftlichen Aussagen annehmen und die Zeugen ins Kreuzverhör nehmen lassen.

Mr. Prins sagte, er würde am folgenden Tag seinen Entschluß bekanntgeben.

(Vertagung)

Dreizehnter Tag: Mittwoch, 29. November 1977

Kurz nach Sitzungsbeginn erschien Oberst Goosen überraschend früh wieder im Zeugenstand. Man hatte weitere Aussagen medizinischer Experten erwartet.

Mr. Kentridge befragte Oberst Goosen eingehend über Widersprüche zwischen seinen Telefon- und Telexberichten an das Sicherheitspolizei-Hauptquartier in Pretoria und den Erklärungen des Polizeiministers J. T. Kruger, denen zufolge Mr. Biko mit einem Hungerstreik gedroht habe. Brigadegeneral Zietsman, der Chef der Sicherheitspolizei, hatte Mr. Kentridge gesagt, daß Oberst Goosen nie behauptet habe, Mr. Biko drohe mit einem Hungerstreik. Oberst Goosen bestätigte das.

Angesichts der Aufzeichnung eines Fernschreibens und eines Telefonats mit Brigadegeneral Zietsman, fuhr Mr. Kentridge fort, habe es den Anschein, als ob Oberst Goosen nicht gesagt habe, daß Mr. Biko wörtlich mit einem Hungerstreik gedroht habe. Brigadegeneral Zietsman habe das auch unter Eid bekräftigt. Könne Oberst Goosen dem Gericht sagen, wie Mr. Kruger dazu gekommen sei, trotzdem seine Erklärung abzugeben? Oberst Goosen sagte, er könne über Pressemitteilungen keine Kommentare abgeben. Er fügte hinzu, daß alle Berichte an das Hauptquartier der Sicherheitspolizei seiner Aufsicht unterlägen.

<u>Mr. Kentridge:</u> Dann haben wir hier also die Situation, daß der Polizeiminister mehrere öffentliche Erklärungen über Mr. Bikos Haft abgegeben hat, die sich angesichts des Beweismaterials vor Gericht als unrichtig herausgestellt haben; und Sie überlassen die Angelegenheit nunmehr dem Minister?

<u>Oberst Goosen:</u> Ich habe keine Informationen, nur meine eigene Meinung.

Mr. Kentridge: Eigene Meinungen können wir uns alle bilden, aber wir können sie vor Gericht nicht aussprechen.

Oberst Goosen: Ich habe Bericht erstattet und möchte keinen Kommentar dazu abgeben.

Mr. Kentridge fragte dann Oberst Goosen, warum er Mr. Biko nach Pretoria geschickt habe, wenn die Polizei der Meinung war – jedenfalls hätten die Aussagen diesen Eindruck erweckt –, daß Mr. Biko simuliere und keine Dringlichkeit vorliege. Dem Fernschreiben zufolge habe man Mr. Biko nach Pretoria geschickt, weil der Fall dringend geworden sei; seitdem Mr. Biko ins Polizeirevier Walmer gebracht wurde (um 9.30 Uhr am Sonntag, dem 11. September, konnte er noch gehen), hatte sich sein Zustand verschlechtert. Später, so das Fernschreiben, verfiel Mr. Biko in einen Dämmerzustand. Mr. Kentridge sagte, Oberst Goosen habe dies in seiner Aussage vor Gericht nie zugestanden. Oberst Goosen sagte darauf, er habe gemeint, Mr. Biko solle so bald wie möglich dort hingebracht werden, wo es bessere Einrichtungen gebe. Mr. Kentridge fragte Oberst Goosen auch, ob er Brigadegeneral Zietsman angerufen habe, um zu besprechen, wo man Mr. Biko hinschicken solle. Oberst Goosen sagte, das habe er getan.

Mr. Kentridge: Sie machten sich Sorgen um Mr. Biko, dachten aber, daß er vielleicht simuliere?

Oberst Goosen: Das ist richtig.

Mr. Kentridge: Obwohl er sich in einem Dämmerzustand befand?

Oberst Goosen: Ich dachte immer noch, er simuliere vielleicht.

Mr. Kentridge sagte, Oberst Goosen habe Brigadegeneral Zietsman auf die Frage, wie die Untersuchung voran käme, eine negative Antwort gegeben. Mr. Kentridge sagte, daß Behauptungen gegenüber dem Gericht, Mr. Biko habe eine komplette Erklärung versprochen, das Angebot jedoch zurückgezogen, vollkommen erdichtet seien. Wenn Mr. Biko irgend etwas über die Verteilung aufrührerischer Flugschriften zugegeben hätte, wäre Brigadegeneral Zietsman von Oberst Goosen informiert worden. Oberst Goosen erwiderte, das Telefonat sei kurz gewesen.

*

Dann sagte Oberfeldwebel Henry Fouche aus, ein Mitglied des Teams, das Mr. Biko am 6. und 7. September bewacht hatte. Er las eine schriftliche Aussage vor sowie eine Erklärung, die er nach Mr. Bikos Tod gegenüber dem Ermittlungsbeamten abgegeben hatte. Oberfeldwebel Fouche sagte, er habe in der Nacht des 6. September und am 7. September im Sicherheitspolizeigebäude in Port Elizabeth Wachdienst gehabt. Mr. Biko sei im Verhörraum mit den Handschellen an ein Gitter gekettet gewesen. Er habe ein paarmal in den Verhörraum hineingeschaut, aber nicht mit Mr. Biko gesprochen. Auf Mr. Kentridges Frage, ob Leutnant W. Wilken, der Chef des Nachtteams, irgendwann einmal bei Mr. Biko im Verhörraum gewesen sei, sagte Oberfeldwebel Fouche, er könne sich daran nicht erinnern. Es sei möglich, daß Leutnant Wilken sich auf einen Stuhl setzte und Mr. Biko eine ziemlich lange Zeit ansah. Er sagte, Leutnant Wilken habe ihn möglicherweise eine Zeitlang verhört, jedoch habe ihm der Leutnant nicht gesagt, daß Mr. Biko bereit sei auszusagen.

Später am selben Abend habe er wieder Stimmen aus dem Verhörraum vernommen. Mr. Biko sprach, aber man konnte nicht verstehen, was er sagte. Er sprach sehr undeutlich.

Auf weitere Fragen Mr. Kentridges erwiderte Oberfeldwebel Fouche, er sei der Meinung gewesen, daß Mr. Biko simuliere.

Mr. Kentridge sprach die Ansicht aus, daß Mr. Biko seine Kopfverletzung zwischen dem Abend des 6. September und dem Morgen des 7. September erlitten habe, und fragte Oberfeldwebel Fouche, ob er sich die Verletzung erklären könne. Oberfeldwebel Fouche sagte, er habe keine Ahnung.

Oberfeldwebel Fouche sagte, er habe mitgeholfen, Mr. Biko auszuziehen und zu dem Landrover zu tragen, in dem er von Port Elizabeth ins Gefängnis von Pretoria gebracht wurde. Er sagte, Mr. Biko habe nicht den Eindruck gemacht, in einem Koma zu sein. Auf die Frage Dr. Gordons, warum ein angeblicher Simulant nachts so dringend nach Pretoria verlegt werden sollte, sagte Oberfeldwebel Fouche, man habe ihm gesagt, man bringe ihn zur Beobachtung nach Pretoria, nicht zu einer besonderen ärztlichen Behandlung.

Auf weitere Fragen antwortete Oberfeldwebel Fouche, er habe

an Mr. Biko keine Verletzungen außer der angeschwollenen Oberlippe bemerkt. Er habe auch von keiner Gewalttätigkeit im Vernehmungszimmer in der Nacht des 6. September etwas gesehen oder gehört.

Der letzte Zeuge war Oberfeldwebel Jacobus Beneke, der Polizist, den Mr. Biko während der Befragung am 7. September angeblich angegriffen hatte. Er teilte dem Gericht mit, daß Mr. Biko bei dem Verhör am 6. September ein Geständnis bezüglich der Verteilung von Flugschriften abgelegt habe. Mr. Kentridge fragte ihn, warum er das nicht in seiner am Vortag eingereichten schriftlichen Aussage erwähnt habe. Er erwiderte, er habe es nicht für wichtig gehalten und sei der Meinung gewesen, derartige Angelegenheiten dürfe er nicht erwähnen.

Auf die Frage Dr. Gordons, ob er bemerkt habe, daß Mr. Biko irgendwann während oder nach dem angeblichen Handgemenge am 7. September das Bewußtsein verloren habe, sagte Oberfeldwebel Beneke, Biko sei nicht bewußtlos gewesen.

Am 1. Dezember hielt Mr. Kentridge vor Gericht sein Plädoyer.

Er sagte, die Pflicht eines Untersuchungsgerichtes sei es, die Identität und das Sterbedatum des Verstorbenen festzustellen; beides sei bereits geschehen. Das Gericht habe auch die Aufgabe, die Todesursache festzustellen. Es bestünde kein Zweifel, sagte Mr. Kentridge, daß Mr. Biko an den Folgen von mindestens fünf Gehirnverletzungen gestorben sei, deren Ursache die Anwendung äußerlicher Gewalt gegen seinen Kopf gewesen sei. Die Ansicht, er habe einen Hungerstreik durchgeführt und dadurch an Dehydrierung gelitten, bedürfte keiner ernsthaften Erwägung. Er erkläre dem Gericht, daß Mr. Biko Gehirnverletzungen erlitten habe und daß die anderen Symptome auf diese Gehirnverletzungen zurückzuführen seien.

Die wichtigste Frage, die das Gericht beantworten müsse, sei jedoch die, ob der Tod Mr. Bikos auf einer kriminellen Tat oder einem kriminellen Versäumnis irgendeiner Person beruhe. Die Tatsache, daß die Identität des Missetäters noch nicht festgestellt sei, heiße nicht, daß das Gericht zu dem Schluß kommen müsse, daß niemandem die Schuld zu geben sei. Er sei der Ansicht, daß ein Beschluß, der alle Beteiligten freispreche, in Anbetracht des während der Untersuchung vorgelegten Beweismaterials gar nicht ins Auge gefaßt werden könne.

Mr. Kentridge sagte, er stelle anheim, ob ein Mitglied oder mehrere Mitglieder der Sicherheitspolizei für Mr. Bikos Tod verantwortlich gewesen seien und ob ihm die Verletzungen aus Absicht oder aus Fahrlässigkeit und ohne Notwendigkeit zugefügt worden seien. Er behauptet nicht, daß Mr. Biko ermordet, sondern daß er geschlagen worden sei, und daß die Person oder die Personen, die das taten, sich damals keine Sorgen darum gemacht haben, ob dabei eine ernsthafte Verletzung entstanden sei oder nicht.

Er wies darauf hin, daß die Polizei dem Gericht mitgeteilt habe, wie besorgt sie um Mr. Bikos Zustand gewesen sei, und daß Oberst Pieter Goosen, der Chef der Sicherheitspolizei im Ostkap, gesagt habe, daß er seinen rechten Arm dafür hergeben würde, wenn Mr. Biko am Leben bliebe. Fest stehe, daß sie seinen Tod nicht wollten, sagte er, aber warum dann diese furchtbare Besorgnis? Seine Meinung sei, daß es Oberst Goosen hauptsächlich darum ging, den Ärzten den Eindruck zu vermitteln, Mr. Biko simuliere.

Die Untersuchung sei weder die Verhandlung eines Strafgerichts noch die eines Zivilgerichts. Es sei die Aufgabe dieser Kommission, zu ermitteln, ob eine bekannte oder unbekannte Person für den Tod Mr. Bikos verantwortlich sei. Man müsse nicht zu einem unanfechtbaren Schluß kommen. Der Befund sei jedoch für Mr. Bikos Familie und andere Menschen von großer Bedeutung. Die Vertreter der Familie Biko hätten die Gelegenheit genützt, Zeugen ins Kreuzverhör zu nehmen, aber obwohl man ihnen bei dieser Prüfung freie Hand gelassen habe, habe es doch einige Einschränkungen gegeben: Sie seien nicht berechtigt gewesen, Zeugen unter Strafandrohung vorzuladen, und sie hätten gerne andere, nicht geladene Zeugen befragt. Sie seien auch nicht in der Lage gewesen, einen Augenzeugen vorzuweisen, der über die Mr. Biko widerfahrene Behandlung hätte aussagen können.

Mr. Kentridge sagte, sie hätten sich bei ihren ausgedehnten Kreuzverhören der Polizei in keiner Weise behindert gefühlt. Es gäbe nicht viele Länder in der Welt, auch nicht in der westlichen Welt, in denen es Beamten der Sicherheitspolizei gestattet sei, öffentlich vor Gericht aufzutreten und sich einem eher feindseligen Kreuzverhör unterziehen zu lassen. »Ich glaube, darauf können wir mit Recht stolz sein«, sagte er.

Er stellte anheim, daß Mr. Biko körperlich mißhandelt worden sei und daß das die Ursache für die Gehirnverletzung sei. Die Sicherheitspolizei habe eine solche Mißhandlung bestritten und angedeutet, daß Mr. Bikos Gehirnverletzung von dem Zwischenfall am 7. September herrühren könne, bei dem Mr. Biko angeblich der Angreifer gewesen war. An ihrer Selbstmordtheorie hielten sie nicht fest.

Es ginge also hauptsächlich darum, ob irgendein Mitglied der Sicherheitspolizei Mr. Biko körperlich mißhandelt habe. Der Rechtsbeistand der Familie habe hierfür keine direkten Beweise, sei aber der Meinung, die Sicherheitspolizei habe ihre Reihen geschlossen und Stillschweigen verabredet.

Mr. Kentridge wies darauf hin, daß Indizienbeweise in einigen Fällen viel überzeugender sein könnten als Zeugenaussagen. Er meinte, die Indizienbeweise, die zeigten, daß ein Polizist, oder auch mehrere, Mr. Biko körperlich mißhandelt hätten, könnten in fünf Kategorien eingeteilt werden:

1. Der Zeitpunkt, an dem die Verletzungen entstanden. Er sei der Ansicht, daß sie zwischen dem Abend des 6. und 7.30 Uhr am Morgen des 7. entstanden seien.

2. Das Unvermögen der Polizei, eine wahrheitsgetreue Erklärung der Umstände vorzubringen, unter denen Mr. Biko die Verletzungen erlitt. Die Tatsache, daß sie die Wahrheit verschwieg und daß einige ihrer Männer vor Gericht falsch über die Vorkommnisse aussagten.

3. Das Versäumnis der Ärzte, das zu sehen, was sie hätten sehen müssen, und die Tatsache, daß sie in das verabredete Stillschweigen mit einbezogen wurden.

4. Das medizinische Beweismaterial, das zeige, daß das Hand-

gemenge, so, wie es beschrieben wurde, nicht Ursache der Verletzung gewesen sein könne.

5. Zusammen mit diesen Faktoren sollten die Indizienbeweise über die Art und Weise, in der Mr. Biko in der Haft behandelt worden war, ins Auge gefaßt werden.

Das Beweismaterial über seine Behandlung sei unbestritten. Als er am 18. August festgehalten wurde, sei er bei guter Gesundheit gewesen, sechsundzwanzig Tage später aber starb er. Die Sicherheitspolizei gäbe selbst ihre Behandlung Bikos zu.

Mr. Kentridge sagte, er sei der Meinung, der unbestrittene Angriff auf Mr. Bikos Würde und das gefühllose Außerachtlassen seiner Menschenrechte seien beim Einschätzen des Beweismaterials von höchster Bedeutung. Er sei in den Zellen des Polizeireviers Walmer in Einzelhaft gewesen und sogar der geringfügigen Rechte, die ihm als einem unter Abschnitt 6 Festgehaltenen zustanden, beraubt worden. Mr. Kentridge bezog sich auf die Ermächtigung, unter der Mr. Biko festgehalten worden sei; die beschränkten Rechte, die ein Festgehaltener genoß, besagten, daß er wenigstens über eine angemessene Anzahl eigener Kleidungsstücke verfügen könne. Niemand außer den staatlichen Beamten hätte zu ihm Zugang gehabt, und er habe weder Zeitungen noch Nahrungsmittel von draußen erhalten können; doch hätten ihm wenigstens Bewegung und frische Luft gestattet sein sollen.

Statt dessen habe man Mr. Biko nackt festgehalten, ohne richtige Waschgelegenheit, ohne Bewegung und frische Luft. Mr. Biko habe sich bei einem Richter beschwert – umsonst.

Dann habe man Mr. Biko in den Vernehmungsraum gebracht und in Handschellen und Fußeisen gelegt. Er blieb in Ketten, sogar nachdem Oberst Goosen der Verdacht gekommen war, daß er einen Schlaganfall erlitten haben könnte, sogar nachdem Dr. Lang ihn untersucht hatte. Er lag während des ganzen 7., der ganzen Nacht des 7. und während des 8. September in Ketten. Der Arzt habe gemeint, Mr. Biko solle von einem Facharzt untersucht werden, aber das half Mr. Biko auch nicht viel. Man ließ ihn einfach liegen.

Im Gefängnis von Port Elizabeth brachten die Wärter Mr.

Biko etwas Menschlichkeit entgegen, aber keine Kommunikationswege standen offen, um Auskunft über seinen Zustand zu geben. Am Morgen des 11. September habe man ihn aus dem Krankenhaus entfernt und in seine Zelle zurückgebracht. Tatsächlich bedeutete das, daß man ihn aus einem Bett nahm und wieder nackt auf die Matte legte. Nach ein paar Stunden habe man ihn zusammengebrochen auf dem Fußboden gefunden. Man rief Ärzte herbei, und Mr. Biko mußte in ein 1200 Kilometer entferntes Gefängnisspital. Man habe ihn in einem Landrover transportiert, nackt im Fond liegend, mit nichts weiter als einer Flasche Wasser.

Obwohl Mr. Biko in Pretoria ins Gefängnis getragen werden mußte, habe sogar dort die Sicherheitspolizei aus Port Elizabeth versucht, die Beamten zu beeinflussen, daß er möglicherweise simuliere und hungerstreike. Laut Oberst Goosen gäbe es im Gefängnis von Pretoria hervorragende medizinische Einrichtungen. Aber für Mr. Biko seien diese Einrichtungen eine Matte in der Ecke einer Zelle gewesen und die Visite eines praktischen Arztes, dessen Diagnose auf falschen Informationen beruhte und dessen Behandlung aus intravenöser Ernährung und einer Vitaminspritze bestanden habe.

Zu keinem Zeitpunkt wurde die Familie unterrichtet.

»Und am Ende stirbt Steve Biko einen elenden und einsamen Tod auf einem steinernen, mit einer Matte bedeckten Fußboden«, sagte er.

Mr. Kentridge erwähnte Oberst Goosens Behauptung in der schriftlichen Aussage, die er nach Mr. Bikos Tod angefertigt hatte, daß man alles für Bikos Wohlergehen getan habe. Das stünde anderen Erklärungen, die vor Gericht zu hören gewesen seien, in keiner Weise an Zynismus nach.

Er sagte, die Sorge der Ärzte müsse bezüglich ihres Verhaltens beurteilt werden, nicht bezüglich ihres Berufes. Die Bedeutung der Aussagen der Ärzte läge darin, daß das Gericht, wenn es die Aussagen der Sicherheitspolizei abwägen müsse, zu dem Schluß kommen könnte, daß das Beweismaterial angesichts dessen, was man über Mr. Bikos Behandlung wüßte, nicht annehmbar sei.

Mr. Kentridge skizzierte dann das Bild, das durch die Indizienbeweise von den Ursachen an Mr. Bikos Tod entstanden sei. Die Gehirnverletzung, sagte er, sei von den Ärzten Loubser, Gluckmann und Simson als zwischen vier und acht Tage alt datiert worden – wahrscheinlich fünf oder sechs. Professor Proctor habe die Verletzung auf fünf bis acht Tage vor Bikos Tod datiert. Dies bedeute, daß sich die Verletzung vor der Nacht des 8., aber nicht früher als am 4. oder 5. September ereignet haben müsse.

Mr. Kentridge meinte, zu den Ereignissen des 6. und 7. September gäbe es nicht nur unzureichende Informationen, sondern auch falsche Erklärungen seitens der Mitglieder der Sicherheitspolizei. Die Aussage des Nachtteams sei ganz einfach eine Verneinung gewesen, daß Mr. Biko körperlich mißhandelt worden sei. Mr. Biko habe sich aber ständig in Sicht- oder Hörweite dieser Leute befunden. Leutnant Wilken und Oberfeldwebel Fouche hätten dem Gericht gesagt, daß von Zeit zu Zeit von einem nahe gelegenen Büro nach ihm gesehen worden wäre. Ihre Aussagen lieferten aber keinerlei Erklärung der Vorfälle.

Was das Nachtteam anging, lagen dem Gericht nicht bloß Verneinungen vor, sondern Berichte von Ereignissen, die stattgefunden haben sollten. Da hieß es, Mr. Biko sei aggressiv geworden, es habe einen Kampf gegeben, Mr. Biko hätte überwältigt und in Ketten gelegt werden müssen. Da hieß es, daß es fünf starker Männer bedurfte, um Mr. Biko zu überwältigen. Sie sagten, Mr. Biko sei im Verlauf des Handgemenges möglicherweise mit dem Kopf gegen die Wand geschlagen, aber sie hatten keine Erklärung für seine Verletzung. Kein einziges Mitglied der Mannschaft sei bereit zu sagen, er habe gesehen, wie er mit dem Kopf gegen die Wand schlug. Kein einziger von ihnen sei bereit zu sagen, er habe die Verletzung an Mr. Bikos linker Stirn gesehen. Kein einziger von ihnen habe in seiner ursprünglichen schriftlichen Aussage erklärt, daß Mr. Biko vielleicht mit dem Kopf irgendwo angestoßen sei.

Der Sinn der von General Kleinhaus entgegengenommenen schriftlichen Zeugenaussagen war der, die Aufmerksamkeit der Polizisten von den Gehirnverletzungen abzulenken. Die Tatsache, daß in den schriftlichen Aussagen nicht die Möglichkeit erwähnt wurde, daß Biko bei dem Handgemenge mit dem Kopf angeschlagen sei, habe unweigerlich zu der Schlußfolgerung geführt, daß dies nicht passiert sei, daß es gar nicht habe passieren können.

Mr. Kentridge sagte, der Wert des Eintrags in das Vorkommnisbuch müsse im Zusammenhang mit der ganzen Aussage Major Snymans eingeschätzt werden. Major Snyman habe in dem Vorkommnisbuch als Tatsache angegeben, daß Mr. Biko mit dem Kopf gegen die Wand und mit dem Körper auf den Boden gestürzt sei. Als man ihn vor Gericht gefragt habe, mit welchem Teil seines Kopfes Mr. Biko gegen die Wand geschlagen sei, habe Major Snyman gesagt, mit dem Hinterkopf. Major Snyman habe eine bemerkenswert verworrene Schilderung des Handgemenges gegeben. Aber auch wenn es diesen Schlag auf den Hinterkopf wirklich gegeben habe, sei das keine Erklärung für die erlittenen Verletzungen. Mr. Kentridge bat das Gericht, Major Snymans Schilderung mit dem Eintrag in dem Vorkommnisbuch zu vergleichen; er sagte, das würde sich vollkommen widersprechen.

Hauptmann Sieberts Aussage sei genauso vage gewesen. Er habe dem Gericht gesagt: »Wir haben uns an Tischen, Stühlen und dem Boden angeschlagen«, aber nicht, daß Mr. Biko seine Kopfverletzung am 7. September erlitt, als er überwältigt werden mußte.

Oberfeldwebel Beneke habe auch nichts zur Aufklärung der Vorfälle beigetragen. Oberfeldwebel Marx habe versucht, einen umfassenderen Bericht zu geben, habe aber nicht erwähnt, daß Mr. Biko mit dem Kopf gegen die Wand schlug. Er habe schließlich eingestanden, daß er nicht sagen könne, ob Mr. Biko in seiner Anwesenheit irgendeine Kopfverletzung erlitten habe.

Der Aussage ungeachtet, daß niemand gesehen habe, wie Mr. Biko seine Kopfverletzung erlitt, könne man argumentieren, daß er sich die Verletzung in dem Wirrwarr eines Handgemenges zugezogen habe, ohne daß es jemand bemerkte. Dagegen spräche jedoch die Aussage der Ärzte über die Bewußtlosigkeit, die einer Verletzung dieser Art folgen müsse. Angesichts des medizinischen Beweismaterials sei es so gut wie sicher, daß Mr. Bikos Gehirnverletzung eine längere Bewußtlosigkeit gefolgt sein müsse. Er sagte, das wäre dann nicht nur eine Amnesie gewesen; Mr.

Biko wäre auch nicht in der Lage gewesen, seine Glieder zu bewegen. Er weigere sich zuzugestehen, daß man die Bewußtlosigkeit nicht hätte bemerken können.

Wenn man davon ausginge, daß Mr. Biko am frühen Morgen des 7. September wirklich seinen Anfall gehabt habe, daß er Amok gelaufen sei, daß es fünf Männer bedurft habe, ihn zu überwältigen, und daß er sich auch dann noch vernunftwidrig zur Wehr gesetzt habe, so weise die ärztliche Aussage darauf hin, daß diese Gewalttätigkeit symptomatisch für eine Kopfverletzung sein könne, die Mr. Biko bereits erlitten hatte. Mr. Biko sei ein starker Mann gewesen, jedoch kein Supermann. Major Hansen habe Mr. Biko schon einmal allein gebändigt. Man sähe hier die Gewalttätigkeit eines Mannes, der eine Gehirnverletzung erlitten habe. Dann habe er einen Rückfall in den Stumpfsinn erlebt, und danach sei die Kurve der Bewußtlosigkeit wieder angestiegen, bis Mr. Biko endlich in ein Koma fiel.

Wenn drei der führenden südafrikanischen Pathologen sowie der führende Neurologe sagten, daß ihrer Meinung nach eine Bewußtlosigkeit eingetreten sein müßte, dann sei er der Ansicht, daß das Gericht das akzeptieren müsse. Der Polizeibericht über das Handgemenge schließe jede Bewußtlosigkeit völlig aus, was bedeuten würde, daß Mr. Biko sich seine Verletzungen nicht während des Handgemenges zugezogen haben könne.

Irgendwann im Laufe der Nacht, oder vor 7.00 Uhr, wurden Mr. Biko Verletzungen zugefügt. Man habe ihre Ernsthaftigkeit damals sicher nicht erkannt, jedoch habe man es für ratsam gehalten, einen Arzt zu verständigen. Dann habe man es für ratsam gehalten, eine Erklärung zu finden, die Mr. Biko als den Angreifer darstellte.

Dr. Lang habe man veranlaßt, einen sauberen Befund zu schreiben, dessen Unrichtigkeit er inzwischen eingestanden habe. In der Nacht des 7. September machten weitere alarmierende Symptome weitere Schritte notwendig; damals habe man den Eintrag in das Vorkommnisbuch gemacht. Der Eintrag sei wegen der Erklärungen, die dafür abgegeben wurden, von Belang; diese Erklärungen seien miteinander unvereinbar und unzulässig. Mr. Kentridge war der Meinung, daß keine der Erklärungen zu der späteren Eintragung in dem Vorkommnisbuch zufriedenstellend sei; daß der Eintrag gemacht worden sei, um Mr. Biko als den Angreifer hinzustellen.

Was das Simulieren angehe, sagte Mr. Kentridge, so habe die Polizei den Ärzten diese Ansicht aufgedrängt und sogar vor Gericht daran festgehalten, daß das die ganze Zeit ihre allgemeine Vermutung gewesen sei. Dies sei nachweislich unwahr.

Mr. Kentridge bezog sich auf den Zwischenfall, bei dem Mr. Biko vollbekleidet in der Badewanne gefunden wurde. Obwohl Oberst Goosen gewußt habe, sagte er, daß Biko an einer Gehirnverletzung gestorben sei, habe er versucht, die Ansicht zu vertreten, daß der Vorfall im Bad ein Selbstmordversuch gewesen sei.

Oberfeldwebel Fouche habe gesagt, daß er bis zur letzten Minute in Pretoria der Meinung gewesen sei, daß Biko wahrscheinlich simuliere.

Mr. Kentridge sprach von dem ungelüfteten Geheimnis des Hungerstreiks. Kurz nach Bikos Tod habe der Polizeiminister eine Erklärung abgegeben, in der es hieß, daß Biko mit einem Hungerstreik gedroht habe. Blieb die Frage, wie derart falsche und irreführende Erklärungen von so hoher Stelle abgegeben werden konnten. Warum sei das Handgemenge nicht erwähnt worden, und warum sei die Erklärung nie richtiggestellt worden? Weder die Sicherheitspolizei noch der Polizeiminister hätten sich die Mühe gegeben, die Sache in Ordnung zu bringen.

Gegen Schluß sagte Mr. Kentridge: »Wir stellen fest, daß diese gerichtliche Untersuchung schwerwiegende Unregelmäßigkeiten und ein unzulässiges Verhalten in der Behandlung eines einzelnen Häftlings an den Tag gebracht hat. Nebenbei hat sie die Gefahren bloßgestellt, denen Leben und Freiheit bei dem System, Festgehaltene von der Außenwelt abzuschließen, ausgesetzt sind.

Ein strenger und klarer Urteilsspruch kann dazu beitragen, weiteren Mißbrauch dieses Systems zu verhindern. Angesichts weiterer beunruhigenden Beweismaterials geben wir zu bedenken, daß jeder Urteilsspruch, der als Entlastung der Sicherheitspolizei von Port Elizabeth betrachtet werden kann, unglücklicherweise vielerorts als Genehmigung ausgelegt werden wird, ungestraft unschuldige Menschen zu mißhandeln.«

Mr. van Rooyen sagte dem Gericht, es fiele ihm die Entscheidung schwer, ob er nun seine Zusammenfassung mit dem Beweismaterial beginnen solle oder mit »der verantwortungslosen Dichtung, die Euer Ehren heute morgen vorgetragen wurde«. Er sagte, Mr. Kentridge habe versucht, durch den Verriß des positiven Beweismaterials einen leeren Raum zu schaffen, um ihn dann mit Anschuldigungen zu füllen.

»Das bedeutet, daß, ohne daß Euer Ehren auch nur ein Hauch von Beweis einer körperlichen Mißhandlung vorgelegt wurde, er freie Bahn hatte, den leeren Raum mit Phantasiegebilden zu füllen.«

Mr. van Rooyen sagte, ihm fiele es schwer, zu beurteilen, ob Mr. Kentridge nun annehme, daß es am 7. September ein Handgemenge gegeben habe oder nicht. Am Anfang seines Plädoyers habe Mr. Kentridge gesagt, daß Mr. Biko wegen einer vorausgegangenen Gehirnverletzung gewalttätig geworden sei und sich wie ein Besessener, wie ein Berserker aufgeführt habe. Jedoch ließ er gegen Ende des Plädoyers wieder Zweifel erkennen.

Mr. van Rooyen sagte, es sei jetzt sehr leicht, sich darüber aufzuregen, daß Mr. Biko, obwohl er im Sterben lag, in Ketten gelegt nach Pretoria geschickt worden sei.

Die Todesursache sei einstimmig von den Pathologen festgestellt worden. Man habe versucht, den Befund zu ändern, um zu unterstellen, daß Mr. Bikos Verletzung von mehr als einem Hieb herrühre; aber hiervon habe man inzwischen Abstand genommen. Er sagte, das Aufgeben des Versuches, zu beweisen, daß es sich um mehr als einen Schlag gehandelt habe, sage einiges über die Glaubwürdigkeit jener Zeugen aus, die hierzu aussagten.

Mr. van Rooyen erwähnte die Kritik an General Kleinhaus' Untersuchung. Er sagte, der General habe den einzigen logischen Ausgangspunkt gewählt, indem er versucht habe herauszufinden, wo und wann Mr. Biko die Prellungen und Hautabschürfungen erlitten habe; er habe gewußt, daß, wenn diese Fragen beantwortet würden, das grundlegende Problem gelöst wäre. Er fragte, ob

es irgendeinen Grund für ein Vertuschen gäbe. Die Sicherheitspolizei habe keinen Grund, die Existenz von Mr. Bikos Kopfverletzung zu vertuschen, da sie seine Lippenverletzung auch nicht
vertuscht habe.

Mr. van Rooyen sagte, das Gericht habe zwei Möglichkeiten
– den ziemlich unwahrscheinlichen und spekulativen Gedanken,
daß Mr. Biko sich die Verletzung selbst zugefügt habe, oder, was
auch seine Meinung sei, daß die Verletzung während des Handgemenges am Morgen des 7. September entstanden sei. Mr. van
Rooyen sagte, das Gericht könne es als Tatsache betrachten, daß
sich am 7. September ein gewaltsamer Zwischenfall ereignet habe,
und daß dieser Zwischenfall von Mr. Biko eingeleitet worden
sei.

Mr. Prins befragte Mr. van Rooyen über die Tatsache, daß die
Aussagen der Polizei nie eine Bewußtlosigkeit Mr. Bikos nach
dem Handgemenge erwähnten. Mr. van Rooyen fragte, ob der
ärztlichen Aussage soviel Bedeutung beigemessen werden solle,
um die Zeugen der Polizei als Lügner hinzustellen. Er fragte, ob
die Ansicht der Ärzte bedeute, daß es in allen Fällen nur eine bestimmte Reihenfolge von Ereignissen geben könne. »Meiner Ansicht nach wäre es eine ziemlich offensichtliche Travestie der Justiz, wenn man sich auf die Meinung der Ärzte stützte und die
Polizisten Lügner nennte.« Mr. van Rooyen sagte, ihm hätten alle
medizinischen Experten zugestanden, daß es wenigstens eine
Möglichkeit gäbe, daß einer derartigen Verletzung nicht unbedingt eine Bewußtlosigkeit folge.

Mr. van Rooyen bestritt auch, daß sich die Ärzte zusammen
mit der Sicherheitspolizei auf ein verabredetes Schweigen eingelassen hätten. »Diese Behauptung kann nur gemacht werden,
wenn man sie mit den dunklen Gewändern des Verdachts beklei-
den will«, sagte er. Oberst Goosen habe man fortwährend gesagt,
daß Mr. Biko nichts Ernsthaftes fehle; er sei überzeugt davon gewesen, daß Mr. Biko die beste Behandlung in Pretoria bekommen würde.

Mr. van Rooyen sagte auch, daß man nie behaupten könne, die
Hungerstreiktheorie sei der Ausgangspunkt eines Vertuschungs-
versuchs, weil nämlich Mr. Biko im Laufe einer Woche tatsächlich

nur einen halben Teller Essen zu sich genommen habe.

Mr. van Rooyen schloß mit der Ansicht, daß, was die Sicherheitspolizei angehe, das Gericht nicht zu dem Schluß kommen könne, daß sie sich irgendwelcher krimineller Taten oder Versäumnisse schuldig gemacht habe, die zu Mr. Bikos Tod geführt hätten.

Das Ermittlungsergebnis

Am darauffolgenden Tag rief Richter Prins das Untersuchungsgericht zusammen, um das Ermittlungsergebnis mitzuteilen:

1. Daß der Verstorbene Bantu Stephen Biko war, ein 30 Jahre alter Schwarzer; daß er am 12. September starb und daß die Todesursache eine Gehirnverletzung war, die zu Nierenversagen und anderen Komplikationen führte.
2. Daß die Kopfverletzungen wahrscheinlich am 7. September während eines Handgemenges in den Büros der Sicherheitspolizei in Port Elizabeth erlitten wurden.
3. Daß angesichts des zur Verfügung stehenden Beweismaterials der Tod auf keine kriminelle Tat und kein kriminelles Versäumnis seitens irgendeiner Person zurückzuführen ist.

Das Gericht erhob sich. Die Untersuchung Biko war vorüber.

Die Anklage

Da der Staat es nicht für nötig gehalten hat, irgendwem die Schuld am Tod von Steve Biko zu geben, muß dem Staat diese Schuld gegeben werden. Mit dem Staat ist in diesem Fall das Minderheitsregime gemeint, das Südafrika dreißig Jahre lang mit einer ständig zunehmenden Verachtung der demokratischen Werte und einer ständig wachsenden Arroganz gegenüber denjenigen, die sich an diesen Werten orientieren, regiert hat. Und da sich die Regierung der Nationalist Party immer mit dem Staat identifiziert und sich als Repräsentanten des Staates ausgegeben und ihre Kritiker als Feinde des Staates beschimpft hat, soll sie jetzt auch als die Verkörperung des Staates angeklagt werden.

Das bedeutet, daß die Regierung Vorster und all ihre Anhänger die Schuld an dem tragen, was Steve Biko zugestoßen ist. Sie tragen diese Schuld in unterschiedlichem Maße.

Von Justizbeamten wird erwartet, daß sie sich zu jeder Zeit die Prinzipien der natürlichen Gerechtigkeit vor Augen halten. Richter Prins' Versäumnis, auch nur *ein* verurteilendes Wort gefunden zu haben, war eine niederträchtige Beleidigung dieser Prinzipien. Das Bild, das bei der Untersuchung zutage kam, war das einer ungezügelten politischen Polizeigewalt über Leben und Tod – einer Gewalt, die, mit der Billigung des Staates versehen, auf ein Niveau der Brutalität und Kaltblütigkeit herabgesunken ist, das in jeder Gesellschaft, die noch an irgendwelchen Resten von Legalität festhält, undenkbar ist.

Das wenigste, was man hätte erwarten können, wäre gewesen, daß Oberst Goosen des strafbaren Totschlags in zwei Fällen beschuldigt worden wäre – einmal, weil er einem schwerkranken Mann die Einweisung ins Krankenhaus verweigerte, und dann, weil er gestattete, daß der Mann in diesem Zustand mehr als tausend Kilometer über Land gefahren wurde. Seine Behauptung, daß seiner Ansicht nach die Krankheit vorgetäuscht gewesen sei, hätte öffentlich als Lüge gebrandmarkt werden sollen, da Goosens eigenes Fernschreiben nach Pretoria diese Behauptung widerlegt.

Die Ärzte Tucker, Hersch und Lang hätten gleichermaßen angeklagt werden müssen, ganz abgesehen davon, daß sie das Untersuchungsgericht wegen fahrlässiger Behandlung eines Patienten vor das Medical Council hätte zitieren müssen.

Diejenigen, welche in erster Linie anzuklagen sind, die direkten Beteiligten an Steve Bikos Tod, das sind die zehn Sicherheitspolizisten – die Mitglieder der während der Untersuchung erwähnten zwei Verhörteams: Oberst Goosen, die Majore Snyman und Fischer, Hauptmann Siebert, die Oberfeldwebel Beneke, Marx, Coetzee und Fouche, Leutnant Wilken und Unteroffizier Nieuwoudt. Mindestens einer dieser Männer versetzte Steve Biko die tödlichen Hiebe, und es steht fest, daß alle sich der Mittäterschaft dadurch schuldig gemacht haben, daß sie vertuschten, was während des Verhörs wirklich vorgefallen ist.

Wer genau die tödlichen Schläge versetzt hat, ist ziemlich unwichtig. Alle diejenigen, welche bis jetzt erwähnt wurden, sind in irgendeiner Weise an dem Ausmaß der Ausschreitung schuld. Der wahre Mörder ist das System – so wie alle seine in diese Tragödie verstrickten Vertreter. Zwei Mitglieder des Kabinetts der Nationalists sind am meisten für die Umstände, unter denen Steve Biko starb, verantwortlich – Polizeiminister J. T. Kruger und Premierminister B. J. Vorster.

Mehr als jeder andere haben diese beiden Männer die Bedingungen, das Meinungsklima, die Gesetzgebung und die Geisteshaltung der Sicherheitspolizei geschaffen, deren Resultat dieser Totschlag war.

Die Untersuchung spiegelte nur einen Teil dieser Geisteshaltung wider. Die Untersuchung selbst war sowieso regelwidrig. Dem Hauptzeugen wurde es nicht gestattet, auszusagen. Peter Jones, der das wichtigste direkte Beweismaterial hätte liefern können – er war zusammen mit Steve Biko verhaftet und festgehalten worden und hatte zweifelsohne identische Verhörmethoden erlebt –, konnte nicht aussagen, weil ihn die Polizei von der Außenwelt abgeschnitten hatte und das immer noch tut.

Und dann lag für die Weigerung des Richters, Brigadegeneral Zietsman als Zeugen bezüglich der Glaubwürdigkeit Oberst Goosens oder Minister Krugers aussagen zu lassen, kein akzeptabler Grund vor. Es war in bezug auf die Untersuchung von direktem Belang, daß Oberst Goosens Glaubwürdigkeit geprüft wurde, jedoch wurde dieser grundlegende Punkt von Richter Prins einfach zurückgewiesen.

Der Tod von Steve Biko symbolisiert die Quintessenz der Apartheid mit alldem, was sie beinhaltet. In eben der Weise, in der Hitlers Endlösung des Judenproblems die tödliche Konsequenz vorausgegangener Nazipolitik war, sind Todesfälle wie der Steve Bikos unweigerlich das passende Resultat der Apartheidpolitik seit ihrer Einführung.

Eine gelbe Armbinde tragen und in einer Auschwitzer Gaskammer sterben zu müssen, das waren nichts weiter als zwei Glieder derselben rassistischen Kette. Mag sein, daß sich diese Glieder an gegenüberliegenden Enden der Kette befanden – aber die Kette war dieselbe. Einen Paß mit sich führen zu müssen und im Polizeigewahrsam zu Tode geprügelt zu werden, das sind auf ähnliche Weise zwei Glieder derselben Kette.

Wenn man das Bedürfnis verspürt, koste es, was es wolle, das Tragen von Armbinden durchzusetzen, dann ist es unumgänglich, daß man am Ende Menschen in Gaskammern treibt. Und wenn man das Bedürfnis verspürt, koste es, was es wolle, eine Rassentrennung durchzusetzen, ist es unumgänglich, daß man am Ende Menschen umbringt.

Der Tod Steve Bikos verlangt nach einer in alle vier Himmelsrichtungen hinausgeschrienen Reaktion der Empörung. Es ist jetzt endgültig und ein für allemal bewiesen, daß die Politik der Apartheid die schändlichste Beleidigung der gesamten Menschheit ist, die seit dem Aufkommen geregelter Herrschaftsformen durch eine kollektive Entscheidung ersonnen wurde.

Die obszönen Gesetze, welche die Apartheid ausmachen, sind weder die verrückten Erlasse eines Diktators, noch die Launen eines megalomanischen Ungeheuers, noch die einsamen Entscheidungen eines fanatischen Ideologen. Sie sind das Ergebnis höflicher Parteiausschußdiskussionen Hunderter diskret gekleideter Delegierter, nach ausgiebiger Debatte auf den Parteitagen. Sie werden nach drei würdevollen Lesungen von einem Parlament erlassen, das seine Sitzungen Tag für Tag mit einem Gebet an Jesum Christum eröffnet.

In dieser Tatsache liegt etwas besonders Abscheuliches.

Diese Anklage soll jetzt zeigen, daß den Verantwortlichen keine gültige Apologie zur Verfügung steht; daß sie strafbar und anklagbar sind; daß ihnen der Prozeß gemacht werden sollte.

Ihr Fall basiert auf dem Anspruch, daß weiße Südafrikaner ein Recht haben, uneingeschränkt in diesem Land zu bestimmen, weil ihre Vorfahren hier zur selben Zeit ankamen wie die der Schwarzen. Dies ist eine unwahre, politisch motivierte Lüge, die nur in südafrikanischen Geschichtsbüchern Aufnahme findet. Außerdem ist sie vollkommen belanglos. Doch selbst wenn sie von Belang wäre, ließe sich davon keine Berechtigung herleiten, daß 15 Prozent der Bevölkerung eine ungerechte politische Herrschaft über die anderen 85 Prozent ausüben. Aber es geht nicht um den historischen Zeitpunkt der Ankunft der Weißen in Südafrika. Kein einziger bedeutender schwarzer Führer in der südafrikanischen Geschichte hat je das Recht der weißen Südafrikaner bestritten, in Südafrika zu bleiben.

Kein schwarzer Führer, der auch nur irgendwelche Bedeutung hat, bestreitet, daß die Afrikaaner ein afrikanisches Volk mit einer eigenen Sprache und Kultur sind und deshalb einen Platz in diesem Land haben müssen. Aber dies bedeutet nicht, die Anmaßung der Nationalists hinzunehmen, daß sie solcher Anspruch dazu berechtige, sämtliche Privilegien an sich zu reißen, zum Nachteil aller anderen Südafrikaner.

Die Welt hat dreißig Jahre lang versucht, das Afrikaanertum der Nationalists dazu zu bringen, ein realistisches Arrangement mit der schwarzen Mehrheit in Südafrika zu suchen. Aber während dieser ganzen Zeit haben sich die Nationalists geweigert, auch nur einen Zoll von der Apartheid abzuweichen.

Darüber, ob das allgemeine Wahlrecht in Südafrika notwendigerweise zu einem Sinken des Lebensstandards führen würde, läßt sich streiten; wobei ein solches Streitgespräch nur für Weiße interessant wäre. Es läßt sich auch darüber streiten, ob es rachsüchtige Maßnahmen der Schwarzen gegen die weiße Minderheit geben würde. Wiederum sind das innerhalb der gesamten moralischen Frage nicht die wichtigsten Erwägungen. Es muß den weißen und schwarzen Abgeordneten, die guten Willens sind, möglich sein, ein für alle Beteiligten faires Arrangement auszuhandeln, mit annehmbaren Bürgschaften für die weiße Minderheit. Was die Behauptung der Regierung der Nationalists angeht, ein Bollwerk des Westens gegen den Kommunismus zu sein: Solch ein Bollwerk stellt für den Westen eine Katastrophe und eine Peinlichkeit dar, die dem Osten sehr willkommen sein muß. Der Westen hat in Afrika schon einiges an Glaubwürdigkeit verloren, weil er der Regierung in Pretoria nicht so ablehnend gegenübergetreten ist, wie es der Osten getan hat, ungeachtet der zynischen Motive, die ihn zu dieser Ablehnung bewogen haben mögen. Wenn der Westen dem Apartheidregime nicht strenger entgegentritt, wird er bald die Feindschaft ganz Schwarzafrikas zu ertragen haben.

Was den Seeweg um das Kap angeht, so ist das ein mittelalterlicher Mythos. Zwischen Südafrika und der Antarktis liegt ein riesiger Ozean, und wenn man das einen Seeweg nennt, kann man auch den Atlantik einen Seeweg nennen. Was Mineralien angeht, so ist es wahr, daß Südafrika sie im Überfluß besitzt; wenn jedoch die ganze Welt damit erpreßt werden kann, dann kann es gut sein, daß sich eines Tages einige extrem radikale schwarze Nachfolger der Regierung der Nationalists diese Erpressung selber zunutze machen.

Die Nationalists beharren darauf, daß das für Südafrika ideale System die getrennte Entwicklung ist – die Aufteilung des Landes in ethnische Gebiete, aus denen autonome und vollkommen unabhängige Staaten werden sollen, in denen die Identität jeder ethnischen Gruppe geschützt wird. Die territoriale Apartheid, oder getrennte Entwicklung, ist ein Schwindel. Dreizehn Prozent des Landesgebietes werden 85 Prozent der Menschen zugeteilt, und diese 13 Prozent des Gebietes werden wiederum acht ethnischen Gruppen zugeteilt. Es ist eine durchschaubare Methode des Teilens und Herrschens. Sie ist moralisch nicht zu rechtfertigen. Kulturell, sprachlich, ethnisch und politisch haben zum Beispiel die Xhosas und Zulus mehr miteinander gemeinsam als die englischsprechenden und die afrikaanssprechenden Weißen, die aus politischen Gründen als eine ethnische Einheit betrachtet werden. Im Mai 1976 erhielt die Transkei die Unabhängigkeit. Bophuthatswana erhielt ihre am 6. Dezember 1977. Aber diese Bantustans sind von Pretoria finanziell so abhängig, daß sie es sich buchstäblich gar nicht leisten könnten, ihre Unabhängigkeit voll auszuüben.

Die hauptsächliche Kritik an den Bantustans liegt darin, daß es dem schwarzen Südafrika nie gestattet wurde, in dieser Angelegenheit mitzureden, sei es durch eine Wahl oder durch einen Volksentscheid. Die Bantustans wurden in Pretoria von Weißen ersonnen, und die meisten Schwarzen, die politisch von irgendeiner Bedeutung sind, erkennen in dem Konzept das, was es ist – den offensichtlichen Versuch, dem politischen und geographischen Arrangement mit den Schwarzen aus dem Wege zu gehen.

Die Behauptung des Nationalist Government, seine Motive seien moralisch korrekt, da die Afrikaaner ein den christlichen Grundsätzen zutiefst verpflichtetes Volk seien, ist falsch. Ihre Auffassung von Christentum, welche die Apartheid rechtfertigt, wird von Führern und Theologen aller christlichen Kirchen zurückgewiesen – und die Nationalists wissen das.

Es wird von den Weißen ins Feld geführt, daß Südafrikas Schwarze einen höheren Lebensstandard genössen als Schwarze anderswo in Afrika; daß ausländische Schwarze auf der Suche nach Arbeit ins Land hineinströmen; daß die weiße Wirtschaft Südafrika in dem Rang des modernsten Industriestaates des Kontinents erhoben hat, mit einer beeindruckenden Entwicklung auch in der Förderung von Rohstoffen.

Südafrika ist nun einmal das Land in Afrika, das mit Bodenschätzen, landwirtschaftlichem und klimatischem Reichtum am meisten gesegnet ist und eine höher entwickelte Infrastruktur ererbt hat als jeder andere afrikanische Staat. Was die Schwarzen in Südafrika am meisten stört, ist ihre Zurücksetzung gegenüber den weißen Privilegierten. Hauptsächlich geht es um die Menschenrechte in Südafrika, nicht um den Vergleich mit einem Lebensstandard anderswo.

Dasselbe gilt auch für die Behauptungen der Nationalists, daß Schwarze aus benachbarten Ländern kämen, um in den südafrikanischen Minen zu arbeiten. Das tun sie, weil die Minen dort sind, wo die Mineralien sind, und die Mineralien sind in Südafrika. Auch diese Behauptung gibt also keine Antwort darauf, warum schwarzen Südafrikanern die grundlegenden Menschenrechte verweigert werden.

Das Argument, daß Weiße Südafrika aufgebaut und es zu seinem heutigen Standard entwickelt haben, zieht gleichfalls nicht, da kein einziges Haus, keine einzige Fabrik in Südafrika je ohne schwarze Arbeit erbaut wurde. Nationalists weisen oft darauf hin, daß die Weißen den Großteil der Steuern in Südafrika zahlen. Diese Behauptung ist absurd. Es war die Gesetzgebung der Nationalists, die die Schwarzen daran hinderte, bestimmte Arten der Facharbeit auszuüben, sich an richtigen Universitäten eine höhere Bildung zu erwerben und dadurch ihr Einkommen zu steigern. Es ist der Gipfel der Absurdität, wenn man Menschen daran hindert, genug zu verdienen, um hohe Steuern zu zahlen, und ihnen dann alle Rechte verweigert, weil sie keine hohen Steuern zahlen. Jahrzehntelang ist es der Sinn der ganzen südafrikanischen Gesellschaftsstruktur gewesen, die Schwarzen politisch und gesellschaftlich auf einem rückständigen Niveau zu halten – und eines der Hauptargumente der Nationalists dafür, daß den Schwarzen die Gleichberechtigung verweigert wird, ist das, daß Schwarze politisch und wirtschaftlich rückständig sind.

Die Behauptung, daß es in Südafrika noch riesige Reserven guten Willens zwischen den Rassen gibt, ist nicht mehr stichhaltig. Heute hegen die meisten Schwarzen Gefühle gegenüber den meisten Weißen, die von Verbitterung bis zum tiefsten Haß reichen. Wenn sich die Nationalists nicht bald dazu überreden lassen, sich an den Verhandlungstisch zu setzen, um wesentliche Zugeständnisse zu machen, Zugeständnisse, die den Schwarzen zumindest eine Spur demokratischer Rechte einräumen, dann wird der Rassenkrieg in Südafrika nicht zu vermeiden sein. Er hat sogar schon begonnen. Die Krise befindet sich in der gefährlichen Nähe des

Flammpunktes; der könnte die elementarste Aufrührer im ganzen Kontinent entzündet werden.

Es hört sich vernünftig an, wenn es heißt: »Südafrikanische Probleme sollten von Südafrikanern gelöst werden.« Die Welt kann sich diesen geisteskranken Luxus nicht leisten. Um was hier gestritten wird, ist keine rein südafrikanische Angelegenheit – es ist eine Angelegenheit, welche die ganze Menschheit berührt. Es geht darum, ob die gesetzliche, auf der Hautfärbung beruhende Diskriminierung annehmbar ist oder nicht, und diese Frage geht jeden etwas an, weil jeder eine Hautfarbe hat. Zwei Drittel der Menschheit sind farbig, oder, wie es so beleidigend und arrogant heißt, »nichtweiß«. Deshalb ist das, was hier mit Menschen dunklerer Hautfarbe geschieht, eine tiefe Beleidigung aller Nichtweißen in der ganzen Welt. Und weil es die Weißen tun, geht es alle Weiße etwas an.

Es ist dies die tiefstgreifende moralische Krise in der heutigen Welt, und alle, die sich weigern, sich dafür zu interessieren oder zu engagieren, machen sich stillschweigender Billigung schuldig. Kein gewissenhaftes menschliches Wesen kann in einer Gewissenskrise neutral bleiben. Die Apartheid existiert zum Trotz des Gewissens und ist deswegen eine echte Gefahr für den Weltfrieden geworden.

Was die Behauptung angeht, Südafrika habe eine freie Presse: Lassen Sie wenigstens *einen* südafrikanischen Zeitungsherausgeber versichern, daß die Stichhaltigkeit derartiger Behauptungen spätestens und ohne jeden Zweifel am 19. Oktober 1977 erlosch, als Percy Qoboza, der Herausgeber der *World*, festgenommen und ich geächtet wurden. Percy und ich wurden ohne Anklage und ohne Prozeß bestraft und zum Schweigen gebracht, nur der Dinge wegen, die unsere Zeitungen vertraten – das Streben schwarzer Südafrikaner nach einem fairen Arrangement.

Es ist wahr, daß einige südafrikanische Zeitungen vor diesem Datum die Regierung der Nationalists und die Apartheid aufs schärfste angreifen konnten. Seit diesem Datum können sie das aber nicht mehr. Kein südafrikanischer Zeitungsmann weiß jetzt mehr, was mit ihm geschieht, wenn er in seiner Kritik der Behörden über einen bestimmten Punkt hinausgeht – und wo dieser

Punkt liegt, wird in zunehmendem Maße von den Nationalists bestimmt. Vorher waren den Journalisten schon Zügel genug angelegt worden. Wir mußten mit mehr als zwanzig Gesetzen ringen, die das bestimmten, was gedruckt werden durfte und was nicht, und in den letzten Jahren wurden Zeitungsgesetze verabschiedet, welche die Grenzen, innerhalb derer wir die Apartheid angreifen konnten, mehr und mehr einengten. Aber wir kannten diese Grenzen. Wir wußten, wie weit wir gehen konnten. Doch, am 19. Oktober 1977 wurden diese Grenzen abgeschafft.

Die Regierung Vorsters weist mit Stolz auf die lange politische Stabilität des Landes hin und stellt daneben die Labilität der von Schwarzen regierten Staaten, wobei sie freudestrahlend die tyrannischen Regimes Amins und Bokassas zitiert, die nicht die südafrikanische Tradition unparteiischer Gerichtshöfe mit ihrer Rechtsprechung haben. Wenn politische Stabilität gleichbedeutend mit langer Amtszeit ist, dann hat sich auch das schwarze Afrika in dieser Beziehung recht gut bewährt. Männer wie Kaunda, Nyerere, Kenyatta, Seretse Khama, Mobutu und andere haben alle ihre Staaten über ein Jahrzehnt lang geführt.

Dreißig Jahre Herrschaft der Nationalists sind sicher ein Beweis für Stabilität. Aber im Falle Südafrikas ist es die Stabilität eines wohlverschanzten autoritären Regimes, mit einer Wahlbeeinflussung, die seit 1948 sogar gegen die weiße Opposition gerichtet ist, und mit einer Fülle von Maßnahmen, die dazu da sind, die Herrschaft der Nationalists zu festigen und aufrechtzuerhalten. Aber trotz dieser künstlichen Hilfsmittel ist die südafrikanische Stabilität eine Illusion. Das Land kann jederzeit in einen totalen Rassenkrieg hineinexplodieren. Es bedarf nur eines kleinen Zwischenfalles, um ihn zu entzünden. Dem Regime ist es in der Vergangenheit stets gelungen, Aufstände in begrenzten Gebieten mit verstärkten Polizeiaufgeboten zu ersticken; deshalb mußte es sich nie mit einem allgemeinen gleichzeitigen Aufstand aller Schwarzen im ganzen Land befassen. Wann das aber passiert, ist es eine reine Frage der Zeit, es sei denn, das Regime wird einsichtig und setzt sich an den Verhandlungstisch.

Die südafrikanische Regierung der Nationalists glaubt, sie vertrete das fortgeschrittenste, zivilisierteste und höchstentwickelte

Land in Afrika, und möchte, daß ihre lange Tradition der wohl-
geregelten Herrschaft von der ganzen Welt anerkannt wird. Die
Nationalists nehmen der Welt ihre doppelte Moral übel – daß sie
zum Beispiel die Apartheid schärfer zu kritisieren scheint als die
ungeheuren Auswüchse des Regimes Amins. Die südafrikanische
Regierung verlangt, auf internationaler Ebene so wie die Regierung jedes anderen Landes in Afrika behandelt zu werden; sie erwartet, daß Südafrika mit denselben Maßstäben beurteilt wird
wie jedes andere afrikanische Land.

Aber Mr. Vorsters Regime kann nicht beides haben. Uganda
ist erst in jüngerer Zeit international in Verruf gekommen, seit
Amins Machtübernahme. Die Regierung der Nationalists ist seit
dreißig Jahren an der Macht. Unter nicht weniger als vier Pre-
mierministern – Malan, Strijdom, Verwoerd und Vorster – hat sie
eine Beständigkeit der systematischen Unterdrückung an den Tag
gelegt, die ihr einen Vorsprung von vielen Jahren gibt. Die Ugan-
der wissen, daß sie von einem Irren regiert werden – aber kein
Nationalist hat je behauptet, daß Malan, Strijdom, Verwoerd
oder Vorster Irre seien. Seit 1948 sind buchstäblich Hunderte von
Apartheidgesetzen in Kraft getreten, sie sind von vielen Tausenden von Parteidelegierten gebilligt worden – und keiner von ihnen ist ein Irrer!

Die Apartheid ist ein genau berechnetes, bis zum feinsten aus-
geklügeltes Netz von Rassengesetzen, deren Brutalität atembe-
raubend ist. Die Regierung Vorsters sollte sich nicht Südafrikas
langer Tradition der parlamentarischen Gesetzgebung rühmen.
Die Existenz dieser Tradition macht die Apartheid auch nicht
schöner; sie verurteilt sie nur um so mehr.

Die Regierung der Nationalists verlangt eine Sonderbehand-
lung auf der Basis ihrer Behauptung, daß Südafrikas Probleme
einzigartig seien. Aber Südafrikas Probleme sind nicht einzigartig. Eine mehrrassige Gesellschaft, die mit gutem Willen und
Ehrlichkeit geführt wird, ist kein Problem.

Südafrika hat nur ein großes Problem, und das ist die Apartheid. Und die Apartheid ist ganz gewiß einzigartig. Sie zieht sich
die einstimmige Verurteilung durch die Menschheit zu.

In einer sowieso unvollkommenen Welt haben die Nationalists

einen Grad der Unvollkommenheit erreicht, der sich von jeder bisher bekannten Beleidigung menschlicher Freiheit abhebt.

Diese Welt hat die Tyrannei schon immer gekannt. Die Tyrannei der frühen Despoten, wie Dschingis-Khan und Attila. Die Tyrannei der Stalinschen Säuberungen. Die Tyrannei Hitlers, die autoritär war, auf der Rasse basierte und sich gegen eine unterdrückte Minderheit richtete.

Und jetzt die Tyrannei der Apartheid – sie ist autoritär, stützt sich auf die Rasse und ist gegen eine große Mehrheit gerichtet.

Darüber hinaus existiert sie drei Jahrzehnte, nachdem sich die Menschheit entschlossen gegen den gesetzlich verankerten Rassismus gewandt hat, und wird von einer Gemeinschaft gefördert, die jeden nur erdenklichen materiellen und bildungsmäßigen Vorteil genießt.

Die Nationalists würden erwidern, es sei ein Skandal, die Übel der Apartheid in irgendeiner Weise mit den Verbrechen Hitlers zu vergleichen, bei denen Millionen von Menschen vorsätzlich umgebracht wurden. Es ist wahr, daß kein Regime der Nationalists sich je eines solchen vorbedachten physischen Mordens in irgendeiner Weise schuldig gemacht hat. Aber auf verschiedene raffinierte Arten haben sie geistigen Mord an Abermillionen von schwarzen Südafrikanern begangen, seitdem die Apartheid 1948 Gesetz wurde.

Sie haben gegen den menschlichen Geist einen grausamen Krieg geführt, gegen Opfer, deren Verbrechen darin bestand, mit einer bestimmten Hautfarbe geboren worden zu sein. Welche menschlichen Kräfte in diesen dreißig Jahren zerstört wurden, durch Diskriminierung in der Bildung, im Gesundheitswesen, in den Arbeitsgesetzen, in den Lebensbedingungen und in der Umwelt, das ist unfaßbar.

Eine der letzten Behauptungen, welche die Regierung der Nationalists zu ihrer Rechtfertigung vorgebracht hat, ist die, daß Südafrika ein faires Verwaltungs- und Justizsystem und eine unabhängige Rechtsprechung besitze. Diese Behauptung kann auch nicht mehr aufrechterhalten werden. Die Nationalists haben die gesamte Basis des Systems, das auf die römisch-holländische juristische Tradition zurückgeht, 1948 endgültig zerstört. Von diesem einst stolzen Erbe ist nichts als ein winziger Rest übriggeblieben.

Es ist wahr, daß jeder südafrikanische Bürger immer noch einen Straf- oder Zivilprozeß gewinnen kann – vorausgesetzt, er findet den richtigen Richter, hat viel Geld und die Möglichkeit, eine solche Verhandlung zu erwirken. Heute gibt es, was politische Fälle angeht, nur wenige unabhängige Richter in Südafrika. Zum Beispiel sind die meisten Richter des Obersten Gerichtshofes von Transvaal Mitglieder des Broederbond, des Elitekerns der Parteiältesten der Nationalists. Der Staat wird politische Missetäter ganz einfach nicht verfolgen, wenn sie Anhänger der Nationalists sind. Polizeiuntersuchungen in solchen Angelegenheiten sind oberflächlich und rein symbolisch – sie sind ganz bestimmt nicht dazu da, Anklage und Verurteilung zu sichern. Auf diese Weise werden Taten von rechtsgerichteten Terroristen gegen Regimekritiker stillschweigend geduldet, manchmal auch ausdrücklich gebilligt.

Vor einigen Jahren demonstrierten Studenten der University of Cape Town auf der Treppe der St. George's Cathedral gegen eine Regierungsmaßnahme. Uniformierte Polizisten gingen gegen sie vor, schlugen sie mit Knüppeln und Fäusten und verfolgten einige von ihnen in die Kirche hinein, um sie dort zu schlagen. Der Kommentar Premierminister Vorsters: Er sei stolz auf seine Polizei. »Hätte sie sich anders verhalten, wäre ich von ihr enttäuscht gewesen«, sagte er öffentlich.

Polizei, Richter, Staatsanwälte – sehr wenigen ist es wirklich möglich, sich an objektive Maßstäbe der Justiz zu halten. Die meisten Richter in Südafrika halten an dem Glauben fest, daß ihre Aufgabe darin bestehe, nichts anderes zu tun, als das geschriebene Gesetz auszulegen und anzuwenden – was in vielen Fällen im Endeffekt bedeutet, die Apartheid ungeachtet der Grundsätze des Menschenrechts durchzusetzen.

Einige Verordnungen haben dem Staat die Verpflichtung abgenommen, eine beschuldigte Person schuldig zu sprechen. Diese Gesetzgebung hat auch die Umgehung der Gerichtshöfe erleichtert, indem sie einem Politiker (dem Justiz- und Polizeiminister) die Macht gibt, Menschen ohne jegliche Verhandlung, ohne jeglichen juristischen Vorgang gefangenzusetzen oder zu ächten. Während der ganzen dreißig Jahren solcher Gesetzgebung hat nur ein Richter seine Stimme protestierend erhoben – Richter Kowie Marais, jetzt Abgeordneter der Progressive Federal Party.

Eine neue Generation von Schwarzen wächst heran. Sie blickt auf die Vergangenheit zurück und sieht das Schicksal potentieller Unterhändler – Luthuli, in der Verbannung gestorben; Mandela, eingesperrt; Sobukwe, in der Verbannung gestorben; Biko, ermordet. Sie hat deshalb kein Interesse mehr am Verhandeln.

Die Situation im heutigen Südafrika ist so, daß sich Weiße und Schwarze auf den Krieg vorbereiten, einen Krieg an vielen Fronten. Der Krieg an den Grenzen wird zweifelsohne weiter eskalieren. Schon jetzt enthalten Nachrichtensendungen im südafrikanischen Fernsehen ab und zu Meldungen, die an die ersten Tage des rhodesischen Krieges erinnern, indem sie bekanntgeben, daß eine große Anzahl von Terroristen und zwei Mitglieder der South African Defense Force umkamen.

Unweigerlich wird die innere Unruhe wieder ausbrechen – möglicherweise mit einer allgemeineren, breiteren Wirkung als jene der Unruhen von 1976, die sich größtenteils auf Soweto und Kapstadt beschränkten.

Die weißen Militär- und Polizeikräfte sind gut ausgerüstet und werden fast einhellig von der weißen Bevölkerung und einem Staatsapparat unterstützt, der von ergebenen Nationalists beherrscht wird. Das weiße Südafrika wird sich gegen die kommenden Angriffe sicherlich verteidigen können.

Eine Zeitlang.

Am Ende wird es jedoch an den unerbittlichen Gesetzen der Arithmetik scheitern. Die Weißen sind innerhalb ihrer eigenen Grenzen den Schwarzen zahlenmäßig weit unterlegen, und die jüngeren Führer der schwarzen Bevölkerung werden zunehmend militanter. Sie wissen, daß die Geschichte auf ihrer Seite steht. Sie wissen, daß der ganze afrikanische Kontinent auf ihrer Seite steht. Sie wissen, daß die Meinung der Weltöffentlichkeit auf ihrer Seite steht, und sie hoffen, daß diese theoretische Sympathie in wirkungsvolle Sanktionen umgesetzt wird und, wenn nötig, in eine effektive internationale Blockade.

Im Augenblick zögert die Welt mit Sanktionen, die, so behaupten einige, die Weißen noch weiter in ihre Wagenburg hineintreiben würden; aber die Welt wird einsehen, daß die Weißen schon in der Wagenburg sind und daß ihr Wille, zu kämpfen, keiner Stärkung mehr bedarf.

Ich habe jahrelang geglaubt, daß alle Hoffnungen auf einen Frieden in Südafrika auf inneren Entwicklungen und innerem Druck beruhten. Wie viele weiße Liberale tat ich mein Bestes, diesen Druck auszuüben, um beide Seiten an den Verhandlungstisch zu bekommen und um im ganzen Land den Gedanken zu verbreiten, daß man das Problem mit Ruhe, Vernunft und Logik lösen könne. Wir versuchten nicht nur die Anti-Nationalists, sondern auch die Afrikaaner, die Nationalists selbst, zu der Ansicht zu bekehren, daß die Aussöhnung in einer nichtrassistischen Gesellschaft der Weg der Zukunft sei. Zur selben Zeit versuchten wir, unsere Verbindungen mit den schwarzen Führern und den schwarzen Massen aufrechtzuerhalten, um eine Polarisierung zu vermeiden.

Im Rückblick, und angesichts der Wucht des afrikaansen Nationalismus und seiner Rückwirkung auf die weißen rassistischen Ängste vor einer schwarzen Mehrheit, war diese Aufgabe, die wir uns gestellt hatten, eine unmögliche. Wir haben es wahrscheinlich die ganze Zeit über gewußt, wollten es aber nicht zugeben; wir wollten nicht wissen, daß sich unsere Mitweißen mit friedlichen Mitteln nie zu einer höheren, selbstloseren Vision menschlichen Geistes bekehren lassen würden.

Wenn ich jetzt an all die Jahre zurückdenke, und an all die weißen liberalen Führer – an Alan Paton, Peter Brown, Nadine Gordimer und viele andere –, scheint auf den ersten Blick alles umsonst gewesen zu sein.

Die Verhältnisse in Südafrika sind dergestalt, daß es für die Bekehrung der meisten Weißen weg vom Rassismus durch Vernunft und interne Diskussion keine Zeit, keine Hoffnung mehr zu geben scheint, ehe sich die Flutwelle des schwarzen Zorns über das Land wälzen wird. Im heutigen Südafrika sind so gut wie alle Mittelsmänner, alle Vermittler zwischen Schwarz und Weiß durch Ächtung oder Haft zum Schweigen gebracht worden.

Es werden noch Stimmen der Vernunft laut, wie die von Helen Suzman und Alan Paton, aber sie werden von den meisten der politisch bedeutenden Schwarzen und Weißen nicht beachtet – von den letzteren nicht, weil sie blind den Weg Vorsters gehen, und von den ersteren nicht, weil sie alle Hoffnung auf einen weißen Kompromiß aufgegeben haben.

Der Schnellzug des weißen Rassismus rast mit voller Geschwindigkeit auf einen Zusammenstoß mit dem Schnellzug des schwarzen Zorns zu.

Wenn die wenigen Personen in Südafrika, die sich für die Abschaffung der Apartheid engagieren, nichts mehr tun können, um eine solche Kollision zu verhindern, was kann da eine engagierte Welt noch tun, um die Südafrikaner vor sich selbst zu retten?

Bevor man diese Frage beantwortet, muß man erst die moralische Frage untersuchen. Sind nationale Grenzen heiliger als ernste Fragen der Menschlichkeit? Man kann kaum bezweifeln, daß die restliche Welt, hätte sie sich schon Mitte der dreißiger Jahre dazu bewegen können, sich in die deutsche Politik einzumischen und Hitler dadurch von seiner gottlosen Bahn abzubringen, Millionen von Menschenleben hätte retten und einen Weltkrieg hätte verhindern können.

Statt dessen trat man Hitlers Exzessen mit taktvollen diplomatischen Phrasen entgegen, die den Dialog erhalten sollten. Gibt es nicht Zeiten, in denen die Erhaltung eines vergeblichen Dialogs verderblich ist?

Wenn die Welt einhellig für die Verteidigung der Juden im Deutschland der dreißiger Jahre eingetreten wäre, hätte es keine Vernichtungslager gegeben – aber nur dann, wenn die Worte von Taten unterstützt worden wären, von zunehmenden, selektiven Sanktionen, und letzten Endes von einem totalen Boykott, einer hermetischen Blockade.

Dasselbe trifft auf Uganda und Südafrika oder jedes andere repressive Regime zu, sei es nun kommunistisch, faschistisch, sozialistisch, kapitalistisch, schwarz oder weiß. Was Uganda und Südafrika angeht, so sind die Streitfragen schon lange Zeit klar umrissen, und die Opfer des autoritären Bösen sind leicht zu identifizieren – nichts ist leichter zu identifizieren als eine Mehrheit!

Und wenn die Mehrheit der Bürger einer Nation offensichtlich unter ernster Verfolgung, Unterdrückung oder Diskriminierung zu leiden hat, wie können es dann ihre Brüder in der ganzen Welt versäumen, ihnen zu Hilfe zu kommen?

In solch einem Fall hat man nicht nur das Recht, sich einzumischen – man hat die Pflicht dazu. Aber die Form des Eingreifens muß genau überlegt werden.

Was Südafrika angeht, so sollte das internationale Eingreifen auf konstruktive Weise geschehen, den Weißen wie den Schwarzen, den Afrikaanern wie den Englischsprechenden, den Farbigen wie den Indern zuliebe. Wenn keine Entwicklung innerhalb des Landes Gewalt und Blutvergießen abwenden kann, wenn das nur einem internationalen Eingreifen möglich ist, muß ein solches Eingreifen logischerweise sowohl in der Ausführung wie auch in der Absicht ein Akt der Hilfe sein.

Diese Absicht sollte darin bestehen, alle wahren Führer aller Gruppen in Südafrika an den Konferenztisch zu bringen, bevor ihre Anhänger beginnen, sich gegenseitig niederzumetzeln.

Idealerweise sollte der Weg zu diesem Ziel des Friedens genauso friedlich sein. Aber dieses Ziel kann nicht allein mit Worten erreicht werden. Worte, internationale Worte der Zensur und der Verurteilung, sind dreißig Jahre lang genug gesprochen worden.

Also müssen die Münder, die diese Worte aussprechen, Zähne haben – Zähne, die beißen können. Und sie müssen bereit sein zu beißen. Wenn es nötig ist, müssen sie beißen. Das einzig friedliche, aber wirkungsvolle Mittel, das Regime in Pretoria dazu zu bringen, Vernunft anzunehmen und sich in ehrlichen Verhandlungen mit den Führern der Mehrheit ihrer Bürger zusammenzutun, ist die Anwendung der allerstärksten Druckmittel, bis dicht vor die Schwelle des Krieges.

Es gibt viele Druckmittel, die auf vielen Gebieten angewendet werden können, auf wirtschaftlichem, diplomatischem, strategischem, finanziellem und gesellschaftlichem Gebiet. Diesmal muß Südafrika selbst geächtet und gebannt werden. Das mag in bestimmten Zusammenhängen ein negativer und destruktiver Vorgang sein, aber nicht, was die Regierung der Nationalists angeht.

Ich selber sträubte mich viele Jahre lang gegen das Abbrechen internationaler Beziehungen zu südafrikanischen Vereinigungen – besonders auf dem Gebiet des Sports –, bis mich ein junger Landsmann namens Peter Hain, der in Großbritannien Anti-Apartheid-Demonstrationen organisierte, eines Besseren belehrte. Noch 1970 plädierte ich für die Erhaltung der Sportbeziehungen zu Südafrika mit der Begründung, daß man weiße Südafrikaner von der Apartheid im Sport besser dadurch abbringen könne, daß sie mit ausländischen Sportsfreunden zusammenkamen, die Brücken der Freundschaft bauen und einen bildenden Einfluß ausüben konnten. Ich war der Ansicht, daß die Ächtung der südafrikanischen Sportler sie noch weiter weg von der Vernunft treiben und ihre Vorurteile in der Isolation bestätigen würde.

Solche Beziehungen wurden jahrelang aufrechterhalten, mit dem Ergebnis, daß die Apartheid im südafrikanischen Sport fortdauerte. Das weiße Südafrika betrachtete die Wettkämpfe ausländischer Sportler in Südafrika als Beweis, daß seine Einstellung immer noch von der Welt akzeptiert wird, daß man sie immer noch billigt, trotz der Apartheid.

Dann begannen die Kampagnen Peter Hains und anderer südafrikanischer Vertriebener, wie Dennis Brutus und Chris de Broglio, wirksam zu werden, und südafrikanische Athleten wurden in zunehmendem Maße boykottiert. Das Ergebnis war klar erkennbar. In Südafrika wurde die Apartheid im Sport sofort gedrosselt, und obwohl die symbolische Integration im südafrikanischen Sport immer noch zu gering ist, um von Bedeutung zu sein – man sieht, daß doch etwas getan werden kann.

Dasselbe geschah auf dem internationalen Finanzsektor. Als die Amerikaner den Goldpreis drückten, wurde die Regierung in Pretoria in der Rhodesien- und Südwestafrikafrage einsichtiger.

Eine der wirkungsvollsten Formen der Ächtung des Regimes in Pretoria wäre die diplomatische Ächtung – das Schließen von Botschaften oder wenigstens die Reduzierung diplomatischer Beziehungen auf einen rein symbolischen Status – und eine viel strengere Haltung, was die Bewilligung von Visen angeht. Die südafrikanische Regierung hat jahrelang ungehörigerweise das Recht mißbraucht, ihren Kritikern innerhalb der eigenen Bevölkerung als Strafe die Pässe zu entziehen. Sie sollte jetzt ihre eigene Medizin schlucken müssen.

Die voraussichtliche Reaktion auf solche Vorschläge wird sein, daß sie als zu drastisch bezeichnet werden oder als unrealistisch, oder man sagt, daß sie gegen die eigenen Interessen gerichtet seien. Länder, die einen solchen Standpunkt beziehen, handeln sehr kurzsichtig und können daher ihre langfristigen Interessen schädigen, wenn es einmal ein schwarzes Südafrika geben wird. Vor allem aber zeigen sie eine gefühllose Gleichgültigkeit gegenüber der jetzigen Not schwarzer Südafrikaner.

Die Apartheid ist nicht einfach eine bedauernswerte lokale Verirrung, die nur für Südafrika von Belang ist. Sie stellt eine weltweite moralische Krise dar, und keine Nation kann sich guten Gewissens heraushalten und eine neutrale oder passive Haltung einnehmen. Die Apartheid ist eine Beleidigung jedes einzelnen Mitgliedes der menschlichen Familie.

Deshalb stellt die Apartheid eine Herausforderung an jeden Bürger jedes Landes auf Erden dar. Sie ist eine Herausforderung, der mit der ganzen Erfindungsgabe und dem ganzen Idealismus, der alle Menschen von hohen Grundsätzen auszeichnet, begegnet werden sollte.

Wenn es mir möglich wäre, zu jedem Menschen auf diesem Erdball zu sprechen, würde ich ihm von meinem Freund Steve Biko erzählen, der nackt auf dem Fußboden einer Gefängniszelle gestorben ist, nachdem er von Männern gefoltert und gepeinigt worden war, die eine besonders abscheuliche Form des Bösen vertreten – den Rassismus. Ich würde berichten, wie die Gesellschaft, die ein solches System gezüchtet hat, diejenigen, die ihn töteten, freisprach.

Ich würde berichten, daß Steve Bikos Tod keineswegs der erste seiner Art in Südafrika war, auch nicht der letzte.

Steve Bikos Tod kann als eine symbolische Darstellung des Leidens aller schwarzen Südafrikaner unter dem Apartheidsystem angesehen werden. Er starb eines körperlichen Todes. An der Apartheid stirbt man meist eines seelischen Todes. Es gibt zahllose Fälle eines moralischen Todes, eines Todes der Hoffnung, der Selbstachtung.

Was viele seiner Mitbürger angeht, so setzte Steve Biko diesen moralischen Todesfällen ein Ende. Er sprengte viele der psychologischen Ketten, welche die jungen Schwarzen in Südafrika einst fesselten. Besonders was die seelische Selbstachtung junger Schwarzer in Südafrika angeht, sprengte er Ketten.

Vielleicht war das der wahre Grund, warum das System ihn umbrachte.

Wenn ich jetzt diese Anklage abschließe und verlange, daß denen, die ihn getötet haben, der Prozeß gemacht wird, muß ich, so glaube ich, versuchen, mir vorzustellen, wie er das gerne sehen würde. Wahrscheinlich würde er es nicht wollen, wenn man seine Mörder einfach als James Kruger und jene Sicherheitspolizisten identifizierte, die zufällig in der Stadt Port Elizabeth im Monat September des Jahres 1977 stationiert waren. Wahrscheinlich würde er alle diejenigen, welche die südafrikanische Regierung der Nationalists und ihre Apartheidpolitik unterstützen, als seine Feinde ansehen, die ihn tatsächlich umgebracht haben.

Es ist auch wahrscheinlich, daß er ihre Bestrafung nicht im vergeltenden oder rachsüchtigen Sinne anstreben würde. Es ginge ihm viel mehr darum, sie um ihrer selbst willen so weit zu bringen, daß sie die Ungeheuerlichkeit ihres Verbrechens gegen sein Volk begreifen. Das Urteil, das ihnen idealerweise zustünde, wäre kein anderes, als daß sie Vernunft annehmen und dadurch die Möglichkeit erlangen sollten, für sich und ihre Kinder das Erbe eines erfüllten Lebens in jenem Südafrika anzutreten, das er voraussah und auf dessen Entstehung er hinarbeitete.

Diese Anklage hat die Übel des Apartheidsystems als Belastung der beschuldigten Verfechter jenes Systems aufgeführt; auch hat sie jedes ihrer mildernden Argumente, also die ihrer eigenen Führer, aufgeführt und beantwortet; sie muß jetzt mit einem Aufruf an alle enden, die ihre Schlußfolgerungen zum Zwecke der effektiven Verfolgung akzeptieren:

Helft, das Werk Steve Bikos zu beenden! Helft, die restlichen

Glieder der Kette, die er gebrochen hat, zu zerreißen, und läßt den Donner dieses Werkes in der ganzen Welt widerhallen, auf daß Ketten überall da gesprengt werden können, wo sie Körper und Geist der Menschen in Knechtschaft halten!

In Memoriam

Von den folgenden Südafrikanern weiß man, daß sie in der Gewalt der Sicherheitspolizei der Regierung der Nationalists in der Haft gestorben sind. Alle wurden ohne Prozeß, Beschuldigung, Anklage oder Beweismaterial eingesperrt. Allen wurde der Rechtsbeistand und der Besuch von Freunden oder Verwandten versagt. Die von der Sicherheitspolizei angegebenen Todesursachen sind in Klammern angeführt.

L. Ngudle starb am 5. September 1963 in Pretoria (Selbstmord durch Erhängen)

B. Merhope starb am 19. September 1963 in Worcester (Ursachen nicht bekannt)

J. Tyitya starb am 24. Januar 1964 in Port Elizabeth (Selbstmord durch Erhängen)

S. Saloojie starb am 9. September 1964 in Johannesburg (fiel sieben Stockwerke tief während eines Verhörs)

N. Gaga starb am 7. Mai 1965 in der Transkei (natürliche Ursachen)

P. Hoye starb am 8. Mai 1965 in der Transkei (natürliche Ursachen)

J. Hamakwayo starb 1966 in Pretoria (Selbstmord durch Erhängen)

H. Shonyeka starb am 9. Oktober 1966 in Pretoria (Selbstmord)

L. Leong Pin starb am 19. November 1966 in Pretoria (Selbstmord durch Erhängen)

A. Ah Yan starb am 5. Januar 1967 in Pretoria (Selbstmord durch Erhängen)

A. Madiba starb am 9. September 1967 in einem nicht bekanntgegebenen Gefängnis (Selbstmord durch Erhängen)

J. Tubakwe starb am 11. September 1967 in Pretoria (Selbstmord durch Erhängen)

Eine unbekannte Person starb an einem nicht bekanntgegebenen Tag im Jahre 1968 (Tod nach Anfragen im Parlament am 28. Januar 1969 bestätigt)

N. Kgoathe starb am 4. Februar 1969 in Pretoria (rutschte in der Dusche aus)

S. Modipane starb am 28. Februar 1969 in einem nicht bekanntgegebenen Gefängnis (rutschte in der Dusche auf Seife aus)

J. Lenkoe starb am 10. März 1969 in Pretoria (Selbstmord durch Erhängen)

C. Mayekiso starb am 17. Juni 1969 in Port Elizabeth (Selbstmord)

J. Monakgotla starb am 10. September 1969 in Pretoria (Thrombose)

Imam A. Haron starb am 27. September 1969 in Kapstadt (Sturz auf der Treppe)

M. Cuthsela starb am 21. Januar 1971 in einem nicht bekanntgegebenen Gefängnis (natürliche Ursachen)

A. Timol starb am 27. Oktober 1971 in Johannesburg (sprang während eines Verhörs aus dem 10. Stock)

J. Mcluli starb am 19. März 1976 in Durban (fiel bei einem Handgemenge gegen einen Stuhl)

M. Mohapi starb am 5. August 1976 in Kei Road (Selbstmord durch Erhängen)

L. Mazwembe starb am 2. September 1976 in Kapstadt (Selbstmord durch Erhängen)

D. Mbatha starb am 25. September 1976 in einem nicht bekanntgegebenen Gefängnis (Selbstmord durch Erhängen)

E. Mzolo starb am 1. Oktober 1976 in Johannesburg (keine Einzelheiten mitgeteilt)

W. Tshwane starb am 14. Oktober 1976 (keine Einzelheiten mitgeteilt)

E. Mamasila starb am 18. November 1976 (keine Einzelheiten mitgeteilt)

T. Mosala starb am 26. November 1976 in Butterworth (keine Einzelheiten mitgeteilt)

W. Tshazibane starb am 11. Dezember 1976 (keine Einzelheiten mitgeteilt)

G. Botha starb am 14. Dezember 1976 in Port Elizabeth (Sturz im Treppenhaus)

Dr. N. Ntshuntsha starb am 9. Januar 1977 (keine Einzelheiten mitgeteilt)

L. Ndzaga starb am 9. Januar 1977 (keine Einzelheiten mitgeteilt)

E. Malel starb am 20. Januar 1977 (keine Einzelheiten mitgeteilt)

M. Mabelane starb am 15. Februar 1977 (keine Einzelheiten mitgeteilt)

T. Joyi starb am 15. Februar 1977 (keine Einzelheiten mitgeteilt)

S. Malinga starb am 22. Februar 1977 in Maritzburg (natürliche Ursachen)

R. Khoza starb am 26. März 1977 in Maritzburg (Selbstmord durch Erhängen)

J. Mashabane starb am 5. Juni 1977 (Selbstmord)

P. Mabija starb am 7. Juli 1977 in Kimberley (fiel während eines Verhörs aus dem 6. Stock)

E. Loza starb am 1. August 1977 in Kapstadt (keine Einzelheiten mitgeteilt)

Dr. H. Haffejee starb am 3. August 1977 in Durban (keine Einzelheiten mitgeteilt)

B. Emzizi starb am 5. August 1977 (keine Einzelheiten mitgeteilt)

F. Mogatusi starb am 28. August 1977 (während eines epileptischen Anfalls erstickt)

S. Biko starb am 12. September 1977 in Pretoria (bei Handgemenge verletzt)

Inhalt

**Goldmann
Verlag
München**

**Fritz Otto Busch
Das Geheimnis der „Bismarck"**
Kampf und Untergang des
berühmten deutschen Schlachtschiffes.
Mit zahlreichen Photos, Zeich-
nungen und Schlachtskizzen.

Der authentische Bericht über
den heldenhaften Kampf und
Untergang des größten deutschen
Schlachtschiffes.

Gestützt auf englische und
deutsche amtliche Quellen sowie
auf private Aufzeichnungen, gibt
der Verfasser, der als Offizier auf
dem Kreuzer „Prinz Eugen" einen
großen Teil des „Bismarck"-Aben-
teuers miterlebt hat, einen
packenden Tatsachenbericht
über Kampf und Untergang des
großen deutschen Schlachtschiffes. Das Buch ist mit zahlreichen deutschen und englischen Originalaufnahmen und
Lageskizzen ausgestattet. Die
Schilderung beginnt mit dem
Auslaufen der „Bismarck" aus der
Ostsee zum Kreuzerkrieg in den
Atlantik und führt über die Ver-
senkung des englischen Panzer-
schiffes „Hood" und die
gewaltige Jagd fast aller eng-
lischer Seestreitkräfte auf das
deutsche Schlachtschiff bis zum
bitteren Ende der „Bismarck".

Fritz Otto Busch trat 1912 als
Kadett in die kaiserliche Kriegs-
marine ein. Als Leutnant und
Oberleutnant zur See erlebte er
den Ersten Weltkrieg mit; nach
Kriegsende wurde er in die
Reichsmarine übernommen.

1931 gründete er die Zeitschrift
„Die Kriegsmarine", die er elf
Jahre lang leitete. Das Ende des
Zweiten Weltkrieges erlebte der
inzwischen fast Fünfzigjährige in
der Presse- und Filmabteilung
des Oberkommandos der Wehr-
macht mit. Auf eigenen Wunsch
wurde er während des Krieges
häufig an die Front abkommandiert, unter anderem auch auf die
„Prinz Eugen", von der aus er die
Schlacht um die „Bismarck" verfolgte. – Busch hat über 70
Bücher geschrieben, ausschließlich zu Themen der Kriegsmarine.

Tatsachenbericht.
(3523)